Álvarez Duarte, el niño imaginero

JOSÉ JOAQUÍN LEÓN

Álvarez Duarte,

el niño imaginero

ALMUZARA

Primera edición: diciembre de 2019

© Foto de portada: Eugenio Borrego
FOTOGRAFÍAS Cedidas por cortesía de
Eugenio Borrego Páez
Jesús Martín Cartaya
Ventura Gómez
José María Reyna Cabrera
Archivo de Luis Álvarez Duarte (Con fotos de Dihor, Haretón, Fernand, César Lucas, Manuel Gallardo, Eurocolor Madrid y Ángel Gil)
Archivo del autor

COLECCIÓN MEMORIAS Y BIOGRAFÍAS
EDITORIAL ALMUZARA
Director editorial: Antonio E. Cuesta López
Edición al cuidado de Rosa García Perea
www.editorialalmuzara.com
pedidos@almuzaralibros.com - info@almuzaralibros.com

Imprime: Gráficas La Paz
ISBN: 978-84-18089-31-2
Depósito Legal: CO-1848-2019
Hecho e impreso en España - *Made and printed in Spain*

A la memoria de Severiano Álvarez y Fernanda Duarte,
que un día de la posguerra emigraron a Sevilla, sin
saber que les nacería un niño imaginero.

A la memoria de aquel niño, que tuvo un
sueño en el que vio a Guadalupe
J. J. L.

ÍNDICE

PRESENTACIÓN

Un libro, que es como dos

Este libro es como un puzle al que le falta la última pieza, que se la llevó Luis Álvarez Duarte al paraíso. Este libro es como dos en uno. Es, en primer lugar, sus memorias personales, sobre su obra y su vida, contadas en primera persona, que me fue desgranando a lo largo de una primavera en Gines, cuando todavía vivía cargado de esperanzas y sin pensar que la vuelta del camino estaría a menos de una década. En esas memorias he añadido algunas correcciones, con respecto a su versión original. Detalles que incluían pequeños errores cronológicos, o matices que me comentó después, con el discurrir del tiempo.

Este libro es, en segundo lugar, una biografía en la que reviso sus últimos años. Ausente ya la voz del protagonista, en ese caleidoscopio sobre su vida y su obra que desemboca en su muerte, está el eco de su voz, con lo que me contó en esa etapa final. Pero también las voces de las personas que estuvieron más cerca de Luis Álvarez Duarte en sus últimos años. Personas que conocieron una realidad contradictoria y fragmentaria, una parte de sus verdades, pero no toda la verdad.

He procurado encajar las piezas que encontré sobre la mesa, aunque con la prevención de que no se viera como un puzle parcial, sino como los múltiples fragmentos que nos podrían aproximar a la totalidad. A sabiendas de que la pieza definitiva solo la conocía él; no sé si la guardaba en un bolsillo, pero sí en su corazón.

En mi primera publicación biográfica de Álvarez Duarte, ya lo bauticé como *El niño imaginero.* No fue un nombre improvisado al azar, sino elegido con su beneplácito. Porque este gran imaginero solo se puede entender con el niño que fue. Puede que siguiera siendo un niño durante toda su vida. Puede que mantuviera el ansia de ser artista de aquel chaval, criado en una familia modesta, que un día se asomó al taller de Francisco Buiza, en la Casa de los Artistas, como si viera el paraíso.

El imaginero que vino después había empezado tallando figuritas de barro, y fue capaz de modelar a la Virgen de los Dolores, para la parroquia de su barrio de San José Obrero, con apenas doce años. Cuatro años después sorprendía a la Sevilla cofradiera con la Virgen de Guadalupe. A los veinte años talló su primer Crucificado, el Cristo de la Sed, de Nervión; y a los veinticuatro ya estaba en la cumbre con la Virgen del Patrocinio, a la que hizo resurgir de las cenizas. Pero antes de esa obra, que también sería decisiva para su futuro, ya ampliaba un catálogo personal espléndido, con obras importantes en Málaga, Córdoba, Huelva y en otros lugares de Andalucía.

Con Luis Álvarez Duarte se nos va una forma de entender la imaginería, al modo de los grandes escultores de los siglos de oro. Es verdad que aprendió con Francisco Buiza (aunque alguno se lo haya intentado minimizar después de muerto, de un modo cicatero y muy cobarde), y que consideraba al imaginero de Carmona como su maestro, desde que le enseñó los primeros secretos en el taller cuando era un niño. Incluso le ayudó a terminar el Cristo de la Sangre, de San Benito, cuando Buiza se lo pidió tras sufrir un accidente. Ese pasado hoy es anecdótico, porque el discípulo superó al maestro.

En sus años de juventud, también se fijaba en lo que realizaban Antonio Eslava, Rafael Barbero o Sebastián Santos, al que visitaba con encargos de Buiza. Sin embargo, ya he escrito en otras ocasiones que Álvarez Duarte ha sido el mejor discípulo de Juan de Astorga. Vivieron en siglos diferentes, pero en su espíritu de niño y de imaginero prendió la llama de amor vivo que vio en su infancia cuando acudía a la Trinidad, y se encontraba de cara con la Esperanza.

Años después, hizo la cruz: la versión definitiva del Cristo de las Cinco Llagas, su último gran Crucificado para Sevilla. Álvarez Duarte lo concibió como el hijo de la Esperanza. Los rasgos de la Madre trascendieron al Hijo. Álvarez Duarte era él mismo, pero en sus obras de la última década del siglo XX y de principios del siglo XXI se percibe el rumor de una fuente para beber el agua de la eternidad, que pasa por Juan de Mesa, por Francisco Antonio Gijón y por Juan de Astorga, y que completa lo aprendido con otros imagineros del siglo XX, como su maestro Francisco Buiza o Sebastián Santos.

De ese paraíso del arte procede el genio personal del niño imaginero, en su periodo de madurez y esplendor. En el siglo XXI será capaz de tallar imágenes bellísimas que repartirá por toda España. Y no solo sus Dolorosas, que en las postrimerías alcanzan un alto nivel, con la Virgen de los Dolores, de Alcalá de Henares, o Guadalupe en su Esperanza, que completa su extraordinaria producción para la Semana Santa de Málaga. También es capaz de legar a la posteridad obras como el Señor de la Clemencia, de Hellín (Albacete); el Cristo de la Buena Muerte, de Linares (Jaén); o el Señor de la Columna, de Alcalá de Henares (Madrid). A los que se hubiera sumado, quizá como su última obra magna, la Piedad que no pudo realizar para Bailén (Jaén), pero que anticipó en un espléndido boceto póstumo.

Antes de esas obras de sus últimos años, había desarrollado una producción artística inconmensurable. Su aportación es importantísima en toda Andalucía: en Málaga muy especialmente, con imágenes tan populares como la Virgen de la Paloma, la Salud, la Merced, la Paz, el misterio de la Cena y tantas otras; en Córdoba, donde creó a la Virgen del Rosario y otras Dolorosas espléndidas; en Jaén, donde su producción es amplia y de enorme valía; en Cádiz y su provincia, donde empezó con las obras de Jerez y San Fernando (tan importante para él), pasando por las de Algeciras, y su Jesús de las Penas y su Esperanza de las Cigarreras en la capital gaditana; en Granada, con la Virgen del Mayor Dolor, de Los Escolapios, que fue trasladada para que la viera el Papa San Juan Pablo II en su paso, y con sus obras de los últimos años para Guadix. Y Almería... Una ciudad especial para Luis, en la que se quedó la delicada Virgen del Rosario del Mar, a la que consideraba una de sus mejores Dolorosas.

Sería prolijo resumir las creaciones de Álvarez Duarte para Andalucía, España y la Humanidad. Dejó obras en doce comunidades autónomas españolas. También en Nueva York, con su famosa Macarena, y en otros países americanos, como Colombia, sin olvidar el Cristo de los Futbolistas, de la Catedral de Buenos Aires, al que acompañó algunos años el

Papa Francisco, cuando era cardenal en la capital de Argentina y asistía al Vía Crucis del Viernes Santo.

También es importante anotar que Luis Álvarez Duarte pudo ser un escultor laico o profano de categoría, incluso por encima de su obra religiosa. Sus barros son espléndidos, sobre todo los de temas costumbristas. Aunque algunos no lo sepan, vivió y triunfó en Madrid, siendo joven. Trabajó para la Familia Real, y modeló al actual rey Felipe VI y a las infantas Elena y Cristina. Sin embargo, regresó a Sevilla, todavía joven; era precoz y rápido para todo. Quería ser imaginero.

No se puede olvidar su faceta como restaurador. Han intentado enmarañarlo con una leyenda negra sobre las remodelaciones que le encargaron. Siempre tuvo claras las diferencias entre restaurar y remodelar. No confundió los términos, ni los conceptos. Completó restauraciones espléndidas. Aunque, entre todas, sobresale la Esperanza de Triana con su policromía, que le dio una mayor elegancia. También la adaptación que le hizo a la Esperanza del Perchel, de Málaga. Sin olvidar su reparación de urgencia al Señor del Gran Poder, cuando fue atacado en su basílica.

En mi primera aproximación, yo reflejé que había escrito una biografía a modo de memorias, fruto de muchas horas de conversación con Álvarez Duarte. Y había que explicarlo:

> «De tantas horas de charla ha salido esto, que es suyo y es mío, en el sentido de que algunas cosas no me las ha contado él, sino que me las he buscado yo (¡ojo, no me las he inventado!) y le he puesto una guinda al pastel, pero como si lo cocinara él. Al mismo tiempo, nos han ayudado a recordar otros señores con buena memoria, como Fernando Cano-Romero, Joaquín Delgado-Roig, Pepe Gómez Clérigo y José Luis Ruiz Nieto-Guerrero (citados por orden alfabético, pues todos tienen bastante que ver en esto). Son buenos amigos, que estuvieron presentes en muchas de las peripecias que se narran y que no se han enterado a través de terceros».

A partir de ahí, en la primera parte del libro hay muchas historias, que nos aproximan a las hermandades y cofradías (y a los cofrades) de las últimas décadas. Luis Álvarez Duarte estuvo presente en casi todos los asuntos importantes, y fue un lujo que él y otros cofrades me contaran sus vivencias para que no se perdieran.

Para la segunda parte del libro ya me había adelantado algunas de sus impresiones. Sin embargo, en el periodo comprendido entre 2013 y 2019, vivió unos años difíciles. Se encontró con algunos contratiempos que le dolieron y le afectaron, tanto en lo personal como en lo profesional. No obstante, se levantó de las dificultades y trabajó hasta el final. Su última producción es espléndida. Sus ilusiones como artista permanecieron intactas. Dos días antes de sufrir el ictus que le llevaría a la muerte, se sintió indispuesto, pero estuvo trabajando en la imagen de San José, de La Línea de la Concepción (Cádiz), otra obra impactante, que dejó muy avanzada.

El puzle de su final es más difícil de reconstruir. Quizá hubiera sido imposible sin la colaboración de su esposa, Encarnación Ortega *Nani*, que me ofreció su amistad para recorrer un tiempo a oscuras. También la ayuda incondicional de su fotógrafo de cabecera y ante todo amigo, Eugenio Borrego, siempre fiel a su compadre. Y su primer discípulo y continuador de sus obras póstumas, Ventura Gómez, tan generoso para colaborar; y de su más joven discípulo Luis Molano Mérida, que le acompañó en sus últimos días de trabajo, hasta que se le apagó el sueño.

Luis Álvarez Duarte fue un personaje colosal. Un auténtico titán del arte de finales del siglo XX y las dos primeras décadas del siglo XXI. Con él ha desaparecido una forma de trabajar la imaginería religiosa, que no aprendió solo de su maestro Buiza, sino del magisterio anterior de su admirado Juan de Astorga, y también de los grandes genios que le precedieron. Su calidad fue evolucionando, hasta alcanzar cotas supremas. La lucha artística y personal de Luis Álvarez Duarte no fue contra nadie, sino contra él mismo. Competía con su pasado, en un presente de superación, que siempre se proyectaba hacia el futuro. Tenía sed de eternidad.

Por eso, este libro es como dos: una memoria y una biografía. Está escrito con el objetivo pregonado de que Luis Álvarez Duarte sea conocido y recordado como el mejor imaginero de su tiempo. Autor de una obra extraordinaria, que necesita más difusión. También que perdure a través del tiempo, con una casa museo en Gines, donde el santo nombre de Guadalupe abra la puerta del reconocimiento que merece.

Este libro es un homenaje a un personaje irrepetible, que surgió de la humildad y la pobreza, que triunfó gracias a su afán de superación, que cada día se esforzaba para aprender algo nuevo, que unas veces vivió con la razón y otras con el corazón. Un hombre que en ocasiones corrió demasiado deprisa, y fue un pionero, pero que también se comió los tiempos. Un artista consagrado sin dejar de ser un niño.

El niño imaginero se llevó la última ficha del puzle de su vida. No era un secreto, sino que abría la ventana a un universo propio, a una forma de ser artista. Este libro, que es como dos, se ha quedado abierto, pero se cerró.

José Joaquín León
(Sevilla, 1 de noviembre de 2019)

LA FAMILIA ÁLVAREZ DUARTE

Luis Álvarez Duarte nació en Sevilla el 22 de mayo de 1949 y falleció el 13 de septiembre de 2019.

Era el tercer hijo de la familia formada por Severiano Álvarez Bautista, natural de Valencia de las Torres (Badajoz) y Fernanda Duarte Lima, nacida en Oliva de la Frontera (Badajoz). El primero de los hijos, Juan Manuel, había nacido en Badajoz, donde vivía la familia, pero los dos pequeños, Ana María y Luis, nacieron en Sevilla.

Los padres de Luis Álvarez Duarte llegaron a Sevilla en los años cuarenta para trabajar como guardeses en una finca, la Huerta de los Granados, que se encontraba junto a la actual calle Venecia. Habían venido desde tierras extremeñas, por culpa de una historia confusa, de los rencores y venganzas que originó la Guerra Civil española en los años de la posguerra, con las denuncias y los temores al pasado.

Severiano Álvarez fue militar, al igual que su hermano Manuel. Pero el alzamiento de las tropas de Franco les pilló en zonas diferentes. Severiano comenzó la guerra en zona republicana, aunque no llegó a combatir. Cuando los nacionales organizaron los fusilamientos de republicanos en la plaza de toros de Badajoz, Manuel Álvarez se encontraba allí como capitán del Ejército de Franco y le salva la vida a su hermano Severiano, que había sido detenido. Un reducido número de los militares republicanos condenados, entre ellos Severiano, aparentaron que habían sido fusilados, pero en realidad les dejaron escapar. Era una argucia consentida para que rehicieran su vida en la zona nacional, al margen de los acontecimientos de la guerra.

Severiano desarrolló una vida normal en Extremadura, en los primeros años de la posguerra. Trabajaba en una finca en el campo, en la provincia de Badajoz. En ese periodo nace Juan Manuel Álvarez Duarte, el primer hijo del matrimonio. Todo transcurría con normalidad, pero el pasado no había sido borrado. Un día alguien que conocía a Severiano lo denuncia. Acudió ante las autoridades militares y dijo:

—Ese es Severiano Álvarez Bautista, que fue militar en zona republicana y vive en tal sitio, junto a las Descalzas.

Vuelve a intervenir su hermano Manuel, que seguía en el Ejército y que había sido trasladado a Huelva. Manuel Álvarez, tras unas gestiones en los lugares oportunos, le dice a Severiano que debe irse de Badajoz, a otra tierra donde nadie lo conozca. Y así sale con rumbo a Sevilla, para un trabajo que le han buscado como guarda en la finca de la Huerta de los Granados.

La familia llega a Sevilla en los años cuarenta. Ana María, la segunda hija del matrimonio Álvarez Duarte, ya nace en el nuevo destino de la familia, en 1944, y se bautiza en la parroquia de San Roque. Luis nace el 22 de mayo de 1949 y se bautiza en la parroquia de San Julián.

Severiano Álvarez llevó una vida muy discreta y modesta en Sevilla, sin entrar para nada en cuestiones políticas de ningún tipo. Era un hombre religioso, muy unido a Fernanda, su mujer. Educaron a Luis en colegios religiosos, en los Salesianos y en la Bienaventurada Virgen María, un colegio que tenían Las Irlandesas para niños necesitados de San José Obrero. Severiano Álvarez ayudó a su hijo Luis en la terminación del candelero de la Virgen de Guadalupe, poco antes de morir a los cincuenta y cuatro años. Fue un padre siempre discreto, injustamente represaliado por el destino. Siempre apoyó a su niño imaginero.

PRIMERA PARTE

MEMORIA DE UN ARTISTA

1. AÑOS DE INFANCIA Y JUVENTUD

Un niño que hacía figuritas de barro

Yo recuerdo, de chico, que hacía figuritas de barro. Me movía sobre todo por la zona de la Macarena y la Trinidad. Cuando podía, hacía esas figuritas: de borreguitos, de pastores y personajes de belenes... También del Capitán Trueno y sus acompañantes en ese tebeo, que me gustaba más que el del Jabato. Así fue empezando mi afición. Entonces tendría seis o siete años.

Vivía en la Huerta de los Granados, donde trabajaban y residían mis padres desde que llegaron a Sevilla. Después nos mudamos, siendo todavía un niño, a San José Obrero. Los domingos iba a misa con mis padres a la iglesia de la Trinidad. Allí veía a la Virgen de la Esperanza, que fue mi primer amor cofradiero. Esa Virgen me incitaba a la devoción, me impactaba su belleza. Con el tiempo entendería que, gracias a Ella, también empecé a admirar a su autor: Juan de Astorga.

Un día que tenía vacaciones en el colegio, me dice mi madre:

—Voy a Sevilla, ¿por qué no me acompañas a la Plaza?

En aquellos años decían «ir a Sevilla» no solo quienes vivían en Triana. En la zona de la calle Arroyo también lo decían.

Tenía nueve años. Fuimos a la Encarnación a comprar y después, cuando salimos, pasamos por la calle Regina y, por Jerónimo Hernández, atravesamos un corral precioso. Así llegamos ni más ni menos que a la Casa de los Artistas, en la calle Viriato, junto a San Juan de la Palma. Fue el primer encuentro con mi paraíso, el hechizo. Ahí vería por vez primera a un escultor. Con entusiasmo, le dije a mi madre:

—¡Mamá, mamá! ¡Un escultor!

Y era Francisco Buiza.

No le comenté nada más, pero me quedé con el sitio bien grabado en la memoria: junto a San Juan de la Palma.

En mis ratos libres, sinceramente, me iba a la Casa de los Artistas, y me ponía enfrente, a mirar, tan solo a mirar. Lloviera a o no, me iba desde el colegio con mis amigos. Les decía que se quedaran un poco retirados, que iba a mirar una cosa. Me ponía allí, a contemplar. Al cabo de unos días, salió Buiza.

—Niño, ¿tú qué quieres? —me preguntó.

—Me gusta mucho la imaginería. ¿Yo podría venir aquí, a aprender?

—¿Pero tú sabes modelar algo?

—Hago figuritas de barro.

Al cabo de unos días, como seguía mirando, me invitó a entrar. Recuerdo que Buiza estaba dorando una Inmaculada de la Amargura, una imagen que recibe culto en la Capilla Sacramental de San Juan de la Palma, y que había sido trasladada a su taller para una restauración. La había embadurnado para policromarla, para estofarla, y me dijo:

—Te voy a hacer una prueba. Si yo te hago estos dibujos, ¿tú sabes rellenar, quitar lo que le sobra y limpiarme el dibujo entero?

Entonces se lo hice en el manto de la Virgen. Fue mi primer trabajillo en un taller. Tenía yo apenas diez años recién cumplidos. El mérito no era mío, porque el dibujo lo hacía él. Me limitaba a quitar lo que sobraba del estofado.

Después de aquello, fue mi madre a hablar con él, y después mi padre, para que en las vacaciones me permitiera aprender. Yo era alumno del colegio de la Bienaventurada Virgen María, de San José Obrero, y cuando me lo dijeron, estaba deseando que llegaran las vacaciones para irme al taller.

Francisco Buiza tenía en su estudio unos doscientos pájaros, y me encargaba que se los cuidara. Yo le molía los cañamones. A pesar de los pájaros, fue una gran alegría trabajar con él. Me agradaba mucho el olor de la madera; olía a ciprés. Buiza solía llegar al estudio a las doce de la mañana. Yo iba antes, sobre las nueve, para que cuando llegara él ya viera arreglado y en orden todo lo de sus pájaros.

Hay una anécdota artística curiosa. Y es que trabajaba con Buiza, en su taller de escultura, una persona muy conocida, Antonio Zambrana Kiki, que después llegaría a ser un gran pintor y decano de la Facultad de Bellas Artes. Zambrana ayudaba a encarnar las imágenes a Buiza. El padre de Zambrana era el famoso Manolo, que tenía un puesto de antigüedades en el mercadillo de «el Jueves». Kiki era mayor que yo, por aquellos años quería ser imaginero, y me ayudaba mucho. Kiki Zambrana, que después ha sido un gran pintor, aprendía en el taller policromando y tallando, y lo hacía muy bien.

También trabajaba allí, con Buiza, Jesús Santos Calero, hijo del escultor Sebastián Santos Rojas, que también me ayudó mucho. Algunas veces le iba a Sebastián por tabaco y a hacerle mandados. En la droguería Virgen de los Reyes, de la calle Feria, yo compraba pigmentos para Sebastián Santos y Francisco Buiza. En ocasiones me he preguntado cómo siendo Jesús hijo de Sebastián Santos, que a su vez era el maestro de Buiza, estaba él allí, en la Casa de los Artistas, en vez de aprender con su padre. Sin embargo, lo prefirió así. Jesús Santos también me aportó muy buenos consejos.

Después han surgido otros imagineros que se consideran discípulos de Buiza, pero que llegaron más tarde, entonces no trabajaban en el taller. Y me han comentado de otros que se dicen discípulos de Buiza, pero que ni siquiera lo han conocido.

Cuando era niño a veces me ponía algún año de más. Como no creían que era imaginero, guardaba en el bolsillo un pegote de barro y a veces hacía manitas de imágenes, para que vieran que era cierto.

1.1 LAS PRIMERAS VÍRGENES

Cuando entré en el taller apenas tenía diez años. Con los *cabitos* de gubia que me daban, iba haciendo mis *cositas.* Observaba que en el taller se trabajaba mucho con madera de pino Flandes y de ciprés.

Cuando llegaban los Reyes Magos, les pedía gubias. Aún tengo cuatro gubias que le pidieron mis padres a los Reyes Magos y que me las echaron, cumpliendo mi ilusión. También me las daba Buiza, incluso Antonio Eslava y el maestro Sebastián Santos, cuando ya me conocían porque iba a visitarlos.

Con todo esto, empecé a trabajar mis primeras Virgencitas. Sería a principios de los años sesenta y lo hice durante un par de años. Algunos días, al salir del taller de Buiza, iba a una casa de la calle Tarifa. Francisco Morillo Esteban y su hermano Jesús me pidieron que les modelara imágenes pequeñitas de Vírgenes en terracota. Yo modelaba la cara y las manos. Después ellos las pintaban para policromarlas y las vestían. Eran imágenes de la Macarena, de la Soledad, de otras Dolorosas. También Divinas Pastoras... De la Virgen del Carmen hice por lo menos quince. Todas las Virgencitas se vendían en una librería de la calle Sierpes, donde las ponían en los escaparates. Tenían una aceptación extraordinaria. Se vendían como churros, por unas seiscientas pesetas, algunas incluso más caras, según las imágenes. A mí me daban cincuenta pesetas por cada una, pero no se sabía que las hacía yo, se mantenía de incógnito. Tampoco se sabía que los hermanos Morillo las terminaban y las vestían, era algo casi secreto.

Estas Virgencitas de la calle Sierpes se pueden valorar como una parte de mi aprendizaje artístico, que me sirvió para conseguir más soltura. Cuando las hacía tendría entre diez y doce años.

Precisamente, con una Virgen pequeña parecida a estas, en un pasito, organizábamos una cruz de mayo por las proximidades de la Huerta de los Granados y la zona de la Trinidad. En una de esas procesiones, se acercaron a nosotros unos jóvenes, entre los que estaba el cofrade gaditano José Luis Ruiz Nieto-Guerrero, con el que luego he mantenido mucha amistad y colaboración. Por entonces él residía en el Colegio Mayor San Juan Bosco, de los Salesianos, ya que estudiaba Derecho en Sevilla. Según me dijo, se había acercado con unos amigos porque le había llamado la atención escuchar tambores de verdad, tocados por los chavales de una banda que acompañaban a nuestra cruz de mayo. En los años sesenta, lo habitual era que estas procesiones infantiles solo llevaran tambores informales, en plan casero, pero la nuestra, en la que yo participaba con amigos del barrio, estaba bastante bien organizada.

Para las pestañas de estas Virgencitas, yo utilizaba pelos de los rabos de los gatos de mi barrio. Los agarraba, cortaba los pelos con unas tijeritas y los ponía en papelitos de fumar. Al pescadero de la calle Antonio Filpo Rojas le dejé un gato trasquilado. Esto lo aprendí de Antonio Eslava, que compraba rabos de chivos en la Plaza de la Encarnación para las pestañas de sus Dolorosas.

En aquel tiempo, también era monaguillo en la parroquia de San José Obrero. Un día dije a algunos de mis coleguillas:

—Vamos a ir por la vía del tren, a buscar madera.

Andando con tres amigos por la vía, pasamos por la antigua estación de Villalatas, donde está la actual de Santa Justa, hasta San Bernardo. Antes de llegar a la antigua estación de Cádiz, había una fábrica de harinas, donde cargaban y descargaban los trenes. Allí vimos unas maderas de pino Flandes fantásticas. Los cuatro niños, ni cortos ni perezosos, cogimos dos vigas de madera de pino Flandes y nos las llevamos. Las trasladamos hasta una serrería que se llamaba *La Forestal*, cerca de la calle Arroyo, por San José Obrero, y pedimos que la cortaran. A continuación, fuimos con la madera hasta la misma sacristía de la parroquia, donde ejercía de párroco el padre Manuel Garrido Orta, que fue canónigo de la Catedral de Sevilla muchos años.

En aquella sacristía de la parroquia de San José Obrero, en mis ratos libres, tallé mi primera Virgen. La terminé con doce años y se bendijo cuando ya había cumplido los trece. La Virgen se llamó de los Dolores, aunque casi nadie sabe que su primer nombre iba a ser la Virgen del Gólgota, advocación que le puso el párroco, pero que después fue cambiada porque no le gustaba a nadie.

A esa Virgen de los Dolores, de San José Obrero, años después, le cambié el candelero y le hice nuevas manos, también nueva policromía, pero sin modificar la morfología de su cara. Y le cambié las pestañas, porque las primeras eran de pelos de gatos del barrio. Para mí es la Madre de todas mis imágenes de la Virgen. A veces me han dicho que la Virgen de San José Obrero se parece a tal Virgen. Y yo siempre contesto que no, que será al revés, que será esa Virgen tal la que se parece a la de San José Obrero. Creo que es el modelo de base que buscaba para crear mi estilo. Es la primera y la que marca mi criterio artístico en cuanto a Dolorosas.

Esta Virgen tiene detrás una historia curiosa. Al principio, el padre Manuel Garrido Orta no quería en su parroquia ninguna Dolorosa, ni imágenes de vestir, ni hermandades. Cuando se enteró de que la estaba tallando, no era nada partidario de que esa imagen se quedara en el templo. Entonces, con otros niños, nos fuimos a ver al padre don José Sebastián y Bandarán, que tanta influencia tenía en el Arzobispado de Sevilla, para contarle lo que pasaba y pedirle que viera la imagen. Conseguimos que nos hiciera una carta, en la que afirmaba: «Esta imagen es digna de ser bendecida». Aprovechando que estábamos en el Palacio Arzobispal, fuimos arriba, para hablar con el arzobispo, que entonces era el cardenal Bueno Monreal, para que también nos diera su permiso.

Cuando el párroco se enteró de que habíamos realizado esas gestiones, a espaldas suyas, nos reprendió. Hay que tener en cuenta que aquellos niños éramos monaguillos de la parroquia de San José Obrero. Habíamos iniciado una especie de rebelión. Entonces le enseñamos la carta de Bandarán autorizando la nueva Virgen, que era preciosa, y él lo aceptó. Con el tiempo, cuando el padre Garrido Orta pasaba por mi estudio de la calle Aguiar, cerca del Museo, recordaba con afecto aquellos días de nuestras peripecias para que se quedara la Virgen de los Dolores en la parroquia y me decía:

—Niño, hay que ver lo osados que fuisteis.

La Virgen de los Dolores, de San José Obrero, se bendijo en septiembre de 1962. Entonces había cumplido ya los 13 años, aunque la tallé con doce. En el año 2012 se han cumplido los cincuenta años de esa imagen, mi primera obra, y por consiguiente mis bodas de oro como imaginero.

Aquella Virgen, la primera obra realizada por un niño, tuvo mucha repercusión. En *El Correo de Andalucía* publicaron un reportaje y también me dedicó una de sus famosas *pajaritas* Santiago Montoto. En la prensa local publicaron: «El niño tiene aspiraciones, pero carece de recursos para seguir su carrera artística como escultor por las dificultades económicas de sus padres». En efecto, mis padres eran trabajadores, muy dignos, pero con escasos recursos económicos. Yo era solo un crío, un aprendiz del taller de Francisco Buiza.

Para conmemorar los cincuenta años de esta imagen, la hermandad de San José Obrero me encargó un cartel conmemorativo, que fue presentado el 12 de septiembre. Ha sido una suerte enorme que el mismo imaginero que la talló pudiera realizar el cartel de su cincuentenario. Por ese motivo, me nombraron Hermano de Honor el 15 de septiembre de 2012, fiesta de la Virgen de los Dolores, en una ceremonia que tuvo lugar en la parroquia de San José Obrero. Fue un bonito recuerdo de mis principios como imaginero.

LA SEGUNDA VIRGEN ESTÁ EN PALMA DEL RÍO

La bendición de la Virgen de los Dolores, de San José Obrero, tuvo mucha repercusión. Me escribieron cartas de felicitación y también interesándose por mí. Una de ellas tuvo gran trascendencia. Me llegó desde Palma del Río (Córdoba) y daría lugar a la que después sería mi segunda imagen titular, mi segunda Virgen.

Empecé a tallar la Virgen de la Concepción, de Palma del Río (Córdoba), cuando tenía trece años. Me pagaron por ella mil pesetas, de las de entonces, y me regalaron dos sacos de naranjas. Yo estaba contentísimo, porque aquellas mil pesetas se las di a mi madre. Fue una gran alegría para ella. Lo que casi nadie sabe es que, después de cuarenta y nueve años, me siguen mandando anualmente cuatro o cinco cajas de naranjas desde Palma del Río, en recuerdo de aquello. Se ha convertido en una tradición. La Virgen pertenece a la cofradía de la Salud, que sale el Miércoles Santo, en la que se integran los hortelanos.

Para tallar esta imagen de la Virgen de la Concepción se puso en contacto conmigo el párroco de San Francisco, de Palma del Río, el padre Rafael Flores Morante, que era un gran sacerdote y cofrade. Entró en contacto, a través de la parroquia de San José Obrero, para pedirme que le hiciera una Virgen para su parroquia de Palma del Río. Cuando se lo dije a mi madre, se puso muy contenta. Su niño iba a hacer una imagen para el pueblo de Manuel Benítez *El Cordobés*, que entonces vivía momentos de esplendor y apogeo. Me desplacé a Palma del Río en un ferrobús. Cuando regresé a Sevilla, me subí a un taxi y volví a mi casa con los dos sacos de naranja y las mil pesetas.

Me pidieron que la Virgen de la Concepción fuera parecida a la de San José Obrero. Pero quería hacerla distinta, dentro de que mantuviera mi estilo. Había visto algunas obras de otros artistas que hacían imágenes casi repetidas, y yo no quería caer en eso, sino que cada una mostrara su propia personalidad. Creo que lo conseguí. Se nota que es una obra mía y que tiene un parecido con la de San José Obrero, pero no es igual. Esta Virgen de la Concepción, de Palma del Río, se mantiene idéntica, incluso conserva las manos originales. La he restaurado, pero lo único que le hice fue cambiarle el candelero, porque el primero era muy precario, apenas cuatro tablitas. Esta era mi segunda imagen, con solo trece años cumplidos.

EL AMBIENTE DE LA CASA DE LOS ARTISTAS

Una de las cosas que me llamó la atención durante mi estancia en la Casa de los Artistas es la relación profesional que mantenía mi maestro, Francisco Buiza, con su paisano Antonio Eslava. Ambos eran imagineros y ambos eran de Carmona (Sevilla). Había una cierta rivalidad y se tiraban mucho entre ellos como imagineros, pero se querían como paisanos.

Siempre recordaré a Antonio Eslava por muchas cosas, entre ellas por su pato. Así como otros cuidan a un perro o un gato como mascota, Eslava tenía un pato. Su vivienda se encontraba allí mismo, junto a la Casa de los Artistas, en la plaza de Mengíbar. Estaba soltero. Vivía con su madre… ¡y con el dichoso pato! No era un patito pequeño, sino un cisne, o algo parecido. Un día trabajaba en el taller de Buiza, concentrado con los pinceles, cuando de repente sentí un dolor fortísimo. ¿Esto qué es? El pato me había mordido en la pierna izquierda y me dejó una herida sangrante. No lo había visto, la verdad es que me había confiado, porque creía que los patos eran animales más nobles. Reconozco que desde entonces no me fío para nada de ellos. Me trasladaron a la Casa de Socorro que había en la calle Rosario, donde me pusieron tres puntos de sutura en la herida. Todavía hoy, después de tantos años, tengo a la vista la cicatriz del pato, que es uno de mis recuerdos imborrables de Antonio Eslava.

A pesar del pato, le guardo un gran aprecio. Eslava también me ayudó en mis principios. Como vivía junto a la Casa de los Artistas, iba a veces a su domicilio, de tapado, sin que se enterara Buiza. Le hacía estofados, le lijaba cosas y le hacía trabajillos, en horas extras, cuando salía del taller. Pero un día Buiza vio una Virgen de Eslava con telas encoladas. Le extrañó, porque Eslava no sabía estofar. Yo había aprendido a hacerlo con Buiza en su taller. Aquel día, cuando Buiza llegó a la casa de Eslava y vio esa Virgen, le dijo:

—Antonio, esta Virgen la ha hecho el niño… Tú no sabes estofar.

Eslava no le contestó nada, pero se delató con una sonrisa socarrona.

Cuando volvió a su taller, Buiza me llamó y me echó la bronca más grande que había recibido hasta entonces. Le confesé que había sido yo, que Eslava me daba unos dinerillos, y por eso le ayudaba.

Buiza lo descubrió por el moaré, por esas telas encoladas que tenía la Virgen. Era un encargo que le hicieron a Eslava para Málaga. Después le formó otra bronca a Eslava. Le dijo que no volviera a hacerlo más y que no me pidiera más trabajos. Sin embargo, seguí trabajando para Eslava a escondidas. La diferencia era que ya no se los hacía en su casa, sino que me los llevaba a la mía, donde los podía terminar sin que se enterara Buiza.

Antonio Eslava, paisano de Buiza, ya que ambos habían nacido en Carmona, era muy buen escultor. Quizá debería estar mejor considerado. Pienso que perdió una parte de su prestigio por aquella idea desafortunada de hacer varias Vírgenes iguales. En algunos casos se las pidieron expresamente, a través del fotógrafo y vestidor Antonio Fernández Rodríguez, más conocido como Fernand, que había donado en 1962 la Virgen de los Dolores y Misericordia para la hermandad de Jesús Despojado. La cofradía sería reorganizada después por él mismo. Esta Virgen fue tallada por Eslava. Fernand le gestionó después algunos encargos, en los que le pedían unas imágenes casi idénticas.

Aunque tenía mucho genio, Francisco Buiza conocía el oficio de imaginero como nadie. Para mí fue el mejor de su tiempo. Entendía la cocina de las Bellas Artes como ninguno. Una de las cosas que más le admiraba era el amor y el respeto que sentía Buiza por su maestro, Sebastián Santos. A mí me reñía mucho, con razón, porque yo era un tabardillo. Un día me pilló fumando una colilla de un cigarro y me dio un guantazo. Después llamó a mis padres y se lo dijo. La disciplina que imponía era útil, me sirvió para aprender. En el fondo, era una bellísima persona, igual que Dolores Hidalgo, su mujer. No tenían hijos y a mí me dieron un afecto especial, quizá como si fuera un poco su niño. Incluso algunas veces me quedaba a dormir en su casa.

El estudio de Buiza era pequeño, pero me parecía un paraíso. Me sentía feliz solo con que me diera trabajo, que confiara en mí, que le lijara, que le serrara... Yo sabía lo que tenía que comprarle. Compraba sulfatos para él, y a veces también le hacía los mandados a su maestro, Sebastián Santos Rojas, que trabajaba en su taller de la calle Santiago. Sebastián a veces me decía que no le quedaba dinero suelto para darme. Le contestaba que no se preocupara, que prefería que me diera cabitos de gubia. Me regalaba algunos cabitos, tubos de pintura y también palillos. Iba al taller de Sebastián Santos a llevarle cosas, de parte de Buiza, pero él también venía algunos jueves, el día del mercadillo en la calle Feria.

En ocasiones, Sebastián Santos le daba consejos a Francisco Buiza, o le hacía observaciones sobre sus obras. A Buiza le criticaban el color de algunas de sus imágenes. Sebastián le dijo un día:

—Paco, tienes que cuidar más el color, utilizas mucho el rojo... Para las encarnaduras tienes que utilizar más la tierra sevillana, el ocre.

Los jueves de antes en Sevilla y en la Casa de los Artistas eran muy especiales. Por el taller de Buiza pasaban Antonio Illanes, Echegoyán y otros artistas. Se detenían a visitarlo, a veces se paraban cuando iban a ver a los anticuarios. Por allí estaban Ribelles y el Plátalo, Espinosa de los Monteros... Estaba José Molleja el pintor y Mercedes, que era una anticuaria muy famosa de Sevilla. Casi todos pasaban al primer patio de la Casa de los Artistas.

Un día Buiza me llamó, en plan misterioso, y me dijo:

—¡Niño, niño! Haz como que estás fregando pinceles y escucha lo que dice mi maestro, y después me lo cuentas.

Estaban peleándose, en una discusión, su maestro, Sebastián Santos, con el también imaginero Antonio Illanes.

Así presencié aquella famosa discusión en público que mantuvieron Sebastián Santos y Antonio Illanes, porque Sebastián había restaurado y había policromado de nuevo a la Virgen de la Paz, de la cofradía de El Porvenir. Esa intervención molestó a Illanes, que era su autor.

Me acerqué a un grifo a lavar los pinceles, a escuchar para contárselo después a Buiza.

—¿Te gustaría que yo tocara la Virgen de la Concepción, de El Silencio, la de Santa Marta, o la Virgen del Refugio de San Bernardo? Pues eso es lo que has hecho tú, con mi Virgen de la Paz —le dijo Illanes a Sebastián Santos.

—No, Antonio... Ni tú, ni nadie, las tocará. Yo dejo mis Vírgenes tan perfectas que no hace falta tocarlas. Pero tu imagen sí que ha ganado bastante con mi intervención —le contestó Sebastián Santos.

Aquella discusión fue muy sonada. Es un ejemplo de la rivalidad que a veces existía entre los grandes imagineros de Sevilla en aquella época.

Después se lo conté todo a Buiza, que me había mandado para que me enterara. Era una especie de confidente para él. Me pedía lo mismo con las radionovelas de entonces. Aquellas que le interesaban, me mandaba a escucharlas, si él no podía, para que después le contara el final. Así me conocía las novelas de Radio Sevilla y le contaba a Buiza todo lo ocurrido para que él les siguiera la pista a las historias.

Entrabas en la Casa de los Artistas y había un sonido peculiar. Nada más entrar, escuchabas zapateados y música de Albéniz y de Falla, procedente de la Academia Pericet. Y no solo eso, también oías el pío-pío de los pájaros de Buiza en su taller, como un fondo relajante.

A la Casa de los Artistas acudían muchos personajes conocidos y también artistas de cine. Recuerdo haber visto varias veces por allí a Deborah Kerr y Ava Gardner, bellísimas. Deborah Kerr solía ir a comprar antigüedades. Ava Gardner le encargó a Buiza que le hiciera una pareja de angelotes. Visitó un par de veces el taller. Eso sería a principios de los años sesenta. Solía llegar con una corte de amigos y admiradores rodeándola, siempre bellísima.

También recuerdo una anécdota de aquellos años, como fue el rodaje en el verano de 1958 de la película *La mujer y el pelele* (*La femme et le pantin*), con Brigitte Bardot, algunas de cuyas escenas se filmaron en la Casa de los Artistas. Se formó allí un gran revuelo. En los días previos, algunos leían los periódicos y comentaban: «Que va a venir Brigitte Bardot a tal hora…». Por fin llegó el día. Me acuerdo de verla descalza, con un traje de saco y un sombrero. Era muy guapa, pero menudita. Pidieron permiso a Buiza para que entrara en el taller y la maquillaran allí. Le pusieron una especie de tumbona de pie. Una señora le subía los pechos y se los ajustaba en el corsé de época que vestía. Buiza, que estaba tallando un Cristo pequeño, miraba de reojo y comentó en voz baja:

—¡Lo que tiene esa francesa son dos pimientos!

Y siguió trabajando. Había un gran ajetreo en la Casa de los Artistas. Fuera incluso acudieron policías municipales para impedir que la gente, concentrada junto a San Juan de la Palma, entrara a ver el rodaje. Un señor que llegó al estudio y oyó el comentario de Buiza le dijo:

—¡Mire usted! Más consideración, que es Brigitte Bardot, la vedette de Francia…

—Y yo soy Buiza Fernández, imaginero de Carmona…

Siguió a lo suyo, sin inmutarse. Después nos comentó que a él le gustaban más Sofía Loren y Lola Flores.

—Son mujeres con curvas y con pechos como pitones que embisten.

Era un niño de nueve años y me quedé embobado. A Brigitte Bardot la recuerdo en la Casa de los Artistas con una cara moderna, una nariz chata y los ojos grandes, muy rubia. Era proporcionada, pero menuda. No voy a decir tanto como que decepcionara. Sin embargo, habíamos visto allí a Ava Gardner, que era una mujer espectacular, morena, alta y con más presencia. También a Deborah Kerr se le notaba mucha clase y era muy distinguida. A esta actriz le llevé un barreño de plata, que compró en el anticuario Ribelles, y me dio una propina. Recuerdo la sonrisa de esa mujer. Después he visto algunas de sus películas, como *Buenos días, tristeza* y *La noche de la iguana*, por admirarla a ella. A Brigitte Bardot solo la vimos aquel día. Después, cuando siguió el rodaje, ya ni siquiera nos dejaban pasar al patio. Incluso uno de los días, Buiza y su mujer tuvieron que hablar con los guardias, porque no me dejaban entrar en la casa de los Artistas. Era un niño y se rieron cuando les dije que iba al taller de un imaginero para trabajar de aprendiz. Creían que intentaba colarme.

También conocí al pintor Alfonso Grosso en la Casa de los Artistas. Le tenía un cariño excepcional. Me encargó algunos mandados y me dio tubos de pintura. Pintaba en un estudio precioso. Recuerdo, como si lo estuviera viendo, un cuadro, sin terminar aún, de Maleni Loreto, la famosa bailaora, madre del torero Julio Aparicio. Sus cuadros de interiores de conventos de clausura con monjas me encantaban. Siempre le pedía que me guardara los tubos de pintura que le sobraran.

—¿Para qué los quieres? ¿Para venderlos y cambiarlos por plomo? —me dijo.

—No, yo los exprimo para usarlos.

—Pues te voy a dar muchos —me contestó.

Era una persona maravillosa. Siempre le tuve un gran cariño.

Con Buiza seguí aprendiendo. Tras cumplir los trece o catorce años, ya le fui sacando de puntos y participando en algunos trabajos de más envergadura. Además de ayudarle con la Inmaculada de San Juan de la Palma, trabajé con él, que yo recuerde, en una Inmaculada para San Benito y un Cristo para Málaga que está en la Victoria. Buiza era muy prolífico. También trabajé en muchos angelotes y en obras para colecciones particulares. Le ayudé cuando talló la Virgen de Cala, patrona de Cala (Huelva), que después sufrió daños en un incendio. Tras ese percance la restauré precisamente yo, que había estado con Buiza cuando la hizo. Asimismo, le ayudé en la Virgen del Carmen de San Leandro, de Sevilla, en la que saqué de puntos al Niño Jesús. Con el tiempo, me dejaba algunas cosas de más envergadura, no solo como aprendiz. Y también me daba algún dinero, aunque mi madre y mi padre le dijeron a Buiza que no me pagara.

En aquellos años, entre 1962 y 1964, estudiaba en la Escuela de Artes y Oficios, en la calle Zaragoza. Tuve un profesor magnífico, un gran maestro, que fue Armando del Río. Me enseñó mucho, me ayudó para aprender a dibujar y a modelar. Fue una persona que influiría en mí notablemente, tanto en lo artístico como en lo personal. Lo he apreciado y nunca me olvido de sus consejos. Cuando me nombraron académico de la Real Academia de Bellas Artes Santa Isabel de Hungría de Sevilla, Armando del Río fue el primer académico que me llamó para felicitarme. Era muy estricto como profesor, pero magnífico. Se alegraba cada vez que lo citaba como uno de mis maestros y me lo agradecía. Era muy educado, serio, encantador. Vestía impecablemente. Y era un gran cofrade.

Otros profesores que me ayudaron mucho en mi formación fueron Manuel Echegoyán, que me dio clases de modelado, y el pintor José Molleja, que me enseñó aspectos muy interesantes para afinar el color

En torno a 1965, aún seguía con Buiza en su taller. A veces, cuando se enfadaba conmigo por algún motivo, lo dejaba un tiempo y me iba a trabajar con Antonio Eslava, a su casa, o con Rafael Barbero, que tenía su taller en La Florida. Aunque Buiza, antes o después, siempre me llamaba.

Con Barbero trabajé algún tiempo, sobre todo sacando de puntos y tallando algunos brazos de angelitos. Estuve con Rafael Barbero, que era un fabuloso artista, en una época suya muy buena, que es cuando hace los marfiles del paso del Señor de las Penas de San Vicente. Ahí le ayudé con los moldes. También le llevaba a Armenta muchos de los angelotes que hacía Barbero.

Me iba andando desde el taller. Y le ayudaba llevando ropajes para que los bordaran en el taller de Esperanza Elena Caro, no en la calle Jesús del Gran Poder, sino que entonces estaba en la calle Conde de Barajas. Allí entregaba los moldes de los apóstoles de los faldones para que ella le bordara las sedas. Rafael Barbero fue un magnífico artista, aunque algunos lo calificaban como un poco *malange.* Sus miniaturas eran excelentes, me encantaban. Mi relación de aprendizaje con Barbero duraría más tiempo, igual que con Eslava. Pero con Buiza era diferente; cuando él me llamaba, yo siempre iba.

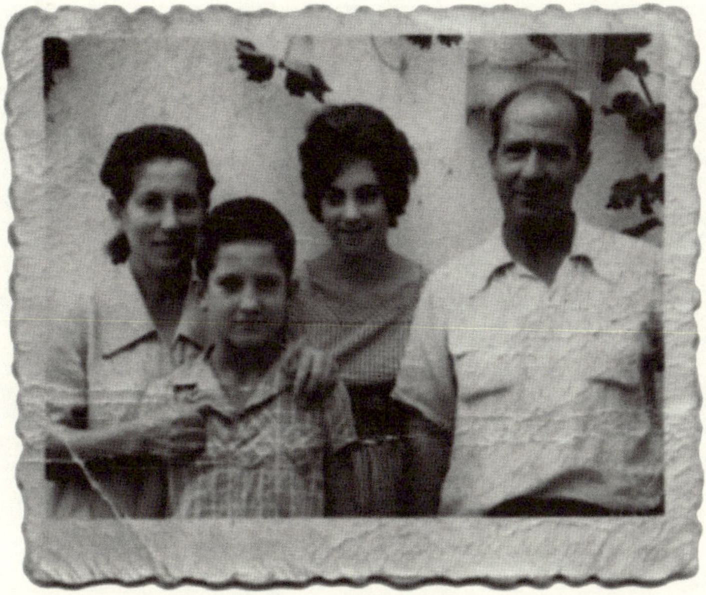

Luis Álvarez Duarte con sus padres y su hermana Ana María.

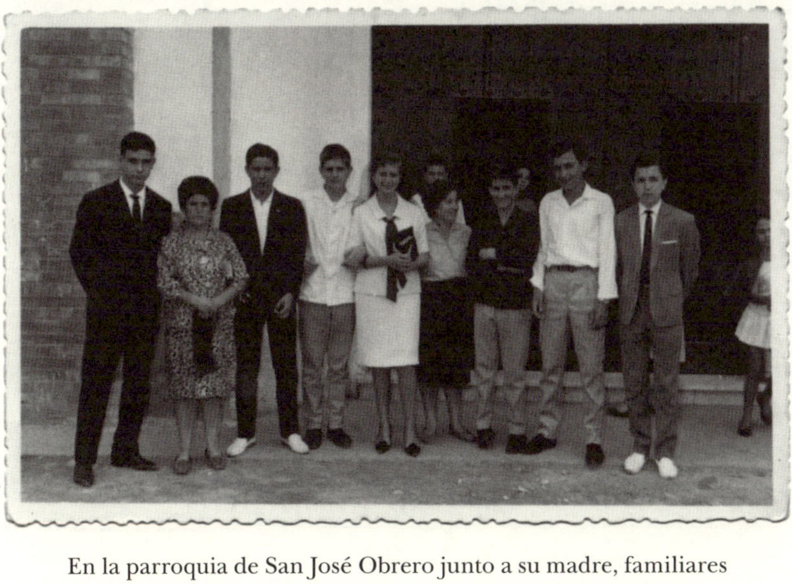

En la parroquia de San José Obrero junto a su madre, familiares y amigos el día de la bendición de la Virgen de los Dolores.

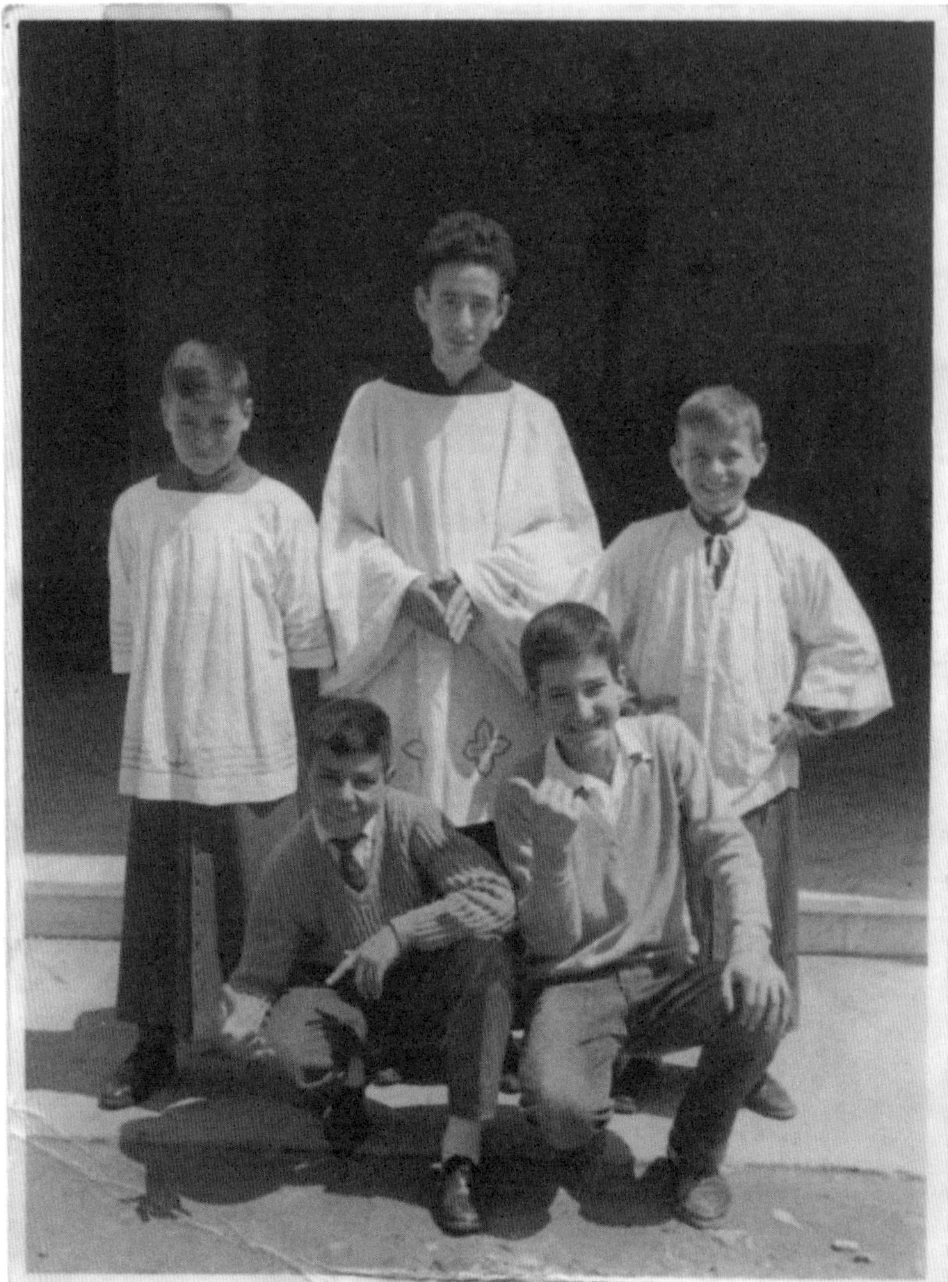

Luis Álvarez Duarte (abajo a la derecha) con monaguillos de San José Obrero en 1962.

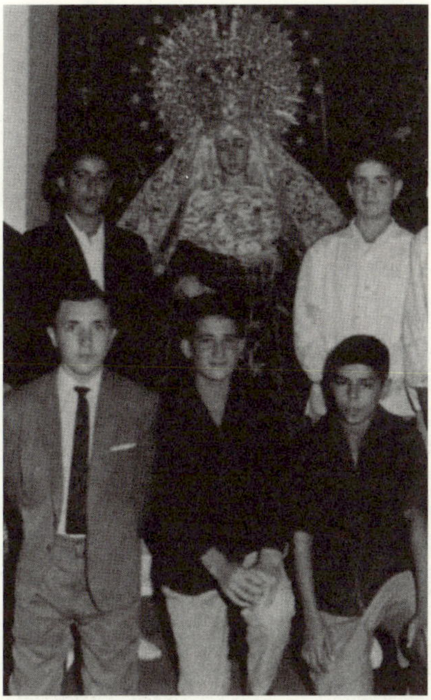

Álvarez Duarte el día de la bendición de la Virgen de los Dolores de San José Obrero, el 15 de septiembre de 1962. Tenía 13 años.

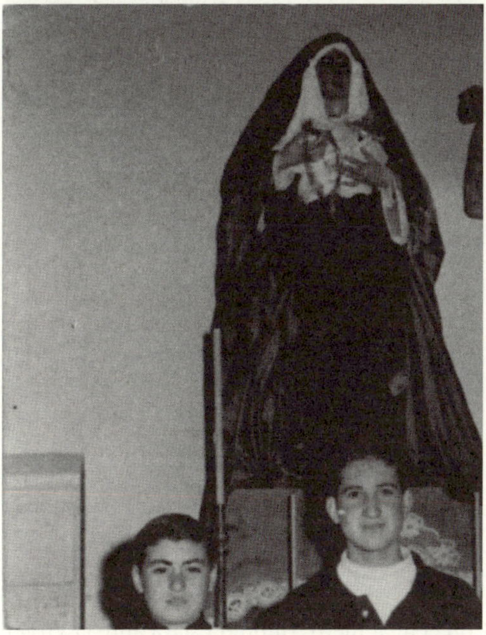

El niño imaginero ante su primera Dolorosa.

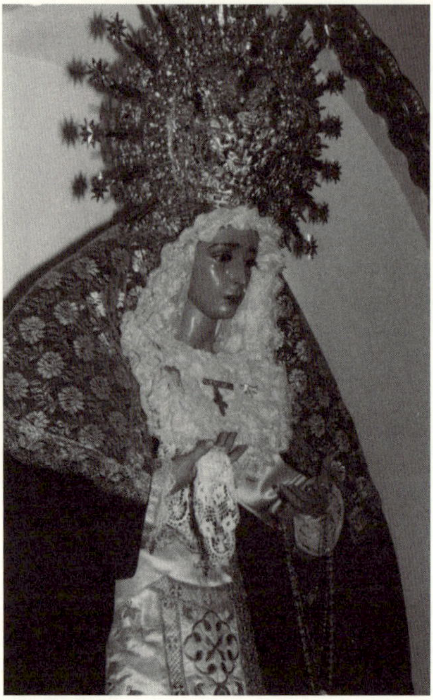

La Virgen de la Concepción, de Palma del Río (Córdoba), su segunda Dolorosa.

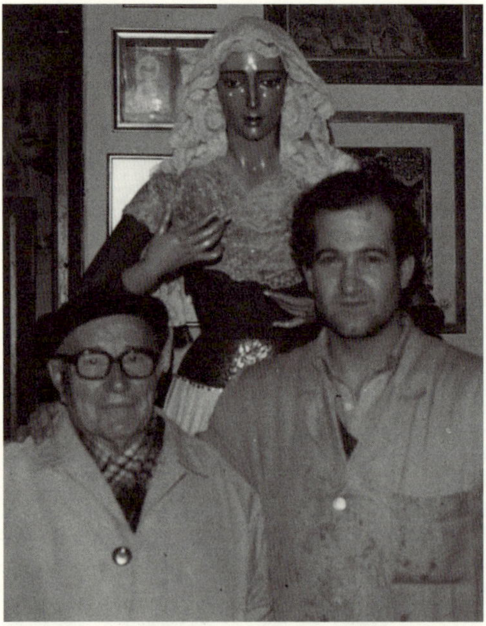

Con el imaginero Antonio Eslava ante la Virgen de la Encarnación de Córdoba.

1.2 GUADALUPE ILUMINA EL CAMINO

Un día estaba en la hermandad de La Trinidad, que era mi cofradía de entonces, y me entero de que Las Aguas de San Bartolomé quería una imagen nueva de una Virgen para un paso de palio. No sabía ni dónde estaba esa iglesia. Indagué y me dijeron que era la parroquia de la Judería, por detrás de La Florida. Pensé que no podía ser muy lejos de donde yo trabajaba, porque Rafael Barbero tenía su taller en el edificio del Garaje Pazos, frente al Cine Florida. Estaba cerca de los Talleres Florida (especializados en Seat) y otras industrias. Pazos tuvo después en la misma zona un local llamado *La Cochera Show*. Fui a la Judería con nervios e inquietud. Era la primera vez que veía la preciosa casa de Mañara y la iglesia de San Bartolomé.

Entonces tenía en mi casa una Dolorosa que había tallado en 1965 para seguir aprendiendo. La terminé poco después de cumplir los dieciséis años. Le pregunté al fotógrafo Fernand si podía ir a verla, para hacerle unas fotos. Conocía a Fernand por su vinculación con Antonio Eslava, al que ya le habían encargado la Virgen de los Dolores y Misericordia, de la hermandad de Jesús Despojado, que entonces no salía y se encontraba en San Julián.

Fernand firmó las primeras fotos clásicas que existen de la Virgen de Guadalupe, en blanco y negro, vestida de mantilla. Fui a San Bartolomé para enseñar las fotos, y la primera persona a la que me encontré y se lo conté fue Pepe, el sacristán. Vio las fotos y me dijo que eso lo debía hablar con Juan Delgado Alba, con Joaquín Delgado-Roig, o con Ernesto Barragán, que eran los responsables de la cofradía de Las Aguas. Pero me preguntó si él podía ver la imagen. Nos fuimos a mi casa de San José Obrero, en una Lambretta, y así Pepe fue la primera persona relacionada con San Bartolomé que vio la Virgen de Guadalupe. Estaba en mi casa, vestida con un mantito y una saya de la Trinidad, que me habían prestado para las fotos.

Después el sacristán me dio las señas de Ernesto Barragán. Ejercía como sastre y tenía un taller en el piso alto del comercio de su familia, Almacenes Barragán, en la calle Cerrajería. Le enseñé las fotos y me dijo que se las llevara a Juan Delgado Alba, a la oficina de Winterthur, en la plaza de Cuba. Entonces no tenía dinero ni para el autobús. Pero cogí las fotos y me fui hacia allí. Es curioso destacar que aquel día, siendo yo macareno, y sin saber lo que el destino me daría, antes de pasar por la plaza de Cuba, entré en la capilla de los Marineros con mis fotos de Guadalupe, para rezarle a la Esperanza de Triana y pedirle que me ayudara.

Por fin, cuando llego ante Juan Delgado Alba, me recibe en su despacho, donde le enseño las fotos de la Virgen de Guadalupe.

—¿Esta Virgen de quién es? ¿De Astorga? ¿Esta Virgen quien la ha hecho? —me preguntó

—Yo.

Era un chaval de dieciséis años. Juan Delgado Alba parecía incrédulo.

—¿Y cuánto pides por esa Virgen?

—Quiero 12 000 pesetas, pero se puede quedar en 10 000.

—Me tienes que demostrar que es tuya —advirtió él.

Le había causado muy buena impresión. No obstante, me dijo que quería verla personalmente.

Mi padre ya había muerto por entonces. Mi madre y un vecino habían visto la Virgen cuando la estaba tallando. También la conocía Buiza. Se la había llevado a su taller y le gustó.

Después de aquel encuentro, Ernesto Barragán y su mujer fueron los primeros que acudieron a mi casa a verla. Llegaron con una corona de la Virgen del Mayor Dolor para probársela. Cuando le colocaron la corona, me asusté, porque era grande y yo había tallado menudita a la Virgen.

Otro día fueron a verla Juan Delgado Alba, Joaquín Delgado-Roig Pazos y José Ignacio Artillo González, que fue un gran pregonero y hermano mayor de Montserrat, y que era muy amigo de Delgado Alba. También venían Francisco Mesa García y José Joaquín Serrano Magro, dos grandes cofrades de Las Aguas.

Juan Delgado Alba, tras contemplarla, casi no daba crédito a lo que veía.

Me felicitó efusivamente. Acudieron a mi casa para ver a la Virgen dos noches más. A la tercera, como ya había ocurrido cuando le mostré la foto en la plaza de Cuba, me preguntó el precio:

—¿Y cuánto quieres cobrar por esta Virgen?

—Quería 12 000 pesetas, pero ya le dije que se puede quedar en 10 000.

Delgado Alba me dio la mano para cerrar el acuerdo.

—Chaval, la Virgen es nuestra…

Aquello fue una inmensa alegría para mí y para mi familia. Estábamos de luto en casa. Mi padre había muerto ese mismo año. Unos meses antes de morir, mi padre me había ayudado para terminar el candelero de la Virgen. Y es curioso, porque antes de la visita de los cofrades de Las Aguas, había estado en casa un hermano de Los Servitas, Ramón Jiménez Aranda, y había visto esa Virgen. Su comentario fue concluyente:

—Es una imagen dignísima para un paso de palio.

Los cofrades de Las Aguas me dijeron «la Virgen es nuestra» y yo me acordé de mi padre. Me abrazaron. Querían que bajara la imagen para verla a su altura, y ahí me dio algún miedo. Juan Delgado Alba era muy alto y la Virgen medía 1,66 metros, aunque la tenía subida en una silla, vestida con las ropas cedidas por La Trinidad, y así se notaba menos. Al final, no la bajamos.

A José Ignacio Artillo le encantó. Propuso que se llamara Virgen de la Oliva, como la patrona de Salteras, que era su pueblo.

En una de aquellas antiguas furgonetas de Citroën 2CV, *el dos caballos*, que envió Francisco Mesa, trasladaron mi Virgen a la parroquia de San Bartolomé. Allí estaba preparado Fernand, que la vistió de hebrea. Y en una pequeña salita que tenía la hermandad de Las Aguas en San Bartolomé quedó expuesta durante el verano del año 1966, para que la vieran los sevillanos.

Por cierto, que allí Juan Delgado Alba contempló a la Virgen a su altura. Lógicamente, él era más alto. Pero Juan comentó que la altura, en un paso de palio, se vería diferente. Miguel Puch García de Longoria, que sería el ideólogo del paso de palio y un eficiente colaborador aquellos días, estaba por allí y lo confirmó:

—Juan, eso es cierto. Las Vírgenes pequeñas de Sevilla son las más grandes en los pasos de palio.

Puso como ejemplos la Virgen de la Presentación, Subterráneo, Esperanza de la Trinidad… Fernand la había vestido de hebrea y estaba impecable.

Al día siguiente me dieron cinco mil pesetas, una cantidad que no había ganado nunca hasta entonces. Me prometieron que me pagarían la otra mitad antes de que la Virgen fuera bendecida. Volví a mi casa como loco, y le entregué el dinero a mi madre, con las lágrimas saltadas.

La Virgen se quedó en San Bartolomé. Mientras la exponían para las visitas, iba a verla casi todas las tardes. Un día acudió el padre Francisco Romero de la Quintana, un cura natural de Jerez de la Frontera, destinado entonces en la iglesia del Salvador de Sevilla, al que llamaban el padre don Francisquito. Aunque era de estatura normal, le pusieron ese mote por su aspecto elegante, un poco cursi y atildado. También era conocido como el padre Vitriolo. Le dijo a Juan Delgado Alba una frase que no se me ha olvidado:

—Juanito, se tiene que llamar Virgen del Desconsuelo. ¡Qué me gusta, qué me gusta, enhorabuena! Porque, mira, en Pasión han puesto una Virgen de Sebastián Santos que es muy guapa, pero es una guapa resfriada... Esta de aquí es una Virgen que me recuerda a la mejor escuela de las Vírgenes niñas de Sevilla.

Después nos aclaró que calificaba así a la Virgen de la Merced de Pasión, afectuosamente, porque era una imagen muy bella, pero con la cara *sonrosadita*. Había comentado lo del resfriado como una broma cariñosa. Los comentarios cáusticos y los chistes afilados de este cura eran famosos, así como sus refriegas dialécticas con don José Sebastián y Bandarán y la hermandad de Pasión. Decía que las figuritas del paso del Señor de Pasión parecían de juguete, creadas para darle cuerda por las noches, y simulaba los supuestos movimientos.

Por allí pasaron infinidad de cofrades de Sevilla. Le probaron coronas para ver cómo le quedaban. Fue un gran acontecimiento durante aquel verano de 1966.

LA DESPEDIDA DE BUIZA

Meses antes de ser expuesta, a comienzos del año 1966, me había ocurrido un incidente muy desagradable con mi maestro Francisco Buiza, relacionado con la Virgen que después sería Guadalupe. En la prensa se publicaron artículos muy bonitos sobre Ella, que todavía no tenía advocación. Aparecieron informaciones en la *Hoja del Lunes*, en *ABC*, en el diario *Sevilla*, que se editaba entonces. Una de las crónicas titulaba: «Un imaginero adolescente talla una Virgen para la Semana Santa de Sevilla».

El éxito tuvo una repercusión muy negativa en mi relación

con Buiza. Un día fui al taller y, enseñándome un periódico, me preguntó:

—¿Esto qué es?

Parecía que había cometido un crimen. Después me enteraría, porque me lo contaron, que cuando supo que buscaban una Dolorosa, un día Buiza llamó a Fernand y le pidió que hiciera fotos de una Virgen que él había tallado y que ahora es la Trinidad de Málaga, para ofrecérsela a Las Aguas. Incluso Juan Delgado Alba y Joaquín Delgado-Roig visitaron el taller para ver esta Virgen de Buiza, pero al final la descartaron.

No fue la única. Según Delgado-Roig, antes de decidir la Virgen de su paso de palio, los cofrades de Las Aguas valoraron nueve posibilidades. Además de la mía y la de Buiza, tantearon otras siete alternativas:

—La antigua Virgen de la O. Lo hablaron, pero no hubo acuerdo.

—Una Dolorosa de Abascal, que fueron a ver a la calle Alhóndiga y no les interesó.

—Otra Dolorosa de la parroquia de San Ildefonso que les mostró el párroco, el padre José Barriga, y que se consideraba obra probable de Juan de Astorga.

—Una Virgen, de autor desconocido, que tenía un coadjutor de la parroquia de San Julián en su casa de la plaza del Pelícano.

—También se atribuía a Astorga, según les dijeron, una Virgen que les mostraron en la iglesia de Capuchinos.

—Vieron una mascarilla en barro, realizada por Antonio Dubé de Luque, que les enseñó cuando empezaba en la calle Fernández y González.

—Por último, se comentó que Antonio Illanes, autor del Cristo, ofrecía una Dolorosa tallada por él, pero no llegaron a verla.

Descartaron todas. El hermano mayor, Juan Delgado Alba, desde que vio mi Virgen, quedó fascinado con esa imagen, según me dijo después.

Buiza, tras enseñarme el periódico, se enfureció. Yo seguía asombrado. Cogió mis cosas y las puso en la puerta de su taller.

—¡No vuelvas más por aquí!

Fue tristísimo. Tuvimos una conversación, en la que él me preguntó por qué no le había revelado nunca que esa Dolorosa era para la cofradía de Las Aguas. Le recordé que él ya sabía que hacía trabajos personales en mi casa, que incluso le llevé la Virgen para pedirle su opinión, y que era un asunto mío particular.

No lo entendió. Me echó de su taller. Para mí fue muy duro, me sentí vacío, era lo más triste que me había pasado como imaginero. Me dolió porque lo apreciaba y lo consideraba mi maestro.

Algunos días después, mi madre fue a hablar con él, para preguntarle qué había pasado. Cuando llegó de vuelta a casa, ella me contó que Buiza estaba muy molesto, que le había sentado mal que yo hiciera una Virgen para una cofradía de Sevilla, sin decírselo antes a él, que era mi maestro. Empecé a llorar otra vez, recordando lo que había pasado. Para mí fue una gran humillación. Fue un escándalo, con voces, gritos... Incluso salió de su tienda José Molleja, que me dio un abrazo, y después otros anticuarios para preguntarme qué había pasado.

Poco después de que me expulsara del taller, Francisco Buiza sufrió un accidente de moto. La primera que me dice «ve a verlo» fue mi madre. Buiza estaba terminando entonces el Cristo de la Sangre para la cofradía de San Benito, que lo donaba la Policía Armada y se debía bendecir en el mes de marzo de 1966 por el cardenal Bueno Monreal. El hermano mayor, Manuel Ponce Jiménez, y el teniente coronel Manuel Hita Jiménez, como jefe de la II Circunscripción de la Policía Armada, pasaban muchas veces por el taller para ver cómo iba la cosa. Yo mismo visité varias veces a Manuel Ponce, para que me pagara una cantidad que le anticipaba a Buiza, a cuenta del trabajo en el Cristo de la Sangre. Me solía dar quinientas pesetas cada mes. Yo las metía en uno de mis zapatos, para que no se me perdieran en el regreso al taller.

A pesar del enfrentamiento tan desagradable que habíamos mantenido, Buiza me llamó un día y me dijo:

—Te necesito.

Lo pensé. Y le contesté que le iba a ayudar, pero que no sería lo mismo que antes. Se lo conté a mi madre y me pidió que le ayudara. Junto con Jesús Santos Calero, estuvimos terminando de ensamblar la imagen del Cristo de la Sangre, al que ya conocía de antes, porque le había ayudado a Buiza. Pudo entregarlo a tiempo. Hay que tener en cuenta que el teniente coronel Hita y Manuel Ponce lo visitaban con frecuencia, incluso le formaron alguna que otra bronca, para que lo terminara cuanto antes. Estaba muy presionado para no retrasarse. Antes de ser bendecido en San Benito, el Cristo fue expuesto en el cuartel de la Policía Armada existente en la Alameda de Hércules, en la esquina con la calle Lumbreras.

Años después, me enteraría de algo importante, que explica en parte lo que ocurrió con Buiza y su enfado conmigo. La Virgen de Guadalupe fue bendecida el 19 de febrero de 1967; pero, por las dificultades económicas de la cofradía, no pudo salir en su paso de palio hasta el Lunes Santo de 1969. Ese mismo año murió mi madre, de pronto, cuando tenía 54 años. Yo había llevado unas flores del paso de la Virgen de Guadalupe, en su primera salida, a la tumba de mi padre. Aún estaban frescas las flores cuando muere mi madre. Apareció muerta con una foto de la Virgen, obra de José Ruiz, que hacía unos murales impresionantes. Me regaló una foto en color, y con esa foto de Guadalupe murió mi madre. La noche antes había hablado con ella y, curiosamente, recordamos el incidente con Buiza. Mi madre me dijo:

—Hijo, también hay que entenderlo... Se sintió celoso con tu éxito. Leyó los elogios y reaccionó de ese modo. Me dijo que, siendo tan joven, ya tenías una imagen para la Semana Santa de Sevilla, cuando a él le había costado mucho trabajo. Buiza me dijo que su primera imagen titular para la Semana Santa de Sevilla, el Cristo de la Sangre, todavía se estaba terminando, y que él era tu maestro. Pero también me dijo que tu Virgen es fabulosa.

Con el tiempo, le di muchas vueltas a esas palabras de mi madre. Sobre todo, las recuerdo porque, a la mañana siguiente, apareció muerta.

Después de ayudarle para que terminara el Cristo de la Sangre, ya no seguí con Buiza, pero siempre nos tuvimos un gran aprecio. Por entonces yo trabajaba en el local que me había cedido el orfebre Jesús Domínguez, en la calle Santa Clara. No obstante, la relación con Buiza se hizo más cordial, con el paso del tiempo. Yo iba a visitarlo, de vez en cuando, a su taller de la Casa de los Artistas. Cuando viajé a Italia para aprender restauración, le traje *raspitas.* Siempre le preguntaba si necesitaba algo.

También él me visitó algunas veces. En una ocasión, a finales de 1981, un día que vino a verme, me dijo:

—Luis, quiero reconocer que, gracias a ti, hoy los imagineros cobramos como es debido. Ya no estamos como en otros tiempos. Eso te lo tenemos que agradecer.

Abro un paréntesis sobre este asunto, para recordar una anécdota que me contaron, ocurrida ese mismo año 1981, apenas unos días antes, en el taller de Manuel Guzmán Bejarano. Como en otras ocasiones, acudieron a verlo los imagineros Luis Ortega Bru y Francisco Buiza. En un cierto momento, hablaron sobre el Cristo de los Futbolistas que yo haría para Buenos Aires. Ortega Bru decía:

—¡El Niño, el Niño! ¡Hay que ver el Niño! ¡Hay que ver lo que ha cobrado por su Cristo de América! Dicen que los futbolistas le van a pagar dos millones de pesetas…

—Lo que tenéis que hacer es aprender del Niño. Gracias a él, se están revalorizando los imagineros de Sevilla —le contestó Guzmán Bejarano.

Eso era lo que expresó mi maestro Buiza, con modestia y cariño, unos días después. Me lo decía porque, hasta los años setenta, los imagineros sevillanos habían pasado muchas dificultades económicas. En los años de la posguerra, y aún después, algunas cofradías no les pagaban bien, o simplemente no les pagaban. Existía la teoría de que el imaginero era un ser bohemio, un artista raro, y no les pagaban lo que merecían. Grandes artistas pasaron enormes problemas económicos injustamente. Yo mismo había intentado cobrar para Buiza lo que le debían por algunas de sus obras. No siempre se conseguía.

Cuando ya alcancé cierta fama y no me faltaba el trabajo como imaginero, sobre todo en la segunda mitad de los setenta y después, establecí mi tarifa profesional con el objetivo de dignificar nuestra profesión. Pensaba que, si las cofradías no ponían reparos a pagar bien por los trabajos de bordados y orfebrería, tampoco debían regatear a los imagineros que les creaban sus sagrados titulares. Se trataba de poner un precio justo, sin abusar tampoco. Por otra parte, no he caído en el error de regalar imágenes, o rebajarlas a precio de saldo, que me parece un menosprecio hacia los compañeros y hacia uno mismo. He colaborado en numerosas ocasiones en actos benéficos, cuando la ocasión lo merecía. Pero eso es una cosa diferente por infravalorar tu propio trabajo.

Mi despedida de Francisco Buiza fue en 1983, en su mismo lecho de muerte. Agonizaba en su casa, precisamente en la calle Santa Clara, cerca de San Lorenzo. Habían acudido amigos, familiares, conocidos suyos... Su esposa, Dolores Hidalgo Patiño, a la que también quise mucho, había pedido que nadie entrara a ver a Buiza. Pero, cuando me vio, me dijo:

—Niño, tú puedes entrar.

Entré en la habitación y nos dimos un gran abrazo. Así me pude despedir en paz de Francisco Buiza Fernández, mi maestro, con el que tanto había aprendido.

EL NOMBRE DE GUADALUPE

El cabildo para decidir el nombre de la Virgen que había adquirido la cofradía de Las Aguas tuvo lugar a principios de 1967, poco antes de la bendición de la imagen. Se celebró en San Bartolomé, con asistencia del párroco, el padre Salvador Díaz Luque. Fue un cabildo muy nutrido, para lo que era habitual entonces. Las propuestas de los nombres presentados al cabildo eran dos: la Oliva y la Humildad, aunque también se había planteado antes la opción del Desconsuelo.

En los días previos, surgió un cierto run run sobre la posibilidad de que el párroco estuviera tramando algo para decidir el nombre. Un cofrade de la Macarena y de las Aguas, Pedro Marcos Bustamante, que precisamente vive en Gines, intervino en el cabildo y dijo:

—¿Por qué no le ponemos Virgen de Guadalupe? Es una devoción que tiene mucho arraigo en Sevilla y que sería muy bien recibida.

Después intervino el párroco, el padre Salvador Díaz Luque, que apoyó esta propuesta:

—No es sólo una devoción mariana muy vinculada a los extremeños, sino que también es la patrona de México. En Sevilla sería un gran acierto tenerla. Además, la Virgen de Guadalupe es muy milagrosa.

—Sí, hombre, y le ponemos detrás unos mariachis con los sombreros, en vez de la banda de música —comentaron algunos hermanos, en tono jocoso.

El párroco volvió a intervenir, con un sentido panegírico, exaltando las virtudes de la advocación de Guadalupe.

El cabildo quedó interrumpido, para hacer un receso antes de la votación. En aquel descanso, se oyeron algunos comentarios burlones sobre los mexicanos. Había sido una sorpresa para casi todos, que no esperaban esa posibilidad.

A continuación, tras la reanudación del cabildo, se votó. Salió ganador el nombre de Guadalupe por una amplia mayoría.

Juan Delgado Alba llegó a plantear al párroco la validez del cabildo, ya que el nombre elegido no figuraba entre los propuestos para la convocatoria. El padre Salvador puso sus manos sobre las papeletas y dijo:

—El cabildo es válido porque lo autorizo yo, que soy la autoridad eclesiástica.

Delgado Alba nos comentó, pasado el tiempo, que había sido un gran acierto, porque es decir Guadalupe y verla a Ella, como una Virgen única. Juan auguraba que llegará un momento en que a esta cofradía se la conocerá más como Guadalupe que como Las Aguas. No sé si exageró. En todo caso, hay que tener en cuenta que Juan Delgado Alba, que fue un grandísimo cofrade de Sevilla, le profesaba una especial devoción a la Virgen de Guadalupe. Para él era algo muy personal, compartida con su devoción a Jesús Nazareno, pues también fue un significado cofrade del Silencio. Cuando le nombraron pregonero de la Semana Santa, Ruiz el de la joyería, le regaló dos grandes cuadros de Jesús Nazareno y de la Virgen de Guadalupe. Juan los colgó en el dormitorio de su casa de Heliópolis, donde yo los vi y pensé: «Espero que no se caigan nunca», porque eran enormes. Su Jesús Nazareno y su Virgen de Guadalupe eran sus dos grandes pasiones. Juan Delgado Alba, junto con Joaquín Delgado-Roig, había sido el gran valedor, como un padre para que su cofradía tuviera a la Virgen de Guadalupe.

El acto de bendición de la imagen se celebró en la parroquia de San Bartolomé el 19 de febrero de 1967, a cargo del párroco, el padre Salvador Díaz Luque, que tanto había influido para que recibiera ese nombre. En la víspera, la tarde del día 18, ocurrió algo sorprendente e inesperado. Se presentó en la parroquia de San Bartolomé el mayordomo de la Macarena, Miguel Muruve Román, cuyo hijo Miguel, por cierto, años después, sería pregonero de la Semana Santa y hermano mayor del Gran Poder. Le acompañaba el prioste, Pepe Mena Martagón. Traían el resplandor que había sido utilizado en la Coronación Canónica de la Macarena, así como una saya blanca bordada. El resplandor no se le pudo colocar, por dificultades con el perno. Pero la Virgen de Guadalupe lució la saya de la Macarena en su bendición.

Fue apadrinada por la Guardia Civil del cuartel de Eritaña. Por eso, el padrino oficial fue José Utrera Molina, gobernador civil de Sevilla. También asistieron el gobernador militar, Juan Collantes; el general Corrochano, que era el jefe de la Guardia Civil, y el teniente coronel Manuel Hita, que lo era de la Policía Armada. Asimismo, había una representación del Cuerpo de Telégrafos, muy vinculado a esta cofradía, y una amplia presencia de cofrades sevillanos.

Fue muy curioso lo que sucedió en la copa que se sirvió después, la primera a la que yo asistía. Para empezar, pidieron que las mujeres no se quedaran a la copa. Entonces aquellos actos de cofrades se reservaban a los hombres. Mi madre y mi hermana, que asistieron al acto de bendición, se marcharon, aunque no se pensaban quedar. Allí me encontré con Utrera Molina, que había sido la persona que me entregó el primer premio que recibí en mi vida. También él recordaba aquel acto, que había presidido unos años antes, cuando yo sólo tenía trece y gané un concurso de escultura que se había organizado en colegios de toda España. El premio fue otorgado a mi imagen de un Niño Jesús. Utrera Molina me había entregado el premio en el edificio de la calle Castelar donde después se ubicaría la Delegación de Cultura. Consistía en 1 000 pesetas y una medalla de bronce.

En aquel acto de la bendición de Guadalupe estuvieron presentes muchos cofrades sevillanos que eran de otras hermandades, pero también se habían vinculado con Las Aguas, como Luis Rodríguez-Caso y Carmelo Martín Cartaya, entre otros.

Hay una anécdota de ese día, de la que se conserva una foto, en la que aparece mi madre con su nieta, la hija de mi hermano Juan Manuel. Ya me habían pagado las cinco mil pesetas restantes, hasta completar las diez mil fijadas por el precio de la Virgen. Y, cuando se acabó *el pescaíto*, me dicen Juan Delgado Alba, Joaquín Delgado-Roig y José Joaquín Serrano que quieren ir a mi casa, para tener un detalle con mi madre y entregarle un centro de flores que había exornado a la Virgen en la ceremonia. Vamos a mi casa, cuyo salón presidía una foto de Guadalupe vestida de hebrea, que le hizo Joaquín Delgado-Roig, y que sería la primera estampa de Ella. Llegamos, le entregan el ramo a mi madre y nos hacemos la foto a la que antes me refería, en la que aparece ella con su nieta y yo con el primer traje que estrenaba en mi vida. A continuación, le entregan a mi madre un sobrecito, en el que hay dos mil pesetas. Era un regalo por aquello que dije cuando me pidieron el precio de la Virgen: «Quiero doce mil pesetas, pero se queda en diez mil». Allí, en el sobre, estaban las dos mil que les había rebajado.

Con el tiempo, supe que las diez mil pesetas del coste inicial de la imagen fueron donadas, a partes iguales, por Francisco Mesa García y José Joaquín Serrano Magro, mientras el mayordomo, que era Joaquín Delgado-Roig, entregaba las dos mil pesetas rebajadas en nombre de la hermandad.

Fue un gran detalle, que demuestra la calidad, la bondad y el caché de los cofrades de antes. He conocido a muchos cofrades de antes y de ahora, y no niego que todos tengan sus méritos, pero antes había cofrades que iban por derecho y que sabían dónde estaban. No ocupaban cargos en las cofradías para ronear, por las apariencias, ni para figurar con una vara.

Un día me dijo un cofrade de reciente cuño que, si quería ir con él a una tertulia muy conocida, llamada El Cirio Apagao. Resulta que soy uno de los fundadores de esa tertulia y que les hacía los nazarenos de terracota con el color de la cofradía, que se entregaban a los nuevos miembros cuando ingresaban. El nombre de la tertulia se le ocurrió a Luis Rodríguez-Caso, que la fundó junto a otros amigos, entre los que me hallaba.

El cofrade enterado, que me quiso enseñar El Cirio Apagao, me pidió disculpas. A veces se llega a las cofradías dando lecciones sin saber nada. Por eso, siempre recordaré a cofrades como Juan Delgado Alba y tantos otros, a los que conocí en aquellos inolvidables años sesenta. Había otra forma de entender las cofradías y la Semana Santa. Delgado Alba se convirtió en mi tutor legal, por deseo expreso de mi madre, hasta que cumplí los veintiún años, la mayoría de edad de entonces.

LA PRIMERA SALIDA

Puedo mencionar muchas curiosidades relacionadas con la primera salida procesional de la Virgen de Guadalupe, aquel Lunes Santo de 1969. Hace unos años participé en una mesa redonda que organizó Andex, invitado por María Luisa Guardiola, condesa de Peñaflor. En la mesa redonda intervenían el imaginero Juan Manuel Miñarro, el profesor Emilio Gómez Piñol, Sebastián Santos Calero (hijo del imaginero) y yo. A Sebastián Santos Calero no lo había tratado demasiado, porque a él siempre le ha gustado más la escultura profana y la docencia que la imaginería, aunque es un magnífico escultor. En aquella mesa redonda, Sebastián recordó unas palabras que dijo su padre, el maestro Sebastián Santos Rojas, en la primera salida de la Virgen de Guadalupe, cuando la vio pasando por su taller, en la calle Santiago:

—Ya tiene Sevilla un imaginero.

En aquella primera salida del año 1969, yo iba de nazareno. Mi madre me dijo que ni se me ocurriera volver a casa si se enteraba de que la Virgen de Guadalupe estaba en la calle mientras yo me quedaba en un bar bebiendo con mis amigos. Así que salí de nazareno, con un palermo delante del paso de palio. Luis Rodríguez-Caso salió con otro palermo, que se llevó cedido por la Quinta Angustia. Los cofrades José Antonio Cía González y José Antonio Muñoz Serrano iban de manigueteros. También salieron Juan Dávila Armero y muchos cofrades de El Silencio y Quinta Angustia, que eran los amigos capillitas del grupo de Juan Delgado Alba y Joaquín Delgado-Roig. Otra curiosidad es que Carmelo Martín Cartaya le cantó una saeta a la Virgen de Guadalupe en su entrada, desde un balcón situado frente a la parroquia de San Bartolomé, con muy buena voluntad.

Recuerdo diversas anécdotas de esta primera estación de penitencia. La Virgen salió sobre una peana provisional, con la madera forrada de papel albal. Tenía un diseño de Jesús Domínguez y la madera ya mostraba el perfil actual, pero aún no la había plateado. La peana había sido donada, a partes iguales, por los mayordomos, Joaquín Delgado-Roig y Efigenio Ladrón de Guevara. Por cierto, que uno de los varales de Guadalupe fue donado por el arquitecto Antonio Delgado Roig, padre de Joaquín, aunque no consintió que se le grabara su nombre, como es costumbre. Otro varal fue donado por El Silencio. Esta donación vino precedida de una curiosa anécdota, poco conocida. Un par de años antes, la cofradía de Las Aguas adquirió los ciriales que aún salen con el paso de la Virgen de la Concepción, del Silencio. Según me explicó

Delgado-Roig, firmaron un documento de compra y pagaron los primeros recibos. La cofradía de Las Aguas, tras recibir los ciriales, los envió a un taller de Córdoba para platearlos y cambiar el escudo, aunque esto último no llegó a realizarse. Los ciriales salieron un año acompañando al paso de misterio de Las Aguas, que ya era su propietaria. Pero, unos días después, un conocido cofrade del Silencio, Eduardo Ybarra Hidalgo, protestó en su hermandad porque un grupo de hermanos no estaban conformes con la venta de los ciriales de la Concepción. Finalmente, El Silencio dio marcha atrás y pidió que se los devolvieran. Aunque había papeles firmados y pagos efectuados, no se llegó a un litigio. Gracias a que Delgado Alba y Delgado-Roig eran hermanos de ambas cofradías, se pudo arreglar de forma amistosa. Los ciriales volvieron al Silencio, que devolvió la cantidad pagada por Las Aguas. En agradecimiento, la cofradía decana de la Madrugada donó uno de los varales del paso de palio de Guadalupe, que lleva grabada la Santa Cruz de Jerusalén, con un coste de siete mil pesetas. Fue como un desagravio fraterno.

En aquella primera salida, vivimos un gran momento cuando la Virgen reviraba desde Laraña a Orfila, antes de llegar a la capilla de Los Panaderos. La entrada en la Campana resultó espectacular. Algunas personas hasta sacaban pañuelos blancos. La llevaban los costaleros de Rafael Ariza y la acompañaba la Banda Municipal de Sanlúcar la Mayor. Otra curiosidad fue que cuando la cofradía volvía, cerca de San Esteban, nos dieron un ágape impresionante en la casa de José Muñoz Gálvez, cofrade del Silencio y de Las Aguas, que vivía en la calle Águilas. Eso sí, sin nada de alcohol; y solo duró un momentito, nada más.

A los hermanos más antiguos de la cofradía de Las Aguas les llamó mucho la atención que aquel año había más gente y fotógrafos por las calles de San Bartolomé, para ver a la nueva Virgen de Guadalupe bajo palio. Hasta entonces, cuando solo salía el paso de misterio, era habitual que las calles de la Judería permanecieran casi vacías. Hay fotos en las que se ve el paso de Cristo prácticamente solo.

Recuerdo otra anécdota de Guadalupe, anterior a la primera salida. Ocurrió en el pregón de Semana Santa que pronunció José Ignacio Artillo González, en 1967, en el Teatro San

Fernando. Estaba allí, sentado con los cofrades de Las Aguas, y señalándome con un dedo, dijo:

—Y sevillana la tallaron y, por sevillana, te hicieron suya los hermanos de las Aguas, Virgen Santísima de Guadalupe, Oliva de la paz, humilde, antigua... Madre, en suma, tal como tú la soñabas y tal como la ves, Ramón, alzada sobre tus pies en el palio esplendoroso del cielo.

Ahí se refería a Ramón Gil, mítico cofrade de la hermandad, a quien los hermanos más antiguos habían escuchado que quería a la Virgen del Mayor Dolor para el paso de misterio y a una Virgen más niña para un paso de palio. Precisamente la viuda de Ramón Gil fue invitada a llamar para la primera levantá al paso de la Virgen de Guadalupe, antes de salir de la parroquia de San Bartolomé, aquel Lunes Santo de 1969.

Y curiosamente, en 1968, un año después del pregón de José Ignacio Artillo, y un año antes de que saliera la Virgen de Guadalupe bajo palio, el pregonero fue Juan Delgado Alba, que terminó así su intervención:

—Recoged, Virgen Santísima de Guadalupe, como primer clavel para las jarras de tu paso, el «¡ahí quedó!» de este Pregón.

MIS ORÍGENES

Soy creyente y pienso en los designios de Dios. Aunque no tuve nada que ver en el nombre que le pusieron a la Virgen, mi padre era de Valencia de las Torres (Badajoz) y mi madre de Oliva de la Frontera (también de Badajoz). Guadalupe está precisamente en la provincia de Badajoz y es la patrona de Extremadura. Mi sangre, por tanto, es extremeña, aunque yo sea andaluz. Quiero mucho a Sevilla. He nacido en Sevilla y me siento sevillano, pero no reniego de mis raíces, del origen de mi familia, y creo que nadie debería hacerlo. Por eso, siempre he pensado que no sería casualidad lo que me pasó. La obra que me dio fama y me encumbró tenía el nombre de Guadalupe. Que aquello surgiera de pronto, y que le pusieran el nombre de la Patrona de Extremadura, cuando nadie lo esperaba, no creo que sea por casualidad.

Toda mi familia está ligada a la Virgen de Guadalupe, a la de su tierra y a la mía. Mi padre me ayudó a hacer el candelero de la Virgen, cuando aún no se conocía su nombre, y falleció poco antes de que fuera adquirida por la cofradía de Las Aguas. Murió en 1965, cuando tenía 54 años. En 1969, cuatro años después, cuando tenía esa misma edad de 54 años, muere mi madre, pocos días después de aquel Lunes Santo en que sale por vez primera la Virgen de Guadalupe en su paso de palio. Con todo esto es normal que mi hija se llame Guadalupe. Y también que la casa donde vivo en Gines recibiera el nombre de *Guadalupe.*

Mi padre salió de su tierra extremeña sin hacer nada malo. Era el destino. Eso permitió que yo naciera en Sevilla y que fuera imaginero. A veces me pregunto qué hubiera sido de mí si hubiera nacido en la dehesa de Extremadura, si no hubiera visto un paso de palio para inspirarme cuando era un niño. A mi padre, un hombre sencillo, siempre lo quise mucho. A mi tío Manolo, que le salvó la vida y que siguió en el Ejército, lo visitábamos en Huelva, donde estaba destinado. Sobre todo, en verano, cuando íbamos a su casa de Punta Umbría.

Después de que desapareciera la Huerta de los Granados, nos dieron un piso muy cerca, en la calle General Martínez Vara del Rey número 6, en San José Obrero. Así seguimos viviendo en el barrio. En ese piso tallé a la Virgen de Guadalupe. Mi historia personal y familiar fue providencial. El destino me llevó a nacer en Sevilla para que fuera imaginero. Para mí ese destino solo tiene un nombre: Guadalupe.

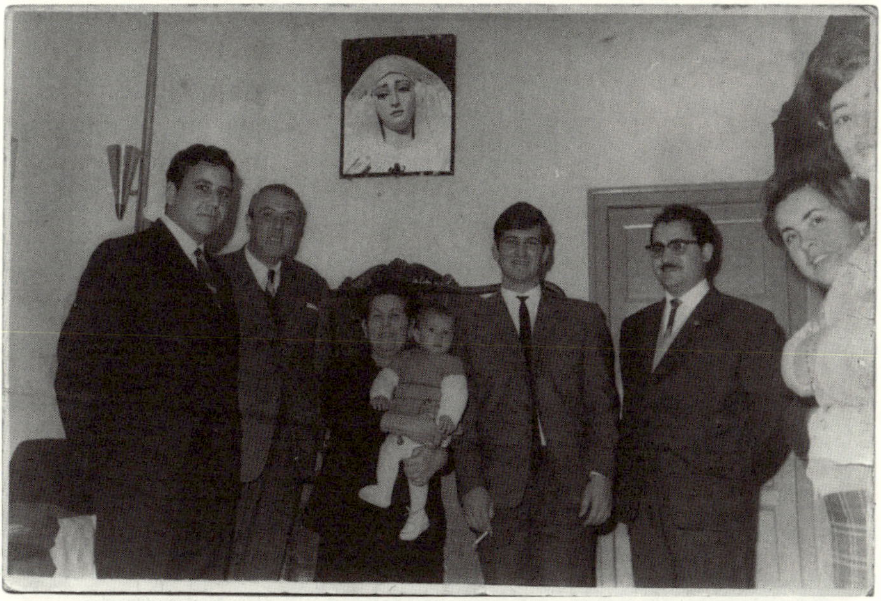

Álvarez Duarte en su casa, tras la bendición de la Virgen de Guadalupe, junto a su madre y su sobrino, acompañados por Joaquín Delgado-Roig, Juan Delgado Alba y José Joaquín Serrano Magro, cofrades de las Aguas.

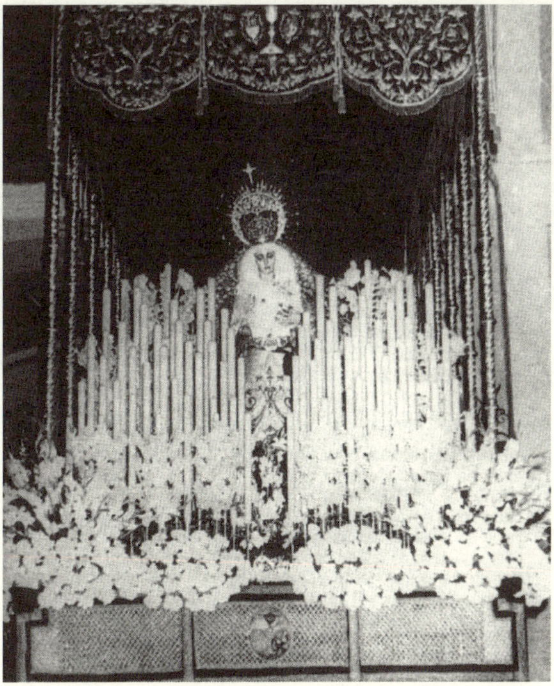

El antiguo paso de palio de Guadalupe en su primera salida de San Bartolomé.

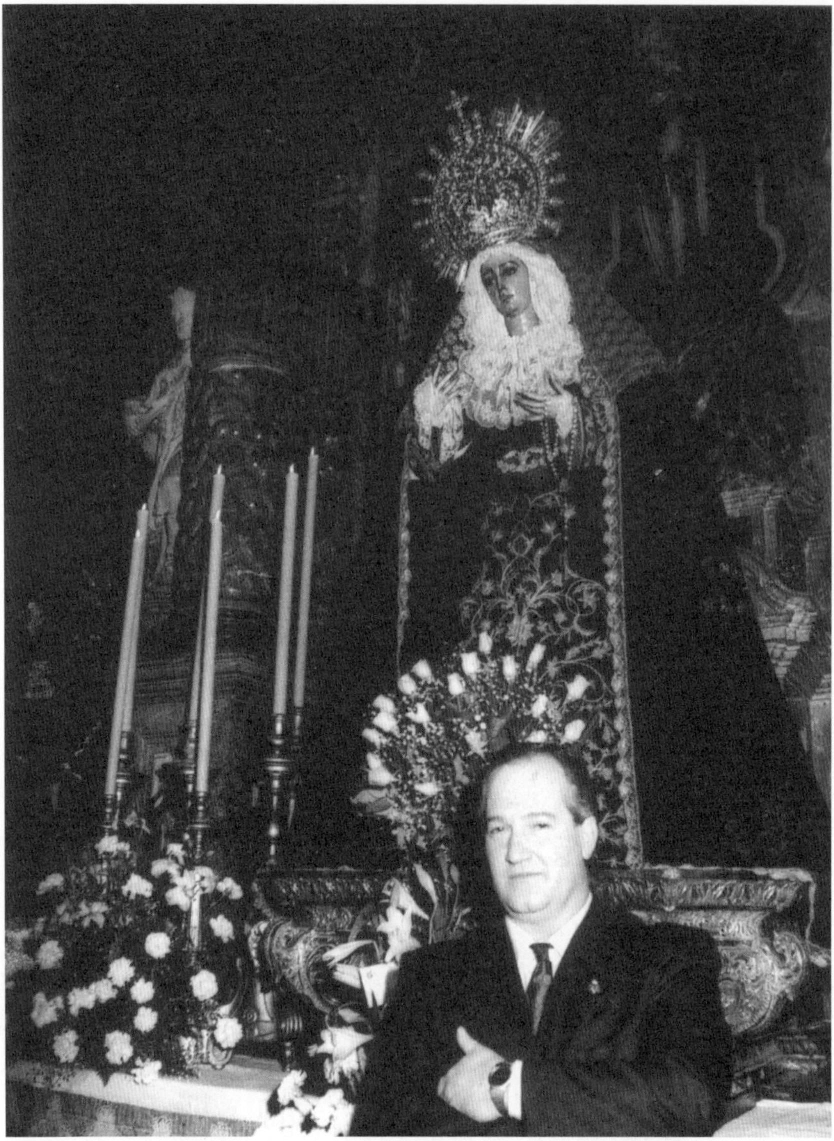

Luis Álvarez Duarte ante la Virgen en la parroquia del Sagrario,
donde estuvo para los cultos del XXV aniversario.

1.3 SED PARA SER ARTISTA

La Virgen de Guadalupe, de la cofradía de Las Aguas, es la imagen que me aportó fama y la que me da a conocer en los ambientes cofrades como el niño imaginero de Sevilla. En esos años empieza una etapa importante, que se irá desarrollando poco a poco. Son años de juventud, que alcanzarán otro momento destacado en Sevilla con el Cristo de la Sed.

Pero antes de llegar ahí, nos encontramos con mi trayectoria previa. Cuando terminé a la Virgen de Guadalupe solo tenía dieciséis años. Muchas personas piensan que es mi primera imagen de Virgen, pero no, es la cuarta. La primera es la Virgen de los Dolores, de la parroquia de San José Obrero, de Sevilla. La segunda fue la Virgen de la Concepción, de Palma del Río (Córdoba). Y la tercera es una Dolorosa con una historia curiosa, que actualmente está en la Sierra Norte de Sevilla, en Constantina.

UNA AMARGURA QUE FUE DE LA CALLE FERIA A CONSTANTINA

Cuando yo tenía unos catorce años le hice una Virgen a un coleccionista llamado Pablo Carrión, al que conocía por ser propietario de una tienda en la calle Feria, cerca de la Casa de los Artistas. A esta imagen le tallé la cara, las manos y el cuerpo. Era un señor que tenía Macarenitas, que le hacía Eslava, y también algunas imágenes que le encargaba a Buiza. Era amigo de Juan Pérez Calvo. A mí me preguntó si sería capaz de hacerle una Virgen. Le dije que sí y le pedí mil quinientas pesetas.

La imagen se la quedó él, en teoría para su colección particular. Pero después recuerdo haberla visto en la exposición que se organizaba en la iglesia de Los Venerables, en el barrio de Santa Cruz, en lo que fue el Museo de las Cofradías de Sevilla, que dirigió José Luis de la Rosa.

Me enteré de que estaba allí la Virgen. Fui a verla, y les dije que esa era la mía, que la había hecho yo, pero nadie me lo reconocía, incluso me contestaban que no, que me había confundido. Es más, le habían borrado la firma que le dejé.

Alguien no quería que se conociera el verdadero autor. Esto lo averigüé años después, cuando la hermandad de la Amargura de Constantina colaboró conmigo para que se aclarara todo. A esta imagen le habían puesto una pintura de fachada sobre mi firma, para ocultarla. Lo arreglé con un decapante, que permitió volver a ver la firma donde la puse.

Cuando la Virgen fue comprada al coleccionista por la cofradía de Constantina, estaba vestida por Juan Pérez Calvo, que le había puesto un capote de paseo, una diadema de la Virgen de la Hiniesta y un manto turquesa que pertenecía a la Virgen de Todos los Santos.

Después incluso me enteré de lo que cobró el propietario de la imagen. Le pagaron veinticinco mil pesetas por la Virgen. Me la compró por mil quinientas pesetas, así que le resultó rentable. No quisieron ni que me enterara. Sin embargo, algún tiempo después, en la cofradía me contaron todo. Según me dijeron, la Virgen se bendijo el 1 de noviembre de 1975, pero llegó a Constantina unos meses antes. Cuando la compraron, habían pasado más de diez años, porque la tallé entre 1963 y 1964. Es curioso que ese señor me la encargó a escondidas de Buiza, cuando yo trabajaba en su taller de la Casa de los Artistas, porque lógicamente él o Eslava le iban a cobrar más que yo.

La Virgen estaba intacta, tal como la terminé siendo un chaval. Por eso, se debe considerar como mi tercera imagen en la cronología. Después la he restaurado y he visto que no se le había tocado nada. Yo tampoco le he alterado nada, tan solo reponerle una lagrimita y limpiarle la suciedad. La Virgen tiene los ojos de cristal, que se le compraron en la casa de un alemán que se llamaba Lampaster, un comercio que se encontraba en la calle Santa Ana, de Sevilla. Allí es donde Sebastián Santos y otros imagineros los compraban. Esta Virgen muestra ciertas similitudes con Guadalupe, que es posterior, y con la de Palma del Río, que es anterior. Y también con la Virgen de los Dolores, de la cofradía de Vera Cruz y Oración del Huerto, de Huelva, que es posterior, la quinta imagen de Virgen que hice en mis primeros años.

LA VIRGEN DE LOS DOLORES QUE PUDO SER DE SANTA CRUZ

También tiene una historia la Virgen de los Dolores, de Huelva. La tallé en 1967, en principio sin destino para ninguna hermandad. Algunos cofrades la vieron en mi casa y se quedaron admirados. La imagen estuvo a punto de ser adquirida por la cofradía de Santa Cruz con destino a su paso de palio. Eran los años en los que estaban creando el palio, en el que iban a poner a la Virgen que había transformado Abascal, pero algunos hermanos la querían sustituir por una nueva. Vino a mi casa Antonio Hermosilla Molina, reconocido médico sevillano que fue hermano mayor de Santa Cruz, al que acompañaba Antonio Soto Cartaya, hermano mayor de Vera-Cruz. Los dos la elogiaron. Hermosilla me dijo:

—Luis, la Virgen es maravillosa, no debe salir de Sevilla. A ver si nos la podemos quedar para Dolorosa de Santa Cruz.

Pero había un problema: el tamaño. Esa Virgen es más grande que la de Guadalupe y que otras mías. No quedaba bien en el paso de palio de Santa Cruz, que es pequeño. Hicieron una prueba y no pudo ser. Con mucha pena, Antonio Hermosilla tuvo que renunciar.

Poco después, en ese mismo año, la cofradía de Santa Cruz le compró la actual Virgen de los Dolores a Antonio Eslava, que la había tallado con mucho parecido a otra suya, la de Dolores y Misericordia, de Jesús Despojado. Según se dijo entonces, costó treinta mil pesetas. Salió, por vez primera, en su paso de palio, en 1968, sustituyendo a la antigua imagen.

Algunos cofrades de Santa Cruz al parecer no quedaron muy satisfechos cuando conocieron el parecido entre sí de las dos imágenes de Eslava. Y menos todavía cuando supieron que, extrañamente, Eslava había repetido su modelo de Dolorosas para otras cofradías andaluzas. Incluso se dio el caso de que cuando Buiza talló la Virgen de la Trinidad, de la cofradía de Medinaceli de Cádiz, lo hizo con un cierto parecido a la saga de las Dolorosas de Eslava, aunque para mí la de Buiza es mejor. Según me comentó el cofrade José Luis Ruiz Nieto-Guerrero, antes de adquirir la Trinidad de Buiza, los cofrades gaditanos de Medinaceli, tras unas gestiones en las que participó Juan Pérez Calvo, se habían interesado por otra Dolorosa de Sebastián Santos. No llegaron a un acuerdo económico y, finalmente, esta imagen de Santos pasó a ser la actual Virgen de la Amargura, de la cofradía de Humildad y Paciencia de Cádiz. En aquellos años era hasta cierto punto normal que un imaginero estuviera en tratos con varias cofradías de distintas ciudades para vender sus imágenes.

El grupo de los cofrades sevillanos de Santa Cruz que estaba descontento con el parecido de la Virgen de los Dolores, de Eslava, planteó un segundo intento posteriormente, en los años setenta. Esta vez intentaron cambiarla por otra Dolorosa que tenía en mi taller, si bien fue en un plan más informal, sin plantearlo seriamente en la hermandad. Antonio Hermosilla ya estaba un tanto harto del asunto y pensó que convenía zanjarlo de una vez. La imagen por la que se interesaron, en esa segunda ocasión, es la actual Virgen del Amor y Soledad, que recibe culto en Fuengirola (Málaga).

Pero la Virgen de los Dolores de 1967, la que pudo ser Dolores, pero de Santa Cruz, la imagen por la que se interesaron antes de comprar la de Eslava, al final fue para la hermandad de la Vera Cruz, de Huelva. Después de que la viera Antonio Hermosilla en mi taller, la cedí para un altar de Corpus que instalaron en la Joyería Ruiz, donde estuvo muy bien vestida por Fernand. Y a continuación la llevé al taller de Jesús Domínguez, en la calle Santa Clara, que me había dejado allí sitio para trabajar. Acudieron a verla unos cofrades de la Vera Cruz de Huelva, cofradía a la que le estaba trabajando entonces el orfebre, y quedaron muy interesados. Lo consultaron y decidieron que sería para ellos. La condesa de Mora Claros fue donante. Hay una anécdota. Llamaron cuando iban a venir y preguntaron el precio. Yo estaba en el taller con Jesús Domínguez. Les iba a poner veintidós mil pesetas, pero Jesús me dijo:

—Luis, pide veinticinco mil pesetas.

Y se vendió en veinticinco mil pesetas, el precio sugerido por el orfebre. Poco tiempo después, fue bendecida por el obispo de Huelva, José María Lahiguera.

Es una Dolorosa que la hago después de Guadalupe, pero distinta. No es una Virgen aniñada, sino una Virgen más mayor. Esto fue precisamente una de las cosas que llamó la atención, la gran diferencia entre dos imágenes tan cercanas en el tiempo.

En la capital onubense es muy querida y admirada como una de las Dolorosas más populares. Sale en un paso de palio muy distinguido, que tiene un excelente manto, el antiguo de la Virgen del Valle de Sevilla, que realizó Patrocinio Vázquez en 1905, con diseño del escultor José Ordóñez, y que restauró después el taller de Esperanza Elena Caro. En Huelva lo llaman *el manto de los fideos*, y es una auténtica joya. Algunos hermanos del Valle todavía lo añoran, porque es realmente espléndido. Hay muchos cofrades de Sevilla que acuden a los besamanos de mi Virgen de los Dolores en Huelva, en los que le suelen poner el palio. Así ven a la Virgen y al manto.

LA VIRGEN CORONADA DE HUELVA

Con la Virgen de los Dolores comienza también mi relación con Huelva, que en mis primeros tiempos será muy importante. Un año después, en 1968, tallé la Virgen de la Victoria, que sería mi sexta imagen mariana. Ha sido coronada canónicamente el 5 de mayo de 2012. Es una Virgen que tiene mucha devoción como titular de la cofradía del Polvorín.

Con esta Virgen se dio un caso infrecuente. Las manos no son mías. La Virgen de la Victoria era una imagen de Antonio León Ortega, que hizo una réplica de la que se había quemado en el Polvorín. Pero en la hermandad no quedaron plenamente contentos. Por mediación de Juan Pérez Calvo, le encargaron a Antonio Eslava unas manos preciosas para esa imagen de León Ortega. Cuando me plantean que les talle una nueva imagen, le veo las manos a la Dolorosa anterior y comprobé que eran preciosas. Esas manos de Eslava no se podían cambiar, así que se las respeté tal como estaban. A mi nueva imagen le incorporé esas manos.

Un año después, en 1968, tallé una imagen de San Juan, que sustituyó a otra anterior de León Ortega. Acompañó en el paso de palio a la Virgen de la Victoria hasta 1991. Al cambiar las reglas de la cofradía, se aprobó que la Dolorosa saliera sola desde el año siguiente y así ha continuado.

Para mí fue una gran satisfacción asistir a la coronación canónica de la Virgen de la Victoria, que se hizo con una categoría impresionante. Hubo algunas curiosidades que me agradaron mucho. Por ejemplo, en la procesión triunfal de la coronación, estuvo acompañada por la banda de música de Nuestra Señora de la Oliva, de Salteras, que sale también con otra imagen de la que soy autor, la Virgen del Patrocinio, de la hermandad del Cachorro, y le tocaron la marcha *Guadalupe* en honor mío, como autor de esa Virgen.

La coronación canónica, que tuvo lugar el 5 de mayo de 2012, resultó muy emotiva. La imagen fue coronada por el obispo de Huelva, José Vilaplana, en la plaza de la Constitución, ante una gran multitud de personas de Huelva y también procedentes otros lugares de Andalucía. Como autor de la imagen, que además es una de las primeras, fue un orgullo. La Virgen de la Victoria luce mucho en su paso de palio, que cuenta con excelentes bordados de Esperanza Elena Caro y muy buena orfebrería de Jesús Domínguez y otros orfebres sevillanos.

AUTONOMÍA DEL TALLER

Precisamente Jesús Domínguez fue un personaje muy importante para mi carrera como imaginero. Me dejó un espacio para trabajar, contiguo al taller de orfebrería que tenía en la calle Santa Clara. Yo había empezado en mi casa, en el piso de San José Obrero, donde le hacía trabajos a Eslava y tallé mis primeras imágenes. A Jesús Domínguez lo conocía del taller de Buiza, al que iba algunas veces. Como empezaba a tener más encargos, yo necesitaba un sitio propio para trabajar y le agradecí muchísimo que me lo dejara en su taller. De ahí, pase a alquilar un local allí mismo, en la calle Santa Clara, a las monjas del convento de San Clemente.

Por el taller de Jesús Domínguez solían venir mis amigos de Las Aguas, ya que él hacía la orfebrería del palio de Guadalupe. Y gracias a estos buenos amigos, me pude trasladar a la calle Aguiar, en la Puerta Real, donde después estaría mi taller. Primero fui al número 3, donde trabajé en un local pequeñito, en el que Soledad Becerril, cuando era alcaldesa, inauguró una placa recordando que allí se talló el Cristo de la Sed. Y después me mudé al número 8 de la misma calle Aguiar, que fue muy importante para mi carrera. Por último, me pude construir una casa en el municipio aljarafeño de Gines, a la medida de mis necesidades. Allí sigo teniendo mi taller para trabajar con más comodidad. Esta era la ilusión de mi vida. Le decía a mi madre que, si el día de mañana podía tener una casa grande, le pondría de nombre *Guadalupe.* Y también le puse Guadalupe a mi hija.

EL ENCUENTRO CON LA SEMANA SANTA DE MÁLAGA

Después de mis obras para Huelva y diversos trabajos, va a llegar otro momento importante de mi carrera, que es el encuentro con las cofradías de Málaga. Estamos en 1970, cuando yo empezaba a tallar el Cristo de la Sed, de Sevilla, que entonces todavía no era cofradía de Semana Santa. Viene a buscarme desde Málaga un sacerdote claretiano para contarme que necesitan una Virgen con destino a una cofradía malagueña, que había perdido todos sus enseres en un incendio fortuito. La Cena, conocida como la Hermandad Ferroviaria, que ahora tiene su sede en la iglesia de los Santos Mártires, y que antes se encontraba en una capilla a la vera de la estación, se había quedado sin su misterio y sin su Virgen. La Agrupación de Cofradías de Málaga acordó donarles una nueva imagen de la Virgen de la Paz. Ese era el encargo que me proponían.

Fue como otro sueño. Había leído algunas revistas de *La Saeta.* Sabía que la Semana Santa de Málaga era muy importante, con un gran prestigio en Andalucía y en toda España, la podemos considerar entre las más grandes. Y, además, con el gran problema de haber perdido una parte estimable de su mejor imaginería en los años de la Guerra Civil, cuando se quedaron sin muchas grandes obras, tallas magníficas que desaparecieron para siempre. La Virgen de la Paz, de la cofradía de La Cena, también es especial para mí, porque es la primera que haría para Málaga. Cuando fui a la capital de la Costa del Sol para mi primer encargo, pude ver que hay un gran ambiente cofrade. Fue un honor que confiaran en mí como imaginero desde mis principios.

La Virgen de la Paz consiguió un gran éxito allí. Es una Virgen aniñada, con las características propias de aquellos años, que son los siguientes a Guadalupe. Algunos cofrades malagueños afirman que la Virgen de la Paz es la mejor de mis obras para su ciudad. No entro en esos ránkings. Pero es cierto que la Virgen de la Paz fue muy elogiada, tanto que me consagra en la capital de la Costa del Sol. En muy poco tiempo, en

1970 y 1971, voy a hacer otras obras importantes para Málaga. La misma cofradía, tras la bendición de la Virgen de la Paz, me encargó el Señor de la Cena y el grupo de los apóstoles. Era mi primer grupo escultórico, un reto importante para un imaginero joven. El Señor ha sido alterado con repintes en el transcurso de los años y, en el momento de editarse este libro, lo estoy restaurando. Una singularidad del apostolado es que la figura de Santiago presenta rasgos personales míos; es como un autorretrato de juventud.

El misterio, que sale el Jueves Santo, va en un trono dorado realmente suntuoso. Fue realizado por Guzmán Bejarano y luce miniaturas de Ortega Bru y Rafael Barbero, que también es autor de las pequeñas imágenes que adornan el paso de la Virgen de la Paz.

MONTE CALVARIO

Además de estas imágenes de La Cena, me encargaron para Málaga la Virgen del Monte Calvario, terminada en 1971. Sale el Viernes Santo, en la cofradía a la que da nombre, con sede en la ermita del Monte Calvario. En algún lugar se publicó que es una remodelación de la imagen anterior, que procedía de Granada, pero no es así, ya que tallé una nueva mascarilla de Santa María del Monte Calvario. Tengo reconocida públicamente la autoría. Si es nueva, lo reconozco, como sucedió con esta Virgen. Pero si no es nueva, no me adjudico lo que no es creación mía.

Cuando la hice, solo mantuve las manos anteriores, obra de Antonio Eslava, que también les talló una imagen de San Juan. Por el contrario, es cierto que la actual policromía de la Virgen del Monte Calvario no es la mía original, ya que después ha sido policromada, de nuevo, dos veces por Miñarro. Esta es una decisión que respeto, pero que no se corresponde con mis criterios. Pienso que cuando una imagen se vuelve a policromar lo debería hacer su autor, si está vivo. A mí me sondeó una cofradía de Sevilla para que repolicromara y modificara una imagen de José Paz Vélez y les dije que no, que se lo encargaran a él, que aún vivía y era el autor.

Poco después, también 1971, me encargan la Virgen de la Paloma. Es una de las imágenes marianas más populares de Málaga y uno de mis grandes orgullos como imaginero. Siento algo especial, casi indefinible, cuando veo todos los devotos que se reúnen en torno a Ella y su espectacular salida procesional del Miércoles Santo malagueño.

Es una imagen a la que han calificado como muy expresiva y devota, con un acusado dolor que, sin embargo, resalta su belleza. Incorpora como novedad el color verde de los ojos, que años después aparecerá en otras Dolorosas. También está considerada entre mis Vírgenes más destacadas. Soy humilde y no me gusta elogiarme, prefiero que opinen otros. En este caso solo añadiré que trabajé a conciencia, sabiendo de la importancia de la Semana Santa malagueña.

Entre todas las que tengo en Málaga, quizá la imagen más popular sea la Virgen de la Paloma. Al menos, viéndola en la calle, puedo decir que me he quedado «asustado», en el buen sentido de la palabra, por lo que se forma allí. La suelta de palomas con la que es recibida me llamó la atención. El primer año que la vi, con mi mujer, estábamos en la tribuna de la calle Larios, cuando nos dieron unas cajitas con palomas. Nos quedamos sorprendidos. Pregunté para qué me las daban y me explicaron que para soltarlas cuando pasara la Virgen. El revuelo que se formó cuando llegó fue impresionante.

Aquel año iba en la presidencia José María Álvarez del Manzano, por entonces alcalde de Madrid, que participaba en representación de su Ayuntamiento, al ser la Virgen de la Paloma patrona madrileña. Solía ir todos los años. Me presentaron como autor de la imagen y me dijo que le encantaba presidir la procesión porque su mujer era malagueña.

—Y yo soy sevillano y del Betis —añadió.

Álvarez del Manzano me recordó que Soledad Becerril ya nos había presentado en Sevilla. Yo le contesté que me acordaba perfectamente, pues fue cuando le dije que era el autor de su Virgen de la Paloma de Málaga, y él no se lo creía al principio.

Félix Revello de Toro es autor de un simpecado y un cuadro de la Virgen de la Paloma. Hemos quedado de acuerdo para hacernos un intercambio artístico. Ver a la Virgen de la

Paloma por la Alameda es una experiencia que nunca se me olvidará. Me lo había comentado Antonio Banderas. Decía que era digno de ver. Y lo es. Me quedé asombrado cuando vi aquel inmenso trono, meciéndose con tanta elegancia. Me invitaron a llamar a la campana para levantar el trono. Fue una gratísima experiencia.

EL PRIMER CRUCIFICADO

En esos comienzos de la década de los setenta, mientras trabajo para Huelva, Málaga, Jerez y otros lugares, estoy completando una de las obras que marcarán mi trayectoria en Sevilla: el Cristo de la Sed, de Nervión, mi primer Crucificado.

A mi estudio, que entonces estaba en la calle Aguiar, número 3, vinieron a verme un grupo de cofrades de la Sed, que entonces no era todavía una cofradía de Semana Santa, para preguntarme si les podría tallar un Cristo crucificado. Entre los presentes estaba Juan Antonio Cuevas, que fue uno de los artífices de la cofradía, junto con Cristóbal Jiménez, Antonio Sánchez, Francisco Román y otros. A mí, inicialmente, me extrañó un poco porque sabía que eran amigos de Antonio Dubé de Luque, autor de su Virgen. Aunque no quise indagar, ni molestar a nadie, según me dijeron algunos, fue Dubé quien les recomendó que se pusieran en contacto conmigo. De inmediato, pensé en mi madre, que había fallecido recientemente. Mi madre siempre quiso que tallara un Crucificado. Hasta entonces yo solo hacía imágenes de Virgen y parecía especializado en las Dolorosas. Me hizo mucha ilusión esta oportunidad. Pero también pensé:

—¡Dios mío de mi alma! ¿Un Cristo? Con los crucificados que hay en Sevilla…

Empezamos a hablar y ellos me insistieron en la idea. Por mi parte, aunque estaba ilusionado, también recordaba lo que había sufrido Francisco Buiza para terminar el Cristo de la Sangre; lo duro que fue, con las presiones que recibió para acabarlo a tiempo. Al final, les dije que sí y nos pusimos de acuerdo. Les pedí ciento quince mil pesetas, un precio bastante más alto de lo que había cobrado hasta entonces por mis Dolorosas. La hermandad se comprometió a adelantarme treinta mil pesetas a la firma y otras treinta mil pesetas antes de de la Semana Santa de 1970. El contrato para el Cristo de la Sed se firmó en la capilla de los Servitas. Entre otras cuestiones, establecía que la imagen se haría «en madera de pino de Flandes, de tamaño natural policromado». El Cristo mide 1,73 metros.

Hice un bocetito del Crucificado. Expuse mi intención, que era como un homenaje al Cristo de la Clemencia, una imagen que me encanta. El Cristo tendría los pies cruzados, con cuatro clavos. Pero, morfológicamente, por supuesto, sería una imagen muy distinta. Hay que tener en cuenta que la primera intención era crear un paso de misterio; con pocas figuras, eso sí. Pero además del Crucificado irían otras, al menos un romano con una esponja para representar el pasaje de la Sed de Cristo. Por eso lo situé así, encorvado y despegado de la cruz, inclinado, como buscando para beber. Sin embargo, me sorprendió que luego descartaron la idea inicial de un misterio. En sus primeras salidas parecía una imitación del Cristo de la Buena Muerte, de Los Estudiantes, entre cuatro hachones. El Cristo de la Sed no estaba pensado para ir así. No era lo más adecuado que saliera así por Nervión, que al fin y al cabo es un barrio.

Respeto todo lo que quieran los cofrades, pero la idea inicial del Cristo de la Sed es que presidiera un paso de misterio. Me pidieron un Cristo valiente y esa fue mi idea. Procuré que no se pareciera a ningunos de los grandes Cristos vivos de Sevilla, sin salirme tampoco de nuestra escuela.

El profesor Hernández Díaz me felicitó, algún tiempo después, y me dijo que el Cristo de Nervión tenía personalidad, que su silueta es inconfundible, como le pasa a la del Cachorro, lógicamente salvando las distancias. Me lo decía porque había visto en la calle Torneo, en un concurso de grafitis de niños, que habían dibujado siluetas de Crucificados, y uno de ellos trazó la del Cristo de la Sed.

—La silueta del Cristo de Nervión se distingue siempre claramente —me dijo Hernández Díaz.

Un momento inolvidable fue la colocación del Cristo en la cruz arbórea, que había realizado el tallista Antonio Martín. Por sus dimensiones no entraba en mi estudio de la calle Aguiar, y se llevó a cabo en la casa de Eduardo Cobo, en la plaza del Museo. Fue allí donde colocaron al Cristo de la Sed en su cruz arbórea. Después se lo llevaron en un camión hasta su templo de Nervión. Aquel día, viéndolo, lloré como un chiquillo, pensando en mi primer Crucificado y con el recuerdo de mi madre.

El Cristo fue bendecido por el cardenal Bueno Monreal el 6 de septiembre de 1970, en una ceremonia celebrada en la parroquia de la Inmaculada Concepción, en Nervión. Los padrinos de la imagen fueron los Hermanos de San Juan de Dios, a los que estaba muy vinculada la cofradía. Agradó mucho la homilía del cardenal Bueno Monreal, en la que defendió el poder de las imágenes para llegarnos al alma. Dijo que las imágenes «nos ayudan a acercarnos a Dios» y que por eso la Iglesia las bendice.

El Cristo de la Sed salió por vez primera el Viernes de Dolores del año 1971. Ese año solo fue en procesión el Cristo. La Virgen de Consolación, aunque la terminó Dubé de Luque en 1969, antes de que yo hiciera el Crucificado, no saldría bajo palio hasta 1972, un año después que el Cristo. En la primera salida procesional, como ocurriría después, cumplieron estación ante el Hospital de San Juan de Dios y en la antigua cárcel de Ranilla, donde algunos presos le cantaron saetas. Fue muy emocionante. Aquellas primeras salidas de La Sed originaron polémicas en Sevilla. Los nazarenos, aunque vestidos con túnica negra y cíngulo blanco, iban con antifaz sin el cartón del capirote, y esto dio lugar a algunas bromas y comentarios, aunque en plan cariñoso. Recuerdo que un viernes de Dolores acudí a la procesión junto a los toreros Antonio Ordóñez y Paquirri, que eran amigos míos y querían ver la imagen del Cristo en la calle.

Es curioso recordar ahora, cuando la cofradía ha cambiado tanto y para muy bien, la polémica de entonces. El cardenal Bueno Monreal le aprobó las reglas como cofradía de nazarenos, sin conocerlo el Consejo de Cofradías. Tras dimitir algunos de sus miembros, el cardenal rectificó y la dejó como hermandad de gloria, aunque la autorizaba a salir (con túnicas y antifaz, pero sin capirotes de cartón) el Viernes de Dolores por las calles de su barrio de Nervión. Así lo hicieron desde 1971 hasta 1979, cuando ya fue aprobada como cofradía de penitencia. Mi Cristo de la Sed por fin pudo ir a la Catedral en la tarde del Miércoles Santo. Pero también es cierto que, en aquellos años setenta, había ganas de cofradías, y que el Viernes de Dolores, cuando salían por Nervión, se desplazaban muchas personas desde otros barrios de Sevilla para verlo.

El padre José María Javierre estuvo vinculado a La Sed. Lo

recuerdo como protector y benefactor de la cofradía y también como una persona que me ayudó mucho en todo. Incluso en aquellos años en los que fue director de *El Correo de Andalucía* me entrevistaron en su periódico y siempre me cuidaba muy bien. Lo sigo recordando como una persona maravillosa.

El Cristo de la Sed es muy importante para mí, no es solo una de mis obras de juventud. Y esto lo recalco por algunos comentarios que he escuchado después. Cuando tallé el Cristo de las Cinco Llagas, de La Trinidad, un cofrade sevillano me dijo:

—Es una pena que el Cristo de la Sed no tenga la misma calidad en el paño de pureza que le vemos al del Cristo de las Cinco Llagas.

Y hasta me sugirió que lo podría retallar. Sin embargo, pienso que el paño de pureza del Cristo de la Sed está perfecto, es representativo de la época a la que pertenece. Algunos me dijeron que ese paño se parece al del Cristo de la Conversión, de Montserrat, pero no es una copia, tiene su estilo propio, aunque recuerde el modelo barroco de Juan de Mesa. No podemos estar retocando y cambiando aspectos de las imágenes en función de la evolución del artista. El Cristo de la Sed muestra una gran valentía, y el sudario sigue esa línea. El de las Cinco Llagas es posterior y diferente.

Viendo el Cristo de la Sed, con el pasar del tiempo, lo valoro hoy incluso más que cuando lo terminé. Empecé a tallarlo con veinte años, y era muy arriesgado, considerando los crucificados que había en Sevilla. Hoy mi Cristo de la Sed tiene mucha devoción, es una imagen querida y admirada. Ahora me gusta mucho la estética que muestra, con esa cruz arbórea, tan elevado en el paso, y con su corona de espinas. En estos años, se ha elogiado el detalle del cruce de los pies, y sobre todo la valentía, el riesgo de esa talla.

Es cierto que, al principio, se pensó en un paso de misterio. Sin embargo, hoy, si hubiera sabido que se quedaría solo, creo que lo hubiera tallado igual. Está sediento, casi revolcándose, como sintiendo un ansia por dentro. Eso es lo que se quería expresar con el movimiento. Me encanta el dinamismo de las imágenes; por eso, me encanta el Cristo de la Expiración, de la cofradía del Museo, con su escorzo para expirar. Siempre pienso que, si ese Cristo del Museo estuviera bien acabado, como las obras de Francisco de Ocampo, Alonso Cano, Juan de Mesa o Martínez Montañés, sería una imagen impresionante, casi única.

Pasado el tiempo, no creo que ya sea oportuno poner más figuras junto al Cristo de la Sed. Sevilla es muy tradicional, se acostumbra a lo que ve. En el paso dorado que tiene ahora, el Cristo de la Sed va con mucha presencia, va muy bien. No me pareció adecuado verlo entre cuatro hachones, en el paso de sus principios. Ahora es diferente y nos hemos habituado. En el espíritu de ellos estaba que evolucionarían, hasta ser lo que es hoy: la cofradía del barrio de Nervión.

UNA VIRGEN PARA SEVILLA QUE VIAJÓ A JEREZ

Hay un episodio poco conocido, y no quiero que se moleste nadie. En 1968, con dieciocho años, tras el éxito de Guadalupe, empecé a tallar una Dolorosa muy dolorosa. Estaba en mi taller, cuando vino Santiago López de Tamayo, por entonces mayordomo de la cofradía de la Exaltación de Santa Catalina. Manteníamos una buena amistad y, de vez en cuando, venía a visitarme. En aquella ocasión, me propuso que la nueva imagen sustituyera a la Virgen de las Lágrimas. Un grupo de cofrades de Santa Catalina no estaban muy satisfechos con el aspecto estético de su Virgen, que no era el original, tras ser retocada y un poco desfigurada con el transcurso del tiempo. Entonces López de Tamayo pensó que era la oportunidad ideal para sustituirla.

El problema es que se planteó mal; no fue un proyecto bien madurado, ni dialogado para poderlo poner en práctica. Convocaron un cabildo extraordinario para tratar sobre la sustitución de la imagen de la Virgen de las Lágrimas. Sin embargo, se les ocurrió una idea, que yo no hubiera aprobado hoy, pero que permití entonces, cuando apenas tenía diecinueve años y muchas ganas de triunfar. La misma noche del cabildo, se llevaron mi Dolorosa a la iglesia de Santa Catalina. Para que la vieran los hermanos, la expusieron frente a la capilla, en el interior del templo. La vistió Antonio Dubé de Luque, a petición de esos cofrades, con una corona y ropa de la Virgen de los Servitas, y la iluminaron con cera.

Cuando los hermanos que se oponían al cambio vieron la nueva Dolorosa en el templo, montada como en un altar, casi frente por frente a la Virgen de las Lágrimas, se indignaron y empezaron a discutir con los del otro grupo. Yo no estuve en el cabildo, pero me contaron que fue tormentoso, al punto de que casi se suspende. Finalmente, la propuesta de sustitución se votó y fue rechazada. La Dolorosa volvió a mi taller de la calle Aguiar. Como digo, hoy no hubiera permitido esto, pero entonces sucedió.

Pepe Mena Martagón, prioste de la Macarena, con el que mantenía una gran amistad, se indignó al conocer lo ocurrido.

—La culpa de esto ha sido del *Catalino* (apodo que le daba al mayordomo de Santa Catalina). Lo ha organizado de mala manera y ahora todo el mundo se ha enterado de que no han querido tu Virgen.

Hermanos de otra cofradía sevillana, la de Nervión, también se interesaron, poco después, por la misma imagen, aunque de un modo más informal. Antes de que yo terminara de tallar el Cristo de la Sed, ya ellos tenían su Dolorosa. Sin embargo, se interesaron y me preguntaron por esta Virgen. Les gustaba mucho, incluso alguien habló de una posible sustitución, pero a otros les parecía que su expresión era demasiado seria. Entre quienes pensaban que resultaba muy seria, estaba el párroco, el padre Manuel Calero.

—Me hubiera gustado una Virgen menos triste. Como la del Rocío de Almonte, pero llorando —me dijo.

Y es que, en el fondo, a pesar de que en aquellos primeros años salían tan rigurosos, ya barajaban la opción futura de ir a la Catedral como una cofradía de barrio, aunque fuera de un barrio residencial como Nervión.

Por otra parte, esa teoría de que una Virgen de barrio no pueda mostrar una expresión seria me parece discutible. La Virgen de los Dolores, de la cofradía del Cerro del Águila, obra de Sebastián Santos, es una Dolorosa muy seria, de similitud con la Virgen de la Concepción, del Silencio, y sin embargo ahí está, en un barrio popular. Es verdad que mi imagen presentaba una expresión de dolor angustiado, más intenso que otras.

Finalmente, esta Virgen se iría a Jerez, gracias a las gestiones de un ilustre cofrade jerezano y sevillano, Fernando Cano-Romero, que fue pregonero de la Semana Santa de Sevilla de 2011. Él suele decir que es «la Dolorosa más dolorosa de mis Dolorosas».

Tenía mucha amistad con Fernando Cano-Romero, que siempre ha sido muy macareno. Precisamente le conocí cuando me lo presentó Pepe Mena Martagón, prioste de la Macarena.

Hablando con ellos, tras las dos experiencias que no cuajaron en Sevilla, se planteó la posibilidad de que la Virgen se destinara a una cofradía de Jerez.

Fernando se puso en contacto con Joaquín Baro de Alba, entonces hermano mayor de la cofradía de la Lanzada, de Jerez. Le llevó fotos, y le sugirió que acudiera a mi taller a ver esta Virgen, a la que podrían incorporar como futura titular para un paso de palio. La Lanzada de Jerez tenía solamente un paso de misterio. Entonces estaban en un proceso de cambio de sus estatutos. Pensaron que era la oportunidad de agregar, para el futuro, un posible paso de palio con una Virgen. Aunque era complicado, a causa del problema existente con la puerta de su templo, la basílica del Carmen, que no alcanza las medidas adecuadas para un palio.

Cano-Romero me pidió que no les pusiera un precio alto. Le dije que, a la vista de las circunstancias especiales, se la dejaría en veinticinco mil pesetas. Un día vino con Joaquín Baro de Alba, el hermano mayor, al que le gustó mucho la imagen. Aunque en principio no lo tenía claro, tras verla, pensó que era una oportunidad única. A los pocos días, decidieron comprarla. Ya era propiedad de la cofradía de La Lanzada. Pero no acabarían ahí los problemas de esta imagen. No contaban con la respuesta negativa del prior de los Carmelitas Calzados.

La idea de los cofrades jerezanos era que esta Dolorosa se convirtiera en la Virgen del Buen Fin para crear un paso de palio. Sin embargo, los frailes de entonces les pusieron serias pegas. No querían una nueva imagen mariana en el templo, porque decían que la cofradía ya tenía una, en el paso de misterio, y que no le veían sentido a llevar otra para un paso de palio. Una interpretación rara, que no admitía objeciones. Preguntaban con sorna:

—¿Una hermandad con dos Vírgenes?

Era curioso decir eso, porque conocemos muchos ejemplos. En Sevilla, las tres cofradías del barrio del Arenal (Las Aguas, Baratillo y Carretería) cuentan con dos Vírgenes cada una.

La Virgen del Buen Fin, de Jerez, estuvo muchos años sin recibir culto en la basílica del Carmen. El prior afirmaba que no entraría ninguna imagen mariana nueva en ese templo.

—Teniendo a la Virgen del Carmen, sobran las demás —llegó a decir.

Una noche, Fernando Cano-Romero se llevó la imagen, en su coche, a Jerez. La tapamos en el taller. Llegó, con mucha discreción, a la una y media de la madrugada. Como no la podían dejar en la basílica, durante tres años permaneció guardada en un piso suyo, que tenía alquilado en la calle Consistorio, frente al Ayuntamiento.

Pasado ese tiempo, el hermano mayor, Joaquín Baro de Alba, compró un piso en la barriada jerezana de los Naranjos, junto a la parroquia del Perpetuo Socorro, y la trasladaron allí. Según cuenta Fernando Cano-Romero, la vistieron de hebrea, muy dignamente. Llamaron al cofrade sevillano Jesús Creagh, que era prioste de la Cena, y se desplazó a Jerez, a instancias de su amigo Fernando, para vestirla de un modo que recordaba bastante a la Virgen del Subterráneo.

En ese piso de Jerez permaneció la Virgen del Buen Fin durante varios años, hasta que llegó un nuevo prior de los Carmelitas Calzados, más benevolente, que permitió la bendición de la imagen. Habían pasado treinta años desde que la compró la Lanzada para que fuera su titular. Fue bendecida el 31 de mayo de 1999 por el entonces obispo de Jerez, Rafael Bellido Caro. A ese acto fui invitado y me dio mucha alegría. Era como el cumplimiento de un sueño imposible. La Virgen del Buen Fin recibe culto en la basílica del Carmen, ha ganado en devoción, pero todavía no ha podido salir bajo palio, aunque la cofradía madura el proyecto. Las dimensiones de la puerta de su templo carmelitano siguen siendo un obstáculo difícil de salvar.

LA MILI EN SAN FERNANDO

Estábamos en 1970, cuando me fui a cumplir el servicio militar. Me destinaron a la Marina, a San Fernando (Cádiz), aunque en verdad solo pasé allí cuarenta días, el periodo de la instrucción. Cuando me entregan la cartilla, se dio el caso afortunado de que estaba en mi casa la duquesa del Infantado, Cristina de Salamanca, que acudía para recibir clases de modelado. Le conté que debíamos dejar las clases.

—¿Por qué? —me preguntó, sorprendida.

—Porque me voy al Servicio Militar.

—No te preocupes, que eso te lo arregla Íñigo (el duque) —me dijo.

Yo le contesté que no. Al final, los duques del Infantado asistieron a la jura de bandera en San Fernando, que presidió el almirante Pery Junquera. Después del acto, me presentaron al almirante. Conservo muy buenos recuerdos de aquellos días de la mili en San Fernando, en los que por cierto le hice una guardia a la Virgen del Carmen.

Me trasladaron a la Comandancia de Marina de Sevilla. Allí, pasados algunos días, me llamaron y me recordaron que no me dejara el pelo largo, como correspondía a mi situación militar. No obstante, me concederían tiempo libre para que volviera a trabajar como imaginero. Sentí una enorme alegría. Hay que tener en cuenta que entonces vivía sin mis padres, que ya habían fallecido, y perdía muchos ingresos si mantenía cerrado mi estudio de la Puerta Real. Se portaron bien. No tuve una mili dura, al revés. Solo me llamaron para licenciarme.

Aunque estuve poco tiempo en San Fernando, conservo muy buenos recuerdos de aquellos días del servicio militar. No solo por los amigos que me quedaron, que a veces nos seguimos viendo. Quizá hoy lo que me hace más ilusión, cuando paseo por La Isla, cuando recorro aquellas calles que frecuenté siendo joven, es ver la rotonda que me dedicó el Ayuntamiento en junio de 2008, a instancias del Consejo de Cofradías. Fue un reconocimiento por los trabajos realizados para las cofradías isleñas. Tallé la Virgen de la Piedad, de la Divina Pastora; la Virgen de la Estrella, de la cofradía de la Borriquita; la Virgen de la Trinidad de la cofradía de Medinaceli… Estas tres imágenes de Vírgenes son obras de los años setenta. Y, además, restauré al Nazareno de San Fernando, al que le hice un cuerpo nuevo anatómico.

LA VIRGEN DE BELLAVISTA CON SU CAUTIVO

En el final de los años sesenta y principios de los setenta se estaba consolidando mi obra, una vez que ya había conseguido notoriedad con la Virgen de Guadalupe. Además de las imágenes ya mencionadas, hay otras de esos años, sobre todo Dolorosas, como la Virgen del Dulce Nombre, realizada para la parroquia sevillana de Bellavista, que sale por esa barriada en las vísperas de Semana Santa.

También tiene una historia digna de ser recordada. La parroquia del Dulce Nombre de María, de la barriada de Bellavista, fue fundada en 1968. El párroco era entonces José Antonio Pérez Domínguez de la Rasilla, un querido sacerdote, que había estado en Algar (Cádiz) y que al llegar a su nuevo destino se quedó un poco desilusionado, al ver que en la feligresía contaba con pocos católicos practicantes. Bellavista era un barrio con tradición izquierdista, donde en los años de la posguerra se alojaron personas que habían llegado como represaliados políticos, así como sus familiares, entre otras personas. Según comprobó, no era una zona propicia a la religiosidad.

Un día, hablando el padre José Antonio con el párroco de Santa Genoveva, el padre Antonio González Abato, buen amigo suyo, este inolvidable sacerdote le sugirió que fundara una hermandad en Bellavista.

—¿Una cofradía? Si en el barrio no quieren saber nada de temas religiosos —le replicó, incrédulo, el padre José Antonio.

—Tú hazme caso. Mira lo que estoy haciendo yo en el Tiro de Línea —le insistió el padre González Abato.

Alguien recomendó al párroco de Bellavista que hablara con Álvarez Duarte. Le dijeron que era un chaval joven que se abría camino como imaginero. Así contactó conmigo y me encargó una imagen dolorosa de la Virgen. Añadió que no tenía dinero para pagarla.

—No se preocupe, ya me la irá pagando cuando pueda —le dije.

Me entregó algunas cantidades pequeñas, hasta completar unas quince mil pesetas. Como no conseguía recaudar más, me dejó a deber unas cinco mil pesetas, que curiosamente, me va a pagar la cofradía cuando han pasado más de cuarenta años, en un acto de homenaje, «con dinero de aquel tiempo».

La Virgen de Bellavista es una talla grande, que mide 1,80 metros. La entregué el 28 de junio de 1969, tras colocarle las lágrimas en el rostro. Se consiguió que esta imagen fuera amadrinada por la cofradía del Dulce Nombre, al recibir el título de María Santísima del Dulce Nombre en sus Dolores y Compasión. Por tal motivo fue bendecida en la capilla del Dulce Nombre, en la parroquia de San Lorenzo, por el párroco de este templo, que era entonces el padre José Camacho.

Una vez bendecida la Virgen, el padre Antonio González Abato le sugirió al párroco de Bellavista que también buscara una imagen de Jesús Cautivo, que a él le había dado un resultado devocional estupendo en su parroquia de Santa Genoveva, en el barrio del Tiro de Línea, donde los vecinos se estaban apuntando cada vez más a la cofradía. El padre José Antonio Pérez Domínguez de la Rasilla se puso otra vez en contacto conmigo:

—A ver si puede usted ayudarme para que encarguemos una imagen de un Cautivo.

—No se preocupe, padre. Póngase en contacto con Pepe Mena Martagón, prioste de la Macarena, y con un poco de suerte mañana mismo puede tener usted su Cautivo —le contesté.

Le sorprendió mi respuesta, pero así sucedió. Fue a ver a Pepe Mena Martagón, a la basílica, para exponerle nuestra conversación. El prioste de la Macarena le respondió:

—Si usted quiere un Cautivo, dígame dónde hay que llevárselo y se lo envío mañana.

Pepe consiguió que el cofrade Fernando Cano-Romero donara a la cofradía de Bellavista una imagen de Jesús Cautivo, que tiene una larga historia detrás. Es una de las últimas obras de Antonio Castillo Lastrucci, sacado de punto a semejanza exacta del antiguo Señor del Soberano Poder de San Gonzalo, obra suya. Estaba destinado para una cofradía que se iba a fundar en la parroquia de San Rafael, de la barriada conocida como El Chicle, en Jerez de la Frontera. Esta nueva cofradía jerezana iba a ser como una filial de San Gonzalo, con los mismos titulares, pero finalmente no llegó a fundarse, al no dar permiso el provicario, el padre Juan Ordóñez Márquez. Fernando Cano-Romero, que había encargado personalmente la imagen a Castillo Lastrucci, a instancias de los cofrades jerezanos, tuvo que pagarla de su bolsillo y recogerla al hijo del escultor, meses después del fallecimiento de este, y así se convirtió en su propietario.

La imagen permaneció durante un tiempo en el piso que tenía Fernando en la calle Arjona, hasta que Pepe Mena Martagón, que era delegado de Transportes Bosch, le hizo el favor de guardársela en un almacén del Polígono Navisa. Cuando el padre José Antonio hizo su petición de un Cautivo, ambos se llevaron una alegría. Cano-Romero por fin encontraba destino para su imagen y Pepe Mena se veía eximido de darle cobijo en el almacén de Transportes Bosch.

Fernando Cano-Romero le cedió su imagen al párroco de Bellavista, «en usufructo y mientras reciba culto», para la asociación que se estaba gestando. Por este motivo, años después, lo nombraron hermano número cero. El Cautivo de Castillo Lastrucci que iba para Jerez se quedó en Bellavista. Una curiosidad que él mismo citó en su Pregón de la Semana Santa de Sevilla de 2011.

Con estas dos imágenes pensaban fundar la cofradía. Pero en los años posteriores, cuando el padre José Antonio cambió de destino, tuvieron problemas. No sería hasta los años noventa cuando pudieron cumplir sus deseos, al reactivarse en 1992 la idea de fundar una hermandad de penitencia en Bellavista. Un año después salió en Vía Crucis, con costaleros, el Cristo tallado por Castillo Lastrucci. La Virgen del Dulce Nombre, bendecida en 1969, no pudo salir en procesión bajo palio hasta 1999. Habían pasado treinta años desde que salió del taller. Actualmente ambos pasos participan en la procesión que recorre su barrio el Viernes de Dolores, como una de las cofradías de vísperas dc Sevilla.

DE LA CORCHUELA A DOS HERMANAS

Otra imagen con historia, también en la periferia de Sevilla, es la Virgen del Amparo, realizada en 1971. Fue donada por la duquesa del Infantado a la parroquia que existía en La Corchuela, una zona de familias muy modestas, donde se encontraba destinado entonces el fraile dominico Pascual Saturio, que años después se haría muy famoso y conocido en Cádiz como prior del convento de Santo Domingo y custodio permanente de la Virgen del Rosario, Patrona gaditana.

La Virgen del Amparo recibió culto en esa parroquia de la Corchuela, en los primeros años de la década de los setenta, hasta que con el tiempo fue trasladada a la parroquia de la barriada de Las Portadas, de Dos Hermanas, donde quedó instaurada en el salón parroquial y donde un grupo de devotos fundó una cofradía en 1980. En los primeros años, los pasos salían de la calle, al no poder hacerlo desde el interior del templo por ser muy pequeña la puerta.

Esta cofradía, que cumple su estación el Martes Santo en Dos Hermanas, tiene un largo itinerario y es la que recorre más distancia. Ha progresado mucho con el paso de los años. En 1990 le tallé la imagen del Señor de Pasión, que muchas personas consideran entre las mejores de Dos Hermanas, y en 1995 lo completé con la figura del Cirineo, que sale ahora en un paso tallado por Guzmán Bejarano. Este Cirineo ha llegado a ser considerado por algunos especialistas entre mis mejores obras. Lo concebí para integrarlo en un dúo escultórico junto al Señor.

Es curioso cómo puede evolucionar una cofradía. Encontramos un ejemplo en Dos Hermanas con esta imagen de la Virgen del Amparo, que donó la duquesa del Infantado en 1971 para un oratorio de una barriada muy pobre de la periferia de Sevilla, sin saber que sería el origen de su actual cofradía.

TIEMPO DE JUVENTUD PARA CRECER

A principios de los setenta, vivo unos años en los que trabajo mucho para diversas provincias andaluzas, sobre todo imágenes marianas. De esa época es la Virgen de la O, para la cofradía de la Defensión, de Jerez (1971), o la Virgen del Rosario, de la cofradía de la Expiración, del templo de San Pablo, de Córdoba (1973), que fue la primera de mis imágenes coronada canónicamente. Están también las imágenes ya citadas que hice para Málaga, como la Virgen de la Paz, la Virgen del Monte Calvario, la Virgen de la Paloma y el grupo escultórico de la Cena todo ello realizado entre 1970 y 1971. Y la Virgen del Amor y Soledad, para Fuengirola, en 1973.

Eran años en los que me estaba dedicando principalmente a las imágenes de Virgen. El Cristo de la Sed, como se ha mencionado, fue bendecido en 1970. Empezó a salir en 1971, aunque lo hacía el Viernes de Dolores, no en Semana Santa todavía, y tuvo muchos comentarios favorables. El segundo Crucificado de mi obra es el Cristo del Gran Amor, realizado en 1978 para el Císter de Málaga, que fue el origen de la cofradía de la Salud. Este era también un Crucificado vivo, realizado ocho años después del Cristo de la Sed. Sin embargo, mi primer Crucificado muerto es el Cristo de la Buena Muerte, de la hermandad de los Estudiantes, del Carmen de Algeciras, que se bendice en 1983. Van a pasar, por tanto, más de doce años entre mi primer Cristo vivo y mi primer Cristo muerto.

Cuando terminé el Cristo de la Buena Muerte cumplí uno de mis sueños. Sentía ganas de hacer un Crucificado que representara la iconografía de la muerte en la cruz, siempre hermosa y definitoria para un imaginero. El Cristo de Algeciras muestra una figura patética, con fuerza, y es diferente al de la Sed y el del Císter de Málaga. En relación con este último, la hermandad de la Salud, a la que dio origen, no se lo pudo llevar; y me encargaron, en 1991, un nuevo Crucificado: el Cristo de la Esperanza en su Gran Amor.

Sin embargo, en los años setenta, fundamentalmente, me estaba dedicando a las imágenes marianas. Son años en los que ya había visitado Roma por vez primera. Juan Pérez Calvo y mi maestro Armando del Río me habían insistido y animado para que viajara a Italia. En 1972 me gasté todos mis ahorros en un viaje para mi primer contacto con el Renacimiento italiano. Estuve en una escuela de restauración y estudié a Bernini y Miguel Ángel. Hay un antes y un después de mi primer viaje a Roma, sobre todo en el tratamiento de los paños de pureza de los Crucificados y en otros muchos detalles. Me impresionó lo que pude estudiar y admirar, pero sobre todo me impactó el *Éxtasis de Santa Teresa*, de Bernini, cuando lo vi en la iglesia de Santa María de la Victoria, de Roma.

Aquel viaje me influyó y me marcó. Ya estaba mucho más preparado. Dios quiso que el destino me diera una oportunidad irrepetible, que un triste suceso abriera un nuevo camino en mi vida. Si la Virgen de Guadalupe había tenido mucho éxito y me daba fama, siendo aún muy joven, en 1973 llegaría mi consagración como imaginero, con una obra que abriría una época para mí: la Virgen del Patrocinio, la Madre del Cachorro.

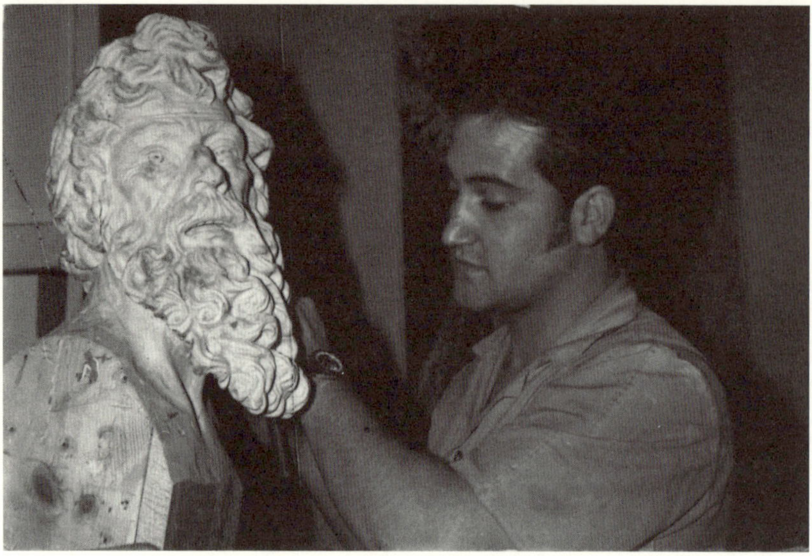

Luis Álvarez Duarte tallando uno de los apóstoles de la Santa Cena de Málaga.

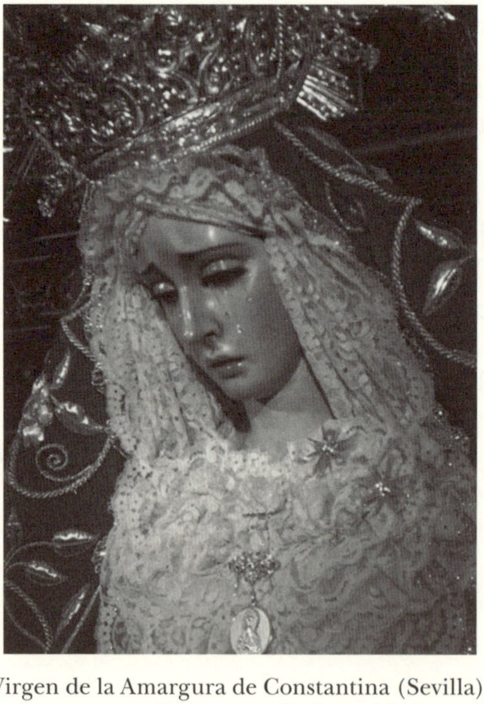

Virgen de la Amargura de Constantina (Sevilla), su tercera Dolorosa, tallada en 1964.

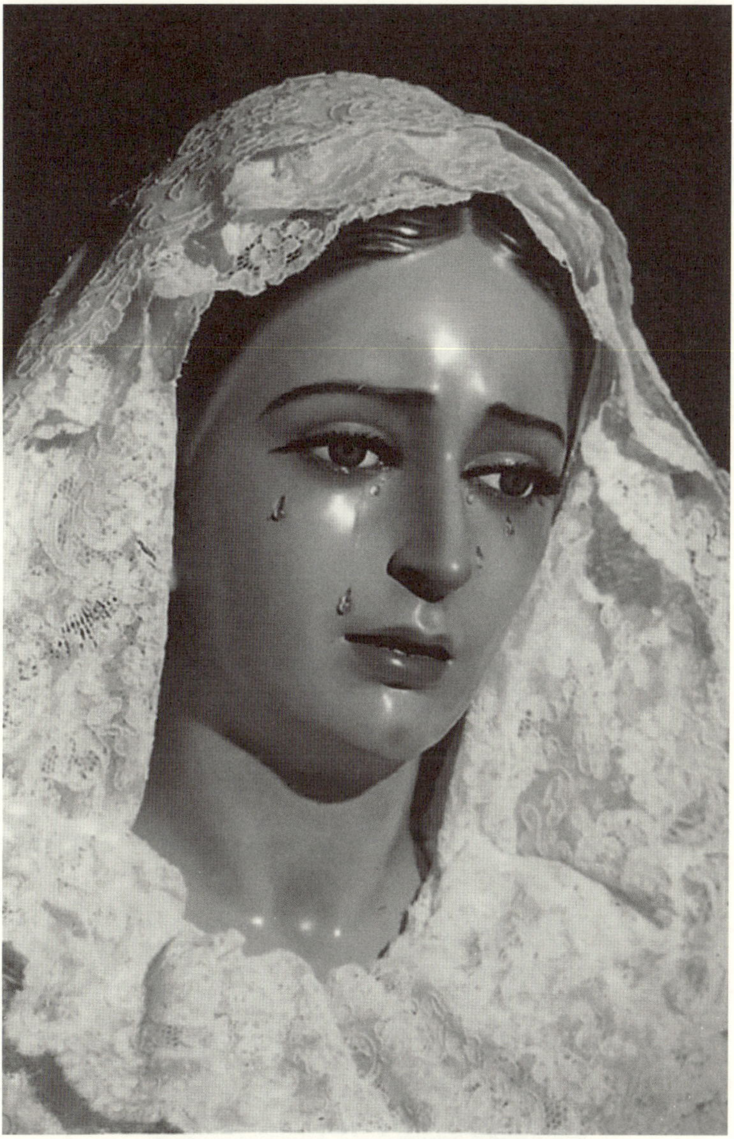

Virgen del Amparo que estuvo en la Corchuela. Ahora sale en la cofradía de Pasión de Dos Hermanas (Sevilla).

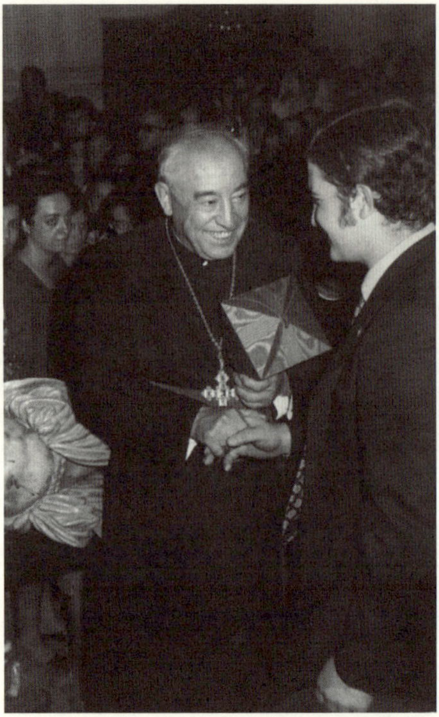

El cardenal Bueno Monreal felicita a Álvarez Duarte tras la bendición del Cristo de la Sed.

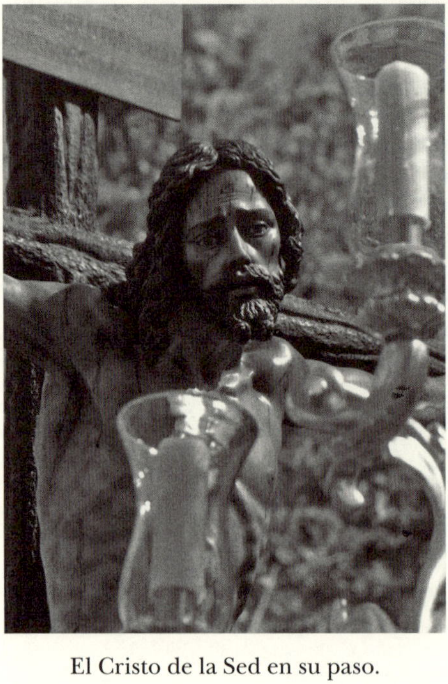

El Cristo de la Sed en su paso.

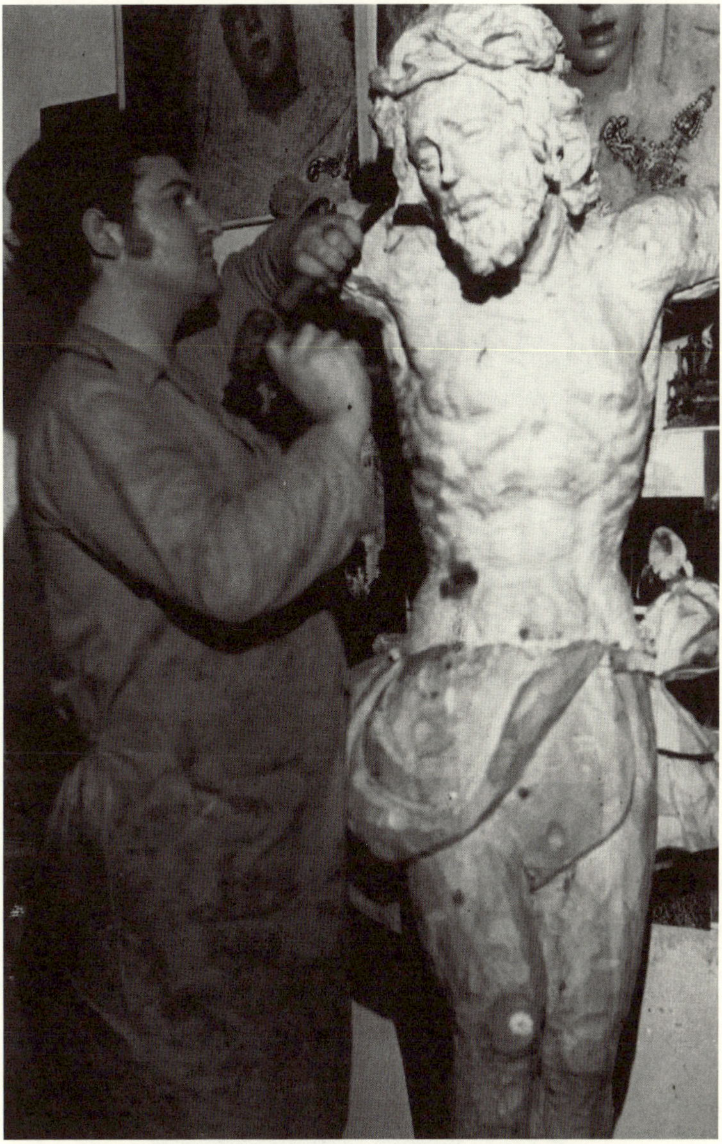

El imaginero tallando al Cristo de la Sed en 1970. Al principio pensó ponerle corona de espinas.

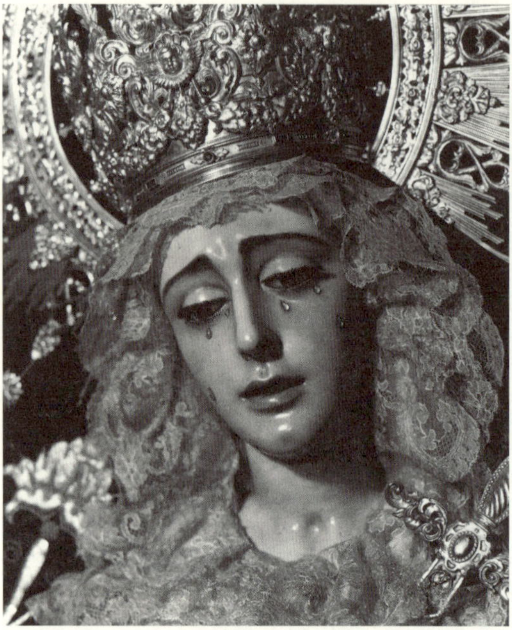

La Virgen del Buen Fin de Jerez fue tallada en 1969. La intención inicial era que sustituyera a la Virgen de las Lágrimas de la cofradía sevillana de la Exaltación.

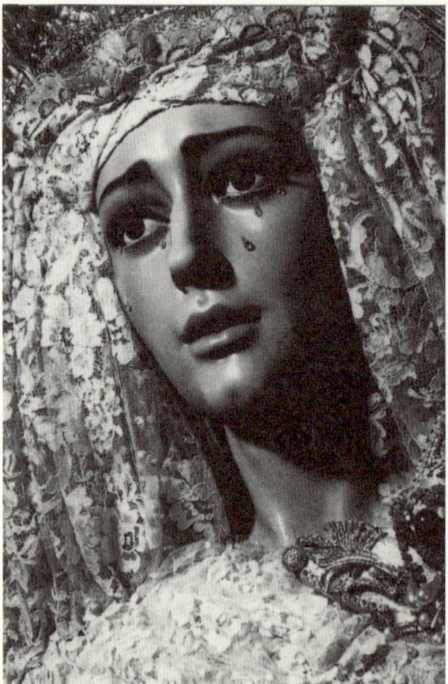

La Virgen del Dulce Nombre, de la barriada sevillana de Bellavista, terminada en 1969.

1.4 EL «ABUELO» DEL CACHORRO

Aquella tarde del 26 de febrero de 1973 estaba en mi estudio de la calle Aguiar número 8. En poco tiempo, se empezaron a escuchar sirenas de coches de bomberos, un estrépito constante. Se notaba tanto ajetreo que eran inevitables los malos presagios. En algún lugar de Sevilla había un incendio de gran envergadura, posiblemente con tintes de catástrofe. Se palpaba en el ambiente, como un misterio en el aire.

En la calle, la gente preguntaba. Rumores, comentarios y suposiciones, hasta que un hombre dijo:

—¡Está ardiendo la capilla del Patrocinio en Triana! Es un incendio muy fuerte, al parecer fortuito… Dicen que se ha quemado la Virgen y que está ardiendo el Cachorro...

Entonces no había teléfonos móviles ni Facebook, ni Twitter, aunque sí radio. Las noticias se propagaban en cuanto se conocían.

—Hay muchos bomberos en Triana, intentando que no se destruya el Cristo.

—Han avisado a más para apagar el fuego cuanto antes y salvarlo —dijo otro hombre.

Alrededor de una hora después llegó a mi taller un amigo, José María Gómez Clérigo, cofrade del Cachorro y del Museo. Venía nerviosísimo, desencajado, llorando… Le acompañaba su novia, María Luisa, que con el tiempo sería su esposa. Fue él mismo quien me explicó lo ocurrido:

—¡Luis, Luis, que se ha quemado la Virgen del Patrocinio! ¡Es terrible! Gracias a Dios, el Cachorro se ha salvado, más o menos, aunque está muy dañado… ¡Pero la Virgen ha quedado totalmente destruida!

A mi amigo Pepe Gómez Clérigo le contaron lo ocurrido cuando estaba en la plaza del Museo. De inmediato, se trasladó a la capilla en su Seat Seiscientos para comprobar con sus propios ojos lo ocurrido. Después volvió a la Puerta Real para verme. Intenté calmarlo, aunque yo sentía lo mismo: una angustia que no encontraba las palabras exactas. Unos minutos después nos desplazamos hasta la capilla del Patrocinio. Fue como una peregrinación muy triste que emprendieron aquella tarde muchos sevillanos.

Cuando llegamos al templo, había mucha gente llorando, fue patético, el mayor desastre que he conocido en las cofradías. En el interior olía a madera de cedro quemada. Era un olor peculiar, penetrante, casi doloroso; se puede decir que era como cedro quemado y a la vez vivo. La Virgen del Patrocinio quedó reducida a un montón de cenizas, incluso se veían los restos de la corona derretida entre los rescoldos. Se palpaba una tremenda desesperación. Rezaron un Vía Crucis para intentar sosegar los ánimos inconsolables.

El Cachorro tenía una parte de su cuerpo chamuscada, con unas ampollas espeluznantes. A primera vista, parecía posible salvarlo, pero casi imposible dejarlo igual que antes del incendio. Fue un milagro que se pudiera recuperar tal como era, en toda su grandeza de obra magna del arte cristiano. Si se pudo salvar, y quedó perfecto, fue gracias al ejemplar trabajo que hicieron después unos auténticos fenómenos de la restauración: los hermanos Cruz Solís. Para mí es lo más grande que se ha realizado nunca, en cuanto a restauración de imágenes, en toda la historia de la Semana Santa de Sevilla. Para los que somos restauradores, hubo un antes y un después de aquella intervención memorable de los hermanos Antonio, Raimundo y Joaquín Cruz Solís.

El informe preliminar, que firmó Joaquín Cruz Solís, sobre el estado en que se hallaba el Cristo de la Expiración tras el incendio, señalaba:

> «El incendio le ha causado graves daños a la policromía, que se encuentra totalmente perdida en toda la parte derecha del Cristo y en la cruz: pies, pierna derecha y la cara interna de la izquierda, sudario, costado, espalda, cabeza, cara y parte inferior del brazo y mano.
>
> También la talla de la escultura ha sufrido por estas mismas causas en las puntas de los dedos de los pies, que han perdido su modelado y le falta una parte de algunos dedos, cara externa del pie derecho y cara interna del pie izquierdo, los dos talones, gemelos, vivos de la parte inferior del sudario, cordón del mismo de la parte derecha que ha desaparecido y primera falange del dedo meñique.

> Por haber sido mojado el Cristo para apagar el incendio, han sufrido movimientos las juntas que componen el bloque de la imagen y se ha levantado la policromía alrededor de ellas. La junta del brazo izquierdo está abierta».

«Y NO PUDIERON LAS LLAMAS DESTRUIRTE»

El estado del Cachorro era patético, aunque milagrosamente no se calcinó. ¿Y la Virgen del Patrocinio? Solo se veían sus cenizas. Había quedado reducida a un montón de rescoldos, con la corona derretida, a su derecha. Fue una visión terrible que nunca se me podrá olvidar.

Pepe Gómez Clérigo estaba desesperado. Era un gran cofrade del Cachorro y sentía toda la magnitud de la tragedia que acababan de sufrir. Ese mismo día me dijo:

—Luis, tienes que hacer otra Virgen del Patrocinio, como la que se ha perdido. Ya has visto que aquello es un duelo. He pensado que solo tú eres capaz de hacer fielmente una imagen como la que hemos perdido.

—Es muy precipitado. Nadie de la cofradía me lo ha pedido oficialmente —le contesté.

—Tú la empiezas a modelar... ¡Hazlo, por favor, Luis! Yo hablaré con los miembros de la junta de gobierno para que vengan a verla a tu estudio cuando la tengas modelada en barro —me insistió Gómez Clérigo.

Gracias a sus sugerencias, y al enorme impacto que me causó ver a la Virgen del Patrocinio quemada, convertida un montón de cenizas, decidí hacerle caso y trabajar en la nueva. Aquel mazazo del incendio fue también como un impacto que recibí en mi alma de imaginero. Me dije a mí mismo que Ella me llamaba para hacerla resurgir: una imagen que evocara a la de antes, pero que fuera también mía. Mi Virgen del Patrocinio.

Lo primero que hicimos fue buscar fotos, ya que no la conocía bien de cerca. La había visto en la capilla y en el paso, pero nada más. Pepe Gómez Clérigo, con su mejor entusiasmo, me aportó muchas fotos antiguas y recientes de la Virgen. No me servían. Necesitaba planos de los ángulos faciales, perfiles de la anterior Virgen del Patrocinio, y en esas fotos no estaban. Sin embargo, pude conseguir una documentación fotográfica excepcional, gracias a Pepe Garduño. Nos fuimos a verle, a su estudio de la Magdalena, y allí, de forma totalmente desinteresada, me facilitó infinidad de fotos de la Virgen del Patrocinio, todas las que necesitaba para empezar a modelarla.

Hice la mascarilla y el cuello, modelado en barro. Aún estaba fresco, cuando le puse un paño blanco, a modo de tocado, y le dije a Pepe que llamara a la junta de gobierno del Cachorro y que vinieran a verla. Por entonces era hermano mayor de la cofradía Carlos Elliott, una excelente persona. Algunos amigos me dijeron que, informalmente, habían hablado con Sebastián Santos y otros imagineros para valorar si podían realizar una nueva imagen de la Virgen. Y también me enteré de que don José Hernández Díaz le dijo a Elliott:

—Hablen ustedes con el niño imaginero. Hablen con el que ha hecho la Virgen de Guadalupe…

Cuando lo supe, me puse muy nervioso. Pensé que mi sueño se podía cumplir.

Vinieron un miércoles, cerca ya de la medianoche. Pepe Gómez Clérigo llegó acompañado por el hermano mayor y el mayordomo. Después se fueron agregando otros miembros de la junta de gobierno. No quisieron entrar todos juntos, sino en pequeños grupos, porque hicimos un pacto de caballeros para que no trascendiera nada. Conociendo cómo es la Sevilla cofrade, lo pronto que se sabe todo, era casi milagroso que la junta de gobierno de una cofradía visitara la casa de un escultor y de inmediato no se supiera. Así que el reto no era fácil.

Cuando entraron todos en el estudio, debían ser las doce, destapamos el rostro de la Virgen, y vieron la mascarilla de barro. Asomaron algunas lágrimas en los ojos de los presentes. Al momento, apagamos la luz y la dejamos en la oscuridad, iluminada tan sólo por un cirio. Fue una estampa impresionante.

Se llevaron una sorpresa y percibí que todo iba por el buen camino. Carlos Elliott estaba muy contento con la prueba. Me dijo que sería una imagen fuera de serie si salía en madera tal como la había visto en barro. Antes de marcharse, me dejó una advertencia:

—Aunque no es una decisión oficial, siga usted adelante con la talla de la Santísima Virgen. Y, por favor, que no se entere nadie, y mucho menos los medios de comunicación.

Después me enteré de que José Hernández Díaz, por entonces presidente de la Academia de Bellas Artes Santa Isabel de Hungría, y máxima autoridad local en todo lo relacionado con el arte, había vuelto a hablar con la hermandad. También contactó conmigo para transmitirme sus deseos de que la hiciera yo. A los cofrades les dijo:

—Señores, por desgracia, la Virgen del Patrocinio se ha quemado y ya no vamos a volver a verla. Sugiero que se haga una nueva, y que no sea una copia de la anterior, sino que la recuerde y tenga parecido, pero que incorpore el estilo de su autor.

Aquellas palabras se me quedaron grabadas. Era justamente mi idea, lo que quería plasmar. A la Virgen del Patrocinio la ves ahora y tiene el estilo de la anterior. La prueba es que muchos cofrades veteranos dicen de Ella: «La Señorita no se ha ido nunca». Entre todas las Dolorosas sevillanas, se ve que es Ella, la Virgen del Patrocinio. Sin embargo, tiene mi estilo.

No fue fácil mantener el secreto, tal como me habían pedido. Un día me llevé un gran disgusto. Estaba en el bar Laredo, tomando un café con un grupo de amigos, entre los que había cofrades conocidos, vinculados al Cachorro y también al Gran Poder, como José León-Castro Alonso, que después sería hermano mayor de la cofradía de la Madrugada, y José Ignacio Jiménez Esquivias, que ha sido teniente hermano mayor. Charlábamos allí, cuando llega alguien con un ejemplar de *Sevilla*, un diario desaparecido, en el que se veía una noticia en grandes letras:

«La Hermandad del Cachorro ya tiene imagen de Virgen
La Virgen del Patrocinio la está esculpiendo Álvarez Duarte».

Me llevé un gran sofocón, porque habían condicionado el encargo de la nueva talla a que no se hiciera público. Puedo asegurar que no le dije nada a nadie, y mucho menos a ningún periodista, a pesar de que me llamaban para preguntarme por otros temas. Algunos años después, Rafael Belmonte, gran cofrade del Cachorro y pregonero de la Semana Santa, me contó que fue él mismo quien lo contó. A pesar del pacto de silencio, no resistió el impulso, llevado por el entusiasmo que le causaba la nueva imagen. Al parecer, se lo comentó al periodista Fausto Botello y así se enteraron en el diario *Sevilla*.

A partir de ahí, empecé a tener un nuevo problema. Muchísimos cofrades, entre ellos algunos buenos amigos míos, querían venir a mi taller de la calle Aguiar para conocer a la nueva Virgen del Patrocinio, aún en fase de realización. La junta de gobierno del Cachorro lo prohibió tajantemente. Me dijeron que nadie la viera hasta que estuviera terminada para ser bendecida.

En el proceso de ejecución de la imagen hubo algunas curiosidades. Las maderas que se utilizaron, de cedro y caoba, fueron donadas por Vizuete, una familia de Triana, que casualmente tenían el almacén y serrería en la calle Aguiar, donde se encontraba mi estudio. Otra curiosidad es que las medidas de la Virgen son muy semejantes a la anterior. Aunque la imagen del Patrocinio quedó carbonizada, y no se distinguían las facciones, en los restos calcinados pude medir con un compás el giro y la inclinación hacia la izquierda de la cabeza y el tamaño del rostro, más o menos, para que las medidas fueran lo más aproximadas posibles. Así se podría utilizar el ajuar que se había salvado. Para ello fui una noche a la capilla del Patrocinio, acompañado por Gómez Clérigo, y así tomé esas medidas para facilitar el parecido.

Precisamente esa noche, el hermano mayor, Carlos Elliott, me pidió que los restos y cenizas de la imagen desaparecida fueran introducidos en el interior de la nueva Virgen del Patrocinio. Le dije que por mí no habría ningún problema para cumplirlo. Trasladamos a mi estudio los restos de madera de cedro y pino carbonizados. Después fueron introducidos en el interior de la nueva imagen, en un tubo de aluminio, junto con un pergamino en el que figuraba mi nombre como autor de la nueva Virgen y los de los miembros de la junta de gobierno que tenía entonces la cofradía, así como una moneda. A continuación, se cerró el ensamblaje del busto y el pecho de la Virgen. En los días siguientes le terminé la policromía. Ya íbamos muy justos de tiempo. Eso influyó en lo que pasó después: fue necesario volver a policromarla en verano. Hay que tener en cuenta que el incendio ocurrió el 26 de febrero de 1973 y que fue bendecida el 15 de abril de ese mismo año, Domingo de Ramos. Todo esto ocurrió en apenas un mes y medio.

Los últimos días en mi estudio fueron muy emotivos. Trasladaron allí el antiguo manto verde que pertenecía a la Virgen del Patrocinio y una saya antigua de bordados asimétricos, así como una bellísima corona de plata. Con estas magníficas piezas vestimos a la nueva Virgen del Patrocinio. Recuerdo que la vieron algunas personas, como el cantaor Manolo Mairena, que acudió acompañado por el periodista José Luis Montoya. También la vio el prioste de la Macarena, José Mena Martagón, mi amigo, que había compuesto una saeta preciosa, la primera dedicada a la nueva Virgen del Patrocinio, pues todavía no se había bendecido. Nunca se me ha olvidado esa letra; el día que se me olvide ya no me acordaré de nada:

Y no pudieron las llamas
destruirte, Patrocinio,
que el corazón de Triana
te ha devuelto a tus dominios
igual de hermosa y gitana.

Aquella saeta se la cantó Manolo Mairena, por primera vez, cuando fue a verla con Montoya. La Virgen estaba recién terminada y sostenía en sus manos una foto del Cachorro. Fue maravilloso.

Hubo otro momento emotivo e inolvidable. La Virgen del Patrocinio fue colocada en una habitación pequeña de mi casa, más acogedora, a donde la había trasladado. Una noche acudió *Pepe Peregil* y le cantó otra saeta a la Virgen, también a oscuras, iluminada tan solo por un cirio, en presencia de la junta de gobierno de la cofradía. Ellos la vieron cuando estaba modelada en barro, pero en esos momentos la contemplaban terminada. Esta Virgen era, nada más y nada menos, que la Madre del Cachorro, el Crucificado más impresionante jamás tallado, al que ya he citado en otras ocasiones como el mejor Crucificado del mundo cristiano.

Solo tenía veintitrés años y ya era el *abuelo del Cachorro*, el padre de su Madre. Pero eso de *abuelo del Cachorro* no me lo dijeron entonces, cuando me veían tan joven. Fue una ocurrencia del escritor Antonio Gala, casi veinte años después, a principios de los noventa. Una noche estábamos en el bar Anselma, en Triana, con Eduardo Osborne y su esposa, Pachi Bores, y con los escritores Antonio Gala y Terenci Moix, que se interesaron mucho en aquellos años por la Semana Santa de Sevilla. Conocían bien las cofradías y sus detalles. Terenci me comentó que había dejado bellísima a la Esperanza de Triana, a la que había restaurado en 1989, y de ahí pasamos a hablar de la Virgen del Patrocinio. Antonio Gala me dijo:

—Luis, tú debes ser considerado el abuelo del Cachorro.

—¿El abuelo del Cachorro? —le pregunté, sorprendido.

—Sí, eres su abuelo, porque eres el padre de su Madre.

Todos le reímos la ocurrencia. Con Antonio Gala he tenido una buena amistad. Mi esposa, Nani, es gran una admiradora de su obra. Con Terenci Moix también. En una ocasión, Terenci me envió fotos de Sofía Loren, porque le comenté que había sido mi actriz preferida en mis años de adolescente.

LA BENDICIÓN O EL MILAGRO DE UN SUEÑO

El Domingo de Ramos, 15 de abril de 1973, tuvo lugar la bendición de la Virgen del Patrocinio, en una ceremonia presidida por el cardenal Bueno Monreal. Fue un acto inolvidable. La Virgen estaba vestida de Reina, con su manto de salida. Muchas cofradías se habían ofrecido para colaborar con la cesión de enseres, entre ellas La Macarena, La Estrella y otras de Triana. El Cristo de la Expiración, todavía quemado, con el lado derecho muy deteriorado, permanecía en su camarín. Era como un reencuentro con su Madre, que estaba situada a sus pies. Después de todo lo sucedido, volvía a su lado.

En aquel acto, el cardenal Bueno Monreal elogió la nueva obra que bendecía, con unas palabras de cariño y admiración hacía mí que me llegaron muy hondo. Lo más extraordinario llegó después, cuando el cantaor Antonio Mairena, que estaba arrodillado en un reclinatorio, le cantó una saeta imponente al Cachorro. Después le cantó a la nueva Virgen, maravillosamente, la saeta que había compuesto Pepe Mena Martagón; la misma que le había cantado, por vez primera, su hermano Manolo:

> *«Y no pudieron las llamas*
> *destruirte, Patrocinio…»*

Aquella mañana ocurrió algo que no se supo entonces, que permaneció en secreto durante muchos años. Yo no pedí nada por la Virgen del Patrocinio. Le dije a la junta de gobierno que la había empezado por una iniciativa mía, que se la había ofrecido y que ellos la habían aceptado. No se habló para nada de dinero. Aquel mismo día, Rafael Belmonte, gran cofrade del Cachorro, me entregó un sobre y me hizo un ruego:

—No digas nada de esto hasta que me muera. No quiero que se sepa nada de esto hasta entonces. O ni siquiera entonces, si prefieres no decirlo...

Me pidió que no abriera ese sobre hasta que llegara a mi casa. Así lo cumplí. Cuando lo abrí, encontré un talón por valor de cien mil pesetas. Estaba acompañado por una tarjeta en la que se leía:

«No podremos pagarte nunca lo que has hecho por nosotros».

A Rafael Belmonte siempre lo quise mucho, era una magnífica persona, al igual que su esposa, doña Trini.

La Virgen del Patrocinio siempre será una imagen muy especial para mí. No es solo por su importancia como obra artística, sino por muchos recuerdos que me trae. Mi hermana Ana María estaba enferma entonces, afectada por un cáncer. Falleció a finales de 1974. Cuando mi hermana casi agonizaba, pocos días antes de morir, en el Pabellón Vasco, del Hospital Duque del Infantado, una enfermera la oyó decir que su hermano era el escultor que creó la Virgen del Patrocinio del Cachorro. Esa enfermera se lo comentó a Francisco Carrero Rodríguez, el hermano de Juan, de las Penas de San Vicente, que se encontraba por allí.

—Fíjese usted lo que dice, la pobre está delirando. Dice que su hermano es el escultor de la Virgen del Cachorro.

Y Francisco Carrero le aclaró que no deliraba, que era verdad. Mi hermana estaba en lo cierto y me tenía en sus pensamientos.

La Virgen del Patrocinio enseña esa angustia que sentía dentro al ver a mi hermana enferma. Quizá lleva cosas de ella, incluso sin quererlo, en la nariz, en la boca... Le queda tal vez el toque de esos últimos recuerdos. Era una mujer guapa, muy elegante. Tenía casi cinco años más que yo, y sentí mucho su muerte, que llegó en un momento especial para mí. La muerte de mi padre había ocurrido antes de ser bendecida la Virgen de Guadalupe, pero la conoció, incluso me ayudó; y la de mi madre coincidió con la primera salida. La muerte de mi hermana, tan joven, la sufrí un año después de que fuera bendecida la Virgen del Patrocinio.

Precisamente, en recuerdo de mi hermana Ana María, y en atención a las Hermanas de la Cruz, tallé para ellas en 1982 la imagen de Santa Ángela de la Cruz, que recibe culto en la Casa del Noviciado de las Hermanas.

EL TRIUNFO DE LA NUEVA SEÑORITA DE TRIANA

Desde un punto de vista artístico, la Virgen del Patrocinio se valoró como la obra que encumbraba definitivamente a Luis Álvarez Duarte, cuando solo tenía veintitrés años. Ya había detrás una aportación importante, culminada con la Madre del Cachorro. El profesor José Hernández Díaz, cuando la vio, me dijo que estaba perfecta:

—No ha perdido el sello de *Señorita de Triana*, pero se nota que es suya.

Estas palabras, teniendo en cuenta de quien venían, son para mí uno de los mayores elogios que recibí por la Virgen del Patrocinio.

Algunos hermanos me dijeron, con el paso de los años, que tuvo que ocurrir una desgracia tan grande para que en el Cachorro se dieran cuenta del valor enorme de su paso de palio. No voy a decir que con mi imagen se realza el papel de la Virgen dentro de la cofradía, aunque de alguna manera haya contribuido a eso. Se cuenta que el Cachorro, en tiempos, era la única cofradía de Sevilla en la que el paso de la Virgen entraba en la iglesia antes que el del Cristo. Según parece, se debía a que al final la dejaban pasar por la calle Castilla, y entraba el paso de palio antes, para que las personas presentes se pudieran recrear más tiempo viendo al Cristo, que lógicamente es la imagen con más tirón popular.

A raíz del incendio, debido posiblemente a la pérdida de la imagen anterior y a las circunstancias que rodearon a la nueva, se revalorizó el extraordinario paso de palio del Patrocinio. A eso han contribuido las excelentes restauraciones que se han realizado en los últimos años. El paso es fantástico, con los bordados de Olmo, que son irrepetibles. Cuando me pidieron que diseñara una saya para la Virgen del Patrocinio, que se la bordó el taller de Esperanza Elena Caro, no me inventé nada, sino que me inspiré en los bordados de Olmo. Ese manto de los cuarterones, con las grecas, esos detalles de la hojilla fina... Además, con un palio muy bien restaurado por el taller de Santa Bárbara. La orfebrería de plata de ley es impresionante: las figuritas de plata de los santos, las jarritas violeteras que tienen dibujos diferentes, los candelabros de cola con las guirnaldas, tantos detalles... Se habla y no se para del Cristo, pero ese paso de palio es, sin duda, uno de los mejores de Sevilla. Respetando a todas las cofradías de Triana, me parece que el Cachorro es la más clásica del barrio, tiene un caché y una categoría que impresionan.

A pesar de los muchos elogios que me llegaban por la Virgen del Patrocinio, después de ser bendecida, me quedó una espinita clavada. No estaba satisfecho con la encarnadura de la Virgen. Sabía que era una obra muy importante para mi trayectoria como imaginero, pero no era eso lo que me preocupaba, sino que me gusta dejar a mis imágenes con la mejor calidad posible. Había sido demasiado precipitado, me habían metido prisas para acabar... La consecuencia era que los óleos no habían secado bien y no se quedó como hubiera querido.

Pude mejorarla, en aquel verano de 1973, cuando la capilla se cerró por obras, y aprovechando también que el Cristo estaba siendo restaurado por los hermanos Cruz Solís. Me pusieron como condición que los trabajos se hicieran en el templo, que la Virgen no volviera a mi taller. Acepté, sin ningún inconveniente.

Los trabajos consistieron en retocarle levemente el rostro, afinándolo, y encarnarla y patinarla de nuevo. El capiller, Antonio de la Fuente, estaba presente en los trabajos que hice durante aquel verano en las dependencias de la hermandad. Cuando terminé, se acercó y me dijo con emoción:

—Luis, ahora es mucho más Patrocinio todavía...

Fue entonces cuando me sentí plenamente satisfecho con mi Virgen del Patrocinio. Otros cofrades del Cachorro, como Rafael Belmonte y Carlos Elliott, me comentaron que les parecía más bonita y Dolorosa que antes. La nueva encarnadura consiguió una calidad excepcional con el paso del tiempo, dándole ese característico tono de nácar. Tiene unas veladuras y pátinas naturales excelentes, gracias a que cuenta con una base muy buena. La calidad de la policromía es determinante para la belleza de una imagen. Por eso, no quise conformarme con el resultado inicial.

En la restauración del Cachorro, estuve como asesor, viendo y para ayudar en temas de imaginería. Ahí fue donde aprendí a restaurar con los Cruz Solís, que después serían mis profesores. Coincidió la restauración del Cachorro con los retoques a la Virgen del Patrocinio. Eso permitió que surgiera una gran amistad entre nosotros, que conviviéramos en los afanes de rehacer las imágenes titulares de la cofradía y, por supuesto, que aprendiera mucho de ellos. Con el tiempo colaboraría con ellos en la restauración del Gran Poder.

UNA MASCARILLA EN EL RÍO GUADALQUIVIR

Aún queda por contar la historia de la mascarilla de barro de la Virgen del Patrocinio. Quienes habían visto esta mascarilla en mi taller de la calle Aguiar quedaron admirados por su belleza. Cuando se habló sobre su futuro, había disparidad de opiniones. Algunas personas la querían conservar, incluso para ellos mismos, pero esa posibilidad ni siquiera se debatió. También se propuso que fuera conservada por la propia cofradía, que quedara guardada como una reliquia y una gran joya. Otros eran partidarios de exponerla públicamente, para que pudiera ser contemplada por cuantas personas quisieran.

Al final, se decidió destruirla. Los cofrades del Cachorro optaron por partir la mascarilla de terracota para que nadie pudiera reproducir jamás la efigie de la Virgen del Patrocinio. Fue una ceremonia romántica en una noche de primavera. La junta de gobierno había decidido que el rostro de la Virgen del Patrocinio descansaría para siempre en en el Guadalquivir, en el río que cruza el Viernes Santo, cuando sigue a su Hijo por el puente de Triana.

Fue un ritual cofradiero casi mágico. Asistieron cofrades del Cachorro, los miembros de la junta de gobierno, y algunos amigos, como Pepe Gómez Clérigo (cofrade de las dos Expiraciones, la del Museo y la de Triana), Juan Moya Sanabria (de Los Estudiantes), José León-Castro Alonso (del Gran Poder y El Cachorro) y algunos más.

Llegamos al puente de Triana por el lado de la capillita del Carmen. Rezamos una salve. Pasamos la segunda farola, y antes de llegar a la tercera, yo, personalmente, rompí la mascarilla con el mazo que había utilizado para tallar a la Virgen. La cara quedó rota en varios trozos y la echamos al río. A continuación, arrojamos al mismo lugar unos claveles de color rosa Patrocinio, como los que luce el Viernes Santo. En las aguas del Guadalquivir quedaron los restos de la cara de la Virgen del Patrocinio y los claveles. Se quedó su recuerdo para siempre.

Mi carrera como imaginero, probablemente, no sería igual si no hubiera tallado la Virgen del Patrocinio. Fue un acontecimiento artístico, que trascendió los ambientes de las cofradías. Apareció en portada en el diario *Ya* de Madrid, en su edición para toda España, y publicaron reportajes en revistas de tirada nacional. Los medios de comunicación se volcaron, especialmente en Sevilla, donde todos le dedicaron una gran atención.

Aquella Virgen suponía mi consagración como imaginero, ni más ni menos, cuando tenía veintitrés años. Los sueños que había tenido se cumplían y alcanzaban la plenitud con Ella. Algunas veces, pasado el tiempo, cuando he acudido a ese templo que hoy ya es basílica y he contemplado esa admirable imagen del Cristo de la Expiración, ese Crucificado sublime e irrepetible, que aquella tarde de febrero de 1973 se salvó milagrosamente de las llamas, me he quedado casi sin palabras. Y cuando he visto allí, tan cerca de Él, aquella Dolorosa que pude hacer con mis manos de imaginero, por culpa del destino de un fuego, tan solo he podido preguntarle:

—Padre mío, ¿cómo pude tallar a tu Madre?

La Virgen del Patrocinio abrió un antes y un después en mi vida.

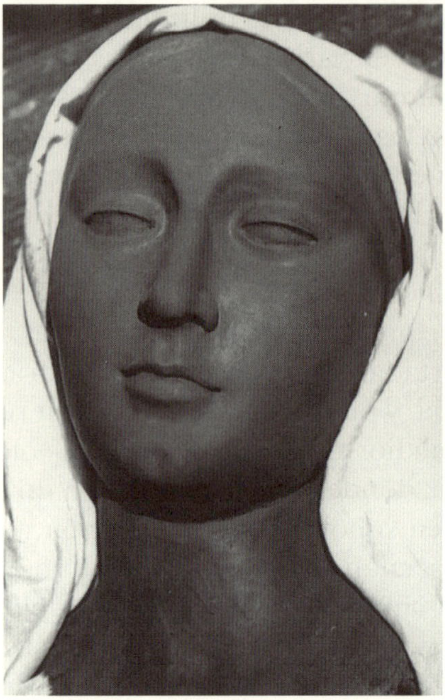

Boceto en barro de la Virgen del Patrocinio tal como la vio la Junta de Gobierno del Cachorro. Fue destruido y arrojado al Guadalquivir.

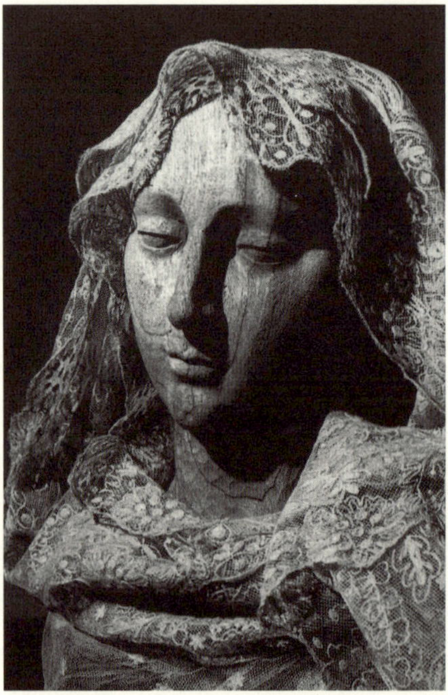

La Virgen del Patrocinio en madera de caoba, antes de ser terminado su modelado.

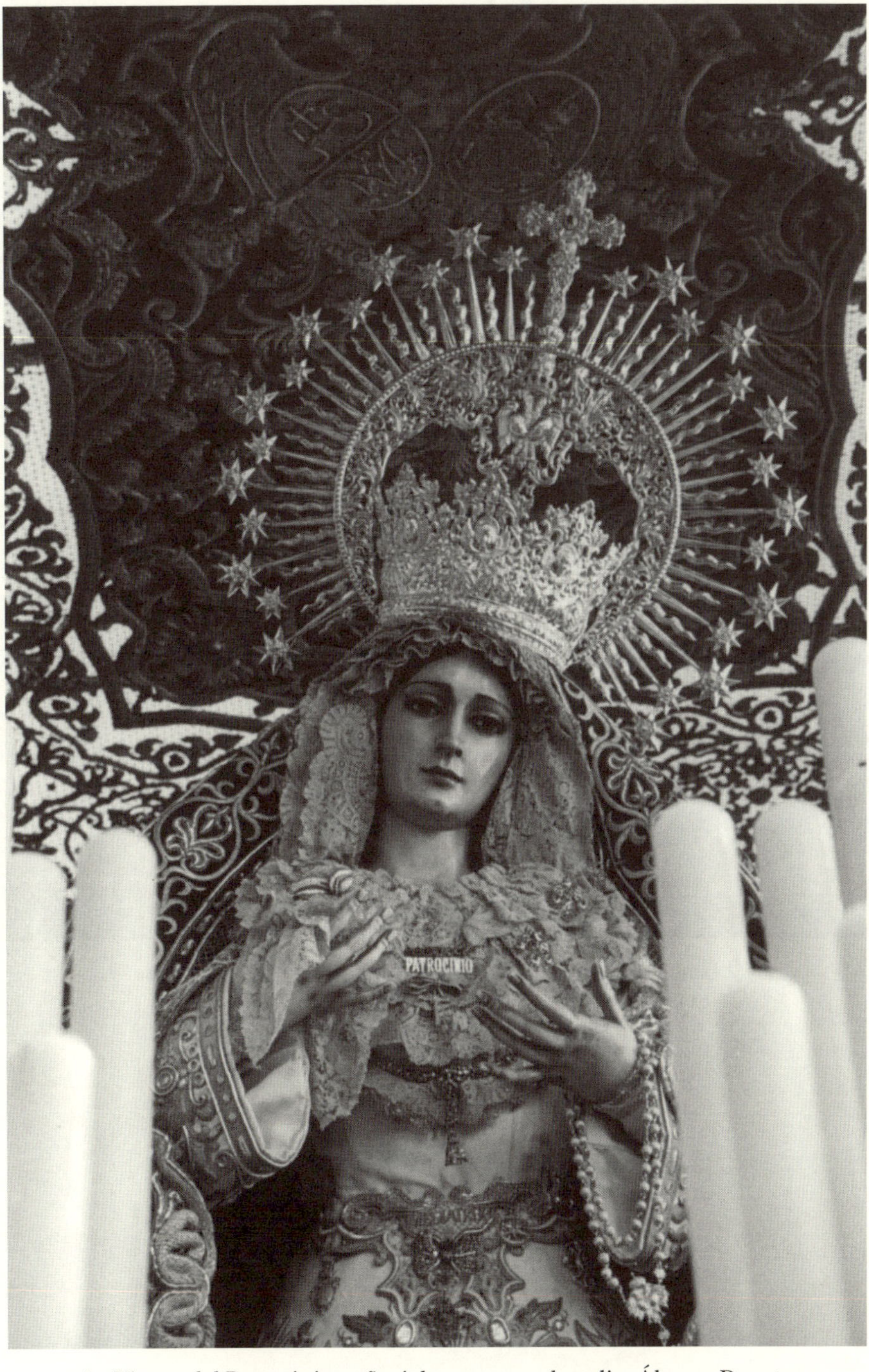

La Virgen del Patrocinio, señorial en su paso de palio. Álvarez Duarte reinterpretó la imagen perdida en el incendio y le dio su sello original.

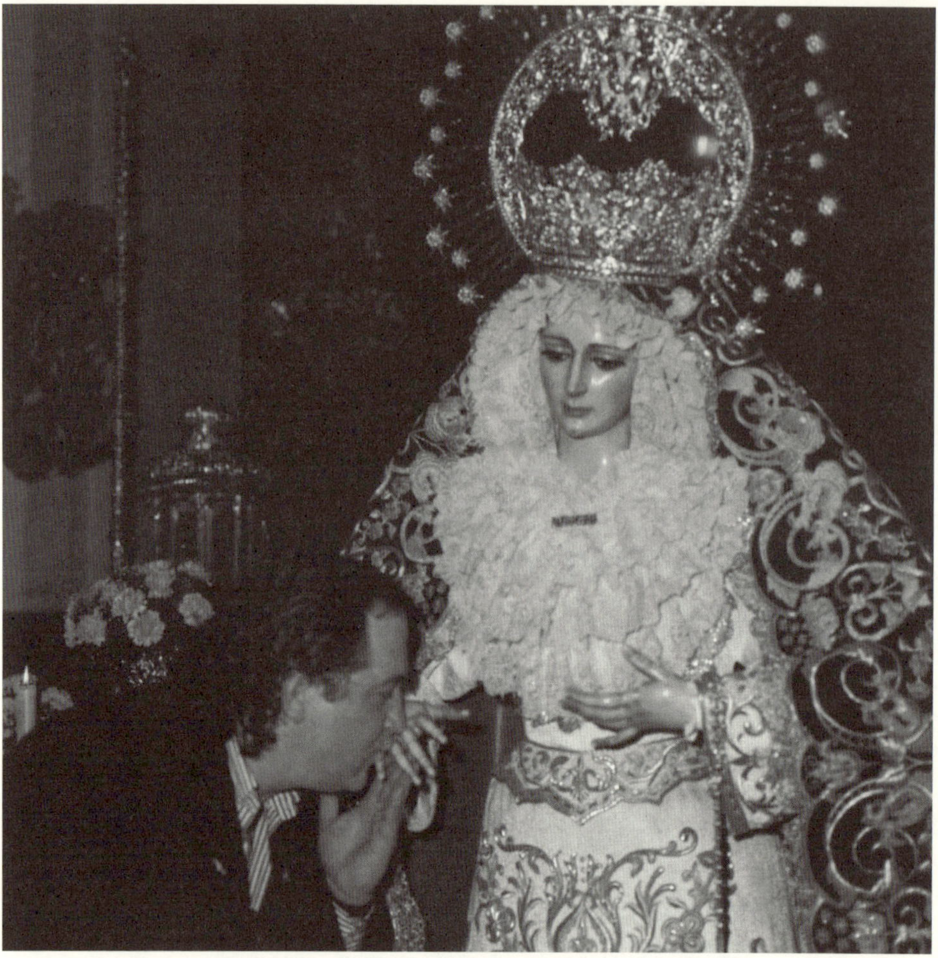

El imaginero besa la mano de la Virgen del Patrocinio, que marcó un antes y un después en su carrera artística.

1.5 EN LA CORTE DE MADRID… Y EN LA CORTE DE PILATO

A partir de la Virgen del Patrocinio comienza una nueva etapa. Los principios me llevaron por caminos muy diferentes a los que había seguido hasta entonces. La fama que había alcanzado como imaginero religioso se extendió y me permitió entrar en otras facetas como escultor.

En el año 1974, los duques del Infantado me invitan a ir a Madrid para hacer unos retratos del Príncipe Felipe y las infantas Elena y Cristina. Acudí para hacer ese trabajo y me quedé más de un año, hasta 1975. En Sevilla le dijeron a un amigo:

—A este niño le va a pasar como a Antonio Illanes, que se quedó en Madrid.

Y eso a pesar de que no había abandonado Sevilla, a la que volvía frecuentemente. Iba hasta para comprar el barro en Triana, en la calle Antillano Campos.

UN PARÉNTESIS COMO ESCULTOR

En Madrid vivía en el palacio de los duques del Infantado, que estaba en la calle Don Pedro. Atravesaba la calle Bailén y me iba al Corral de la Morería a escuchar a los hermanos Reyes y a Chato de la Isla, un cantaor de San Fernando que cantaba por bulerías y por alegrías que quitaba el *sentío.* Ahí me entra la nostalgia de Sevilla, y me da por hacer una lotera flamenca, de tipo costumbrista, que fue mi primera escultura profana en Madrid.

Había transcurrido poco tiempo desde que terminé definitivamente a la Virgen del Patrocinio, tras los retoques del verano del 73. Un año después, en Madrid, no me estaba dedicando a la imaginería religiosa. Tan solo hice un Niño Jesús para la duquesa del Infantado y otro Niño Jesús, que me encargó ella, para regalárselo a la Condesa de Barcelona, doña María de las Mercedes de Borbón, madre del Rey.

Por entonces se puede decir que los duques del Infantado eran como mis mecenas. Vivía en su palacio. Allí hice obras para la familia Fierro, los marqueses de Estepa y otras personas de la alta sociedad. Sobre todo, me dedicaba a los retratos, que tuvieron un enorme éxito. Era otro tipo de escultura. En ese periodo es donde comienza el Álvarez Duarte que, sin dejar de ser imaginero, es también más escultor. Aparte de los retratos, me ocupaba principalmente en la escultura costumbrista andaluza, que es la que más me gusta.

Al mismo tiempo, seguía mi trabajo en la Zarzuela con el Príncipe y las Infantas. En la revista *Hola* publicaron una foto, con un texto que decía: «Álvarez Duarte modelando en el Palacio de la Zarzuela».

Me dio fama y notoriedad, pero también lejanía. Muchos amigos, cuando viajaban a Madrid, ni me llamaban, porque me suponían como si estuviera instalado en una nube o algo así, cuando seguía siendo el mismo, tenía los pies en el suelo, y no se me habían subido los humos.

Aquellos días que pasé modelando al Príncipe y las Infantas fueron maravillosos. Algunos, cuando se enteraron de que trabajaba para la Familia Real, me decían el escultor de la Corte. Recuerdo con un cariño especial a todos, pero particularmente a la infanta Elena. Era una niña muy afectuosa, que hablaba inglés estupendamente. Me comentó que recordaba Sevilla como una ciudad donde hacía mucho calor y que le gustaban los higos de Villamanrique. Se refería a los que comían en el palacio de su tía abuela doña Esperanza, que vivía con esposo, don Pedro de Brasil, en un palacio en Villamanrique de la Condesa. La infanta Elena acudía a visitarla algunas veces. En su trato conmigo, fue una chiquilla muy noble, una excelente persona. Sus hermanos también, pero ella tenía un don especial.

Cuando llegué a Madrid y me instalé en el palacio de los duques del Infantado, viví una anécdota divertida con Ambrosia, la ama de llaves que trabajaba en la casa. Al enterarse de que era escultor, y verme cargado con barro, se puso nerviosa y me recomendó:

—Si le para la Policía y le pregunta, no se le ocurra decir que es escultor, diga que se dedica a otra cosa.

Me lo decía porque unos meses antes, en diciembre de 1973, habían asesinado a Carrero Blanco en un atentado terrorista y, según publicaron los diarios *Ya* y *Pueblo*, los autores del acto criminal se hicieron pasar por escultores.

En el palacio tuve otras anécdotas. El único hijo soltero de los duques era entonces Jaime, el duque de Francavilla, que un día me preguntó:

—Soy de una cofradía de Sevilla, a ver si aciertas de cual.

—Hombre, ¿no lo voy a saber? De la Quinta Angustia.

—¿Y cómo lo sabes?

En realidad, no lo sabía, pero por deducción lo acerté. Siendo de la familia que era, pensé que debía pertenecer a la Quinta Angustia, que tiene fama de contar con aristócratas entre sus hermanos.

Aprendía de todos. Un día le llevé algunas obras mías al escultor Sebastián Miranda para que las viera. Me hizo algunas preguntas y me dijo una frase inolvidable:

—Tú estás bendecido, como el albero de la plaza de la Real Maestranza.

Me gustaba visitar el Museo del Prado y frecuentar los ambientes artísticos. Iba a Macarrón para enmarcar. Poco a poco, me quería situar.

En Madrid todo lo que hacía era escultura profana. Bronces, terracotas, según los encargos... No obstante, era conocida mi vocación de imaginero. Uno de mis clientes, persona con título nobiliario, llegó a plantearme una propuesta pintoresca:

—Como en Madrid existe una cofradía que tiene por titulares al Gran Poder y la Macarena, con copias de las imágenes de Sevilla, se podría fundar otra con el Cachorro y la Esperanza de Triana. Conozco a gente interesada.

Lo decía en serio. Me propuso que tallara sendas réplicas del Cachorro y la Esperanza de Triana para poner en marcha una nueva cofradía. Al principio, no sabía cómo decirle que no. Desde un punto de vista económico me interesaba, lo pagaría muy bien, pero no le encontraba sentido. Pasado un tiempo, ya no insistió sobre la cuestión.

En Madrid no simultaneaba la imaginería religiosa. Me dedicaba de lleno a las peticiones de mi clientela, que era fantástica. Una parte de ellos aún me llaman hoy para preguntarme si tengo flamencas. Les contesto de broma que no, que están en Los Gallos, allá por el barrio de Santa Cruz. En realidad, aún trabajo de vez en cuando para clientes de Madrid, porque son personas a las que conozco de toda la vida.

En aquellos años setenta, por decirlo de manera clara, veía que en Madrid estaba ganando dinero por un tubo. La escultura profana me daba mucho más dinero que la imaginería religiosa. Trabajaba con una fundición en Arganda y allí acababa los bronces. Conocía a muchas personalidades, empezando por los reyes, que habían hablado conmigo cuando trabajaba con los bocetos de sus hijos. También traté a la duquesa de Badajoz y a la secretaria de la reina, Laura Hurtado de Mendoza. Conocí a Jaime de Mora y Aragón, que me invitó a una fiesta.

Los ambientes mundanos no me gustaban demasiado. Un día acudí a una fiesta de gala, vestido de esmoquin, y pude hablar con el rey Simeón de Bulgaria. Al enterarse de que era andaluz, me preguntó:

—¿Tú eres un andaluz que me presentaron hace unos días, que tenía campos en Jerez?

—Yo no tengo ni un quiosco en la calle Puente y Pellón —le contesté.

Ese no era mi mundo. Mis preocupaciones iban por otro lado. Cuando vivía en Madrid, le enviaba dinero a mi hermana Ana María, que se encontraba gravemente enferma de cáncer, en fase casi terminal, y que moriría a final de aquel año 1974, a los veintiocho años. Pasados algunos años, un médico me comentó que con los avances de hoy quizá se hubiera podido salvar, pero entonces no pudo ser. Fue una historia muy trágica. Su marido, que también era joven, murió un año después, en 1975, en un accidente de tráfico que sufrió en la calle Torneo, de Sevilla, cuando viajaba en su coche. Se quedaron huérfanos dos niños pequeños, que gracias a Dios han podido salir adelante. Uno de ellos es médico.

La muerte de mi hermana fue un golpe duro, que me llevó a pensar en el retorno a Sevilla. En Madrid vivía entre el lujo y el esplendor. Me desplazaba en un Rolls Royce que tenían los duques del Infantado. Me llevaban a la Zarzuela, a Puerta de Hierro, a las zonas más exclusivas. Y después las fiestas... Se me había quedado grabado algo que me recomendó mi madre cuando era un chaval. Ella me dijo que nunca bebiera nada, cuando saliera, sin ver lo que me echaban en el vaso. Eso se me quedó grabado, y lo cumplí escrupulosamente en Madrid, cuando iba a ciertas fiestas a las que me invitaban mis clientes o conocidos, en las que circulaba material peligroso.

Veía allí mucha hipocresía, quizá en el buen sentido, no lo quiero criticar. A mitad de los setenta, eran tiempos de cambios de ideas y de costumbres, en los que ciertas sustancias estaban de moda y corrían con facilidad en esos ambientes. Menos mal que tenía las ideas claras. Era un joven de veinticinco años, que vivía en Madrid solo, con fama y con dinero. No tuve entonces ninguna novia, tan solo algunos flirteos. A mi mujer, que fue el flechazo de mi vida, no la conocería hasta bastantes años después. En aquella etapa de Madrid era solo un joven un poco ingenuo que creía, hasta entonces, que las drogas eran cosa de estudiantes, con sus porrillos. Cuando me ofrecieron esnifar coca en un canutillo de plata, entendí que también había drogas en otros ambientes. Quizás eran años en los que gustaba experimentar con todo. Y no solo los jóvenes, también algunas personas que nunca me lo hubiera imaginado.

Un día me preguntaron si fumaba ciertas cosas y dije que solo Ducados, y que me habían regalado dos cartones, de los que entonces hacían en las Fábricas de Tabacos de Sevilla y Cádiz. Posiblemente, me considerarían como un paleto sevillano que había ido a caer en Madrid. Sin embargo, lo pensaba fríamente y me parecía lo contrario. A esos capitalinos, que te miraban por encima del hombro, los veía más catetos, con muy pocos fundamentos. No bastaba con vivir en una ciudad de grandes museos, en la capital del poder político y económico.

EL REGRESO A SEVILLA

Nostalgia de Sevilla. Me empezó a entrar una especie de morriña sevillana y andaluza. Ya digo que vivía muy bien, en un ambiente de lujo, en un palacio rodeado de todas las comodidades. Tenía clientes pudientes, algunos magníficos, que he conservado con el paso de los años. Pero, en 1975, ya tenía decidido que volvería a Sevilla. Había muerto mi hermana y cada vez echaba más en falta a mi gente.

Sinceramente, añoraba mis imágenes, mis cofradías, mi Sevilla, mi estudio de la Puerta Real... Echaba de menos mis cafés con los cofrades, las copas que me tomaba con Joaquín de León Arias Saavedra, que venía a buscarme al taller, cuando trabajaba en la Puerta Real. Me agradaba conversar con personas mayores que yo, de las que aprendía, esas charlas con el padre Camilo Olivares, con los hermanos Ríos Mozo, o las vivencias en Las Aguas con Juan Delgado Alba y Joaquín Delgado-Roig. Todo eso lo tenía en la mente.

Regresé a Sevilla en el año 1975. De vez en cuando volvía a Madrid, para visitar a los duques del Infantado. Debo recordar aquella etapa de mi vida con mucho cariño y agradecimiento. No tengo palabras para agradecerles lo que hicieron por Luis Álvarez Duarte. Fueron para mí unos mecenas desinteresados, que me ayudaron enormemente en aquellos años y contribuyeron a que me abriera un futuro mejor. Solo vivir en su casa, un palacio repleto de obras de arte ya era una gran suerte para un joven escultor como yo, que procedía de una familia modesta y que todo lo que tenía entonces lo había conseguido sólo con mi trabajo, desde que era un niño.

Precisamente la duquesa del Infantado me presentó en Madrid a la duquesa de Alba, que era parienta suya, y que después se convertiría en una distinguida amiga mía. Me la presentó en la Fiesta de la Banderita de la Cruz Roja. Cayetana sería después una de las mejores clientas, por no decir la mejor. Siempre se interesa y ayuda a los artistas. Cuenta con varias obras mías en su colección particular. Una de las que tiene en su casa es una gitana canastera preciosa, que aparece asomada, entre unos visillos de encajes. Si la ves desde abajo, en el Palacio de las Dueñas, te da la impresión de que es una mujer de verdad, que está asomada y mirando con descaro. Tiene también una flamenca, y un boceto y la escultura de Pastora Imperio, que es la última obra que me encargó. Para hacer esta obra me sirvió de modelo una gran bailaora sevillana, una gran señora del baile, Matilde Coral. Me leí la historia de Pastora Imperio para inspirarme en la escultura. Era hija de la Mejorana, una cantaora de Cádiz que se fue a vivir a Sevilla y que luego tuvo sus historias. Modelar a Pastora fue un gran placer, una oportunidad que me dio la duquesa de Alba.

Cuando le pusieron el monumento a Cayetana, no pude realizar su figura, porque la donaron, y la hizo Sebastián Santos Calero, muy bien, por cierto. Pero espero hacer una escultura de ella en el futuro. La duquesa de Alba y el padre Federico Gutiérrez, sacerdote claretiano, fueron los que me propusieron en 2006 para que me nombraran académico de la Real Academia de Bellas Artes de Santa Isabel de Hungría, de Sevilla. A ella le he dicho que la tengo que modelar y que la voy a presentar envuelta en un mantón de Manila

EXPOSICIONES EN LA GALERÍA ÁLVARO

Después de mi estancia en Madrid, cuando ya me había afianzado en Sevilla, organizamos mi primera exposición de escultura costumbrista en la Galería Álvaro, que había montado Álvaro Balbontín en la plaza de Doña Elvira, en el barrio de Santa Cruz. Álvaro era cofrade del Silencio y las Aguas, por lo que nos conocíamos bastante bien. Su padre era el arquitecto Alberto Balbontín de Orta, que trabajaba con Antonio Delgado Roig. Fueron autores de edificios muy reconocidos de la arquitectura sevillana y andaluza, entre ellos la ermita del Rocío y la basílica del Gran Poder. Álvaro Balbontín y Joaquín Delgado-Roig tenían una buena amistad, a causa de la relación profesional de sus padres arquitectos y por sus vínculos a las mismas cofradías. Esa amistad también me influyó a mí, y facilitó la organización de aquellas exposiciones.

Meses antes de abrir su galería, Álvaro me pidió que participara con una exposición. Entonces nadie quería que un imaginero presentara una muestra de escultura en una galería. Después, en cuanto vieron el éxito, otras galerías me lo propusieron. Sin embargo, me mantuve fiel a la galería de Álvaro, porque soy amigo de mis amigos, y fue él quien primero confió en mí. En total, se organizaron siete exposiciones entre 1979 y 1987.

Cuando propuso la primera, en 1979, me dedicaba de lleno a la imaginería religiosa y le dije que no iba a exponer un Cristo o una Dolorosa en una galería. Pero lo pensé mejor. Retomé lo que hacía en Madrid. No se trataba de innovar, de crear cosas diferentes, sino de volver a las flamencas, cigarreras y otros temas costumbristas. Cuando se enteró, Alvarito se frotaba las manos.

En la primera exposición, se vendieron todas las piezas la primera noche. Álvaro me preguntaba si no tenía nada más en mi estudio. Sus colegas de otras galerías lo llamaban para saber si era cierto que había vendido tanto. Lo mismo pasó en los años siguientes, hasta el punto de que la galería me pedía una exposición anual, que casi siempre coincidía con las fechas de Navidad y terminaba en los primeros días de enero. Supongo que lo hacía así para aprovechar el tirón de los regalos de los Reyes Magos. Venían marqueses y familias nobles de Sevilla, pero también de fuera. Acudían muchos de Marbella en aquellos años, incluso austriacos, que no sé de qué me conocerían.

Siendo exposiciones de escultura profana, siempre se ponía un toquecito de imaginería. El busto de una Virgen, un Niño Jesús, piezas así... Aún hoy, me llaman de muchas galerías para pedirme exposiciones de escultura. Ocurre que, lamentablemente, no tengo tiempo para dedicarme a los temas profanos, y solo hago algunas esculturas, excepcionalmente.

En total, participé en siete exposiciones de la Galería Álvaro, siempre con muy buena acogida. Conservo muchos recuerdos de aquella etapa. Uno de ellos fue la visita del imaginero Luis Ortega Bru, que era un gran escultor, al que admiraba. Ortega Bru, muy afectuoso, me abrazó y me dijo:

—Correligionario, has conseguido algo que no había podido ninguno de nosotros hasta ahora. Me alegro de que un imaginero exponga y se consagre como escultor en una galería de arte comercial.

Después me contó que *ojalá, Dios le hubiera dado salud y tiempo para organizar algo así, o haberlo intentado cuando era más joven.* Murió pocos meses después. A pesar de su categoría artística, Luis Ortega Bru había pasado por muchas dificultades.

LAS PRIMERAS FIGURAS SECUNDARIAS

Un año antes de tallar la Virgen del Patrocinio, en 1972, entregué mis primeras figuras secundarias para un paso de misterio. El encargo, para la cofradía del Buen Fin, me lo propuso Rafael Vallejo en Casa Ovidio, un bar cofradiero muy popular del sevillano barrio de San Lorenzo. El misterio incluye cuatro figuras: José de Arimatea, Nicodemus, la Magdalena y un centurión romano, que completaban el paso del Cristo del Buen Fin, una imagen tallada por Sebastián Rodríguez en el siglo XVII.

En el misterio, tal como concebí las imágenes, se representa un momento apenas tratado en la iconografía religiosa, por lo que era novedoso. Un centurión romano le entrega a José de Arimatea un documento, con el permiso para descender a Cristo (que aparece muerto) y sepultarlo. La Magdalena se encuentra arrodillada al pie de la cruz. Nicodemus está preparando los ungüentos para amortajarlo.

Aquello tuvo su momento de buena aceptación. Vallejo y otros cofrades del Buen Fin querían estas figuras para completar el paso. Empezaron a salir en la Semana Santa de 1972. Pero después de años, cambiaron de criterio, al parecer influidos por ciertos consejos de otro imaginero. En 1998 quitaron los personajes secundarios, acortaron el paso y dejaron al Crucificado solo, como sale ahora. Conozco a mucha gente, entre ellos hermanos del Buen Fin, que son partidarios de que vuelvan a salir las imágenes secundarias. Muchos me lo dicen y también lo he leído en diversos foros de Internet. Las imágenes, por cierto, están bien conservadas por la hermandad.

Respeto que el Cristo salga solo, para que esté más recogido, o más franciscano, como dicen algunos. Pero hace cuarenta años, cuando me encargaron las figuras del misterio, precisamente lo que me dijo Rafael Vallejo era justo lo contrario: que querían darle más alegría a ese paso, que querían darle otro aire. Aunque está muerto, no es un Cristo como el del Calvario. Es un Cristo que todavía sigue llevando detrás a la banda de cornetas y tambores de la Centuria Macarena, con el redoble de tambor de Hidalgo, tocándole unas marchas de corneta propias de pasos de misterio con plumas. No se trata de entrar en una polémica por eso, ya digo que lo respeto, pero me parece que las figuras completaban un misterio muy digno y que no desmerecía el paso.

Pienso que algún día volverán a salir otra vez. El misterio, con esa composición, no existía en la Semana Santa y le aportaba un matiz diferente. La figura de la Magdalena arrodillada y abrazada a la cruz le daba mucha fuerza. Es una imagen que recibió grandes elogios y me parece un poco triste que la hayan retirado de la Semana Santa. Las demás imágenes no tapaban para nada al Cristo, estaba ideado para realzarlo. Desde luego, por calidad artística no será, porque entonces habría que quitar muchas imágenes secundarias de los pasos de misterio de Sevilla. Es verdad que estas imágenes del Buen Fin no tienen las policromías de calidad que doy ahora, son de 1972, pero son dignas, se tallaron con interés y cariño. Tenían unos ropajes muy bonitos. La coraza del romano es preciosa.

Precisamente estaba completando este misterio del Buen Fin, en mis ratos libres, cuando me dijeron que me darían facilidades en el servicio militar y que podría volver a mi taller. Recuerdo que se lo comenté muy contento a Juan Pérez Calvo. No se me olvida, porque Pérez Calvo decía entonces que el romano del Buen Fin era uno de los mejores que él había visto en Sevilla.

Cuando me encargaron el misterio del Cautivo para la cofradía del Polígono de San Pablo, le sugerí al hermano mayor, Manolo Márquez, que hablara con el Buen Fin para ver si le vendían el romano para el nuevo paso, o al menos la coraza y el casco, que se lo hizo Seco Velasco y es magnífico. Le contestaron que, de ninguna manera, que el Buen Fin no vendía ni el romano, ni la coraza, ni el casco. Se lo propuse porque el romano es la única imagen que no se encuentra expuesta, ya que la Magdalena, José de Arimatea y Nicodemus se pueden ver en la iglesia del convento franciscano de San Antonio de Padua.

UN ARMAO EN EL PASO DE LA SENTENCIA

Más suerte tuvo el siguiente romano que me encargaron para Sevilla, siete años después. Me refiero al capitán romano del paso de misterio de la Sentencia, de la cofradía de la Macarena, que es una obra de 1978. Un romano en la Sentencia, para empezar, es un armao. No es cualquier cosa. No todos los imagineros de Sevilla tienen un armao en el paso de la Sentencia. Y menos aún un capitán, al que se le nota un trato de mucha confianza con Pilato.

Cuando lo presenté, se dijo que era representativo de un tiempo de más madurez. Lo vemos plenamente integrado en el conjunto del misterio macareno, en unión de las figuras de Castillo Lastrucci, que son muy buenas, de su mejor época. Lo importante es que no hay nada que desentone en ese paso de la Sentencia. Todas las figuras, pese a no ser del mismo autor, presentan una gran unidad en la composición.

Con este romano, es decir con mi armao, conseguía incorporar una figura de Álvarez Duarte a la Corte del Pilato de la Macarena, al magnífico paso de la Sentencia. Cinco años después de haber conocido la Corte de Madrid, me daba cuenta de que había acertado de pleno al volver a Sevilla. Era mucho mejor estar presente en la Corte de Pilato, aunque fuera con un capitán de la Centuria. Ya he comentado que no me gusta presumir. Pero por entonces, antes de cumplir los treinta años, ya era también de los pocos que tenían una imagen en la Macarena y otra en la Esperanza de Triana.

EL SAN JUAN DE TRIANA Y OTROS DISCÍPULOS

La primera imagen secundaria que tallé fue un San Juan Evangelista que no sale en Semana Santa: el de la Esperanza de Triana. No sale en la madrugada del Viernes Santo, pero sí en la procesión del Corpus de Triana. Y además está expuesto al culto en la capilla de los Marineros.

Lo debemos incluir como una obra de juventud, que terminé en 1967, poco después de la Virgen de Guadalupe. En principio, querían restaurar el anterior, que al parecer era obra de Cardoso de Quirós y perteneció al Santo Entierro, donde fue sustituido cuando Juan de Astorga renovó las imágenes de esa cofradía. De ahí debió pasar a Triana. Debido a su estado y otras circunstancias, finalmente el mayordomo de la cofradía, Ángel Escarraza, asumió que era mejor renovarlo. Le tallé una nueva cara y nuevas manos, manteniendo los pies del anterior y el candelero. Fue bendecido en 1968, en la capilla de los Marineros, por el recordado padre José Sebastián y Bandarán. A pesar de ser una obra juvenil, contribuyó a afianzar mi carrera artística. En Triana decían que era un San Juan «muy guapo». Fue muy celebrado.

Posteriormente, lo he reformado. Le suprimí el candelero y le adapté un nuevo cuerpo anatómico con sudario, y unas nuevas piernas que le dan una posición más natural y dinámica. La última restauración es de 2005, aunque conserva la cara y las manos tal como se las tallé en 1967.

Antes de las figuras del misterio del Buen Fin, en 1968, hice otro San Juan Evangelista de culto, que tampoco ha salido en Sevilla, en este caso para la cofradía de las Penas de San Vicente. Posteriormente, esta cofradía se lo vendió en 2003 a la Borriquita de El Viso del Alcor (Sevilla) para su paso de misterio.

El primer San Juan de Álvarez Duarte que sale en un paso es el que tallé para la cofradía de las Aguas en 1973. Lo terminé después de las figuras secundarias del Buen Fin, y poco antes de la Virgen del Patrocinio.

Sobre este San Juan hay una anécdota. Lo querían estrenar en la Semana Santa de 1973 y ya íbamos justos de tiempo. Juan Delgado Alba vino un día al taller y me dijo:

—Luis, o nos terminas ya el San Juan, o lo vas a tener que poner en un cojinete y te lo llevas directamente a la Campana. Lo vas a tener que subir tú mismo cuando llegue allí el paso…

La imagen de San Juan fue entregada a la cofradía el Domingo de Ramos y salió en el paso de misterio el Lunes Santo. Ajustado, pero a tiempo.

Me encargaron este San Juan porque no les agradaba el anterior, obra de Antonio Illanes. Aunque era un gran escultor, autor del Cristo de las Aguas, consideraban que su San Juan resultaba un tanto inexpresivo. El mío es un San Juan clásico, que fue muy bien valorado. Lo represento joven, quizá sea el más juvenil de Sevilla. Mira hacia el Cristo y en sus ojos he intentado reflejar el sentimiento de lo que contempla, su angustia interior. Los especialistas destacaron que está muy trabajado en el modelado y se valoró como un paso más en mi progresión artística de juventud. El precio fue diez mil pesetas, el mismo que les pedí con la rebaja, unos años antes, por la Virgen de Guadalupe. Como curiosidad, puedo decir que el bocetito en barro de este San Juan lo conserva el cofrade José León-Castro Alonso.

LA MAGDALENA Y OTRAS FIGURAS

Al cumplirse los veinticinco años de la bendición de la imagen de San Juan, en 1998, la cofradía de las Aguas me encargó una nueva talla de María Magdalena, con la que fue sustituida la anterior, que era obra de Antonio Eslava. Mi Magdalena, en consonancia con mi San Juan, creo que encaja muy bien en ese paso de misterio. Me comentan que le da un mayor dinamismo al que tuvo con las imágenes anteriores sustituidas. Al tallarla, lógicamente, intenté que mostrara la debida unción y se integrara en el conjunto que forma, pese a que son de diferentes autores.

También he tallado ángeles para los canastos de tres pasos de Sevilla. Los primeros los hice en 1986, para el paso de misterio de la Piedad, de la cofradía del Baratillo. Me los encargó

Rogelio Gómez, más conocido como Trifón, por su popular tienda de montañés *La Flor de Toranzo,* también llamada Casa Trifón. Son cuatro ángeles que portan atributos de la Pasión. Sirvieron para enriquecer y completar este gran paso de misterio del Baratillo.

Años después, en 1996, tallé otros cuatro ángeles para el paso del misterio de las Tres Caídas de Triana. Fue el tallista, Manuel Guzmán Bejarano, quien me lo pidió para completar el paso.

Quizá el trabajo de ángeles que ha recibido más elogios, y hasta algunas imitaciones y copias que hicieron por ahí, sea uno que data de 1995. Me refiero al arcángel cirineo que sostiene la base de la cruz de Jesús de la Salud, de la cofradía de la Candelaria. Para esta cofradía realicé después, en 1998, los cuatro evangelistas y los altorrelieves que completan el paso.

El arcángel cirineo era un gran reto artístico, porque acompaña al Señor de la Salud, que es una imagen de gran valía, obra de Francisco de Ocampo en el siglo XVII. Como se sabe, fue el Nazareno de la extinguida cofradía de la Antigua y Siete Dolores, una de las más pujantes de Sevilla en tiempos pasados. Además, el Señor de la Salud es una figura de talla completa, con la túnica tallada. Hacer un arcángel para adaptarlo a esta señera imagen, sin desentonar, era un proyecto muy comprometido. Según los comentarios positivos que recibí, se ha conseguido. La imagen de este arcángel cirineo es muy original. Le he propuesto a la cofradía que le encarguen una ensaladera de plata, para que el arcángel esté expuesto en su templo de San Nicolás, en la capilla del Sagrario, a los pies del Santísimo.

Este es un ejemplo más de que las figuras secundarias deben ser importantes para los imagineros respetuosos con su oficio. En un paso de misterio no vale que la imagen principal sea buena y que las demás desentonen, porque eso termina perjudicando el conjunto, desmerece la obra completa. Es un error grave encargar las figuras secundarias a imagineros inexpertos o aprendices. Por desgracia, se podrían citar demasiados casos. Algunos los he padecido yo mismo con mis imágenes titulares.

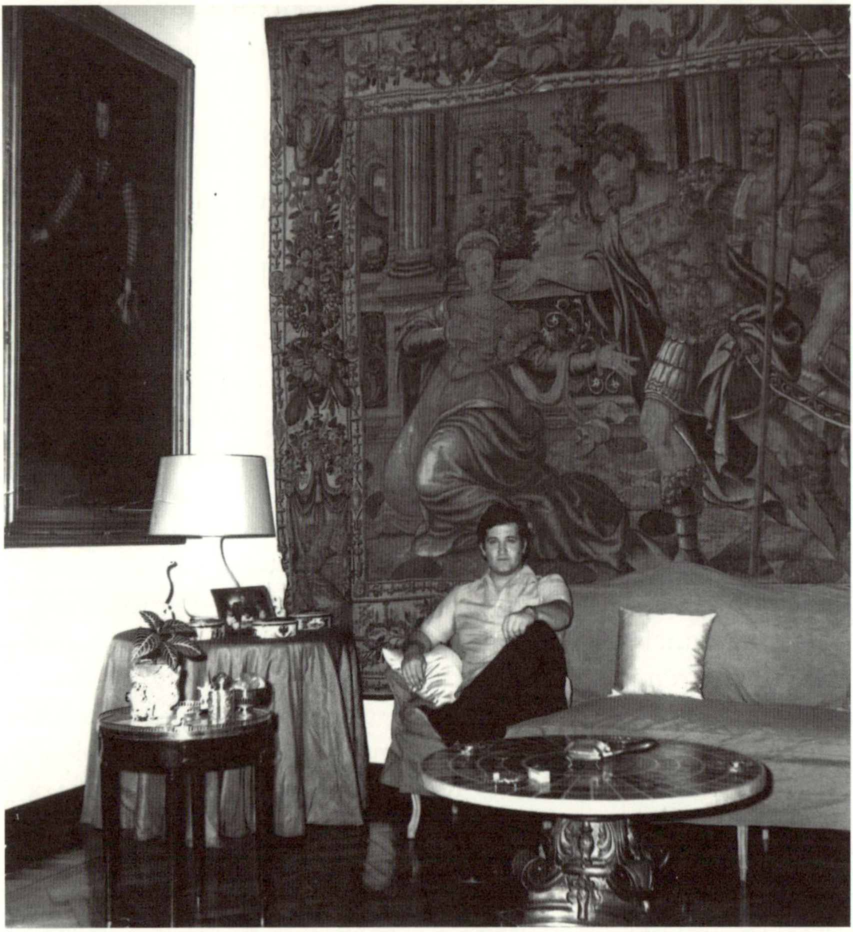

En la casa-palacio de los duques del Infantado, que acogieron a Álvarez Duarte durante su estancia en Madrid.

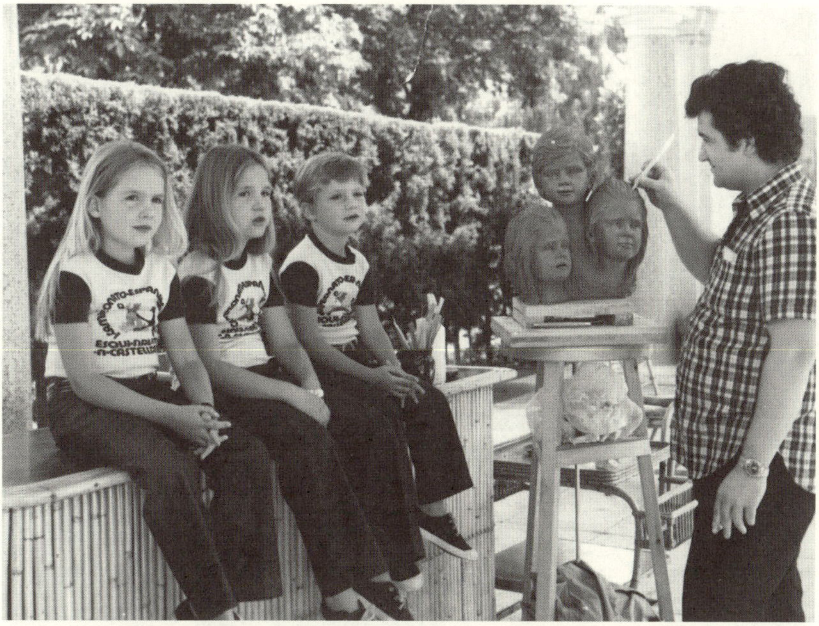

Álvarez Duarte modelando en el Palacio de la Zarzuela los retratos del príncipe Felipe y las infantas Elena y Cristina.

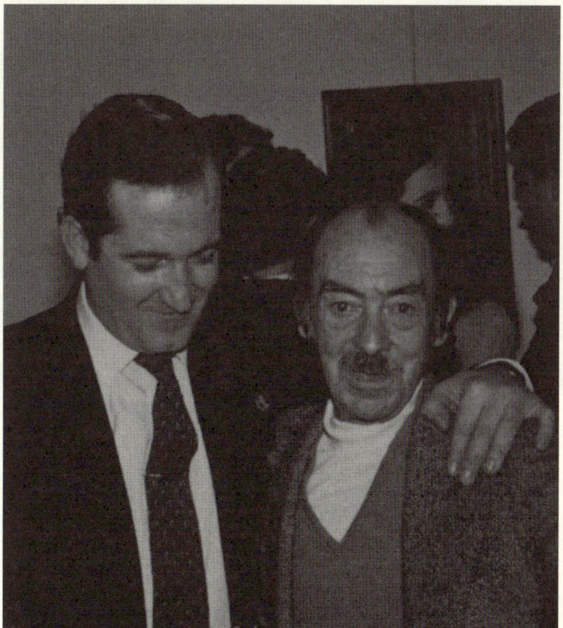

Con Luis Ortega Bru. Ambos imagineros mantuvieron una buena amistad.

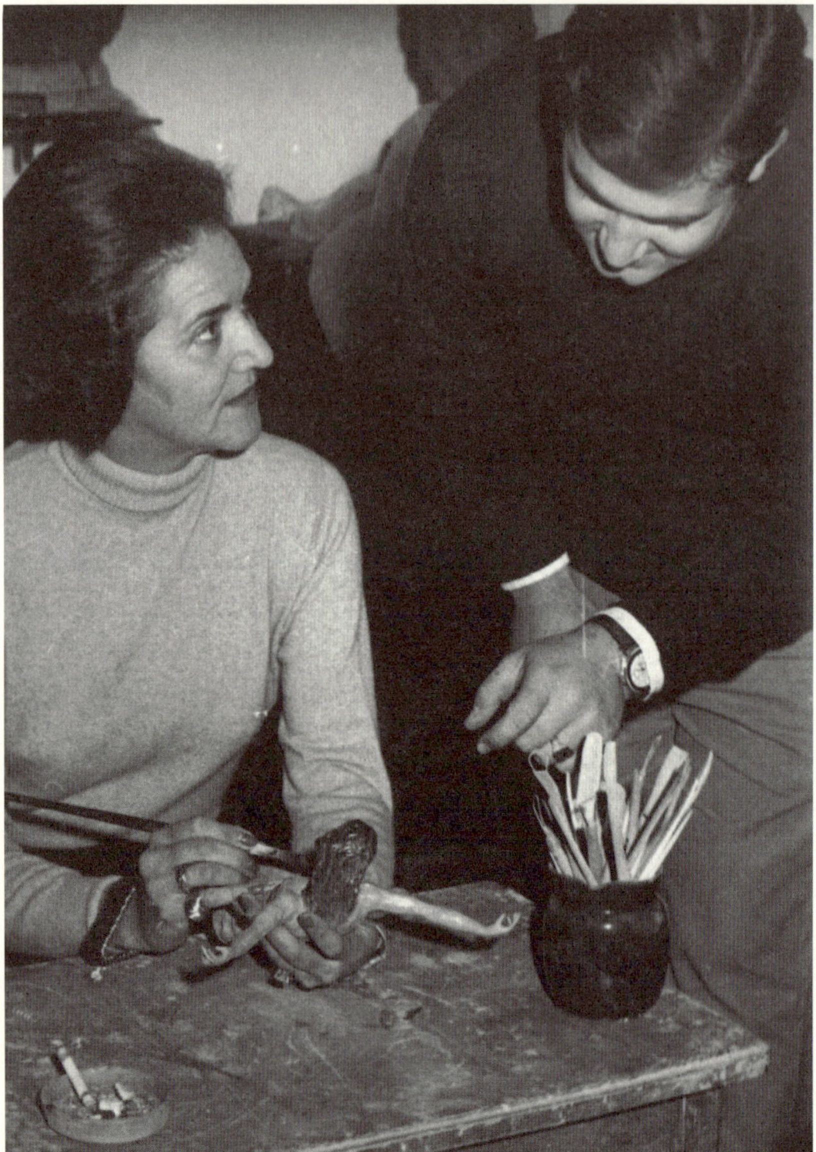

Con la duquesa del Infantado, Cristina de Salamanca,
a la que dio clases de modelado.

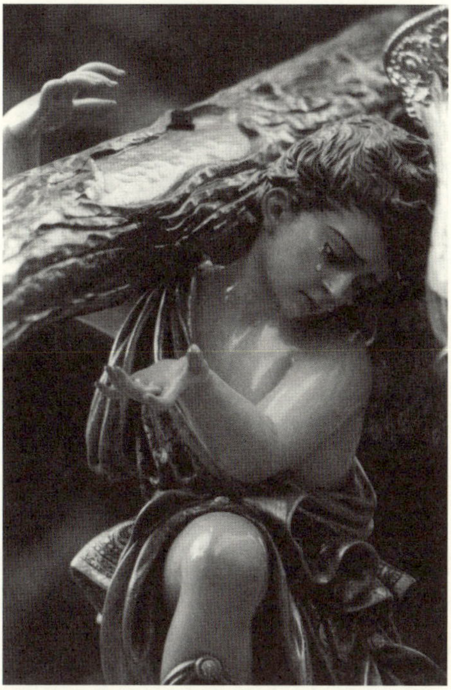

Árcangel cirineo realizado para el paso del Señor de la Salud de la cofradía sevillana de la Candelaria.

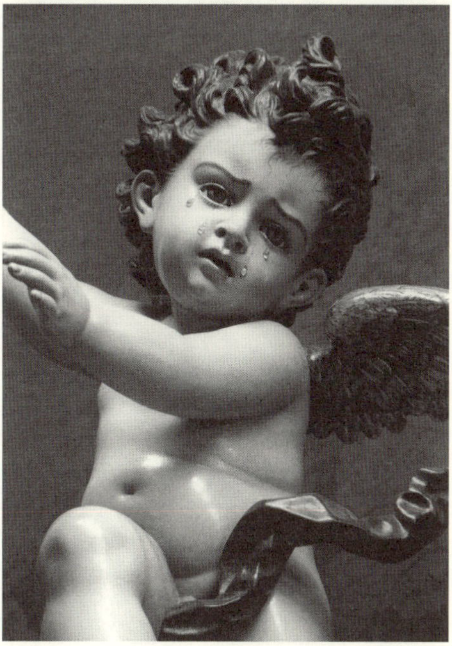

Detalle de uno de los ángeles para el paso de las Tres Caídas de Triana.

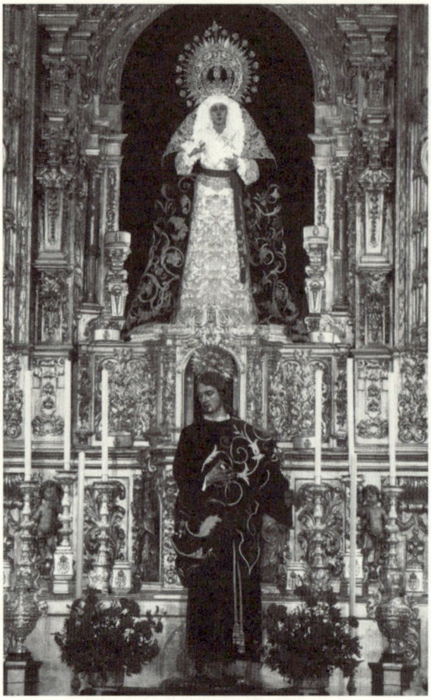

San Juan de la Esperanza de Triana.

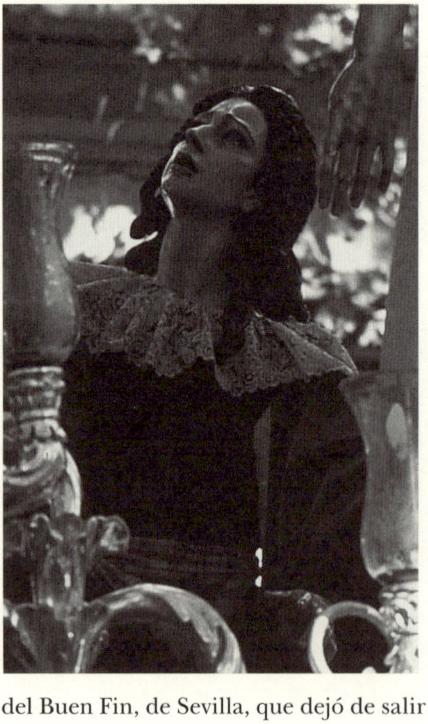

Magdalena del Buen Fin, de Sevilla, que dejó de salir en el paso.

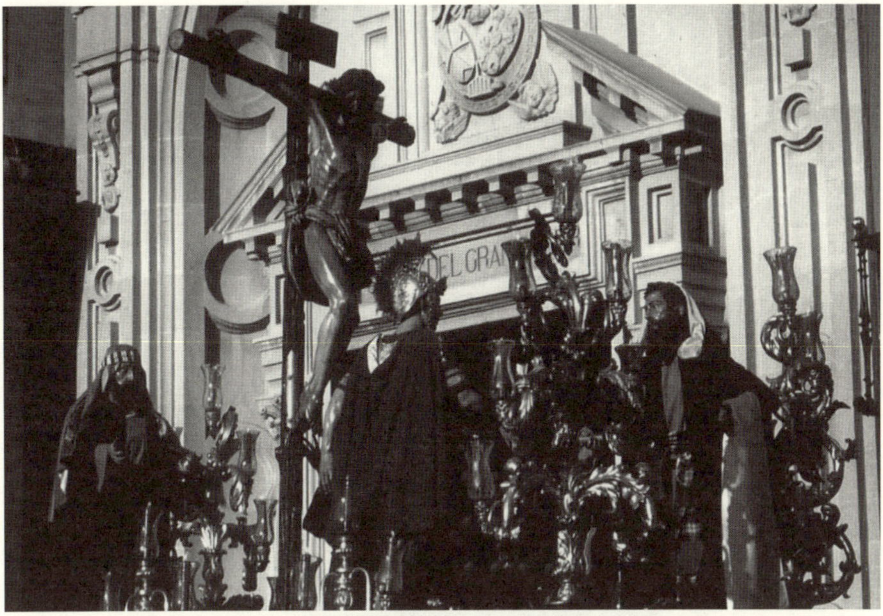

El paso de misterio de la cofradía del Buen Fin con las figuras secundarias de Álvarez Duarte que salieron de 1972 a 1997.

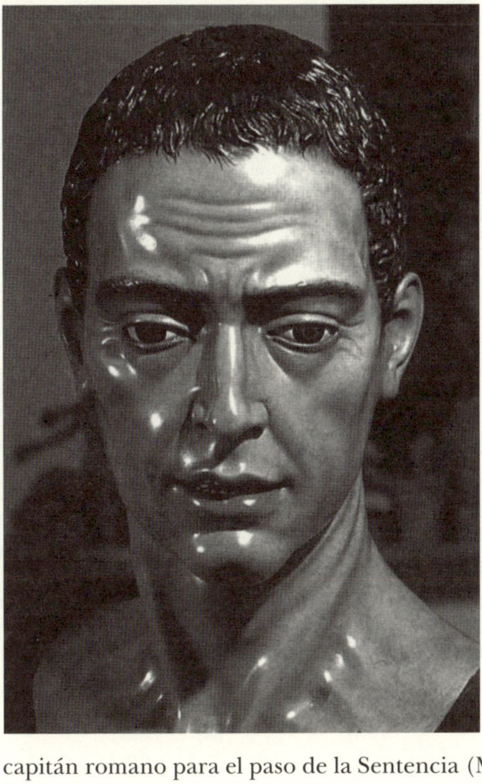

Rostro del capitán romano para el paso de la Sentencia (Macarena).

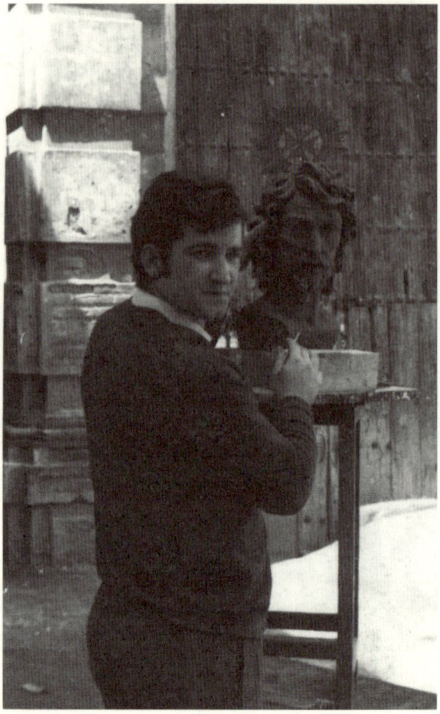

Tallando el antiguo San Juan de las Penas de San Vicente, a los 18 años.

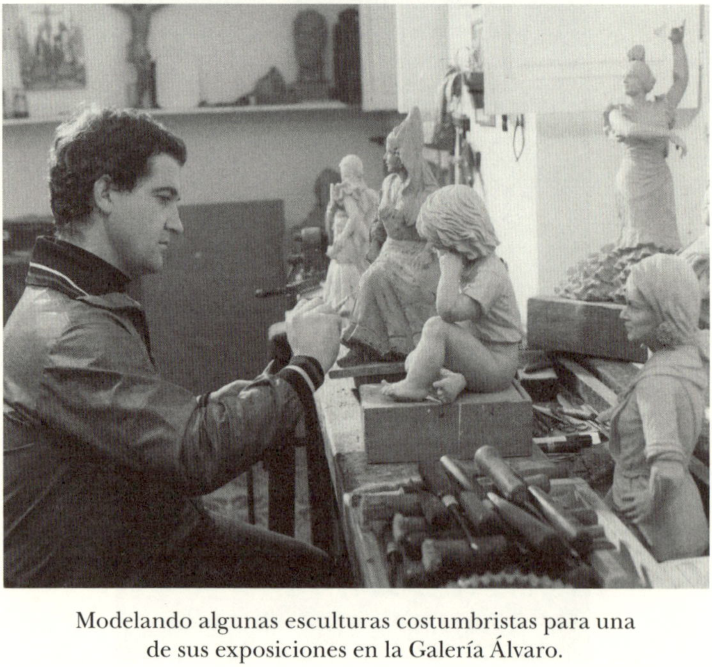

Modelando algunas esculturas costumbristas para una de sus exposiciones en la Galería Álvaro.

2. ANDALUCÍA, ESPAÑA, LA HUMANIDAD... Y LA MACARENA

2.1 POR LAS OCHO PROVINCIAS

Andalucía es muy importante para mí. Soy andaluz y mi obra fundamental es andaluza. No solo me siento sevillano, por nacimiento y vivencias, sino también andaluz. Estoy muy vinculado a la Semana Santa de las ocho provincias, creo que las conozco a fondo, y puedo decir que en Málaga, en Cádiz, en Córdoba, en Huelva, en Almería, en Granada o en Jaén he vivido momentos inolvidables, que son esenciales en mi carrera como imaginero.

Creo que yo he dado lo mejor de mí mismo para todos. En ocasiones me preguntan por qué algunas de mis imágenes más elogiadas reciben culto en tal sitio o en tal otro; a veces ni siquiera en capitales, sino en pueblos pequeños. Y siempre contesto que intento adaptarme a lo que me piden, conocer a donde va mi Cristo o mi Virgen para que responda a las expectativas de devoción y de amor que deben rodear a una imagen sagrada.

En este capítulo se analiza primero la obra en Andalucía, y después en España y otros países. Estoy muy orgulloso de que mi obra haya llegado tanto a templos remotos de pequeños pueblecitos como a grandes ciudades. Creo que esa diversidad la ennoblece.

CÓRDOBA

ROSARIO, LA PRIMERA VIRGEN CORONADA

Después de tallar la Virgen del Patrocinio, antes de irme a Madrid, termino otra imagen muy importante, que es la Virgen del Rosario en sus Misterios Dolorosos, de Córdoba. Me la encargan para la cofradía de la Expiración, que tiene su sede en el templo de San Pablo, de los Dominicos. Esta Virgen, fechada en 1973, va a abrir una relación fructífera con la ciudad de Córdoba, que será una de las más destacadas en mi producción artística.

La Virgen del Rosario es la primera mía que llega a la capital cordobesa, en un momento dulce, recién terminada la Virgen del Patrocinio. Y más adelante, en 1975, cuando reanudo mi labor como imaginero al regresar de Madrid, hago también para Córdoba la Soledad, en 1975. Después se sumarán la Virgen del Desconsuelo (1977), la Reina de los Ángeles y San Juan (1980), que fue un encargo de fray Ricardo de Córdoba, y la Virgen de la Encarnación (1981). Es decir, que en el periodo de ocho años tallé cinco Dolorosas para la Semana Santa cordobesa.

Siempre he dicho que solo con la Virgen del Rosario en sus Misterios Dolorosos sería suficiente para tener una obra representativa en Córdoba. Es una imagen que fue muy alabada. Se ha escrito de Ella que el dolor aparece más mitigado, con menos dramatismo, y que no es tan juvenil como otras de mis primeros tiempos. Quizá marca una etapa, que se desarrollará años después, con una saga de Dolorosas en las que se ha destacado una cierta influencia estilística de Juan de Astorga. Buena prueba del éxito de la Virgen del Rosario, de Córdoba, es que en esa ciudad me encargaron cuatro Dolorosas más en los años posteriores.

Esta imagen es la primera de las mías que fue coronada canónicamente, en una ceremonia que tuvo lugar el 31 de octubre de 1993. Posteriormente, también fue coronada canónicamente la Virgen de la Victoria, de Huelva, el 5 de mayo de 2012.

Asimismo, han sido coronadas canónicamente otras imágenes que restauré. Y lo está la Virgen de las Mercedes, de Bollullos de la Mitación, al haber sustituido a otra anterior coronada canónicamente por el cardenal Bueno Monreal. La mía salió en la procesión extraordinaria conmemorativa del cincuentenario de la coronación.

Como se puede comprender, al ser la primera de mis imágenes coronadas, aquel día glorioso de 1993 con la Virgen del Rosario lo viví de un modo especial. La coronación estuvo a cargo del entonces obispo de Córdoba, monseñor José Antonio Infante Florido. Era la primera vez que se celebraba una coronación canónica en el interior de la Catedral-Mezquita de Córdoba.

Además de la emoción por el reconocimiento de la Iglesia a una imagen tallada por mí, se daba la circunstancia de que la cofradía me encargó el diseño de la extraordinaria corona que se estrenó en la ceremonia. Fue ejecutada en el taller de Roncero, en Córdoba. Es una gran joya, en estilo rococó, para la que se utilizaron tres kilos de oro, además de 18 zafiros y 650 brillantes. Según me dicen, todavía es la única corona de oro que sale en la Semana Santa cordobesa.

El acto fue inolvidable para mí y cuantos lo vivimos. Una vez coronada, la Virgen del Rosario regresó a su templo de San Pablo en una procesión multitudinaria, acompañada por la Banda del Soria 9, de Sevilla, que en aquellos años había recuperado su antiguo prestigio, con el esfuerzo de su director, Abel Moreno. Me desplacé a Córdoba con un grupo de amigos sevillanos, entre los que estaban Juanita Reina y su marido, Federico Casado «Caracolillo». Disfrutamos de lo lindo, viendo la coronación en la Catedral-Mezquita y después la salida de la Virgen por aquellas calles tan sugerentes, casi mágicas, ideales para una procesión en una tarde de primavera consagrada, tan espléndida en la Córdoba de principios de mayo. Al acto no solo asistieron cofrades, devotos y gente de Córdoba, sino de toda Andalucía. Te encontrabas por las calles a amigos cofrades de Sevilla, de Málaga, de Cádiz… La Virgen del Rosario cuenta con un paso de palio muy bonito, que me recuerda en parte a uno de Sevilla: el de la Virgen de la Presentación, del Calvario.

La salida al Patio de los Naranjos fue preciosa. Juanita Reina me hablaba bajito, para no molestar, y me decía:

—Luis, ¿cómo has podido hacer esta Virgen tan guapa y andaluza, tan nuestra?

Fue un día perfecto, ayudado por el buen tiempo. Juanita, que era muy macarena y sevillana, era también muy andaluza. Le gustaba todo lo nuestro y no dudaba en ir a donde hiciera falta. Por eso, acudió conmigo, muy contenta, como una devota más, a esta coronación canónica en Córdoba. Le gustaba especialmente ir a Cádiz, porque Federico, su marido, era gaditano. Me contó que una de las veces que acudieron al restaurante El Faro, en el barrio de La Viña, pidió a Gonzalo, su propietario, que le dieran harina de garbanzo para freír ella, en su casa, las tortillitas de camarones. Después nos invitó un día a comer, y la verdad es que le salieron muy buenas.

SOLEDAD Y DESCONSUELO

Hay muchas anécdotas relacionadas con mis Dolorosas cordobesas. La segunda en ser tallada fue la Soledad, en 1975, con destino a una nueva cofradía que inicialmente se fundó en la parroquia de San Miguel. Apenas unos meses después, se trasladó a la parroquia de Santiago Apóstol. En 1979 la imagen resultó afectada por un incendio fortuito en su templo. Conmovido, al enterarme del siniestro, que de alguna manera me recordaba el caso del Cachorro y la Virgen del Patrocinio, contacté con la cofradía. Tras enterarme de lo sucedido, decidí restaurar desinteresadamente esta imagen. Al mismo tiempo, aproveché para mejorar su policromía original, que resultó dañada.

Es muy interesante ver a esta Virgen en la tarde del Viernes Santo, cuando recorre las antiguas calles del barrio cordobés de Santiago. Representa una iconografía clásica de la Soledad, a través de una imagen de la Virgen en edad madura y angustiada, que rompe un poco con el estilo de las Dolorosas juveniles de los primeros años. Al igual que el Rosario, fue muy elogiada. En las manos se le nota una cierta tensión, como acentuada con su dolor. Son unas manos muy trabajadas.

La tercera imagen mariana cordobesa es la Virgen del Desconsuelo en su Soledad, de la hermandad del Santo Sepulcro, realizada en 1977, que tiene su sede en la parroquia del Salvador y Santo Domingo de Silos, más conocida como iglesia de la Compañía, desde donde sale el Viernes Santo. Nos muestra una mirada baja y un dolor muy acentuado, como corresponde a su participación en una cofradía en la que sale tras Cristo muerto en el sepulcro. Fue bendecida el día de la Inmaculada de 1977 por el padre Antonio Gómez Aguilar.

Su primera salida procesional no llegó hasta 1995, casi veinte años después de ser bendecida. Salió en un paso de palio que recuerda la antigua iconografía sevillana del Valle, o la Sacra Conversación, acompañada por San Juan y María Magdalena, que son dos imágenes más recientes, realizadas en ese mismo año por el imaginero cordobés Miguel Ángel González Jurado. Las imágenes de San Juan y María Magdalena, inicialmente, me las iba a encargar la cofradía, que me lo ofreció. Pero, cuando hablamos, me pidieron como condición que las terminara en unos plazos que no podía satisfacer por tener otros trabajos pendientes. Como en otros casos similares, les dije que prefería declinar su ofrecimiento a trabajar bajo una presión que pudiera afectar a la calidad de la obra. Finalmente, se la encargaron a otro imaginero.

LA REINA DE LOS ÁNGELES Y SAN JUAN

Por el contrario, sí pude realizar antes, en 1980, el grupo escultórico de la Reina de los Ángeles con San Juan Evangelista, que me fue solicitado por fray Ricardo de Córdoba, junto a otros cofrades cordobeses, para la cofradía de la Sangre. Aunque se había fundado en el monasterio del Císter, esta cofradía del Martes Santo pasó pronto al convento del Santo Ángel, de los Capuchinos, sito en la plaza de Capuchinos, donde se encuentra el famoso Cristo de los Faroles.

Fray Ricardo de Córdoba ha estado muy vinculado a la cofradía. Bajo su dirección artística, le completaron un interesante paso de palio, con orfebrería en su mayor parte de Villarreal. Los bordados que diseñó fray Ricardo se realizaron en los talleres de Piedad Muñoz y Joaquín Ojeda. La pareja escultórica que forman la Reina de los Ángeles y San Juan ha sido muy celebrada por su elegancia. La composición presenta a una Virgen dolida, pero serena, concentrada en su angustia, mientras el discípulo amado la conforta, como si ese gesto de comprensión y afecto mitigara la aflicción de María. Es un paso que luce mucho, sobre todo en el retorno nocturno, cuando se acerca a su templo.

COSTALERAS PARA LA ENCARNACIÓN

En 1981 salió por vez primera en Córdoba la imagen de María Santísima de la Encarnación, que había sido bendecida un año antes. También tiene anécdotas dignas de mencionar. La Virgen de la Encarnación, de la hermandad del Amor, sale el Domingo de Ramos desde la parroquia de Jesús Divino Obrero, que está en la barriada del Cerro. En 1984, su paso fue el primero que salió con hermanas costaleras en Córdoba. Y no solo en su ciudad. Estas hermanas formaron la primera cuadrilla de costaleras de Andalucía. Antes de sacar a la Virgen de la Encarnación, las hermanas costaleras vinieron un día a verme a mi taller, y estuvimos charlando. Fue un encuentro muy agradable y simpático. Me expresaron con emoción su alegría por poder llevar en sus hombros a la Virgen.

Para mí, también era una alegría que estas mujeres fueran pioneras en Andalucía en llevar sobre sus hombros un paso con una Virgen, y que fuera la Encarnación, salida de mis manos. Es una Dolorosa que encaja con mi estilo de aquellos años, finales de los setenta y principios de los ochenta, marcados por imágenes marianas que consolidan ese estilo, caracterizado por rasgos juveniles y propios de la mujer andaluza. Un estilo que, con el tiempo, fue madurando y evolucionando.

Otra curiosidad de esta cofradía es que incorporaron en 1991 una imagen del Señor del Desprecio de Herodes, que había tallado Luis Ortega Bru en 1982, con destino a una cofradía que se fundaría en Cádiz. Por desavenencias surgidas con el Obispado, no pudo salir en la nueva cofradía gaditana, que no llegó a ser admitida para integrarse en la Semana Santa de su ciudad. Ante el contratiempo, sus devotos decidieron ceder la imagen de Ortega Bru a esta hermandad del Amor, de Córdoba. Cada Domingo de Ramos se desplazaban muchos cofrades gaditanos a la capital cordobesa, para ver y acompañar a su Cristo emigrado, al que seguía mi Virgen de la Encarnación.

Además de las cinco Dolorosas, soy autor del Cristo de la Providencia, un Crucificado que recibe culto en la iglesia cordobesa de la Trinidad, pero que no sale en procesión, aunque sí han organizado en su honor besapiés y Vía Crucis externos. Recientemente, se ha creado una Fraternidad que se ocupa de darle culto público y tiene el proyecto de crear un paso para su Vía Crucis del Viernes de Dolores. El impulsor de la Fraternidad es el propio párroco, el padre José Juan Jiménez Güeto. Es posible que sea el embrión de una futura hermandad.

Es una imagen fechada en 1987, que me fue encargada por el entonces párroco, el padre Antonio Gómez Aguilar. Aunque no pertenecía a ninguna cofradía, es un Cristo vivo que conmueve y ha contado con mucha devoción. Cuando falleció este recordado sacerdote, recibió sepultura en el templo, delante del Cristo.

PROVINCIA DE CÓRDOBA

DE PALMA DEL RÍO A LUCENA

En la provincia de Córdoba tengo obras realizadas en todas las décadas de mi producción artística. La primera, que ya se ha mencionado, fue la Virgen de la Concepción para Palma del Río, que empecé en 1962 y terminé en 1963. Era la segunda Dolorosa de mi vida artística, tras la de San José Obrero, de Sevilla, que acabé siendo prácticamente un niño. Poco después de la Virgen del Patrocinio, me encargaron mi segunda imagen para Palma del Río: la Virgen de Palma y Esperanza, de la cofradía del Huerto, que fue bendecida en 1974. Está en la parroquia de San Francisco y sale el Martes Santo.

Otra destacable presencia en la provincia cordobesa se puede ver en Lucena, donde tengo tres Dolorosas, además de la Verónica y la Magdalena de la archicofradía del Nazareno.

La primera que entregué para esta población fue la Soledad, en 1988. Es una Dolorosa en su Soledad, como indica su advocación, pero no con la estética del Stabat Mater al pie de la cruz, sino como una Dolorosa típica bajo palio. Sale el Sábado Santo.

Sin embargo, mi mayor aportación para la Semana Santa lucentina fue para la archicofradía del Nazareno, tal vez la más popular. En 1995 les hice la Virgen del Socorro, Santa María Magdalena y la Santa Mujer Verónica. Estas dos últimas santas participan en la procesión de la cofradía en sendos pasos, no como complementos de un misterio. Son imágenes muy originales. En Lucena hay una Semana Santa con características propias, en las que los pasos son aportados por los llamados *santeros*, cuyo referente o jefe es el *manijero* (equivalente al capataz). La santería de Lucena se realiza a veces con varios pasos en una misma cofradía, como en este caso la del Nazareno, que sale en la mañana del Viernes Santo. La imagen del Señor cuenta con muchísima devoción. Fue un honor completar la cofradía con tres nuevas imágenes para tres pasos diferentes.

También me encargaron para Lucena la Virgen de la Estrella, que es una obra del año 2000. Esta imagen mariana sale bajo palio el Domingo de Ramos, con la cofradía del Huerto.

DEVOCIONES CORDOBESAS

Entre mis obras de la provincia, hay otras con una gran devoción. Hay que citar, entre ellas, la Virgen del Mayor Dolor, de Doña Mencía, realizada en 1982. Sale el Miércoles Santo de la ermita del Calvario y se recoge en la ermita del Espíritu Santo. En la mañana del Viernes Santo vuelve a salir y regresa a la ermita del Calvario. La hermandad a la que pertenece, la del Calvario, tiene el título poco frecuente de cofradía obrera.

La Virgen del Amor y Aguas fue realizada en 1994 para la cofradía del Prendimiento de la población cordobesa de El Carpio. Sale bajo palio el Jueves Santo, desde la iglesia de la Asunción. De esta imagen se ha destacado que sorprende por su calidad artística, con bellas facciones y policromía nacarada. Es una obra de madurez.

En Fernán Núñez (Córdoba) cuentan con las imágenes de la Virgen de las Lágrimas, bendecida en mayo de 1997, y Jesús de las Penas, bendecido en febrero de 2003. Ambas pertenecen a la misma cofradía de las Penas, que me encargó primero la Virgen. Como quedaron muy satisfechos con su nueva titular, hicieron un esfuerzo para adquirir el Señor. Son dos imágenes muy queridas, que salen el Martes Santo desde la parroquia de Santa Marina de Aguas Santas.

La Virgen de las Lágrimas se hizo famosa en toda España por un reportaje que publicó la revista *Blanco y Negro*, en el que aparecía mientras era vestida por los modistos Victorio y Lucchino. Aparte de la anécdota, es una imagen muy querida en su población.

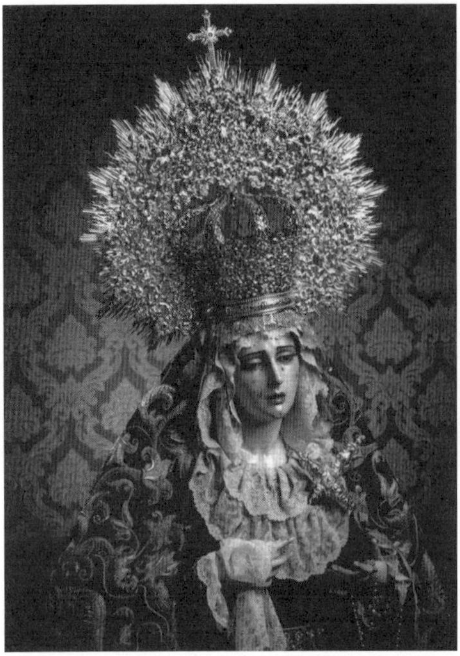 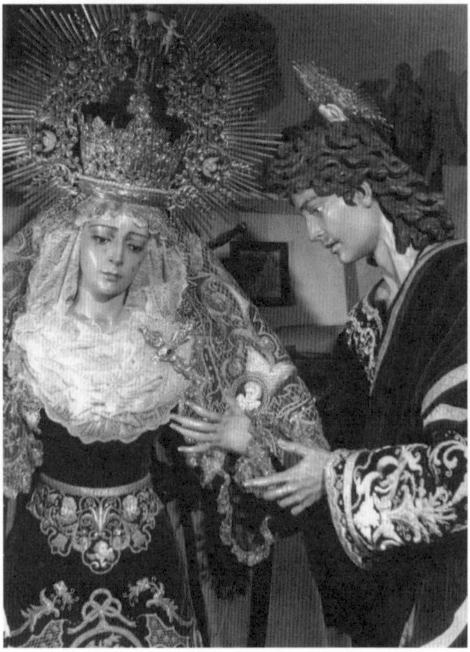

Virgen del Rosario, de Córdoba (izda.) Reina de los Ángeles con San Juan (dcha.)

La Virgen del Desconsuelo, de Córdoba, y la Virgen de las Lágrimas de Fernán Núñez

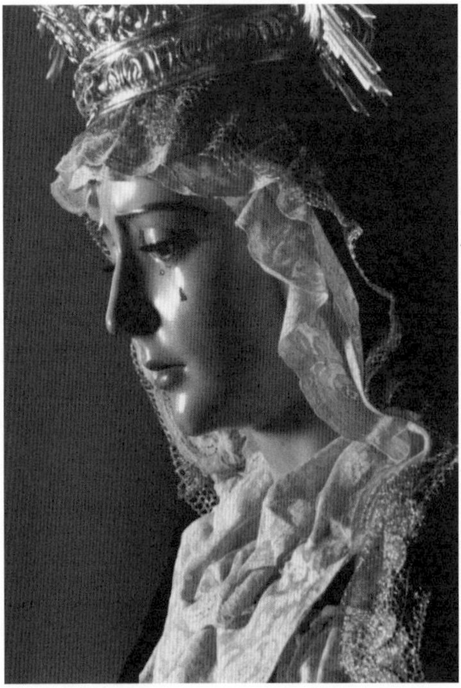 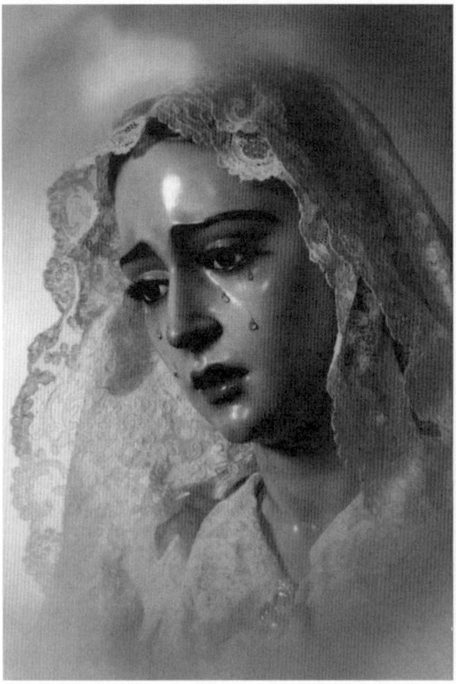

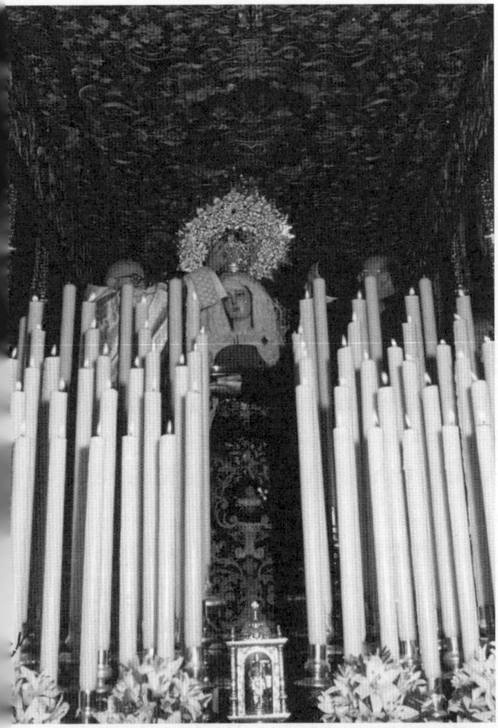

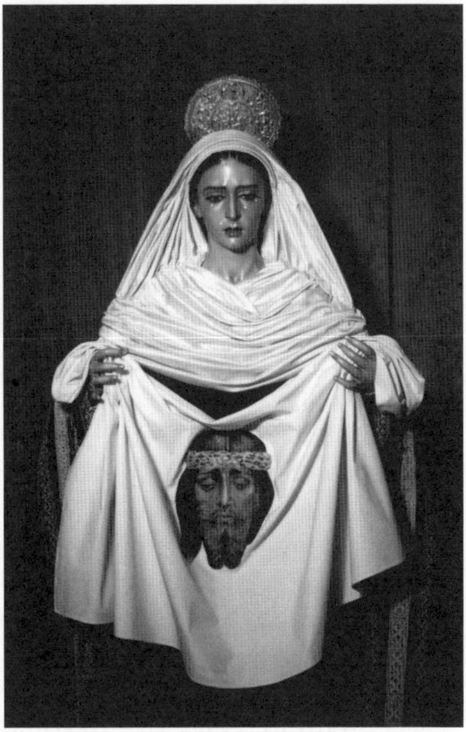

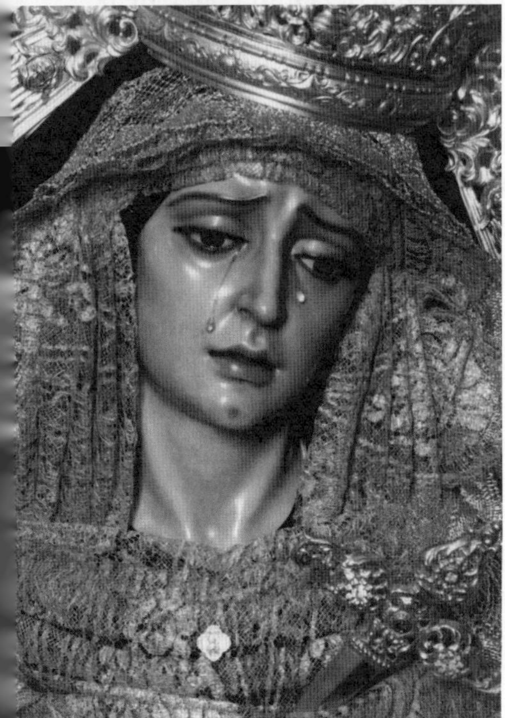

La Virgen del Rosario de Córdoba fue la primera dolorosa de Álvarez Duarte coronada canónicamente. El obispo Infante Florido la coronó en 1993. (izda.). A su lado la Santa Mujer Verónica que procesiona en Lucena.

La Soledad de Córdoba.

MÁLAGA

TODO EMPEZÓ EN LOS AÑOS 70

En los años setenta, como ya se ha comentado anteriormente, fue muy importante mi aportación a la Semana Santa de Málaga. Entre 1970 y 1971, antes de tallar a la Virgen del Patrocinio de Sevilla, ya había realizado para la capital malagueña la Virgen de la Paz y el misterio completo para la cofradía de La Cena, con el Señor y los doce apóstoles, así como la Virgen del Monte Calvario y la Virgen de la Paloma.

También en los años 70 me encargan tres restauraciones muy delicadas, porque eran imágenes previamente retocadas y alteradas por otros, cuyo aspecto ya no era el original. Me refiero a la Virgen de la Soledad, de la cofradía del Sepulcro, y a Consolación y Lágrimas, de la cofradía de la Sangre, ambas restauradas en 1972, así como a la Virgen del Gran Poder, de la cofradía de la Misericordia, que restauré en 1977. Como no las considero obras mías de creación, me refiero a esos trabajos en el apartado de restauraciones.

En los siguientes años se reanudaron mis trabajos personales para Málaga, que fueron numerosos e importantes en las décadas de los ochenta y noventa.

ENTRE EL CÍSTER Y LA SALUD

En 1978 realicé el Cristo del Amor para el convento del Císter. En principio era una imagen destinada a recibir cultos internos. Sin embargo, en ese convento, un grupo de jóvenes vinculado a los Misioneros de la Esperanza, que practicaban obras de caridad, fundaron la hermandad de la Salud, que arraigó su devoción en torno a la imagen del Cristo. Cuando se trasladaron a la parroquia de San Pablo, en 1986, el Crucificado se quedó en el Císter, ante las dificultades que surgieron.

Para esa cofradía me encargaron después, en 1988, la Virgen de la Salud. Es una imagen con devoción, a la que se ha apreciado fuerza expresiva y un estilo peculiar. Algunos le han visto una cierta inspiración que evoca a la Esperanza de Triana, pero una de sus características más resaltables es que la expresión parece como si cambiara, según el lugar desde donde la contemplamos.

En 1991 me encargaron el Cristo de la Esperanza en su Gran Amor, que es también un Crucificado vivo, como el del Císter, al que sustituyó para salir en Semana Santa, ya que el anterior, como se ha mencionado, se quedó en el otro templo cuando la cofradía se trasladó. Desde que salió por primera vez en 1999, estos dos tronos están presentes en el Domingo de Ramos malagueño. El Cristo de la Esperanza recibió muchísimos elogios en Málaga. Es realmente un Cristo vivo que impacta, sobre todo por la serenidad de su rostro. Intenté acentuar la expresión de estar vivo mientras sufre, que se remarca con la boca entreabierta, como si hablara. El padre Ernesto Wilson lo calificó de «sublime». Decía que estaba «maravillosamente encajado, acabado y medido», que era mi mejor Crucificado. En un artículo llegó a compararlo, exageradamente, nada menos que con el Cristo de la Clemencia, de Martínez Montañés.

LA MERCED Y SAN JUAN

En los años ochenta, concretamente en 1982, haría también una imagen que me parece carismática, que tiene una gracia especial, la Virgen de la Merced para la cofradía de la Humildad, con sede canónica en la basílica de la Victoria, y que sale en la tarde del Domingo de Ramos. En su trono la acompaña San Juan, que también es obra mía, fechada en 1986. Un sector de cofrades malagueños estima que la Virgen de la Merced es mi mejor imagen para la ciudad, por lo que se ve que hay división de opiniones. Ya dije que no entro en esas comparaciones. Es cierto que le veo un algo especial, un no sé qué indefinible.

Esta cofradía se reorganizó por iniciativa del cofrade Juan Bautista Casielles. Tras su fallecimiento, vinieron a verme un grupo de cofrades malagueños para encargarme la Virgen de la Merced. Según me dijeron, habían barajado las opciones de otros imagineros, en concreto Buiza y Dubé de Luque, pero finalmente la junta de gobierno tomó el acuerdo de de encargarla a Álvarez Duarte.

La terminé en 1982. Es una imagen de mirada baja, y podríamos decir que de cierta evocación al estilo de Juan de Astorga, ideada desde el principio para formar un grupo escultórico con San Juan Evangelista, según el proyecto que se completó con el discípulo en 1986.

En el primer trono de esta cofradía sale el Señor de la Humildad en su Presentación al Pueblo, que es un Ecce Homo. Se da el caso de que es una obra póstuma de Francisco Buiza. Se la encargaron para terminarla en 1983, un año después de que fuera bendecida mi Virgen. Buiza talló el Señor antes de su fallecimiento, pero no pudo terminarlo, por lo que fue policromado por Francisco Berlanga.

VIRGEN DE GRACIA PARA EL RESCATE

En esos años ochenta, soy autor también de otra imagen popular en Málaga: la Virgen de Gracia, que fue bendecida en 1983. Pertenece a la cofradía del Rescate, con sede canónica en la parroquia de San Lázaro, del barrio de la Victoria, aunque sus titulares se veneran en una capilla de la calle Agua. Sale el Martes Santo y es muy popular en Málaga. Su primer trono es un misterio con imágenes de Castillo Lastrucci. Representa un Prendimiento, que es bastante semejante al de la cofradía de los Panaderos, de Sevilla, obra del mismo autor. Aunque la disposición de las imágenes difiere en algunos detalles.

También era obra de Castillo Lastrucci la antigua Virgen de Gracia, inspirada en la famosa Dolorosa de Salzillo que se venera en Murcia. Después de haber dado largas a la cofradía, Castillo la terminó en 1956, probablemente de forma un tanto apresurada. Cuando revisé la imagen, en 1983, presentaba grandes desperfectos. Aconsejé rehacerla como una imagen nueva, aunque recordara en parte a la anterior. Se presentó oficialmente como «un proceso de renovación integral de la mascarilla y manos». Era un eufemismo, para que no fuera criticada por los partidarios de restaurarla. Pero es evidente que estábamos ante una imagen nueva. Es mucho más estilizada que la anterior, en sus rasgos y la expresividad. Posteriormente, en 2004, fue sometida a una restauración en la que no intervine, que estuvo a cargo de Beatriz Prado.

LA REINA DE LOS CIELOS

En 1993 tallé la imagen de María Santísima Reina de los Cielos, que cierra la Semana Santa de Málaga con el Resucitado. No pertenece a una hermandad específica, sino a la Agrupación de Cofradías. En Málaga la institución que aglutina a las cofradías de Semana Santa tiene por titulares al Resucitado y a la Reina de los Cielos. Por tanto, la Agrupación organiza la procesión del Domingo de Resurrección y sus cultos. Para mí fue una alegría que la entidad que agrupa las cofradías malagueñas me encargara esta Virgen, que pone un colofón brillante y jubiloso a las devociones marianas de su Semana Santa.

Fue bendecida el 7 de diciembre de 1994, víspera de la Inmaculada, por el entonces obispo de Málaga, monseñor Antonio Dorado Soto. El acto tuvo lugar en la iglesia de los Santos Mártires, sede de la Agrupación, si bien después fue trasladada a la iglesia de San Julián, donde está su sede canónica.

Podemos considerar muy original e infrecuente la iconografía de la Reina de los Cielos, por el momento que representa. Es una Virgen que ya ha terminado de llorar, pero que no se ve con ese rostro sonriente de algunas imágenes de Gloria. No quería plasmar una Virgen con pendientes, a la que le faltara el Niño Jesús nada más, sino una Virgen que ha dejado de llorar hace poco. Puede parecer una Dolorosa, pero no lo es, ni tampoco se ríe. En Málaga la preparan muy bien, con una estética adecuada. Sale en un trono con un bonito palio bordado, muy en consonancia con lo que representa.

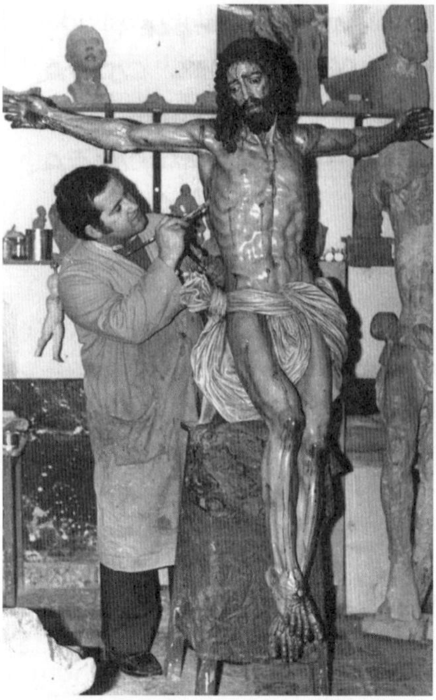

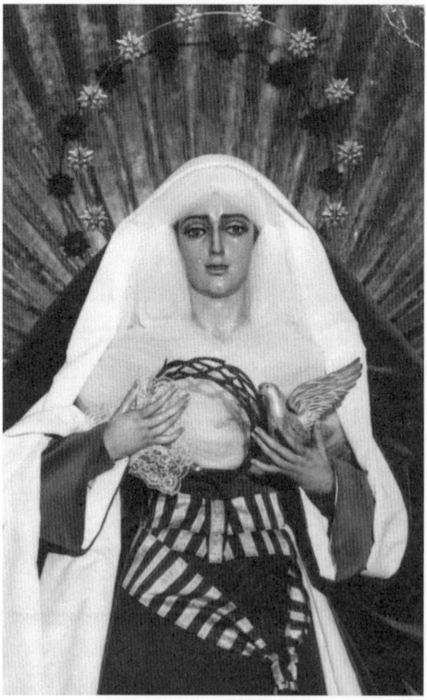

Últimos toques al Cristo del Císter de Málaga (arriba). Al fondo, en madera de pino, el Cristo de la Buena Muerte de Algeciras. La Virgen de la Paloma (abajo), una de las más populares de Málaga, fue terminada en 1971.

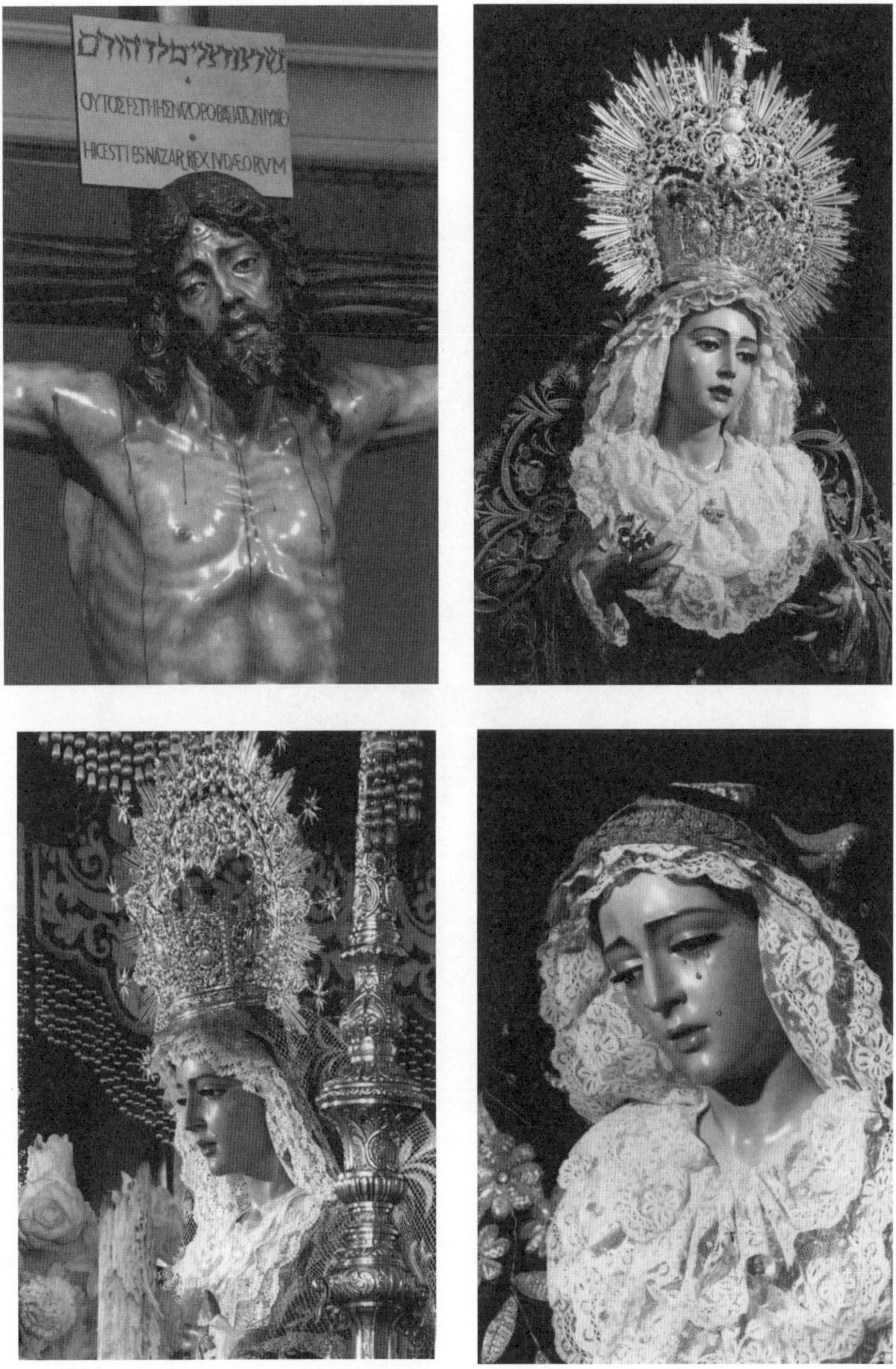

Imágenes de Málaga: El Cristo de la Esperanza y la Reina de los Cielos (Resurrección).Abajo, dos dolorosas malagueñas: La Virgen de la Salud y la Merced (Humildad).

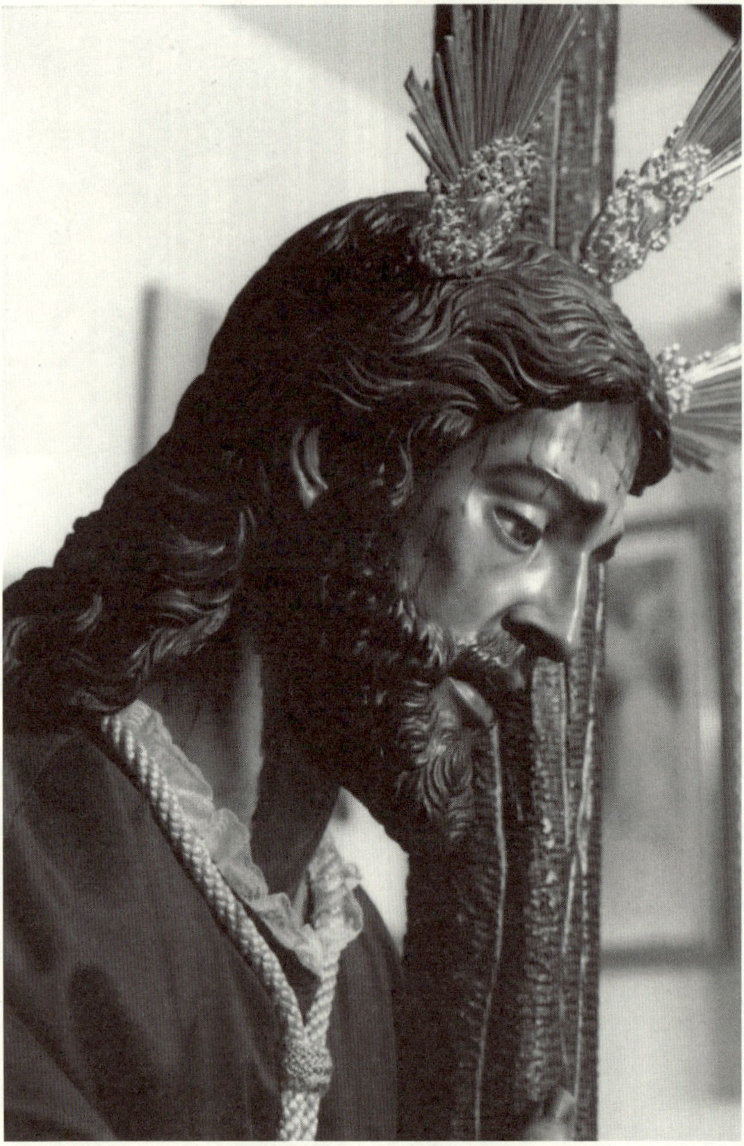

Jesús del Perdón (Ronda).

PROVINCIA DE MÁLAGA

GLORIA Y PENITENCIA DE FUENGIROLA A VÉLEZ MÁLAGA

Para Fuengirola hice la Virgen del Carmen, que preside la parroquia del Carmen, uno de los templos céntricos de este municipio de la Costa del Sol. Es una imagen de la Virgen con el Niño, de típica iconografía carmelitana, en tamaño un poco menor que el natural, aunque no es una talla pequeña. Cuenta con mucha devoción y sale en procesión marítima el 16 de julio, cuando recorre las playas de Fuengirola.

Soy autor de otra imagen que se venera en la parroquia del Carmen de Fuengirola, aunque en este caso es de Semana Santa. María Santísima del Amor y Soledad pertenece a la hermandad del Yacente, que sale el Viernes Santo. Tiene la singularidad de haber sido la primera Dolorosa que tallé mirando hacia arriba. Como ya se ha comentado, se interesaron por Ella, informalmente, algunos cofrades de Santa Cruz, de Sevilla. Pero fue adquirida para Fuengirola, en 1976, por mediación de Manuel Gámez y José María Claros, que la apadrinó como representante de la Policía. Fue coronada solemnemente en 1984.

Con motivo de su XXV aniversario, celebró diversos actos en 2001 y recibió distinciones, entre otras la Medalla de Oro de Fuengirola y la Medalla al Mérito Policial con distintivo blanco, que le concedió Mariano Rajoy, por entonces vicepresidente del Gobierno y responsable de Interior. Estas distinciones le fueron entregadas a la Virgen por ser su hermandad la cofradía oficial del Ayuntamiento de Fuengirola y por tener al Cuerpo Nacional de Policía como hermano mayor honorario. Por cierto, que la alcaldesa de Fuengirola, Esperanza Oña, es hermana de la cofradía de las Aguas, de Sevilla, y devota de la Virgen de Guadalupe, según me contó ella misma.

Otra imagen de Gloria que he realizado para la provincia de Málaga es la Virgen del Carmen de Torre del Mar, que data de 1972. En su honor se celebran cultos en el mes de julio, en esta población marinera, que culminan con una procesión en la que la Virgen es embarcada. Siempre me ha gustado esta iconografía del Carmen, que realizo desde que era niño, con las Virgencitas que se vendían en la calle Sierpes de Sevilla.

En cuanto a imágenes de Semana Santa, hay que incluir al Señor de la Oración del Huerto, de Álora, una talla de 1986, que sale en procesión el Domingo de Ramos. Unos años después, en 1990, me encargaron el ángel de este paso. Casualmente, entonces coincidió en mi estudio con la imagen de la Virgen de la Alegría, que realizaba para la Entrada en Jerusalén de Linares. Los cofrades de Álora la conocieron en aquel momento y les gustó, pero tenía otro destino en tierras jiennenses. No sabían que, con el paso del tiempo, en 2010, se iban a dar unas circunstancias muy especiales, que les permitirían adquirirla en Linares, y cambiarle la advocación para que pasara a ser la Virgen de la Paz en Álora.

En 1993 había tallado otra imagen mariana de la Virgen de la Paz para la hermandad de la Humildad, de Vélez Málaga. Esa imagen fue bendecida en mayo de dicho año en la iglesia de San Francisco (Real Convento de Santiago), donde tiene su sede. Salió por vez primera en procesión por las calles de Vélez Málaga el Jueves Santo de 2007. La llegada de esta Dolorosa fue un acontecimiento importante para la cofradía de la Humildad, que desde el siglo XVII solo había tenido al Señor como titular.

RONDA, UN PUNTO Y APARTE

Especialmente destacable es la aportación para Ronda, donde hice las dos imágenes procesionales de la hermandad de la Vera-Cruz. Esta es una cofradía histórica y señorial, que sale el Jueves Santo desde la Colegiata de Santa María la Mayor, en el núcleo del conjunto histórico rondeño.

La imagen de Nuestro Señor del Perdón, que fue bendecida en 1993, muestra una iconografía diferente a la común de la Vera-Cruz. Representa el momento en el que Cristo alza la cruz antes de emprender el camino del Calvario. En esta cofradía de la Vera-Cruz de Ronda, la cruz no se simboliza con el Crucificado, sino con el Señor mostrándola antes de iniciar la vía dolorosa. Por ello, la imagen presenta rasgos de dolor interior, de serenidad y angustia contenida. Es de tamaño natural

(1,83 metros). Sale en un paso de bombo, que le talló Manuel Guzmán Bejarano.

Antes de esta imagen, había realizado la Virgen. María Santísima de las Penas fue bendecida el 8 de diciembre de 1991, al estar vinculada con la Inmaculada Concepción. Es una Dolorosa en mi línea clásica de principios de los 90, una época de la que salen imágenes muy celebradas. Mide 1,66 metros, por lo que no es una Virgen alta, y presenta rasgos de un dolor más intenso, pero nunca exagerado.

También para Ronda hice una réplica de la Patrona, la Virgen de la Paz. Fue encargada por la Real Maestranza, en concreto por el señor Atienza Peñalver, padre del actual teniente hermano mayor, Rafael Atienza Medina, y suegro de Soledad Becerril. Esta talla preside la capilla de la célebre plaza de toros rondeña, de tanto prestigio. Es una Virgen de Gloria, en tamaño académico, orlada con una ráfaga que le hizo el orfebre Jesús Domínguez. Cuando acudían a la Maestranza rondeña, muchos toreros célebres han rezado ante la Virgen de la Paz.

CÁDIZ

CARIDAD Y PENAS

Mi primera obra en la ciudad de Cádiz data de 1984. Es la Virgen de la Caridad, de la archicofradía del Pilar, que sale en procesión el Domingo de Ramos de la parroquia de San Lorenzo. Sin embargo, no es el primer trabajo en esa ciudad, ya que en 1972 había restaurado a la Virgen de las Penas, de la archicofradía de la Palma. En algún libro se ha llegado a publicar que la Virgen de las Penas es obra de Luis Álvarez Duarte. Esto lo quiero desmentir rotundamente. A la Virgen de las Penas solo le hice un pequeño arreglo, sin alterar para nada su rostro. La imagen original es del siglo XVII o del siglo XVIII, atribuida por algunos autores a la escuela malagueña de la época, en concreto al círculo de Francisco Ortiz. Es cierto que Francisco Buiza, que la restauró, pudo retocarla levemente, pero yo no alteré para nada esa imagen.

La Virgen de la Caridad es mi primera obra propia en Cádiz. Es una historia con cierta polémica. Con anterioridad existía una imagen que talló Pineda Calderón. Como pasó con la Virgen de la Victoria de Huelva, cuando me pidieron mi opinión, aconsejé que se le mantuvieran las manos originales, en este caso las de Pineda, que estaban bien, pero el rostro se lo cambié con una nueva mascarilla. Al principio, parece que existían algunas reticencias para admitir que se había sustituido el rostro de la primera Virgen de Pineda, y había quien quería presentarlo como una restauración. Cuando me plantearon el encargo, me dijeron que le querían cambiar la cara, porque había otras Dolorosas de Pineda casi iguales y preferían darle otro aspecto.

En principio, se estableció una especie de pacto de silencio, para no revelar que era una cara nueva, aunque sin decir tampoco que era la de Pineda. Pero, en una charla a la que fui invitado por la hermandad, el cofrade gaditano José Luis Ruiz Nieto-Guerrero, que conocía bien la historia, me preguntó en público si la cara de la Virgen de la Caridad era obra mía. Y contesté:

—Hoy les quiero confesar que sí, que yo soy el autor de la Virgen de la Caridad.

No hubo ningún problema, pues era cierto. La hermandad lo reconoció así.

A la Virgen de la Caridad la vestía muy bien el bordador Mariano Arce, prematuramente fallecido, al que por cierto le hice una Dolorosa para él, en tamaño académico. En el estilo de vestir, Mariano le daba a la Virgen de la Caridad un cierto aire trianero. Eso está bastante implícito en Ella. En realidad, si uno se fija bien, en Caridad hay algo que recuerda a la calle Pureza.

También soy el autor de la actual imagen del Señor de las Penas, que sale en el primer paso de esta archicofradía gaditana. Lo terminé poco después de la Virgen, en 1986, cuando ya había trasladado mi estudio a Gines. Fue un trabajo bastante difícil, no solo por la calidad artística, sino por las implicaciones sentimentales. La hermandad quería sustituir a su anterior imagen, que tenía partidarios y detractores. El antiguo Señor de las Penas, como recordarán muchos cofrades gaditanos, era una imagen pequeñita, de poco mérito artístico, que no obstante contaba con muchos devotos. Esto suponía un problema, pues sustituir a una imagen con devoción siempre es difícil, aunque no destacara por su valor artístico. El resultado final fue muy satisfactorio para los cofrades. Se consiguió lo que pretendían: una imagen que también moviera a la devoción, como el anterior, pero a la vez con una acusada personalidad. Se ha destacado que tiene un rostro muy expresivo, que nos llega.

En mayo de 2012, en una charla que se organizó en el templo gaditano de Santo Domingo, con motivo de la exposición *Pietas Populi*, el hermano mayor, Jesús Carmona, me preguntó en público si creía conveniente que el Señor de las Penas saliera acompañado por otras figuras secundarias en el nuevo paso que le están completando. Le contesté lo que pienso: que sí. Admite perfectamente un misterio, con un grupo de pocas figuras, quizá dos o tres más. Sería cuestión de estudiarlo, si la hermandad se decide a proponérmelo. Cuando tallé al Señor de las Penas, esta posibilidad se quedó en el aire, no la descarté. Es un Cautivo que puede ir solo, pero que no perdería fuerza, sino incluso la ganaría, si estuviera arropado con un grupo escultórico reducido y bien dispuesto.

El último encargo que he recibido para la Semana Santa gaditana, hasta ahora, es más reciente, en el año 2005. Es uno de los trabajos recientes de los que estoy más satisfecho. Me refiero la Virgen de la Esperanza, de la cofradía de las Cigarreras, que sale el Miércoles Santo de la iglesia de Santo Domingo, santuario de la Patrona de Cádiz. Vinieron a verme hermanos de la cofradía gaditana de las Cigarreras, vinculada históricamente a la Fábrica de Tabacos, al igual que ocurre con la de Sevilla del mismo nombre. Entre ellos estaba el anterior hermano mayor, Julio Oliva, fallecido en 2012, y asimismo el actual, José Manuel Gomila, entre otros cofrades. Los acompañaba el director de Altadis, ya que la empresa de tabacos, por sus relaciones con la cofradía, facilitó la donación de la imagen.

Era también una obra difícil, particularmente por los problemas que había tenido esta cofradía con su Dolorosa titular, tras dos sustituciones y alguna restauración nada afortunada. Al mismo tiempo, yo quería una Virgen completamente mía para la Semana Santa de Cádiz, con el rostro, las manos y todo lo necesario, en la que pudiera trabajar sin ningún condicionante previo. El resultado es una Virgen de la Esperanza a la que no le pudieron echar más piropos. Fue bendecida en Santo Domingo el 12 de mayo de 2005.

Esta Virgen es muy elogiada por cofrades de otras provincias, según me han comentado en mi taller, incluso cuando la ven en fotos. Por lo que he comprobado, en Cádiz gustan mucho las policromías finas del tipo que tiene la Esperanza. Es de un estilo que recuerda el clásico de la escuela genovesa, que tantas influencias dejó allí, sobre todo en el siglo XVIII. Es una policromía fina, marfileña, un poco rosácea, y con unos ojos de cascarilla, de gran nitidez.

Para mí tiene un significado especial, ya que le puse el color de los ojos de mi hija Guadalupe. Mi niña tiene un color especial en los ojos, de un tono verde marino, muy característico, tirando a esmeralda. Siempre pensé que es el color del mar, el color del Atlántico. Por eso, quería que ese mismo color fuera el de la Virgen de la Esperanza de Cádiz, uniendo en sus ojos el verde de la esperanza con el verde marinero de la Bahía.

Mi hija, cuando la contempla, se siente muy vinculada a la Esperanza de las Cigarreras, de Cádiz, por esa historia de los ojos. Igual que se siente vinculada a la Virgen de Guadalupe, de Sevilla, por su nombre y por tantas cosas. Al ser una obra reciente, también yo sentí cumplido mi deseo de una Virgen para Cádiz que me hiciera sentirme pletórico. Y, con todos mis respetos, que la pudiera considerar completamente mía, ya que a la Virgen de la Caridad le tallé el rostro, pero le mantuve las manos anteriores.

JEREZ DE LA FRONTERA

LA O DE LA DEFENSIÓN

En los años setenta realizo varias imágenes para Jerez de la Frontera. Es curioso que mi aportación a la Semana Santa jerezana procede, principalmente, de mis años de juventud. Ya he mencionado la historia de la Virgen del Buen Fin, de la cofradía de la Lanzada, que no pudo ser bendecida hasta treinta años después, a pesar de terminarla en 1969, a causa de las desavenencias que existieron entre la hermandad y los frailes carmelitas calzados por la incorporación de una nueva Dolorosa.

Mi primera aportación para la Semana Santa de Jerez fue la Virgen de la O, de la cofradía de la Defensión. Es una obra de 1971, aún en mis primeros momentos como imaginero, aunque ya tenía una trayectoria asentada. De esta Virgen han destacado, como características, su profunda tristeza, rasgos acentuados dentro de la belleza, dinamismo de dolor en las manos y una carnación muy fina.

La imagen de la Virgen de la O fue bendecida el 18 de diciembre de 1971 en la iglesia de la Compañía de María, donde radicaba la cofradía provisionalmente, en un acto que estuvo presidido por el entonces obispo vicario de Jerez, Juan Antonio del Val Gallo. Debido a las vinculaciones existentes entre la hermandad de la Defensión y el Ejército, los padrinos oficiales de la ceremonia debían ser el entonces ministro del Ejército, Juan Antonio Castañón de Mena, y su esposa, Amalia Fariñas, que no pudieron desplazarse y estuvieron representados en el acto por el gobernador de la provincia de Cádiz y su esposa.

La Virgen de la O salió por vez primera en paso de palio al año siguiente, el Martes Santo de 1972, y también en 1973. Lamentablemente, después se quedaría 20 años sin salir en procesión. El paso de palio no podía participar en la estación desde el nuevo templo de los Padres Capuchinos, debido a las dimensiones de su puerta. Cuando se pudo solventar este problema, en 1993, la Virgen de la O volvió a salir en la procesión junto al Cristo de la Defensión.

Después realicé para Jerez el misterio de la Coronación de Espinas, que se terminó en 1975. Vino a verme Fernando Cano-Romero, hermano de esta corporación, junto a otros cofrades jerezanos para hacerme el encargo. Con motivo del cincuentenario de la reorganización de la cofradía, querían un nuevo paso y mejorar las figuras del misterio. Cuentan con la imagen del Señor de la Coronación, obra del siglo XVII, que se considera obra del alemán Pedro Grass y el flamenco Elías Mez. Lógicamente, el Señor se mantuvo, pero las figuras secundarias que le acompañaban, realizadas por Ovando, no satisfacían a los cofrades, partidarios de cambiarlas. Por ello se pusieron en contacto conmigo para sustituirlas por cuatro figuras secundarias nuevas.

Fernando Cano-Romero me pidió que la composición del misterio recordara el primer paso de la cofradía del Valle de Sevilla, sin que fuera igual. Le dije que lo haría con una cierta similitud, aunque a mi estilo. Se puede comprobar que es diferente y que tiene unos matices propios sustanciales. En el paso de Jerez hay dos sanedritas. Uno de ellos sostiene una caña y está en actitud de golpear a Cristo. El otro sanedrita es más estático, pero aparece en una actitud expresiva con las manos, para representar que insulta, menosprecia e incluso escupe a Cristo. En cuanto a los dos romanos, muestran también actitudes diferentes. El soldado aparece por la espalda, incrustando con saña la corona de espinas en la cabeza de Cristo. Por el contrario, el centurión es representado con una actitud de asombro y dolor ante tantas humillaciones e injusticias. Según comentó Fernando, los cofrades jerezanos insistían en que uno de los romanos debía ser «de casco y plumas».

Nombraron una comisión integrada por un catedrático, tres miembros de la junta de gobierno y Fernando Cano-Romero, que fue quien de verdad se dedicó a seguir los trabajos. Todos los detalles de estas figuras del paso de misterio de la Coronación están muy cuidados. Las ropas de vestir fueron realizadas por las hermanas Plaza, mientras las corazas y cascos se encargaron al taller de Villarreal, siguiendo un diseño mío, para que fueran el complemento adecuado a las tallas. Este misterio es muy popular en Jerez. Me siento muy orgulloso de haber realizado las figuras de este paso. Es muy admirado el Domingo de Ramos, cuando efectúa su salida procesional, junto al paso de palio de María Santísima de la Paz en su Mayor Aflicción, desde la capilla de los Desamparados.

Hubo también un intento, que no cuajó, para un nuevo misterio de la Sentencia, con destino a la cofradía de La Yedra, de Jerez de la Frontera. Desde que lo compraron a la Macarena, en 1939, tenían las figuras del antiguo misterio de la Sentencia, conocido como el *de la Barbería*, pero lo querían sustituir. Incluso me desplacé a Jerez para conocerlo, y la verdad es que me hizo ilusión ver aquellas imágenes del antiguo misterio macareno. Sin embargo, no llegamos a un acuerdo. Me pidieron que lo terminara en un plazo corto, para estrenarlo pronto, y no me podía comprometer a entregarlo en poco tiempo, ante los trabajos que tenía en esos momentos. En casos que no puedo cumplir, prefiero decirlo claramente y rehusarlo, antes que comprometerme a unos plazos y después no llegar a tiempo.

En otras circunstancias, me hubiera agradado hacerlo. La Sentencia de Jerez va en un paso de misterio muy bonito, con un canasto extraordinario, que talló Antonio Martín en los años ochenta. Las figuras secundarias de la *Barbería*, que pertenecieron a la Macarena, finalmente fueron sustituidas por un nuevo misterio, que es obra de Navarro Arteaga.

Aunque no tenía como destino ninguna cofradía jerezana, sino que es un trabajo privado, también se puede mencionar aquí el busto de un Ecce Homo policromado, realizado a petición de la familia Ruiz-Mateos. Según me dijeron, cuando me lo encargaron, recibiría culto privado en el oratorio personal de Encarnación Jiménez de Tejada, madre de José María Ruiz-Mateos. Dicho oratorio se encontraba en su casa familiar de la calle Porvera, de Jerez de la Frontera. Posteriormente, pasó a la colección particular de Ruiz-Mateos. Este busto es muy similar al de otro Ecce Homo que modelé y que se encuentra en mi casa de Gines. Curiosamente, es una de las pocas obras mías que tengo.

SAN FERNANDO

PIEDAD, ESTRELLA Y TRINIDAD

Trabajé para cofradías de San Fernando después de los vínculos que mantenía con La Isla por aquel breve, pero intenso, servicio militar. En los años setenta entregué tres Dolorosas para cofradías isleñas. Son la Piedad (1975), Estrella (1978) y Trinidad (1979). Además, tallé el cuerpo al venerado Nazareno, de tanta devoción, cuando lo restauré en 1977.

La primera contribución a la Semana Santa isleña fue la Virgen de la Piedad, fechada en 1975. Pertenece a la cofradía de la Misericordia, que sale el Jueves Santo de la parroquia de la Divina Pastora. Fue realizada al poco tiempo de retornar a Sevilla desde Madrid, cuando volví a asumir muchos encargos de imaginería religiosa en mi estudio de la calle Aguiar.

Es una imagen que nos muestra un dolor acentuado, muy remarcado en las cejas, los ojos llorosos y las lágrimas. Con esta Virgen se ha dado un caso inusual, porque he sido su pregonero, a instancias de la cofradía. Aunque no es mi costumbre pregonar, lo acepté complacido cuando me lo encomendaron. Mi pregón a la Virgen de la Piedad tuvo lugar el 8 de diciembre de 1987.

La segunda Dolorosa isleña fue la Virgen de la Estrella, terminada en 1978. Pertenece a la cofradía de la Borriquita o Cristo Rey, que sale el Domingo de Ramos de la capilla de la Estrella, en la calle Real. Es una cofradía lasaliana, vinculada a los hermanos de La Salle, que sale con el habitual carácter infantil y festivo.

Teniendo en cuenta sus características especiales, vinculadas al gozo del día de las palmas, cuando Cristo entra en Jerusalén, esta imagen, siendo una Dolorosa, es mucho más serena que otras; es más meditativa. Aparece como en el estado inicial del dolor, casi expectante.

La tercera Virgen para San Fernando fue la Trinidad, de la cofradía de Medinaceli. El acto de bendición se celebró el 10 de junio de 1979. Salió por vez primera el Lunes Santo de

1984, cuando cambiaron el día de la estación de penitencia, que antes era el Domingo de Ramos. Tiene su sede canónica en la iglesia parroquial mayor de San Pedro y San Pablo, que es como la *catedral* isleña.

Esta cofradía representa la tradicional devoción a Jesús Cautivo y Rescatado. En unos años en los que estaba trabajando muy activamente para San Fernando, me encargaron su Dolorosa, que responde a las características que me dieron fama en mis primeros años. La ven como una Virgen juvenil, cuya belleza predomina sobre su dolor. Muestra un detalle a modo de singularidad, ya que las tres lágrimas que se ven en su rostro poseen un significado, representan la Trinidad que le da nombre: el Padre, el Hijo y el Espíritu Santo.

UN CRISTO Y UNA VIRGEN PARA ALGECIRAS

Se puede decir que para la provincia gaditana he trabajado con mucha regularidad y constancia, incluso por rachas. Si en los años setenta mis obras se centran en Jerez y San Fernando, en los años ochenta trabajé sobre todo para Cádiz y Algeciras.

En 1982 terminé el Cristo de la Buena Muerte para la archicofradía del Carmen algecireña, conocida también como la hermandad de los Estudiantes. Esta archicofradía, que tiene doble carácter de penitencia y gloria, tiene su sede canónica en la parroquia del Carmen, aunque también dispone de una capilla propia, llamada de San Antón, del siglo XVIII, desde donde sale en procesión en la noche del Miércoles Santo. El Cristo de la Buena Muerte es portado al modo de los tronos malagueños. Es una imagen que incita al sentido penitencial, sobre todo cuando el Crucificado recorre bellos rincones del casco antiguo algecireño, antes de volver a su templo. Ya he mencionado que es mi primer Cristo muerto y, por ello, tiene una indudable importancia dentro de mi obra artística.

En 1986 me encargaron la Virgen de la Amargura para la hermandad de Jesús Nazareno. Esta cofradía fue una de las más importantes de Algeciras, pero había decaído. Se reorganizó, a principios de los años ochenta, en la parroquia mayor de la Virgen de la Palma. Querían contar con una Dolorosa, que fue mi primera talla mariana para la comarca del Campo de Gibraltar. La imagen fue bendecida el 9 de abril de 1987, en la parroquia mayor de la Palma, por el padre Sebastián Llanes, entonces vicedelegado diocesano de Hermandades, y por el párroco, Sebastián González Araujo, en presencia del hermano mayor, Juan Martínez Jiménez. Fue apadrinada por la cofradía de la Amargura de Sevilla y el Consejo Local de Cofradías de Algeciras. En su salida procesional del Jueves Santo es muy admirada. Ahora se ve realzada con la terminación de los bordados de su palio, realizado por José Antonio Grande de León en 2011.

EN SANLÚCAR, EN SETENIL Y EN ARCOS

Mis trabajos de la década de los setenta en la provincia de Cádiz, iniciados en Jerez y San Fernando, culminaron con la Virgen de Gracia y Esperanza, de la cofradía de la Oración en el Huerto, de Sanlúcar de Barrameda, fechada en 1980. Tras esta Virgen hay otra historia de sustitución, que fue frecuente en aquellos años. La imagen del Señor fue realizada en 1949 por Antonio Eslava y está considerada entre las mejores suyas. Por este motivo, le encargaron en 1974 una Dolorosa bajo la advocación de Gracia y Esperanza. Como en otros casos, Eslava, que era un gran imaginero, cometió el error de seguir un modelo que repetía desde los años sesenta. En la hermandad había un grupo de hermanos descontentos por este motivo y me encargaron una nueva para sustituirla.

La nueva Virgen de Gracia y Esperanza fue bendecida por el entonces obispo de Jerez, Rafael Bellido Caro, el 7 de marzo de 1980. En su primera salida ocurrió un grave incidente, ya que la cuadrilla de costaleros profesionales dejó el paso abandonado, al principio de la calle Santo Domingo, por motivos económicos. Al conocerse el suceso, espontáneamente, nazarenos, hermanos y devotos llevaron el paso, entre aplausos, hasta su templo de San Diego. Al año siguiente, empezaron a extenderse las cuadrillas de hermanos costaleros en Sanlúcar de Barrameda. Esta cofradía fue también la primera que llevó costaleros con costal a la sevillana.

Entre mis imágenes de la década de los ochenta, figura la Virgen de los Dolores, de Setenil de las Bodegas. La tallé en

1986 para la cofradía de Vera-Cruz de esa población, conocida como los Blancos. Me la encargó Pepe Sevillano, un abogado que trabajaba en Sevilla y que después fallecería en un lamentable accidente de tráfico.

A pesar de ser un municipio pequeño, y muy pintoresco, por cierto, en Setenil hay mucha pasión por sus cofradías. La de Vera-Cruz, o Los Blancos, con origen en el siglo XVI, rivaliza fraternalmente con la de Nuestro Padre Jesús, o Los Negros, que se fundó tras una escisión en el siglo XVIII. Compiten sobre todo para contratar a las mejores bandas de música. Según me contaron, en Semana Santa han llegado a Setenil importantes bandas de EE. UU. y otros países europeos, además de la presencia espectacular de la Legión. En el pueblo están divididos: los hombres son de la hermandad a la que perteneció el padre, y las mujeres se afilian a la hermandad de su madre.

También soy autor de una copia académica de la Virgen del Rocío para la Hermandad de Arcos de la Frontera. Fue bendecida en 1992 por el entonces obispo de Jerez, Rafael Bellido Caro.

UN NIÑO JESÚS ROBADO EN CONIL

Para la provincia de Cádiz trabajé también en los años 90 y en el siglo XXI. Mi primera aportación para Conil de la Frontera fue una Dolorosa, la Virgen de la Paz y Esperanza, de la cofradía de la Borriquita, realizada en 1997. Sale en la tarde del Domingo de Ramos de la parroquia de Santa Catalina.

Sin embargo, mi obra más famosa para Conil no es pasionista, sino de Gloria. Es la Virgen del Carmen con el Niño Jesús, realizada en 2004. Tiene tamaño académico, aunque solo un poco más pequeño que el natural. El Niño Jesús actual es de 2010, y lo hice por segunda vez después de que le robaran el primero. En Conil hay una gran devoción a la Virgen del Carmen, que se venera en una capilla desde donde se divisa una vista del mar que llama la atención. La procesión de la Virgen resulta muy bonita, por las calles tan pintorescas que atraviesa.

A la Virgen le robaron el Niño Jesús y no apareció. El nuevo Niño no es como el anterior. Parece como un chiquillo al que hubieran pelado y hubiera llorado viendo a la Madre. Cuando lo llevé a Conil, la gente quedó muy emocionada. Por suerte, no se habían perdido las potencias y también conservaba un vestido que le bordó Lorenzo Gütemberg. Este bordador gaditano, que viste muy bien a la Virgen del Carmen de Conil, le hizo a esa imagen un hábito y un escapulario.

Según me contaron, el Niño Jesús fue robado en un descuido. El párroco había pedido que se lo dejaran para los cultos de Navidad. Poco antes de la misa, desapareció. Preguntaron a los monaguillos, pero nadie había visto nada. Todo sucedió en muy poco tiempo, apenas en unos minutos. Según la Policía, fue un robo por encargo, o algún coleccionista lo sustrajo personalmente, lo que complicaba la posibilidad de recuperarlo.

Antes de la bendición del nuevo Niño Jesús, les había dicho que si aparecía el anterior me lo entregaran como recuerdo; y se quedaban con el nuevo. Sin embargo, cuando veía la emoción de aquella gente, las lágrimas en aquel acto de bendición decidí que, si aparecía el anterior, se lo donaba para que también se quedara en la parroquia o la capilla, y así lo hice constar por escrito en un documento, antes del ofertorio.

No podía hacer otra cosa, después de ver a esa gente, siempre muy cariñosa conmigo. Me emocioné al verlos llorando con su *Peloncillo.* Me decían que lloraban de pena por el otro y de alegría por el nuevo, que les parecía aún más bonito.

Este tipo de robos no es la primera vez que ocurren. Conozco otros casos parecidos. Por ejemplo, a la Virgen de la Consolación de Utrera le quitaron el Niño Jesús, y apareció después de que Buiza le tallara otro nuevo. Un caso más reciente ha sido el de la Virgen del Rosario, de San Juan de Aznalfarache, una obra de Cristóbal Ramos, a la que le desapareció el Niño Jesús. La Policía lo encontró en un piso de las Tres Mil Viviendas, de Sevilla, cuando lo querían vender.

Esos riesgos los hemos tenido en cuenta otras veces. La Virgen del Carmen de Fuengirola, que se venera en la parroquia del Carmen, y tiene mucha devoción en la Costa del Sol, lleva incorporado un candadito para que no se le pueda quitar el Niño Jesús. A una imagen de San Antonio, que he terminado recientemente para Guadix, le quise poner fijo el Niño Jesús, pero me pidieron que no lo asegurara, ya que querían separarlo para algunos cultos. Aconsejo que siempre tengan mucho cuidado con estas figuritas pequeñas.

Entre mis dos Vírgenes de Conil hay una imagen para Rota, el Señor Resucitado, que ha sido valorada como muy interesante, al tratarse de una representación original. En 1997, el Consejo de Cofradías de Rota me pidió un boceto para un Resucitado. El párroco del Carmen, padre Juan González, era partidario de que la Semana Santa roteña no terminara con el Santo Entierro. El boceto tuvo mucha aceptación y me encargaron la imagen del Señor, que salió por vez primera el Domingo de Resurrección del año 2000 de la parroquia del Carmen. Lo que más se ha admirado de este Resucitado de Rota es que no repite la iconografía usual. No está saliendo del sepulcro, sino que representa a Jesús en actitud de caminar, una vez que ya ha resucitado y vuelve al mundo.

La imagen fue pagada en buena parte por José María Ruiz-Mateos, a través de la Fundación Alcalde Zoilo Ruiz Mateos, como una donación para el Consejo de Cofradías de Rota, que también recibió aportaciones de hermandades y particulares. En el acto de la bendición fue apadrinada por la cofradía de la Esperanza de Triana.

Como curiosidad, se puede añadir que la asociación parroquial creada para dar culto al Resucitado ha organizado varias veces una *ruta Luis Álvarez Duarte,* que tiene como objetivo la visita a mis imágenes de diversas ciudades andaluzas.

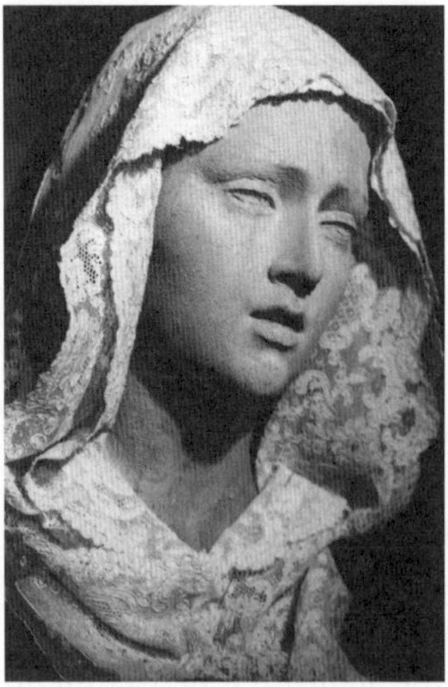

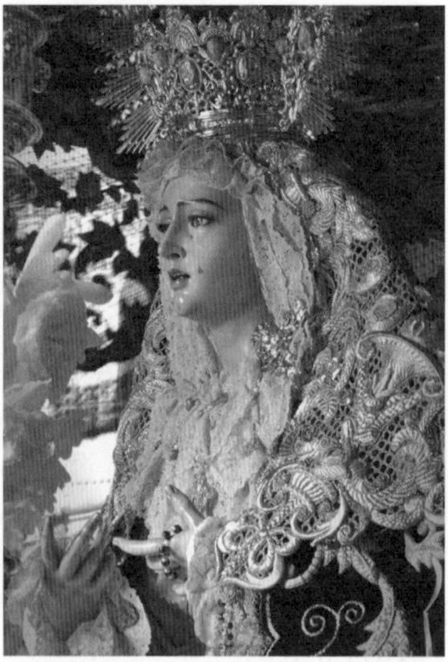

La Esperanza de las Cigarreras, de Cádiz, es una obra emblemática, realizada en 2005.

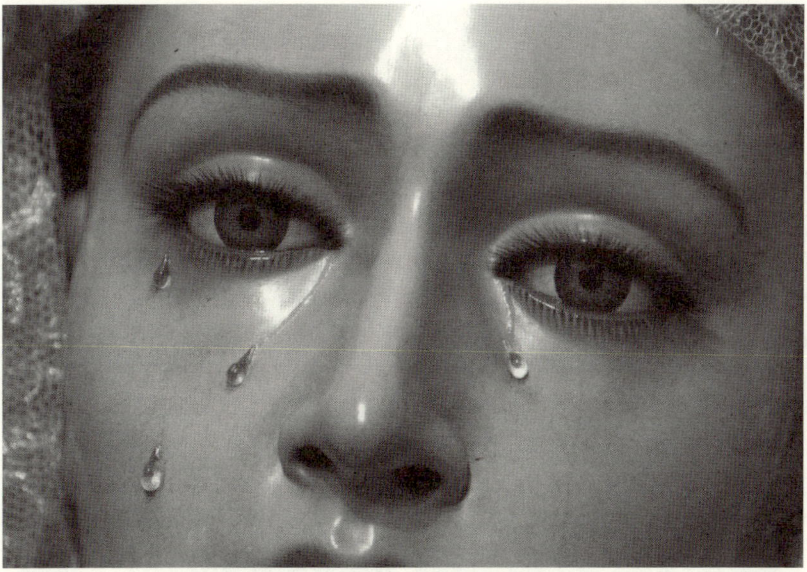

Los ojos verdes de la Virgen tienen el mismo tono que los de Guadalupe Álvarez-Duarte, la hija del imaginero.

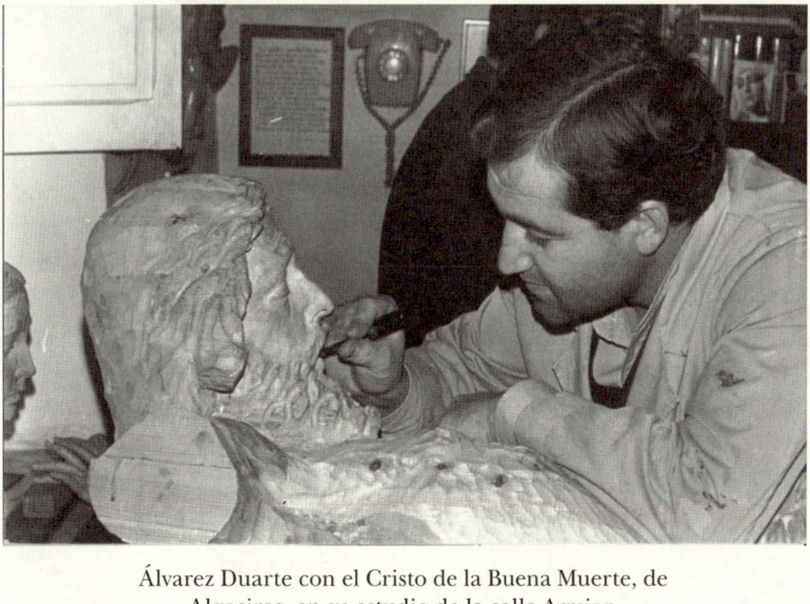

Álvarez Duarte con el Cristo de la Buena Muerte, de Algeciras, en su estudio de la calle Aguiar.

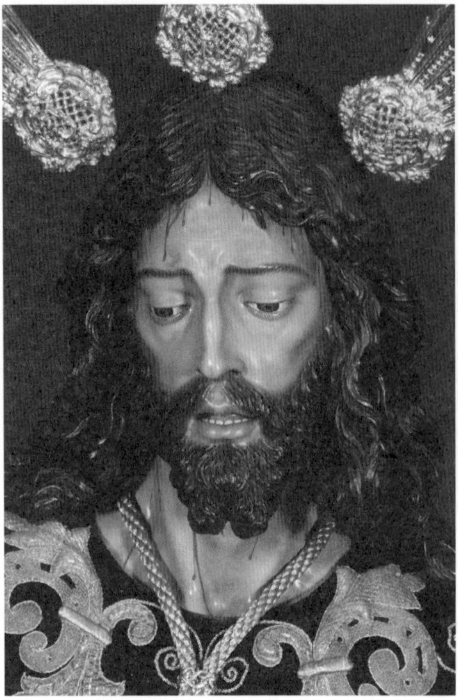

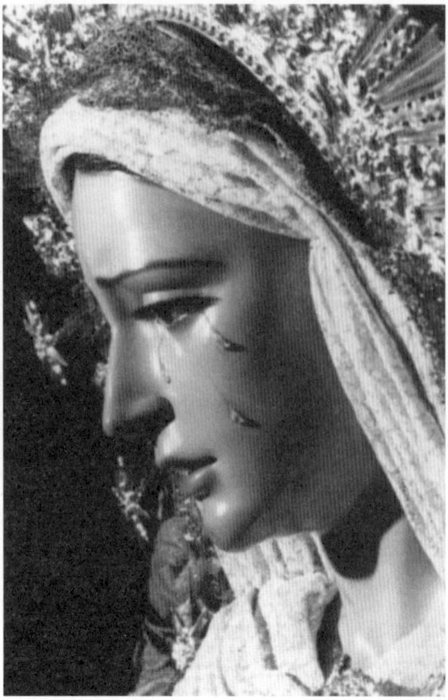

Jesús de las Penas (Cádiz) y Virgen de la Piedad (San Fernando)

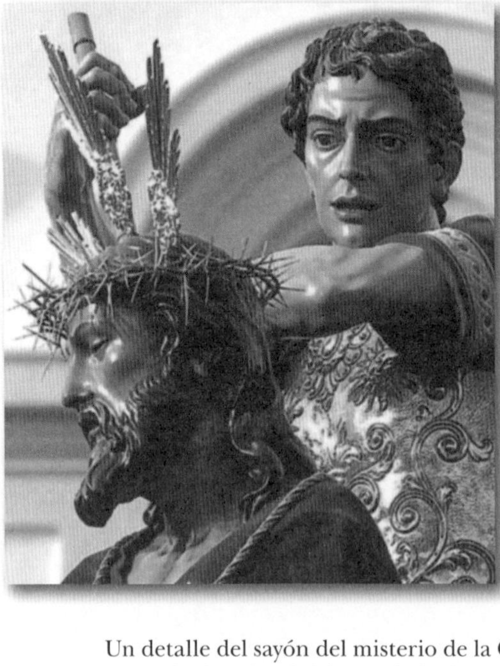

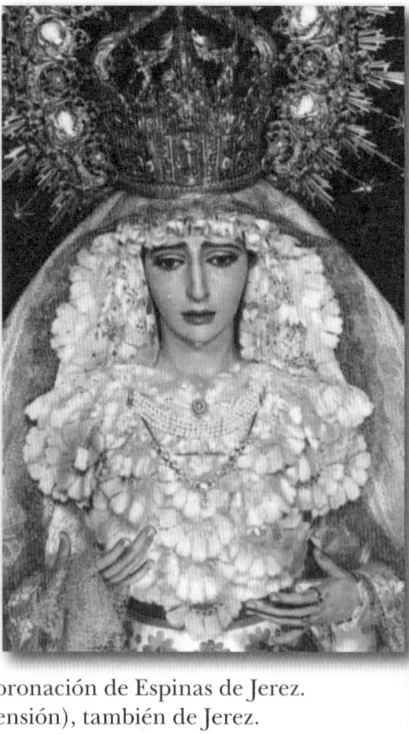

Un detalle del sayón del misterio de la Coronación de Espinas de Jerez.
A la derecha, la Virgen de la O (Defensión), también de Jerez.

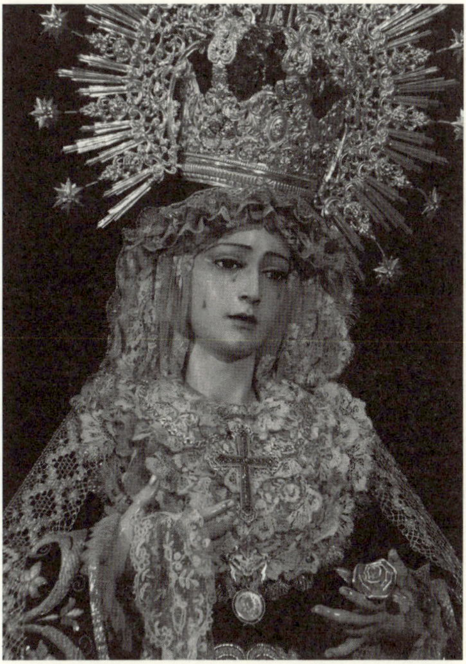

La Virgen de la Trinidad (Medinaceli), de San Fernando.

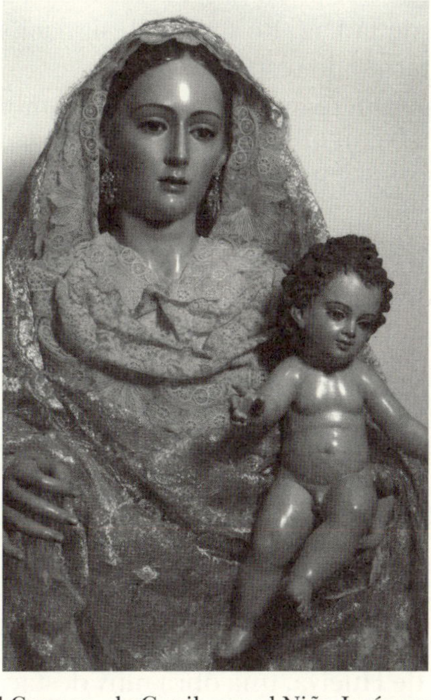

Virgen del Carmen, de Conil, con el Niño Jesús que robaron.

PROVINCIA DE HUELVA

DOS VÍRGENES Y UN NIÑO JESÚS

En mi trayectoria como imaginero hay circunstancias curiosas, derivadas de las propias necesidades de las cofradías. Es lo que ocurre con mis obras para la ciudad de Huelva, donde están la Virgen de los Dolores, de la cofradía de Vera Cruz, realizada en 1967, y la Virgen de la Victoria, que es una obra de 1968, y que ha sido coronada canónicamente en 2012. Es mi segunda Virgen coronada, que figuran entre mis primeras obras. Son dos imágenes de juventud, a las que ya me he referido; ambas realizadas cuando aún no había cumplido los veinte años. Pues, desde entonces, no he vuelto a realizar una imagen de creación propia para la Semana Santa de Huelva. Sin embargo, me siento muy vinculado a través de estas dos Vírgenes, muy importantes para mí y para Huelva. También estoy vinculado a través de tres restauraciones, bastante complejas, porque eran imágenes previamente alteradas. En los años noventa intervine a las Dolorosas de la Paz, Rosario y Resignación, a las que me refiero en el capítulo de restauraciones.

Mi otra imagen personal para Huelva también es de juventud, pues data de 1969. Se trata del Niño Jesús para la hermandad de la Virgen de la Cinta, Patrona de la ciudad. Este Niño Jesús está expuesto en un templete de plata y porta en sus manos una cinta dorada, como atributo de la advocación de su Madre. A este Niño Jesús le dan culto especial en la festividad de la Candelaria. Tras la presentación de los pequeños a la Virgen de la Cinta se organiza una procesión infantil, en la que el Niño Jesús es llevado en unas pequeñas andas por los alrededores del santuario.

SANTA MARÍA SALOMÉ, PATRONA DE BONARES

En la provincia de Huelva, una obra muy destacable es el grupo escultórico de la Patrona de Bonares, Santa María Salomé, que aparece con sus hijos, San Juan y Santiago, ambos representados como niños. San Juan aparece en su brazo izquierdo, y Santiago agarrado a su mano derecha. Algunas personas se confunden y piensan que es una Virgen con un Niño Jesús y otro pequeño, al tratarse de una representación infrecuente de esta santa.

La imagen recibe culto en la ermita de Santa María Salomé, de Bonares, que cuenta con un retablo de valía, donde se encuentra su camarín.

Antes de la mía, se han conocido hasta tres tallas de la santa. La primera, que era del siglo XVII, se deterioró; y la segunda se perdió en los disturbios de la Guerra Civil. Después fue sustituida por una imagen de Castillo Lastrucci, en 1937, que restauró y retocó Abascal en los años setenta. Pero unos años después, en 1983, decidieron sustituirla por una nueva imagen, que es la actual. Está basada en la que se perdió en la Guerra Civil, aunque con otro estilo, más personal. La tallé cuando tenía mi estudio en la calle Aguiar. Los restos de la anterior fueron quemados.

La iconografía es infrecuente. Hay imágenes de Santa María Salomé en otros lugares, pero no se la representa con San Juan y Santiago niños. La imagen que se perdió en la guerra era una talla de vestir, de bastante mérito. La anterior también mantenía esa iconografía. La imagen de Castillo Lastrucci no terminó de encajar, porque decían que se parecía demasiado a una Virgen. Hay que tener en cuenta que en el taller de Castillo hubo una enorme demanda, le hacían muchos encargos. Llegó a tener entre quince y veinte personas trabajando con él. Ese exceso de demanda quizá le llevó a repetir imágenes parecidas. Pero Castillo Lastrucci fue un grandísimo artista, un gran creador. Illanes, Eslava y Barbero, entre otros, fueron discípulos suyos. También le ayudaban otros oficiales, sin nombre profesional, que después no han llegado a destacar por sí mismos, pero que trabajaron muy bien con Castillo.

La Patrona de Bonares está adornada con una diadema parecida a las de Virgen, pero sin la cruz, solo con la aureola y estrellas. La visten con un manto rojo excelente, obra de Juan Manuel Rodríguez Ojeda, que también le diseñó una saya blanca. Una curiosidad es que en este pueblo onubense se encuentra también la Virgen de Abascal que salió como Dolorosa en el palio de Santa Cruz.

El nombre de Salomé es bastante frecuente en Bonares, donde le profesan una gran devoción. En la hermandad guardaban un cuadro con una foto de cuando Salomé ganó el festival de Eurovisión. La cantante catalana se la envió para la Patrona de Bonares, con una dedicatoria de agradecimiento.

EN ISLA CRISTINA Y AYAMONTE

En la provincia de Huelva tengo otras imágenes, pues no en vano fue de las primeras de Andalucía para las que trabajé. Tras mis dos Dolorosas de la capital onubense, ya en los años setenta, tallaría la Virgen de la Amargura, de Isla Cristina, en 1974, y la Esperanza del Mar, de Ayamonte, en 1976.

La Virgen de la Amargura pertenece a la cofradía de la Buena Muerte, de Isla Cristina, que cumple su estación penitencial el Martes Santo, desde la capilla de los Ángeles. Es una Dolorosa concebida para una cofradía seria, de las que realizan estaciones de penitencia austeras. Se puede relacionar con otras Vírgenes de ese estilo.

La imagen de la Esperanza del Mar, que tiene su sede canónica en el templo de San Francisco, de Ayamonte, también sale el Martes Santo; en este caso, en la cofradía de la Sagrada Lanzada, a la que pertenece. La Virgen de la Esperanza fue bendecida el 19 de marzo de 1976 en la capilla de San Antonio. Aunque en su rostro intenta reflejar la Esperanza, no es una imagen que busque emular a la Macarena, como en otros casos conocidos, sino que muestra unos rasgos propios. El pintor Florencio Aguilera, tan vinculado a Ayamonte, fue el autor del cartel de la Semana Santa de 2010 de esa población, en el que plasmó una reproducción de la Esperanza del Mar en su paso.

EN LA PALMA Y EN BOLLULLOS

En La Palma del Condado tengo una cofradía completa, como suelo decir, con el Cristo del Perdón y la Virgen de la Amargura. La Virgen es de 1977 y el Cristo de 1982. Es mi segundo Cristo muerto, terminado poco después del de Algeciras. Esta cofradía sale el Domingo de Ramos desde la ermita de San Sebastián y recorre un bello itinerario, en el que pasa por calles estrechas. Uno de los momentos más destacados es el discurrir ante el convento de las Hermanas de la Cruz en esa población, cuando las monjitas le cantan y rezan. La Virgen es una Dolorosa de expresión afligida.

El Cristo ha sido relacionado con otros míos cercanos en el tiempo, como pueden ser el del Císter de Málaga, el de la Buena Muerte de Algeciras o el del Perdón y Misericordia de la iglesia de San José en Sevilla. Son crucificados que se caracterizan por rasgos muy pormenorizados en el tratamiento de su anatomía.

Otra aportación para la provincia de Huelva se encuentra en Bollullos par del Condado, pero en este caso en el oratorio de un domicilio particular. La familia Delgado Benítez me encargó que les hiciera dos Dolorosas y un Nazareno. Así les entregué primero la Virgen de la Amargura (1998) y Jesús de la Divina Misericordia (2002). Después me pidieron otra Virgen, la del Mayor Dolor (2010). A pesar de que están en un oratorio particular, propiedad de la familia para su culto privado, se pueden visitar solicitando permiso. Son tres imágenes que llaman la atención y que desde luego recomiendo verlas. Quienes acuden para conocerlas se suelen sorprender de que no estén en un templo para culto público. Dicen que podrían salir en una cofradía de Semana Santa.

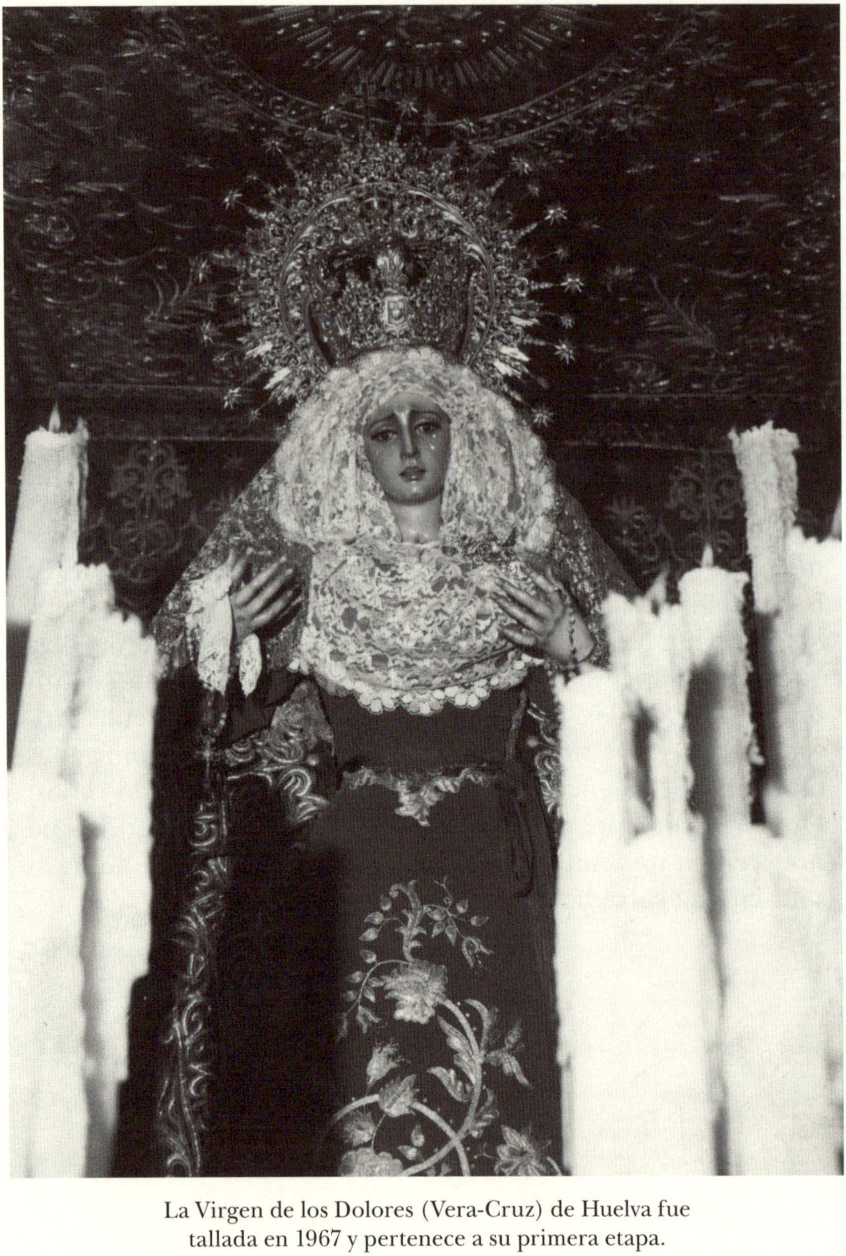

La Virgen de los Dolores (Vera-Cruz) de Huelva fue tallada en 1967 y pertenece a su primera etapa.

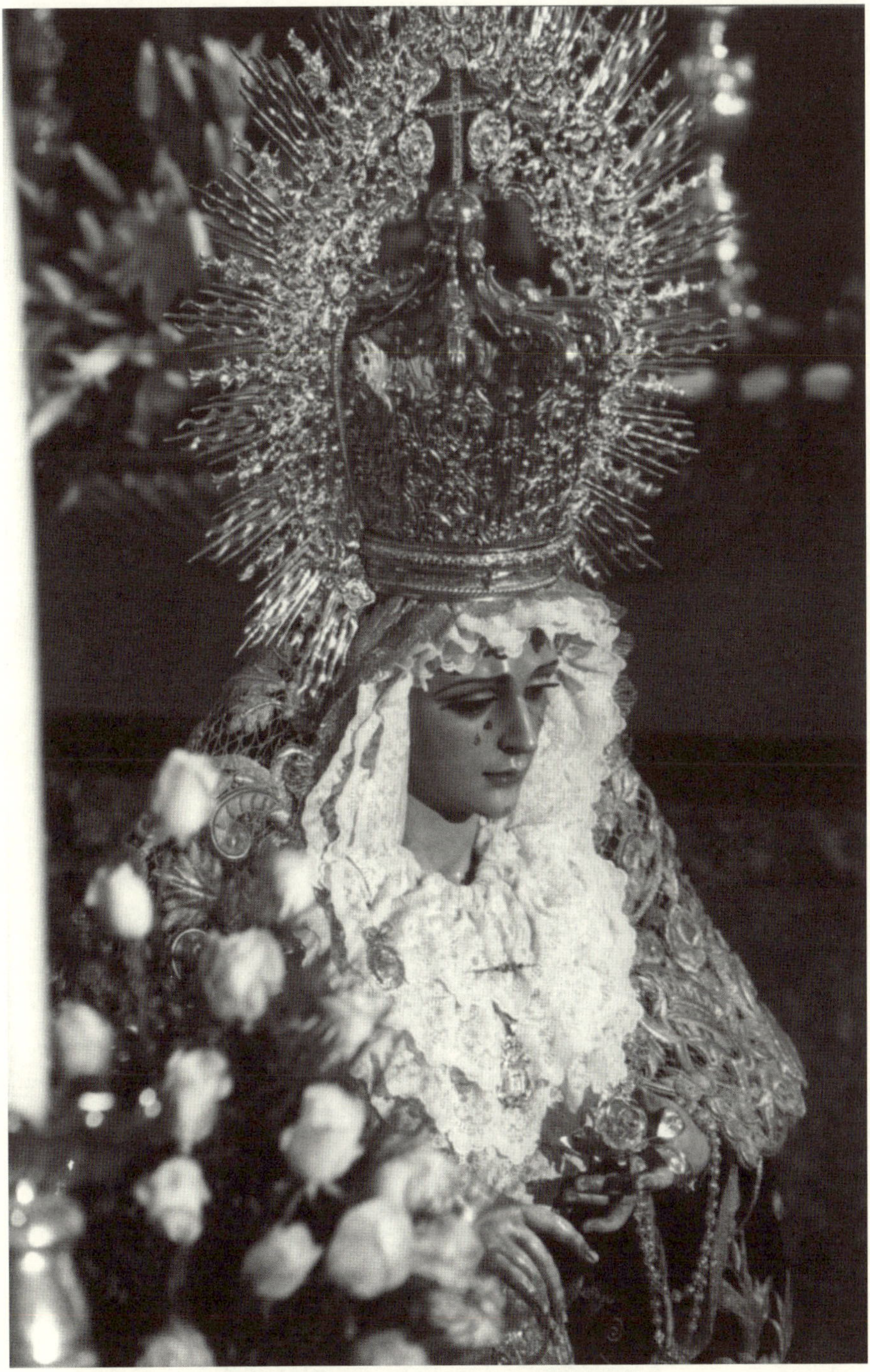

Virgen de la Victoria, de Huelva (1968). Fue coronada canónicamente el 5 de mayo de 2012.

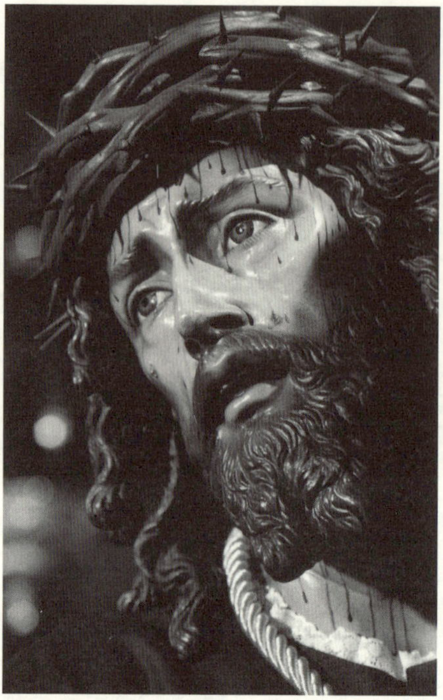

Jesús de la Divina Misericordia es un Nazareno que recibe culto privado en un oratorio particular de Bollullos del Condado.

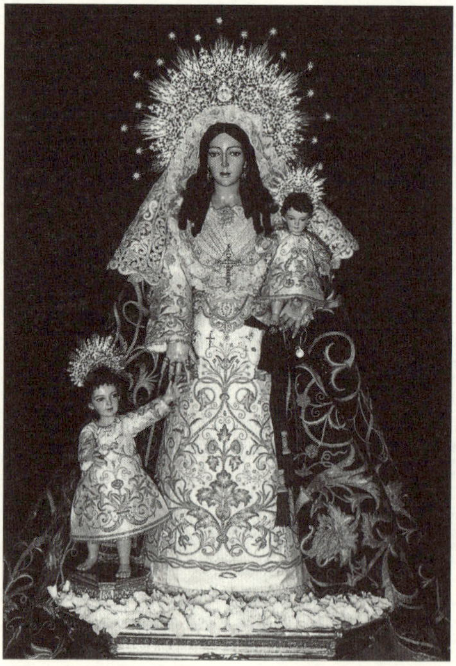

Santa María Salomé, patrona de Bonares, con Santiago y San Juan niños

ALMERÍA

EL ROSARIO DEL MAR

La imagen más elogiada entre las mías de Almería es la Virgen del Rosario del Mar, considerada la mejor Dolorosa de esa ciudad por los especialistas. Es también una de mis obras más emblemáticas, incluso una de mis preferidas. La imagen estaba expuesta en mi estudio de Gines, ya en los años noventa, y no me la había encargado ninguna cofradía. Como me ha ocurrido veces, la comencé por inspiración, porque me apetecía, sin ningún destino concreto. Ya se vería a dónde llegaba. Esta Dolorosa, por entonces sin nombre, tuvo pretendientes y admiradores, que la quisieron adquirir para cofradías de distintas ciudades. Pero yo me negaba a venderla. A todos les decía que no.

Sin embargo, en 1995, vinieron a verme unos cofrades almerienses. Estaban interesados en fundar una nueva hermandad en la capilla de Santa María Magdalena del Hospital Provincial de Almería, cerrada al culto religioso desde hacía veinticinco años. Querían que la capilla, una vez reabierta, estuviera presidida por una Virgen bajo la advocación de María Santísima del Rosario del Mar en sus Misterios Dolorosos. Los animé a que le pusieran ese nombre, que me parece especialmente bello. Les recordé que el Rosario y el mar siempre han mantenido una vinculación especial. Entre otros ejemplos, les puse el de la *Galeona* de Cádiz, una Virgen del Rosario que era embarcada para ir a América en siglos pasados, recorriendo la carrera de Indias con la flota de galeones.

Al principio, venían con la idea de contratarme una nueva imagen. Pero vieron la que estaba expuesta en mi estudio y se quedaron entusiasmados con Ella. Mi esposa, Nani, que nació y vivió en Almería, intercedió a su favor. A Nani le parecía una Virgen con un encanto especial y quería que se quedara en esa ciudad. Al principio, yo no era muy partidario, hasta que me insistió tanto que me convenció.

Fue bendecida el 24 de marzo de 1996 por el padre José Guerrero Martín, presidente del Cabildo Catedral de Almería y párroco del

Sagrario. En la capital almeriense se quedaron muy contentos. Poquito a poco, la nueva cofradía fue creciendo. Empezaron a formar un buen patrimonio, con bordados de Charo Bernardino en Sevilla, o la saya y el manto de Fernández y Enríquez en Brenes.

La Virgen del Rosario del Mar cuenta con una policromía muy bonita, en tonos claros, de las mejores que han salido de mis manos. Me gusta dar las policromías así, porque pienso que el color ya lo irán cogiendo con la pátina del tiempo. Puede que en algunos casos puntuales haya creado imágenes con unas policromías más oscuras, más morenas. Sin embargo, prefiero las claras, las veo con más finura.

Para esta cofradía tallé también el Señor de las Penas. Representa el mismo pasaje que el Señor de las Penas, de Cádiz, que es anterior. Incluso se ha hablado de un cierto parecido, pero si ponemos fotos juntas, se ve que son diferentes, con detalles muy distintos.

La imagen del Señor de las Penas de Almería tiene una historia detrás. La primera intención mía era destinarlo a la parroquia de San José Obrero, de Sevilla, para acompañar como titular de su hermandad a la Virgen de los Dolores, mi primera obra, que realicé siendo niño, a los doce años. La talla del Señor fue concebida como un homenaje a mis padres, que me ayudaron mucho para terminar la Virgen que se venera en esa parroquia. Era como recuperar y unir mi infancia, con mis recuerdos, a través de las dos imágenes. Sin embargo, el párroco y otros miembros de la comunidad parroquial, como el coadjutor, que era entonces Francisco Herrera del Pueyo, no se mostraron partidarios de admitir una nueva imagen de cofradía en el templo. No hubo acuerdo. Entonces decidí que la imagen saliera para un sitio especial, para Almería, la tierra de mi esposa, y que acompañara a la Virgen del Rosario del Mar, a la que ella le tiene un especial cariño y devoción.

El Señor de las Penas de Almería fue bendecido el 18 de marzo de 2001. Salió junto a la Virgen, en un rosario público, el Sábado de Pasión de ese año. La hermandad, después de algunos años intentándolo, fue aprobada canónicamente como tal en 2006.

VIRGEN DE LA FE Y CARIDAD

Mi primera imagen de Almería había sido la Virgen de la Fe y Caridad para la hermandad de la Cena, que sale el Domingo de Ramos de la céntrica parroquia de San Pedro. Es una Dolorosa terminada en 1989, en la que algunos han visto influencias de la Esperanza de Triana, aunque no tiene el parecido como una simple copia. Sí es cierto que parece más morena que otras imágenes mías. Cuando me la pidieron, yo acababa de restaurar la Esperanza de Triana por segunda vez, cuando la policromé, y estaba de moda su estilo. Posiblemente ahora no la haría tan morena.

Con posterioridad a esta imagen, la misma cofradía habló conmigo para sondear la posibilidad de que les hiciera el misterio completo de la Santa Cena. Ya había realizado un grupo escultórico de la Cena para Málaga, a principios de los años setenta. Sin embargo, descarté la posibilidad de hacerlo para Almería. Entonces debía atender muchos trabajos y hubiera sido dificultoso cumplir los plazos previstos. El misterio se lo encargaron al imaginero sevillano José Antonio Navarro Arteaga, que lo completó entre 1996 y 1999.

UN SEÑOR CAÍDO PARA ALMERÍA

Mi segundo trabajo en Almería fue la imagen del Señor de Salud y Pasión en su Tercera Caída, terminada en 1993, cuando aún no se había fundado la cofradía, que actualmente sale el Lunes Santo de la parroquia de Santa Teresa, en el barrio Oliveros. Cuando vinieron, me pidieron una imagen que fuera como el Cristo de la Tres Caídas de Triana, prácticamente querían una copia. Algunos pretendían un misterio semejante, incluso con el caballo. Se debe tener presente que en Almería se fundaron algunas cofradías a imitación de las de Sevilla. Hay una cofradía de Sentencia y Macarena y otra de Jesús del Gran Poder y Virgen del Mayor Dolor y Traspaso. En este caso, se pensó en un misterio de las Tres Caídas a la trianera almeriense.

Pero les aconsejé que no, les dije que de ninguna manera. Aceptaron mi propuesta. Es un Cristo Caído con la cruz a cuestas, que va solo, con una peana. Guzmán Bejarano les hizo el paso, con un canasto magnífico, en madera vista. Se ha escrito en diversos medios que este Señor Caído de Almería es de alto valor artístico, que conmueve a la unción religiosa y que se caracteriza por la dulzura y una valentía casi atrevida. Salieron ganando claramente con esta imagen, en vez de llevarse una copia del Cristo de las Tres Caídas de Triana. Les recomendé que el suyo debía sorprender con una identidad propia y que dejaran el caballo para los trianeros.

En años posteriores, me encargaron la Virgen de los Desamparados, que fue bendecida en 2000. Con Ella tenía la cofradía completa, en cuanto a la imaginería. Es una Dolorosa muy dolorosa, en el sentido de que refleja en su rostro un dolor muy acusado, con un modelado clásico, muy trabajado. Se le notan los ojos enrojecidos, las cejas con expresión más triste que en otras imágenes mías, la boquita más cerrada... Algunos han querido ver ciertas similitudes con las tallas de la escuela granadina del XIX, pero tiene mis rasgos estilísticos claramente desarrollados.

Mi aportación para Almería creo que es muy significativa, con dos cofradías completas y la Virgen de la Fe y Caridad de la cofradía de la Santa Cena. Desde el punto de vista artístico, son obras destacadas en mi trayectoria.

EL CRISTO DE ROQUETAS

En la provincia también se puede ver una imagen de Álvarez Duarte que los expertos consideran interesante. Me refiero al Cristo de la Divina Misericordia, de Roquetas de Mar, un Crucificado que me encargaron en 1998 para la hermandad de los Dolores. Había dos cofradías en Roquetas. Los Dolores organiza sus procesiones por el centro de la población. No sale en un mismo día, sino en jornadas diferentes y con diversas tallas, que suelen llevar en tronos, con un estilo parecido al malagueño.

El Cristo de la Divina Misericordia era una imagen muy esperada, la primera propia que encargaba su cofradía. Sustituyó a otro Crucificado, el Cristo del Perdón. Empezó a salir en el año 2000. Cumple su estación de penitencia el Jueves Santo desde la iglesia del Rosario, en el centro de Roquetas, acompañado en un segundo trono por la Virgen de los Dolores. Se pueden estimar como los dos pasos más emblemáticos de esta población. Con el paso de los años, el Cristo ha ganado mucha devoción. Es una imagen de madurez, de una época en la que está más elaborado mi estilo en los Crucificados, cercana ya a la realización del Cristo de las Cinco Llagas de la cofradía sevillana de la Trinidad.

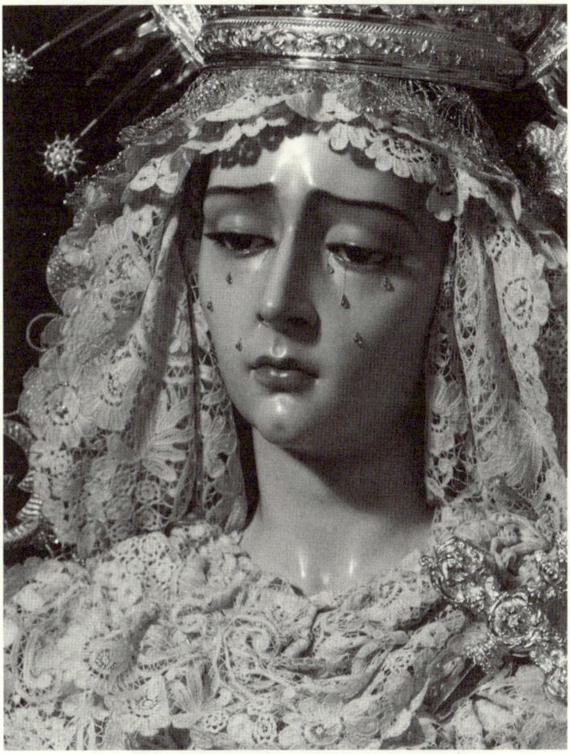

La Virgen de los Desamparados, de Almería, otra imagen señera de Álvarez Duarte, a la que han relacionado con el estilo de la escuela granadina.

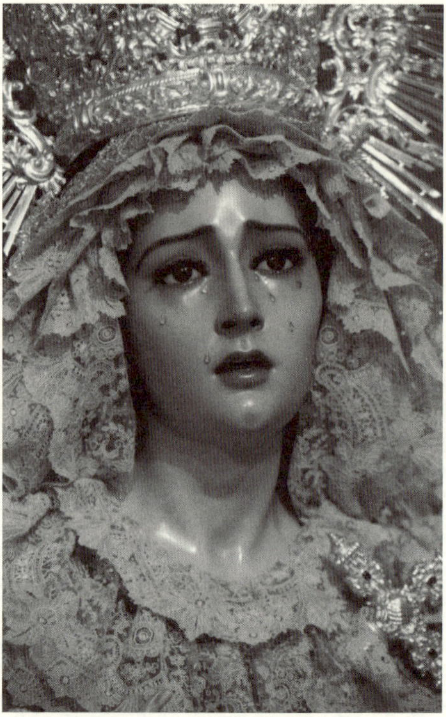

La Virgen del Rosario del Mar, de Almería, está considerada entre las mejores dolorosas de Álvarez Duarte. En la otra foto se aprecia un detalle de la imagen en su fase inicial.

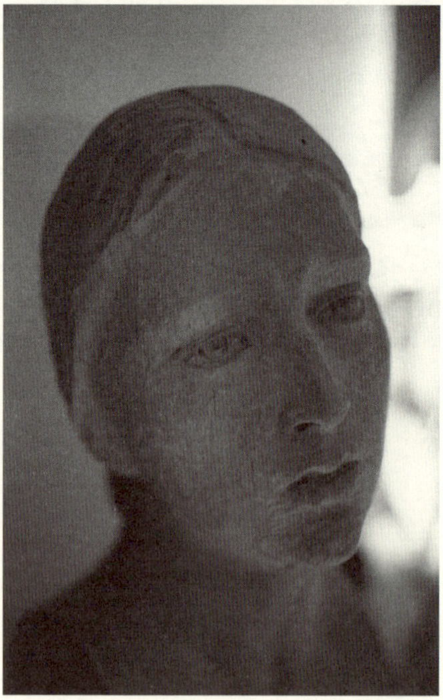

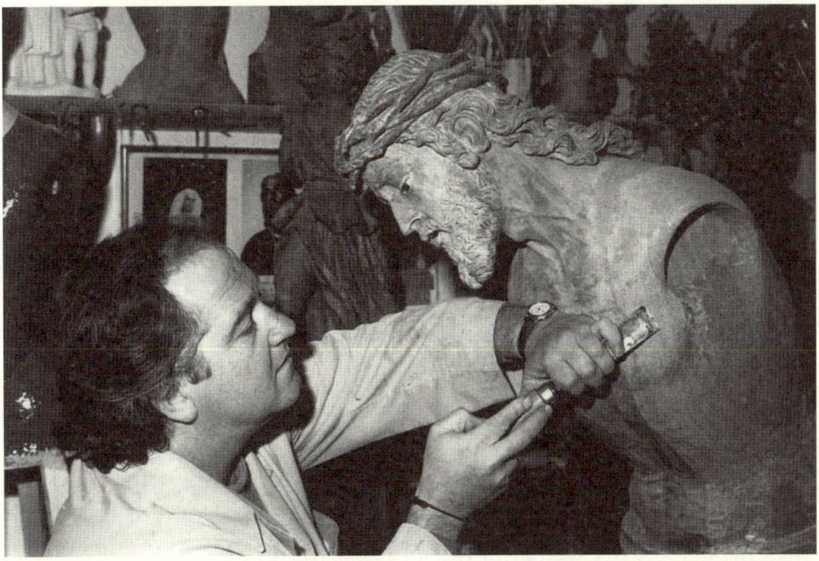

El Señor de Pasión de Almería, cuando aún estaba en madera.

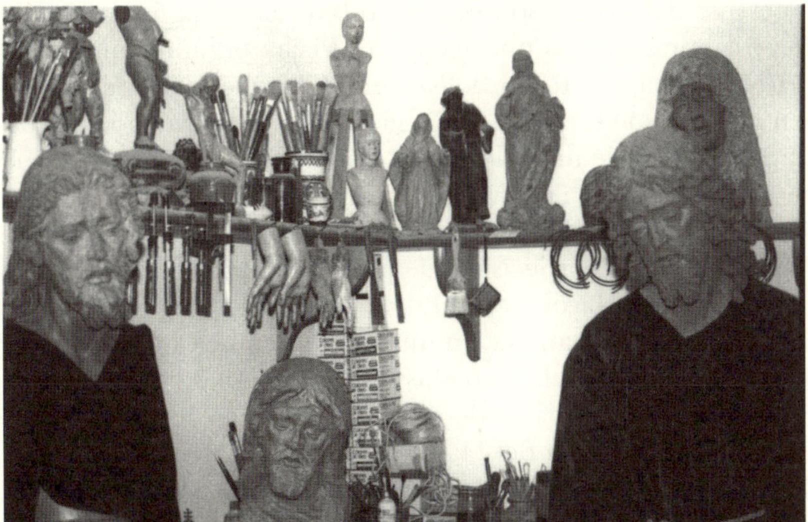

En esta foto aparecen (de izda. a dcha.) el Cautivo del Polígono de San Pablo (Sevilla), Jesús del Perdón (Ronda) y el Señor de las Penas (Almería).

GRANADA

PROCESIÓN EN EL VATICANO CON EL PAPA

Hasta el año 2000 no tuve una imagen procesional o de cofradía en Granada. En ese año fue bendecida la Virgen del Mayor Dolor, de la cofradía de los Escolapios. Sale el Viernes Santo en procesión, junto al Cristo de la Expiración, en la cofradía granadina de los Escolapios, con sede en la parroquia de San José de Calasanz. Es muy conocida entre los cofrades andaluces por una singularidad muy especial: salió en su paso de palio por el Vaticano, en una procesión presenciada por el Papa Juan Pablo II.

La estancia de la Virgen del Mayor Dolor en Roma, en junio de 2000, fue un acontecimiento histórico. Aquel año se celebraba el gran Jubileo y la estancia en Roma coincidió con la apertura del Congreso Eucarístico Internacional. La cofradía, en colaboración con una agencia de viajes, organizó una peregrinación bajo el título *A Roma con Ella*, que incluiría salidas en avión desde Granada, Málaga, Sevilla y Madrid, además de la posibilidad de un crucero. En Roma se celebraron actos, en honor de la Virgen del Mayor Dolor, en la basílica de San Juan de los Florentinos, su templo de acogida. Los asistentes participaron el sábado diecisiete de junio en un rosario celebrado en la Basílica Mayor de Santa María; y el domingo dieciocho de junio, por la mañana, en una misa solemne que presidió el cardenal Ruini en el Circo Massimo.

A las cuatro de la tarde de aquel histórico 18 de junio de 2000 salió la Virgen del Mayor Dolor en una procesión desde San Juan de los Florentinos hacia la plaza de San Pedro. Dos horas después se celebraba allí una Liturgia de la Palabra, presidida por el Papa Juan Pablo II, en presencia de la Virgen en su paso de palio. A las 20.30 horas, iniciaba la procesión de regreso desde San Pedro hasta la basílica donde recibió cultos en Roma. La experiencia fue inolvidable y sirvió para demostrar que organizar una procesión con un paso de palio en el Vaticano es posible.

La Virgen del Mayor Dolor llamó la atención en Granada, cuando fue bendecida el año 2000, por su expresión de dolor intenso, y a la vez por su dulzura. Es una imagen cuya mirada, levemente inclinada y hacia el frente, se dirige hacia quien la contempla. Cuenta con una policromía muy fina, que le da empaque a la talla. Es otra obra importante, según los expertos.

Cuando se bendijo la Virgen del Mayor Dolor, y cuando peregrinó a Roma con el paso de palio, el hermano mayor de la cofradía de los Escolapios era Juan Manuel García Montero, que después ha sido concejal de Cultura del Ayuntamiento de Granada. Además de hermano mayor, fue capataz, pregonero y ha estado vinculado a Sevilla como costalero en el paso del Cristo de la Humildad y Paciencia, de la cofradía de La Cena.

Los cofrades granadinos de los Escolapios viajaron a la capital italiana en avión, acompañando a su imagen titular. No era nada fácil trasladar una Dolorosa y un paso de palio hasta el Vaticano, un proyecto complejo, que quizás en otras ciudades se descartaría de entrada, pero que ellos supieron llevar adelante.

La Virgen permaneció en Roma durante ocho días. En la basílica de San Juan de los Florentinos fue montado el paso de palio con la Virgen del Mayor Dolor, que entonces era una obra reciente, bendecida ese mismo año. El paso de palio había sido restaurado para aquella ocasión por el orfebre sevillano Manuel de los Ríos, autor de casi toda la orfebrería (candelería, jarras, candelabros de cola, etcétera), en los años noventa, excepto los varales de plata de ley, que eran de 1960. La Virgen lucía su manto bordado en Granada por las Adoratrices, en 1959, y el palio con bordados realizados asimismo en Granada por un grupo de la hermandad. Para esta ocasión, Manuel de los Ríos donó una miniatura de la Virgen de los Reyes, patrona de Sevilla, que figuraba en la entrecalle del paso. En conjunto, lucía espléndido, con la estética característica de un paso de palio andaluz. En Roma fue paseado triunfalmente por la cuadrilla de costaleros de la cofradía.

En los días previos se organizaron diversos cultos en San Juan de los Florentinos. Fue muy emotivo ver el besamanos, a nuestro estilo, con las colas de fieles esperando en la *Piazza del Oro.*

Pero nada fue comparable con lo que presenciamos aquel domingo 18 de junio, la emoción de ver al Papa Juan Pablo II delante del paso de la Virgen del Mayor Dolor. El rostro también emocionado del Santo Padre hacía que se multiplicara nuestra emoción. Como autor de la imagen que estaba ante el Papa, para mí era un sentimiento casi indescriptible.

El Papa se santiguó, señaló y dijo:

—¡Los ojos, los ojos de la Virgen! ¡Ojos bellísimos!

Le comunicaron a Juan Pablo II que yo era el autor de la imagen. Me sonrió y me estrechó las manos con afecto.

Es de esas vivencias que te dejan huella para siempre. Yo estaba junto a mi mujer, los dos emocionados. Nunca se me olvidará el rostro de Juan Pablo II. La cara pálida, los ojos azules mirando a la Virgen, con una expresión de bondad infinita... Se inclinó y se postró ante la Virgen del Mayor Dolor y la bendijo. El paso de palio lucía bellísimo, con toda la candelería encendida. Fue un momento mágico.

En aquel acto se repartieron unas cinco mil estampas de la Virgen del Mayor Dolor, que se imprimieron en colaboración con la Junta de Andalucía. Por delante mostraban el rostro de la Virgen y por detrás la leyenda «Andalucía solo una. Virgen del Mayor Dolor. Granada.»

El culto del Año Jubilar, que se celebró al aire libre, en la plaza de San Pedro, estuvo realzado por el paso de palio de la Virgen del Mayor Dolor. Asistieron también representaciones de otras asociaciones y hermandades italianas y de otros países. Al entrar en la plaza de San Pedro, la banda de música que la acompañaba le tocó el himno de Andalucía y la marcha *Amarguras.*

La procesión recorrió un itinerario precioso, atravesando el Tíber tras su salida del templo, en una estampa muy bella. Fue magnífico verla en su paso de palio por la *Via della Conciliazione,* que se hacía interminable, con la gente andando de espaldas para verla mejor, *cangrejeando,* como se suele decir, tanto a la ida como a la vuelta.

También hubo anécdotas, como es propio de un lugar donde no es habitual este tipo de procesiones. Los guardias seguían unas medidas rígidas para evitar atentados. Como vieron el paso con tanta candelería encendida, antes de entrar en la plaza de San Pedro inspeccionaron todo. No solo revisaron la candelería, sino que incluso registraron por debajo del paso. Debía ser algo raro y confuso para ellos, aunque no plantearon ningún problema.

Juan Pablo II efectuó un recorrido en su papamóvil. Cuando llegó ante el paso, pararon, se bajó y se postró. Fue un signo de respeto y sobre todo de cariño.

Por eso, años después, en agosto de 2011, cuando el Papa Benedicto XVI viajó a Madrid para la Jornada Mundial de la Juventud y presidió el Vía Crucis de los jóvenes con quince pasos de diferentes ciudades españolas, no me gustó lo que ocurrió. Me pareció mal que al final lo hicieran pasar de largo en su vehículo por delante de los pasos, sin prestar apenas atención. Fue muy diferente a esa cercanía que mostró Juan Pablo II en el Vaticano, aquel domingo de junio de 2000, cuando se paró con nosotros ante el paso de la Virgen del Mayor Dolor, de los Escolapios de Granada.

En la capilla de la iglesia de San Juan de los Florentinos, que fue su templo durante la estancia en Roma, han puesto un cuadro con una foto de su presencia allí, dedicado a Ella. Es un recuerdo de aquel gran acontecimiento.

UNA VIRGEN PARTICULAR

Mi primera Virgen de la Semana Santa granadina se paseó ante un Papa. Pero no era mi primera imagen destinada a Granada. Antes, en los años noventa, llegó mi primera obra para esta ciudad. La Virgen de Gracia y Esperanza fue tallada en 1993, aunque no para una cofradía, sino para que recibiera culto en el oratorio de una casa particular. Me la encargó la familia Povedano Montosa, que quería tenerla en su domicilio granadino. Aunque es una imagen para culto particular, ellos dejan entrar a todas las personas que les comuniquen su interés en verla, pidiéndoles el correspondiente permiso.

Es una imagen con una policromía del estilo del Rosario del Mar de Almería, fina y clásica. Es una Dolorosa de tamaño normal, por lo que resulta perfectamente equiparable a la de una cofradía, aunque ellos le dan culto privado en su oratorio. Esto quizá le ha restado la popularidad que hubiera alcanzado en otras circunstancias, considerando su valía artística. Muchas personas me han preguntado cómo es posible que no tenga una hermandad y no esté en una iglesia. La respuesta es que fue un encargo particular y el lugar donde se expone es la capilla privada de sus propietarios. Durante algunos años fue mi única obra en Granada. Y no salía en Semana Santa.

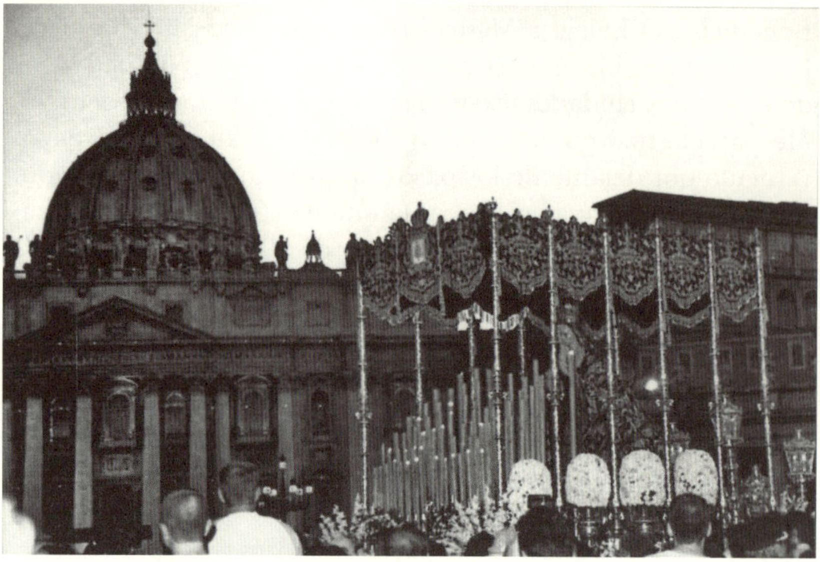

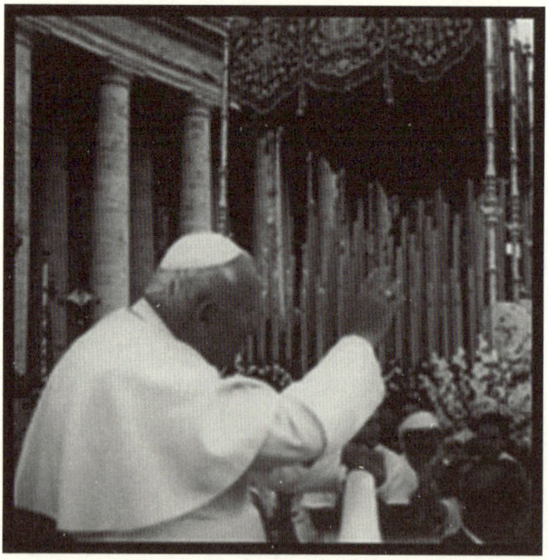

La histórica procesión de la Virgen del Mayor Dolor, de Granada, en el Vaticano. Arriba, una vista del paso de palio por la plaza de San Pedro. Abajo, el Papa Juan Pablo II ante el paso.

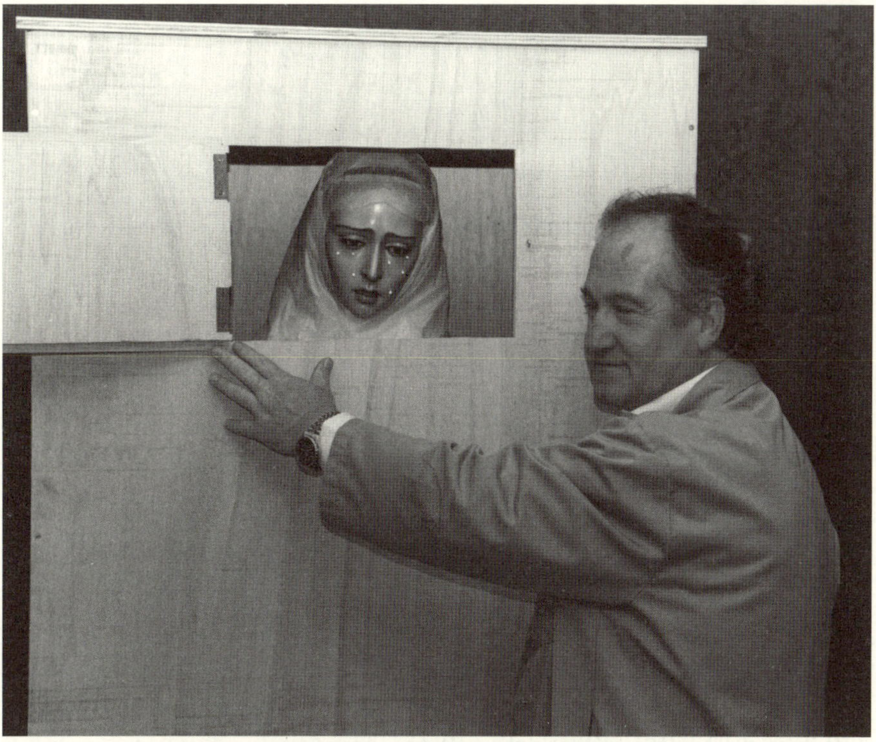

La Virgen del Mayor Dolor, de Granada en el momento de situarla para el viaje.

JAÉN

UNA SOLA VIRGEN... LAS SIETE PALABRAS

En Jaén solo cuento con una imagen en la capital. Sin embargo, es una de las provincias andaluzas para las que más he trabajado. Aunque solo sea una, no es una más. Mi Virgen de las Siete Palabras, de la cofradía de la Expiración, es una aportación destacable a la Semana Santa de Jaén, al figurar entre mis obras más alabadas.

Esta talla de la Virgen de las Siete Palabras me la encargaron en 1995 para la cofradía de la Expiración, que sale el Jueves Santo de la iglesia de San Bartolomé, un templo con origen medieval. La cofradía se fundó en el siglo XVIII y cuenta con un Crucificado, el Cristo de la Expiración, atribuido a José Medina, que data de esa época inicial. Sin embargo, la Virgen había sido cambiada hasta cinco veces entre 1940 y 1995. La primera vez por un incendio y las demás por diferentes causas.

Como no arraigaba, querían una imagen que fuera indiscutible y que tomara estabilidad para siempre como Dolorosa de la cofradía. Por eso, decidieron encargarme una que causara buena impresión entre los hermanos y devotos.

La Virgen de las Siete Palabras evoca las Dolorosas decimonónicas más finas y delicadas. De Ella se ha afirmado que presenta una línea cercana a Astorga, con una policromía de mucha calidad, que algún crítico ha considerado «digna de los mejores tiempos de la imaginería».

LINARES, ALGO MÁS QUE UNAS IMÁGENES

En la provincia jiennense se pueden destacar sobre todo las obras para Linares. La última ha sido la del Cristo de la Buena Muerte, de las Siete Palabras, conocida como la hermandad de los Estudiantes, que sale el Miércoles Santo de la iglesia de San José Obrero. Su primera salida estaba prevista para la Semana

Santa de 2011, pero fue suspendida por la lluvia. Muchas personas que habían acudido sintieron una gran tristeza por no ver a la nueva imagen en las calles. Cuando terminé el Cristo de las Cinco Llagas, de la hermandad de la Trinidad de Sevilla, dije que así culminaba mi obra de Crucificados y que ya no tallaría ninguno. Pero después me animé y el último, hasta ahora, es este de las Siete Palabras, de Linares, que tuvo un gran éxito.

La primera obra para Linares es la Virgen de los Dolores, de la hermandad del Rescate, en 1982. Los cofrades la acogieron muy bien y fue el inicio de una colaboración amplia con su Semana Santa. La Virgen de los Dolores sale el Jueves Santo de la iglesia mayor de Santa María. Y también el Jueves Santo sale de ese mismo templo la cofradía de la Columna, que ese mismo año 1982, poco después, me encargó la Virgen de la Amargura.

Posteriormente, en 1990, termino la Virgen de la Paz para la hermandad de la Santa Cena, que sale el Domingo de Ramos de la iglesia de Santa María la Mayor. Esta cofradía, como otras de Linares, cuenta con una banda de cabecera, que es una de las señas de identidad de la Semana Santa local.

La penúltima obra para Linares, la anterior al Cristo de la Buena Muerte, fue la Virgen de la Alegría, de la hermandad de la Borriquilla, que sustituyó a otra anterior mía, que era de 1990, y que fue vendida posteriormente, en 2010, a la cofradía del Huerto de Álora (Málaga), tras haber sido retirada del culto de la cofradía de Linares en 2006.

Esta imagen protagonizó un caso sonado, resuelto con una sentencia judicial, que tuvo eco más allá de Linares. La Virgen de la Alegría había sido donada a la cofradía por Rafael González, que también era el vestidor. La cedió a la hermandad de la Borriquilla de Linares, con la que salía el Domingo de Ramos. Tras unas desavenencias con la cofradía, decidió retirar la imagen y llevársela para recibir culto en su domicilio particular. Para ello presentó una denuncia, reclamando la propiedad de la imagen que había donado. La Borriquilla alegó que era la propietaria legítima, por haberle sido donada y porque así se hacía constar en el contrato. Aunque la cofradía ganó el caso en primera instancia, después la Audiencia Provincial falló a favor del donante, que consiguió llevarse la imagen.

Así recordó aquel caso el diario *Ideal*, en su edición de Jaén:

> «Su traslado, una tarde de mayo de 2006, se dio a conocer por los medios de comunicación de toda España. No era para menos. La imagen de la Virgen de la Alegría era retirada de la iglesia de San José bajo la protección de efectivos de la Policía Local y la Policía Nacional. Hermanos de la cofradía, vecinos del barrio minero de Cantarranas y cofrades linarenses, se congregaron a las puertas del templo para impedir la retirada de la imagen de la que hasta entonces era su sede canónica. Pedradas contra la furgoneta en la que se transportó la imagen y gritos con los que se increpaba a los familiares y al propietario fueron algunos de los incidentes registrados».

El propietario, Rafael González, mantuvo la imagen en su domicilio durante más de tres años. En ese periodo permitía las visitas de los devotos. Finalmente, tras recibir varias ofertas para adquirirla, según dijo él mismo, decidió venderla a la cofradía del Huerto, de Álora (Málaga), donde fue acogida con el nombre de Virgen de la Paz. El hermano mayor de esta cofradía malagueña, Juan José Hidalgo, explicó que así se cumplía un sueño, ya que las figuras del ángel del paso de misterio y la Virgen habían coincidido en mi taller de Gines cuando se estaban haciendo, a finales de la década de los ochenta. Se volvían a encontrar, veinte años después, en Álora después de muchas vicisitudes. A su vez la Borriquilla de Linares, en 2006, poco después de aquellos acontecimientos, me encargó una nueva Virgen de la Alegría, que es su actual titular.

POR LAS TIERRAS JIENNENSES

En la provincia de Jaén tengo más imágenes. Se podría decir que muy repartidas por su geografía. Entre ellas se encuentra la Virgen de la Salud, Amargura y Esperanza, de Baeza, que pese a su titulación es conocida como Virgen de las Lágrimas. Sale el Miércoles Santo con la cofradía de la Columna, desde la iglesia del Salvador. Es una imagen de 1986, que muestra una mirada absorta, como sorprendida.

Posiblemente, una de las más elogiadas de esa provincia sea la Virgen de Nazareth, de la hermandad de la Vera-Cruz de Martos, que es una obra de 1999 y posee el estilo de mis mejores obras de finales de los noventa.

A pesar de la devoción que le profesan, no pudo realizar su primera salida procesional hasta el Lunes Santo de 2012. Para ello se creó una cuadrilla de hermanas portadoras, que la llevaron en su salida desde la parroquia de San Juan de Dios.

Casi de la misma época, de 2001, es la Virgen de la Amargura para la cofradía del Nazareno, de Huelma, en Sierra Mágina. La Virgen fue terminada en junio del citado año. Un grupo de cofrades la trasladó desde el taller de Gines a Huelma, donde permaneció un tiempo en su casa de hermandad, hasta que fue bendecida el 8 de septiembre de 2002 en la parroquia de la Inmaculada. De ese templo sale la cofradía en la madrugada del Viernes Santo.

La última Dolorosa en esta cronología de la provincia jiennense ha sido la Virgen del Auxilio, de la hermandad del Prendimiento, de Úbeda, terminada en 2007. Esta es una cofradía con sede en el templo salesiano de María Auxiliadora, de donde sale el Miércoles Santo el trono del Prendimiento. Querían completar la cofradía con una Virgen que reflejara el carisma mariano y salesiano. Cuenta con la singularidad de ser la primera Auxiliadora Dolorosa. Muestra una estética que recuerda a otras Vírgenes de esos años, como puede ser la del Rosario del Polígono de San Pablo, de Sevilla, si bien se diferencia en diversos detalles, entre ellos que la ubetense tiene los ojos marrones.

También tallé en 1988 la imagen de la Virgen del Rosario, patrona de Arjonilla, que es conocida popularmente en esa población jiennense como la Virgen de las Batallas.

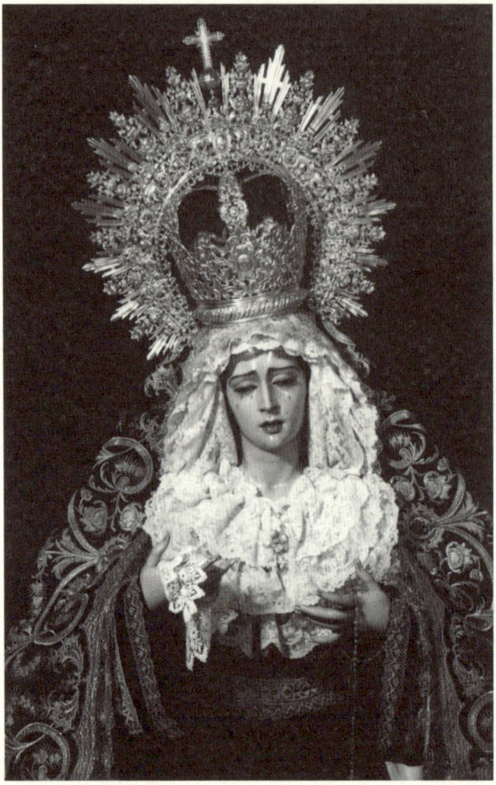

La Virgen de las Siete Palabras, única obra de Álvarez Duarte en Jaén capital.

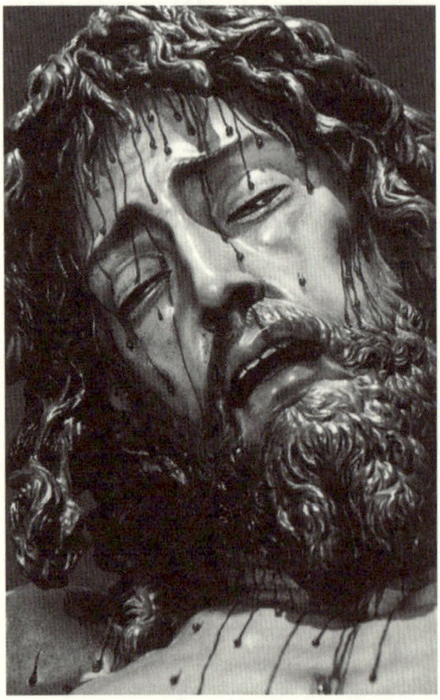

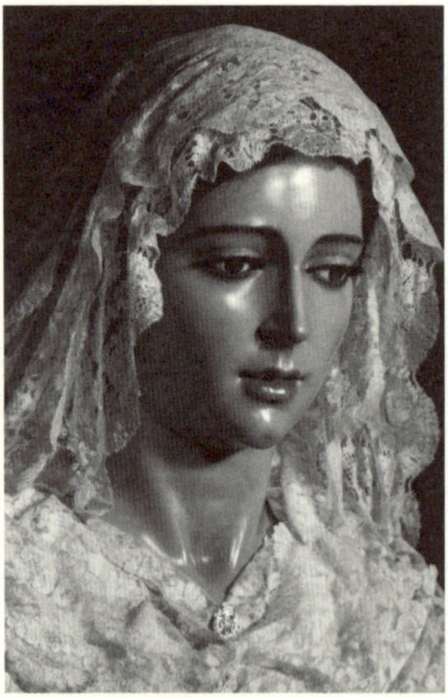

El Cristo de la Buena Muerte, de los Estudiantes, de Linares.
La primera Virgen de la Alegría de Linares, que en 2010 fue vendida a la cofradía del Huerto de Álora (Málaga)(dcha).

PROVINCIA DE SEVILLA

LAS DOLOROSAS DE SANLÚCAR LA MAYOR Y UTRERA

Mi contribución a la imaginería de la provincia de Sevilla ha sido amplia. La primera obra de la provincia llegó por azar. Fue la Virgen de la Amargura de Constantina, realizada en la adolescencia, antes de la Virgen de Guadalupe. Ya se ha explicado que fue un encargo de un coleccionista particular, que se la revendió años después a la cofradía de la Amargura de Constantina. Era la tercera obra en mi producción artística.

Sin embargo, la primera Virgen encargada específicamente fue la Virgen de la Concepción, de Sanlúcar la Mayor. Esta imagen, fechada en 1972, aún en mi época de juventud, pertenece a la hermandad de Jesús Nazareno, que sale en la noche del Jueves Santo de la capilla de Jesús. La cofradía cuenta con las mismas advocaciones titulares que la del Silencio de Sevilla y es también muy antigua. Se considera fundada en 1487 por el gremio de los arrieros.

La Virgen de la Concepción, de Sanlúcar la Mayor, es anterior al Patrocinio, que tan elogiada fue en su momento y que contribuyó a afianzarme como imaginero. Luce mucho en su paso, donde la vemos con excelentes bordados de Esperanza Elena Caro, completados con el techo de palio bordado por Rosario Bernardino; y asimismo con una destacable orfebrería de Villarreal, que incluye algunas de las Vírgenes más famosas de España reproducidas en la base de los varales.

Un año después, en 1973, fue bendecida otra imagen de las que más ha gustado: la Virgen de las Lágrimas, de Utrera. Pertenece a la hermandad del Redentor Cautivo, que cumple su estación el Jueves Santo desde la parroquia de Santiago. Esta cofradía tenía otra Dolorosa, que fue realizada por José Paz Vélez en 1959. En 1973 decidieron sustituirla por una nueva y me encargaron la imagen de la Virgen de las Lágrimas.

Es una obra que recuerdo con cariño, de mis años de afianzamiento como imaginero. Se ha destacado su acusada personalidad y la delicadeza de sus rasgos. El precio concertado fue de cincuenta mil pesetas. Después ha sido restaurada dos veces, en 1982 y 1990, para pequeños arreglos y mejoras en la encarnadura.

BORRIQUITAS DE ÉCIJA Y EL VISO

La siguiente imagen para la provincia de Sevilla, casi coetánea de la anterior, es la de Jesús de la Entrada en Jerusalén para la Borriquita de Écija. La cofradía, que se aglutinaba en torno a las imágenes del Cautivo, en la parroquia astigitana de Santa María, decidió contar con un paso de la Entrada en Jerusalén para que saliera por vez primera en la mañana del Domingo de Ramos de 1974. Para ello me encargaron la imagen del Señor, que empezó a salir en la Semana Santa de aquel año.

Como ha pasado en otros casos, y en unos con menor acierto que en otros, le han añadido posteriormente otras imágenes secundarias de autores locales, en este caso realizadas por Sergio Saldaña.

El caso de la Borriquita de El Viso del Alcor es parecido al de Écija, pero con algunas diferencias. Mi relación con esta cofradía comenzó en 1998, cuando trabo contactos con cofrades de la Borriquita, de El Viso, que tiene su sede en la parroquia de Santa María del Alcor, para hacerles la imagen de la Reina de la Paz. Es una Dolorosa de aspecto muy juvenil. Siendo un trabajo de mi época de madurez artística, recuerda la línea iniciada con mis primeras creaciones.

Poco después acometieron la realización del paso de misterio. En 2003 entrego la nueva imagen de Jesús de la Salud en su Sagrada Entrada Triunfal en Jerusalén. El grupo escultórico del misterio cuenta con una imagen de Santiago, que les hice en 2004. Y también con un San Juan, que era una de mis obras primerizas. Se trataba del San Juan tallado en 1968 con destino a la cofradía de las Penas de San Vicente. En 2003 esta cofradía sevillana del Lunes Santo decidió vendérsela a la Borriquita, de

El Viso del Alcor, para que acompañara en el paso de misterio a la talla del Señor que yo le había realizado ese mismo año.

Recientemente esta cofradía de El Viso ha optado por lo mismo que la Borriquita de Écija. Acordó encargar a un imaginero local, Ramón Martín, que aumente el grupo escultórico del misterio en los próximos años con las imágenes de San Pedro, dos mujeres hebreas, un niño, Zaqueo, y una burra pequeña.

LA MERCED DE BOLLULLOS DE LA MITACIÓN

Una Virgen que ha sido considerada como una de las más bellas del Aljarafe sevillano es la Merced en su Amargura, de la cofradía del Gran Poder de Bollullos de la Mitación. Sale procesionalmente el Jueves Santo, desde la capilla de Roncesvalles, que se encuentra en el núcleo de la población. Podríamos destacar la serenidad de su expresión, dentro del dolor íntimo que la afecta. Sustituyó a otra imagen anterior de la Merced, que había sido coronada canónicamente en 1958 por el cardenal Bueno Monreal. Precisamente en aquel acto se le impuso su espléndida corona de plata sobredorada, que fue labrada aprovechando los donativos de oro de muchas familias, entre los que había joyas y recuerdos de personas que fallecieron en la Guerra Civil y aún conservaban sus familiares.

En 2002 la hermandad me planteó la restauración de su antigua imagen. Sin embargo, debido a los problemas que presentaba, era imposible dejarla en buen estado. En principio, se habló de la posibilidad de remodelarla, diciendo que era la imagen antigua restaurada. Pero eso no tenía sentido. La imagen anterior era de mala calidad, se notaba la mano de un imaginero inexperto, y se encontraba en muy mal estado.

Como en otras ocasiones que me han propuesto la posibilidad de retocar y rehacer imágenes, dije que en este caso prefería una talla nueva y que constara claramente mi autoría. Así se cumplió. En realidad, ellos venían a cambiarla, conscientes de que la nueva sería mejor. A pesar de que la talla antigua tenía muchos devotos, hoy en Bollullos de la Mitación están orgullosos de contar con esta Virgen de la Merced, muy admirada en el Aljarafe. Intenté esmerarme muy especialmente, pues sabía que era un caso delicado, al sustituir a una Virgen coronada.

Esta Dolorosa salió en una procesión extraordinaria el 27 de septiembre de 2008, en conmemoración del cincuentenario de la coronación canónica de la talla anterior. Con tal motivo, la Virgen lució en esa ocasión el manto azul de la Virgen del Mayor Dolor y Traspaso, obra realizada por el taller de Fernández y Enríquez y donada por Manuel Ruiz de Lopera, que le fue cedido por la hermandad del Gran Poder de Sevilla, con la que mantiene unos vínculos fraternos.

EN DOS HERMANAS

Como ya se ha apuntado anteriormente, en Dos Hermanas soy autor de las dos imágenes titulares de la cofradía de Pasión, que sale el Martes Santo. La Virgen del Amparo es de mis primeros tiempos. La tallé en 1971 y llegó procedente de La Corchuela, a cuya parroquia había sido donada por la duquesa del Infantado. La apadrinó el entonces alcalde de Sevilla, Juan Fernández Rodríguez y García del Busto, que fue también hermano mayor de Pasión. La Virgen fue donada después, con un documento firmado por la propia duquesa, a la barriada de Las Portadas, de Dos Hermanas. Allí se creó la cofradía de Pasión.

Posteriormente, en 1990, terminé el Señor de Pasión, una imagen valorada como una de las mejores entre mis Cristos. Quizá lo que más llama la atención es su serenidad, así como el pormenor de la talla del rostro. Para esta cofradía completé el misterio con un Cirineo, realizado en 1995, que reproduce la iconografía del Señor ayudado a llevar la cruz. Es el mismo pasaje que tuvo Pasión en Sevilla con el Cirineo de Sebastián Santos, posteriormente suprimido. La idea iconográfica es similar, aunque las imágenes no se parecen. El Cirineo que realicé para Dos Hermanas refleja en su rostro la piedad que le causa el sufrimiento de Jesús. Se ha destacado mucho esta imagen, pese a ser una figura secundaria. La tallé con un tratamiento pormenorizado y pensando que completaba un dúo armonioso junto al Señor.

Una talla destacable, por ser diferente de lo habitual, es la de Santa María Magdalena, de Dos Hermanas, que preside la céntrica parroquia dedicada a esta santa, el templo matriz de este municipio nazareno. La terminé en 1982, cuando todavía trabajaba en mi estudio de la calle Aguiar. Es una Santa María

Magdalena penitente, de talla completa, que aparece con el hombro desnudo, mirando a un Crucifijo, con la singularidad de que es un Cristo vivo. En cierto modo, guarda semejanza con un Cristo de la Sed en miniatura, que aparece como hablando con la santa. Según me dijeron, en una ocasión se lo intentaron robar. Por ello, le recomendé al párroco que sujetaran bien la imagen del Crucifijo, para evitar que se pudiera quitar fácilmente.

La Magdalena se sitúa sobre una peana que le hizo Guzmán Bejarano. Es una imagen de retablo, al estilo clásico. Fue donada por Carlos Delgado de Cos, un conocido cofrade que ocupó el cargo de hermano mayor de la Macarena en los años sesenta, y también de la hermandad de Valme, y que se hallaba muy vinculado a Dos Hermanas por sus negocios.

El altar mayor, donde se encuentra la santa, procede de Carmona. En una publicación leí que el retablo «está presidido por una imagen del siglo XVII». Les escribí para informarles de su error y aclarar que el autor es Luis Álvarez Duarte.

UNA ESPERANZA TRIANERA Y OTRAS OBRAS

Asimismo, se encuentra en la provincia de Sevilla una réplica de la Esperanza de Triana, terminada en 2009. Está en Camas, pero no en un templo, sino en un domicilio particular. Es un encargo para una colección privada. La Virgen no es una talla académica, sino algo mayor, ya que mide 1,50 metros, y reproduce las características y rasgos típicos de la Esperanza trianera. No es muy conocida su existencia. Pertenece a una mujer llamada Ana María Santamaría Gutiérrez, que le da culto en su casa, en un oratorio privado. Fue bendecida por el padre Juan Dobado, en una ceremonia íntima celebrada el día del Corpus de aquel año, en la iglesia del Santo Ángel, de los Carmelitas Descalzos, en Sevilla.

Soy el autor de otras imágenes marianas en la provincia de Sevilla que tienen mucha devoción, pero no son penitenciales, sino de gloria. Una es la Virgen del Rosario, patrona de El Rubio. La imagen, que fue tallada en 1985, es llevada el primer domingo de mayo desde su parroquia del Rosario a la ermita, en el Cerro de la Cabeza.

En esa romería suelen participar unas ocho mil personas,

con más de doscientos caballos, unos treinta y cinco coches tirados por mulos y más de sesenta carrozas de remolque. La hermandad de romeros de la Virgen del Rosario también organiza una peregrinación a la ermita el domingo siguiente al 7 de octubre, fiesta de la Virgen.

Otra imagen de gloria con mucha devoción es la Virgen de Montemayor, que recibe culto en la parroquia de Santa María Magdalena, de Arahal. Pertenece a una de las hermandades filiales de la Virgen de Montemayor, patrona de Moguer (Huelva) y se da la circunstancia de que la filial de este municipio sevillano es la que cuenta con más hermanos. La Virgen de Montemayor de Arahal sustituyó a otra imagen anterior.

La bendición tuvo lugar el 28 de abril de 2001 y fue presidida por el sacerdote Ignacio Jiménez Sánchez-Dalp, pregonero de la Semana Santa de Sevilla y capellán de la Casa de Alba. Por entonces estaba destinado en Arahal. La madrina de la bendición fue Eugenia Martínez de Irujo, duquesa de Montoro, hija de la duquesa de Alba, y el padrino fui yo mismo.

La Virgen de Montemayor de Arahal es de tamaño un poco mayor al de la patrona de Moguer. Sale en una procesión de gloria por las calles de Arahal el último sábado de mayo, una vez terminada la romería de Montemayor.

Igualmente hice un Niño Jesús para la Virgen del Rosario, patrona de El Saucejo. Esta imagen mariana es anónima, procedente al parecer del siglo XVII, aunque otros la atribuyen a Gabriel de Astorga. Tiene una clásica iconografía de gloria, orlada con ráfaga. La Virgen del Rosario sufrió daños durante un asalto al templo, en la Guerra Civil, y se perdió la imagen del Niño. Desde entonces había salido con uno de serie, sin mérito artístico. Hacerle un Niño Jesús a juego a esta imagen del siglo XVII no era tarea fácil.

En la provincia de Sevilla he tallado asimismo algunas imágenes secundarias, además de las ya mencionadas, entre las que cabe destacar dos del Aljarafe. Uno de ellos es el San Juan de la hermandad de los Blancos, de Salteras, fechado en 1976.

También es interesante el Cirineo del Nazareno para la hermandad de la Soledad, de Olivares, que me encargaron en 1985. Al igual que en el caso de Pasión, de Dos Hermanas, no interpreto al Cirineo como una figura secundaria más, sino con un acusado protagonismo. Eso se ha apreciado en los detalles, como el rigor expresivo de su modelado.

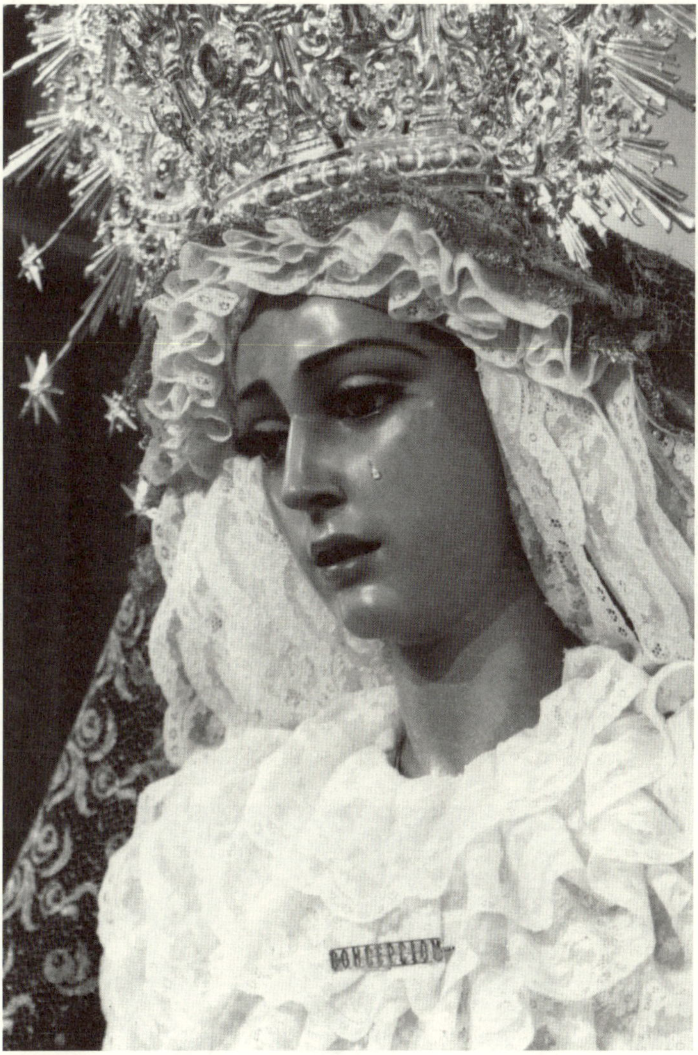

La Virgen de la Concepción, de Sanlúcar la Mayor.

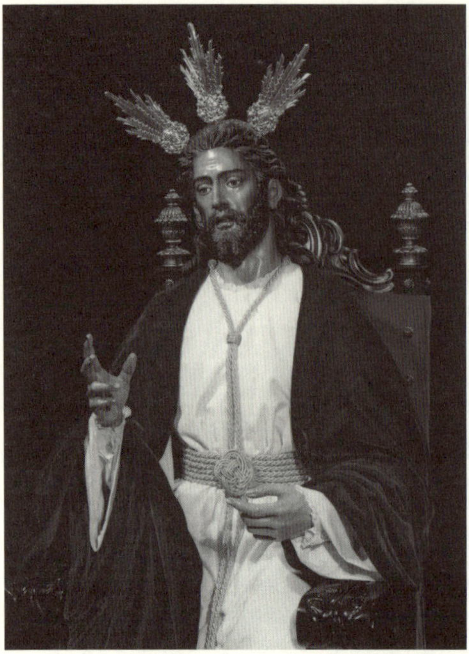

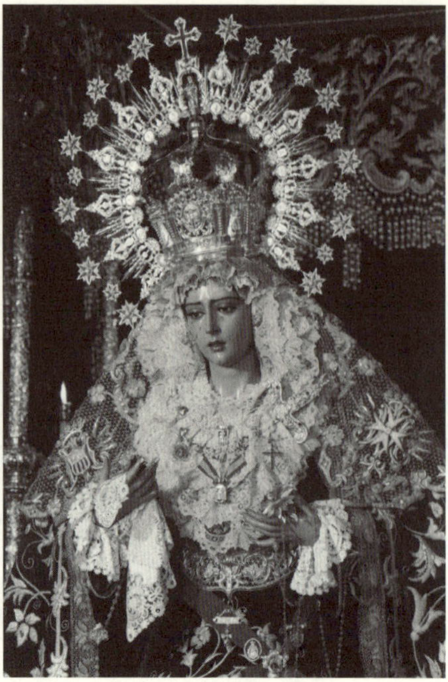

El Señor de la Entrada en Jerusalén, de El Viso del Alcor y la Virgen de la Merced, de Bollullos de la Mitación.

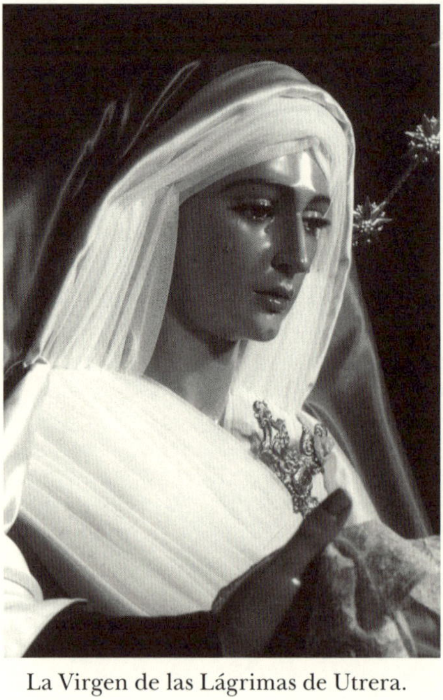

La Virgen de las Lágrimas de Utrera.

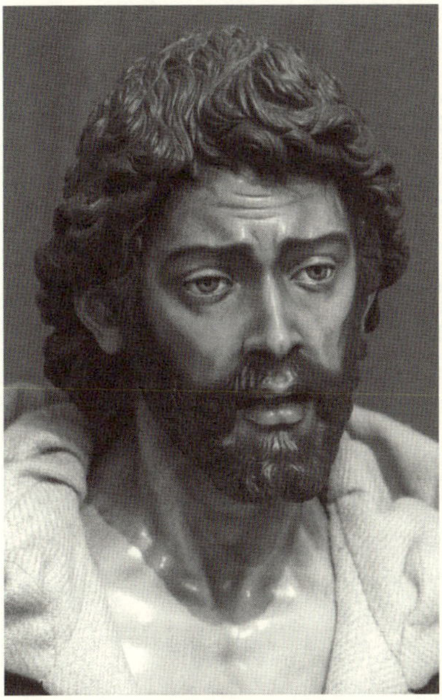 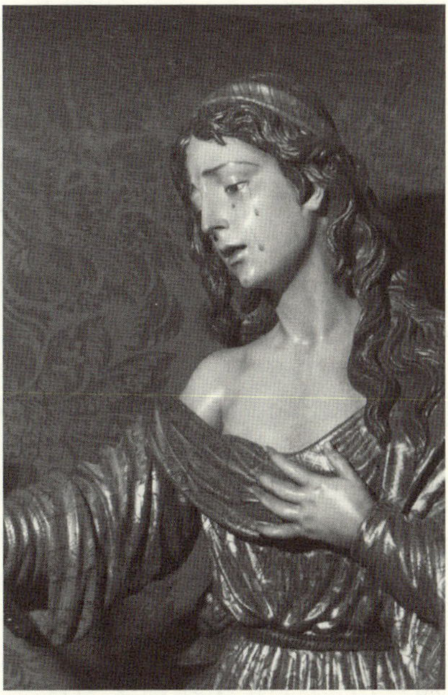

Dos imágenes de Dos Hermanas: Cirineo de Pasión y Santa María Magdalena de la iglesia parroquial.

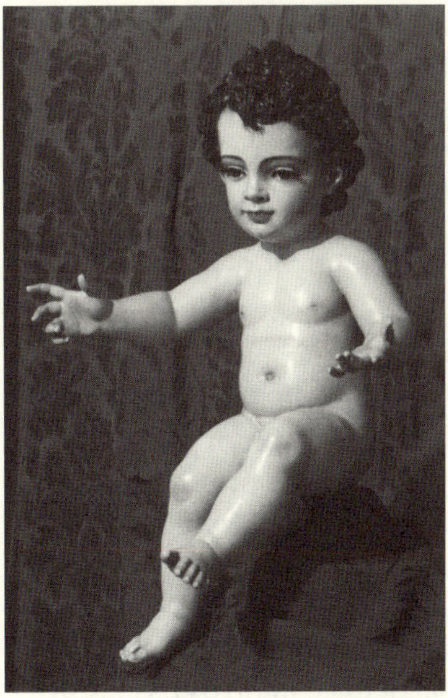 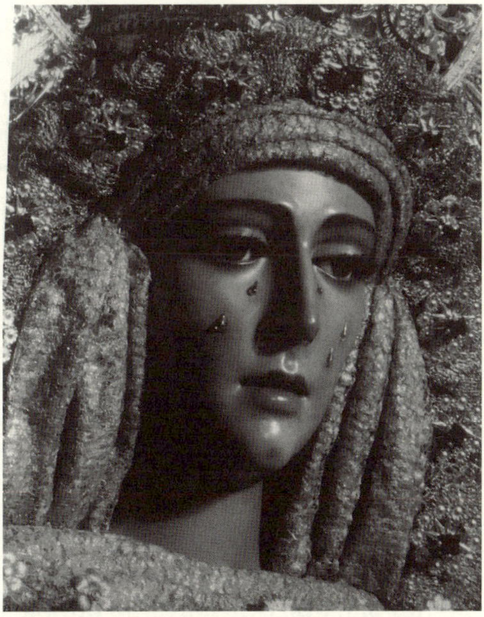

Niño Jesús para la Virgen del Rosario, patrona de El Saucejo. A la dcha, Esperanza de Triana, de Camas (oratorio particular).

2.2 DESDE EXTREMADURA A BILBAO

Aunque mi estilo como imaginero es claramente andaluz y sigue los cánones de la escuela sevillana, mi obra religiosa ha llegado a casi todos los rincones de España. Hoy por hoy, se puede decir que solo en Galicia y Baleares, y en comunidades uniprovinciales como La Rioja, Asturias y Cantabria, no hay imágenes religiosas de Álvarez Duarte. En el resto, desde Extremadura (que está más cerca de Gines) a Bilbao (que se encuentra más lejos) cuentan con imágenes mías. Eso me llena de orgullo, porque no son simples esculturas, sino Sagrados Titulares de cofradías, queridos y venerados por los fieles. Y esa devoción impregna muchos rincones de España.

DOS COFRADÍAS BILBAÍNAS

Para la Semana Santa de Bilbao, que es mucho más interesante y tiene mucha más importancia de lo que algunos creen, me encargaron imágenes con destino a dos hermandades. Así tallé la Virgen de la Esperanza, para la cofradía de Santiago. Y también el Señor de Pasión y la Virgen del Rosario para la cofradía de Pasión.

La cofradía de Santiago tiene su sede en la parroquia de San José de la Montaña y organiza el Sábado Santo la procesión de la Esperanza, en la que sale la Virgen que les terminé en 1992. La cofradía decidió encargar esta imagen en enero de 1991, fijándose un precio de un millón trescientas mil de pesetas. Era la primera imagen mía que llegaba a Bilbao. En su procesión, que recorre céntricas calles bilbaínas, va en unas andas que proceden de la Semana Santa de Baracaldo, elaboradas en sapelí y plata. Luce una valiosa corona, en plata dorada, realizada por Orfebrería Valcárcel, de Madrid, que es quizá su pieza artística más destacada. La saya fue adquirida en Valencia y el manto verde liso en Sevilla.

Esta imagen ha incorporado un clásico estilo de Dolorosa sevillana, adaptándola a la sobriedad estética de las procesiones bilbaínas. Su cofradía también participa con otros pasos en procesiones del Jueves y el Viernes Santo.

La cofradía de Pasión tiene su sede canónica en la parroquia de San Vicente de Abando, en el casco viejo bilbaíno. El Señor de Pasión, bendecido en 2001, sale el Viernes de Dolores de su templo, en la denominada procesión de la Virgen de los Dolores. Pero también sale una segunda vez, al incorporarse, junto a otros pasos, a la procesión de la Santa Cena, que organiza el Jueves Santo la cofradía de Vera-Cruz. Nuestro Padre Jesús de la Pasión es una de las imágenes bilbaínas que salen cargadas a hombros por braceros. La cofradía creó una banda propia de cornetas y tambores, que introdujo en Bilbao el estilo de marchas andaluzas propio de estas bandas.

También pertenece a esta cofradía de Pasión la Virgen del Rosario (que oficialmente se denomina de Ramos y del Rosario). Es una imagen tallada en 2006, que participa el Domingo de Ramos en la procesión de El Borriquito, organizada asimismo por esta cofradía, con la que se conmemora la Entrada en Jerusalén.

Tengo un cartel del Señor de Pasión en euskera, que llama la atención a muchas personas cuando vienen a mi estudio de Gines. Algunos me preguntan si en Bilbao hay Semana Santa. Es una gran desconocida. En total, salen trece procesiones desde el Viernes de Dolores al Domingo de Resurrección, con más de treinta pasos.

He ido a Bilbao, a ver mis imágenes, en diversas ocasiones. La primera vez fui solo y me sorprendieron con la dedicatoria de un *aurresku*. Después he ido acompañado por mi esposa, Nani, que estaba encantada y también sorprendida. Fuimos los padrinos en la bendición de la Virgen del Rosario, en un acto muy emotivo. Los cofrades bilbaínos tienen mucho mérito y son magníficas personas. Estoy agradecido por tener estas imágenes en la capital vizcaína.

EL CRISTO YACENTE DE ZAMORA

Una de mis mejores obras como imaginero puede ser el Cristo Yacente, de la hermandad del Santo Entierro, que se venera en la Catedral de Zamora. Esta cofradía, como es característica frecuente en tierras castellanas, cuenta con varios pasos para representar los pasajes de la Pasión, en concreto doce.

Cuando el Yacente fue bendecido el 24 de noviembre de 2001, en la iglesia de San Andrés, dijo el obispo que no era una imagen para contemplarla en un museo, pues como se sabe hay un museo de la Semana Santa de Zamora, sino para darle culto en la misma Catedral. Actualmente está en la capilla de Santa Inés, situada bajo la torre del Sagrario de la Catedral de Zamora.

La anterior imagen a la que sustituyó, que era una obra de Aurelio de la Iglesia, se expone en el Museo de la Semana Santa, donde se puede ver en la urna de salida, que anualmente es trasladada para la procesión del Viernes Santo. Entonces sale mi Cristo, en la procesión, en esa urna, mientras la imagen antigua permanece en el museo.

Desde un punto de vista estrictamente artístico, se pueden imaginar lo que supuso para mí tener un Cristo Yacente en Zamora, en unas tierras donde esta iconografía fue magistralmente ejecutada con imágenes como las de Gregorio Fernández y su escuela. En la prensa zamorana se destacó el acto de la bendición. *La Opinión de Zamora* publicó en su portada: «El Cristo Muerto de Álvarez Duarte da la talla». Se le calificó como «un Cristo barroco, pero no ampuloso, sino estilizado». Y se destacó que era como un homenaje a la escuela castellana, sin perder mi sello personal.

Tener un Cristo Yacente en la Semana Santa de Zamora, una de las más importantes de Castilla y León, es como un sueño inesperado que se cumple. Ciertamente, la Semana Santa castellana es muy diferente a la andaluza. Dentro de ese estilo propio al conmemorar la Pasión, se debe destacar la identidad peculiar de Zamora, que cuenta con unas cofradías que se pueden considerar entre las más austeras de España. Tener una imagen de Álvarez Duarte en Zamora no es un dato más de una ciudad más, sino un privilegio dentro de una trayectoria artística.

PRIMER DOLOR DE DAIMIEL

Otra imagen de gran importancia dentro de mi obra es la Virgen del Primer Dolor, realizada en 1991 para la cofradía del Nazareno, de Daimiel (Ciudad Real). Es una Virgen que eleva su mirada hacia arriba ligeramente, con las manos hacia abajo y las lágrimas resaltando en su rostro nacarado, de una mujer madura. Por su estilo, y por la forma en que la visten, no se la ve como una típica Dolorosa andaluza, sino que más bien se vincularía con la imaginería clásica castellana.

Esta cofradía sale al amanecer del Viernes Santo, con el primer rayo del sol, según manda la tradición. Cuenta con una enorme devoción, como lo demuestra que tiene más de cinco mil hermanos, algo insólito para una población que no llega a los veinte mil habitantes. La procesión es muy curiosa. Salen ocho pasos, con un Niño Jesús, Coronación de Espinas, Jesús ante Pilatos, Jesús ayudado por el Cirineo, Jesús ante las mujeres, la Verónica, Jesús Nazareno y, cerrando el cortejo, la Virgen del Primer Dolor, que fue bendecida en 1991. Uno de los momentos más emotivos de esta procesión es la ceremonia del encuentro, protagonizado por el paso del Nazareno y el de la Virgen del Primer Dolor, que tiene lugar en la plaza de Santa María, de Daimiel.

IMAGINERO EN EXTREMADURA

Por mis vinculaciones extremeñas, sentía una ilusión especial trabajar como imaginero para la tierra de mi familia. Pronto se cumpliría esa ilusión, en 1971, con una imagen de una Dolorosa, la Virgen del Amor Misericordioso, que me pidieron para Alcuéscar, un pueblo de Cáceres. Se trata de una imagen juvenil, muy expresiva, sobrecogida con el llanto, pero sin exagerar, con las características propias de mi primera época. Quizás es poco conocida porque no pertenece a ninguna cofradía y solo recibe culto interno, sin salir en procesión. Se encuentra en una capilla de la Casa de Misericordia de Alcuéscar, perteneciente a los Esclavos de María y de los Pobres.

Poco después de hacer la Virgen del Patrocinio, me encargaron mi primera imagen extremeña de carácter procesional, ya que la anterior de Alcuéscar no lo era. Pero sí la Virgen de la Paz a la que da culto la hermandad de la Santa Cena, de Jerez de los Caballeros, que sale el Jueves Santo desde la parroquia de San Bartolomé. Es una Dolorosa, bendecida en 1974, que nos presenta un dolor muy concentrado, más maduro, o menos juvenil, que otras Vírgenes procedentes de mi taller.

También para una cofradía de Jerez de los Caballeros hice una réplica de la Esperanza Macarena, a la que me referiré más adelante. Fue mi primera Macarena procesional, fechada en 1979.

Ya en los años ochenta, se completarán mis obras extremeñas con tres imágenes más, asimismo para la provincia de Badajoz, que se terminan casi seguidas en un periodo de apenas dos años. Son la Virgen de Nazaret y la Virgen de la Paz para Mérida, y la Virgen de la Humildad para Berlanga.

La Virgen de Nazaret, de Mérida, es una imagen realizada en 1984. Pertenece a la hermandad de la Vera-Cruz y sale en procesión el Jueves Santo, desde la parroquia de Nuestra Señora del Perpetuo Socorro, en el barrio de Sindicales emeritense. Es una Dolorosa con mis rasgos estilísticos propios de los años ochenta, en los que se apreciaba ya una madurez consolidada como imaginero, aunque después seguiría evolucionando hacia un estilo más clásico.

También en esos años, casi a continuación de la anterior, en 1985, me piden otra Dolorosa con destino a Mérida: la Virgen de la Paz, que sale en procesión el Jueves Santo junto al paso del Prendimiento, desde la parroquia de San Francisco de Sales, en la que fue barriada de la Paz, de ahí su nombre. Esta Virgen tiene el hoyuelo muy marcado y otros detalles propios de la época. Es una de mis Dolorosas relevantes de la década de los ochenta, una imagen que ha sido destacada por algunos autores entre las mejores de esos años.

Es menos conocida la Virgen de la Humildad, de Berlanga, quizá por tratarse de una población pequeña de Badajoz, en la que solo hay una cofradía. Sin embargo, allí tiene mucha devoción. La Virgen, que fue tallada en 1985, sale el Viernes Santo, en un paso de palio, con la cofradía de la Expiración. En realidad, sale dos veces al año. Tiene la singularidad de participar en una segunda procesión en verano, concretamente el primer sábado de agosto, en un paso más sencillo.

EL CRISTO DE HELLÍN

Una imagen sorprendente es el Cristo de la Clemencia que recibe culto en Hellín (Albacete). Los críticos de mis obras coinciden en destacar su original iconografía y el empaque de talla de gran valía. Fue realizado para la nueva cofradía del Cristo de la Clemencia, que se fundó en 2006 en esa población albaceteña, con sede en la parroquia de la Asunción. Los cuatro cofrades que la fundaron, Francisco Vicente Lozano, José Javier del Pueblo, José Eloy Jiménez y Diego Esparcia, acudieron ese mismo año a mi taller de Gines para encargarme una imagen que fuera el titular de la cofradía. Querían una imagen impactante. Me pidieron que estuviera sobre una bola del mundo, pero los convencí para hacerlo tal como ha quedado.

Cuatro años después, en 2010, antes de ser trasladado a Hellín, fue expuesto en la capilla del Patrocinio, de la hermandad del Cachorro, de Sevilla, para que pudiera ser admirado. Muchos sevillanos contemplaron entonces una imagen cautivadora, que además era propiedad de una cofradía nueva y de fuera de Andalucía, un destino inhabitual para una obra que recibió tantos elogios.

Es un Cristo tallado anatómicamente, que aparece de rodillas, en el momento previo a la crucifixión. Representaría un momento de la Pasión similar al de las efigies de la Humildad y Paciencia o al Señor de las Penas, de la Estrella. Sin embargo, el Cristo de Hellín no está sentado e implorante, sino arrodillado y a la vez erguido, con los brazos abiertos hacia abajo. Es una obra de plenitud, que se empieza a gestar en 2006, poco después de fundarse la cofradía, y a la que me dediqué con tranquilidad y minuciosidad, hasta que fue entregada cuatro años después. Es un Cristo pormenorizado hasta el detalle más pequeño. Con el tiempo, seguramente quedará reflejada como una de las obras principales de Álvarez Duarte.

En Hellín resultó espectacular la acogida, sobre todo la ceremonia de la bendición, que tuvo lugar el 19 de marzo de 2010. En ella intervino la cantante malagueña Diana Navarro para interpretar una saeta, un padrenuestro y la salve marinera. El 1 de abril de ese mismo año, Jueves Santo, el Cristo salió por vez primera en la procesión conocida como la del Silencio. Desde entonces sale el Jueves Santo, aunque cada diez años podrán organizar asimismo una procesión extraordinaria el Viernes Santo. Desde que llegó al templo de la Asunción de Hellín muchas personas acuden para admirar al Cristo de la Clemencia, que dispone allí de una capilla.

DOS IMÁGENES Y UNA CUSTODIA EN MURCIA

La aportación para Murcia se centra sobre todo en las dos imágenes realizadas para la localidad de Cieza, donde hay una Semana Santa muy participativa. En 2001 tallé el Cristo de la Sangre, que sale el Lunes Santo de la basílica de la Asunción, acompañado por el grupo de rompimiento de tambores sordos. Sin duda, es ahora una de las imágenes con más devoción en Cieza. Es un Cristo vivo, considerado por algunos críticos como uno de los mejores de esta iconografía de toda mi producción. En la prensa de Murcia me colmaron de elogios. Lo termino poco antes del Cristo de las Cinco Llagas de la Trinidad y, aunque éste difiere por ser un Cristo muerto, están aproximados en el tiempo y en el momento de madurez estilística.

En Cieza se encuentra también la Virgen del Mayor Dolor, que sale el Viernes Santo de la basílica de la Asunción con un Cristo Yacente. Las dos tallas pertenecen a la misma cofradía, la de Santa María Magdalena, aunque salen procesiones en diferentes días. Pues además de las dos citadas, la Magdalena sale el Miércoles Santo, el Viernes Santo por la mañana y el Domingo de Resurrección. La Virgen del Mayor Dolor representa una iconografía clásica de Stabat Mater, al pie de la cruz. Es por ello una imagen mariana transida de dolor intenso.

En la provincia de Murcia cuento también otra obra muy destacada: el diseño y tallas de la Custodia de la Vera-Cruz, que sale en Caravaca con las reliquias de la famosa cruz. La custodia fue estrenada en 2010, después de cuatro años de ejecución. Antes de completarse, fue expuesta en la basílica de la Vera-Cruz y la parroquia del Salvador, en Caravaca. Le hice el diseño para la obra de platería, que fue ejecutada en el taller de Orfebrería Ramos. El suntuoso conjunto se completa con cuatro figuras policromadas y estofadas de San Pablo, Moisés, el profeta Isaías y Adán, que resaltan entre la plata. En los respiraderos se narran historias relacionadas con la cruz de Cristo.

DOLOROSA EN CATALUÑA

En Cataluña tengo una obra de culto, que es la Virgen de la Soledad de Solsona (Lleida). Actualmente se encuentra en la catedral de Santa María de la Merced, un templo del siglo X, de origen prerrománico. Solsona es una pequeña diócesis, cuyo episcopado preside Xavier Novell, el obispo más joven de España. La Virgen de la Soledad sale en procesión en la noche del Viernes de Dolores.

La imagen se encargó en 2006 y fue bendecida el 14 de septiembre de 2008. Es una Dolorosa angustiada, pero de belleza juvenil, siguiendo una de mis líneas más definitorias. La encargó el padre Sierra, un sacerdote que estuvo en Seo de Urgell y que actualmente es canónigo en Solsona. Es un gran enamorado de la Semana Santa de Sevilla. Cuando vino por aquí me contó su deseo de llevarse una imagen para Solsona, a la parroquia de la Catedral, donde estaba destinado. Después le hice también un Niño Jesús pasionista, con destino a su templo. Sigue viniendo a Sevilla, cuando puede, para ver la Semana Santa.

El padre Sierra viste a la Virgen de la Soledad con un estilo de inspiración sevillana, que sorprende encontrar en un templo de la provincia de Lleida. Para darle realce, le han encargado una bella corona al orfebre Joaquín Ossorio. Su aspecto es semejante al de una Dolorosa andaluza, aunque reciba culto en tierras catalanas.

PATRONA EN TORRECIUDAD

En Huesca, en el santuario de Torreciudad, perteneciente al Opus Dei, se encuentra una imagen mariana que es una réplica de la Virgen del Rosario coronada de Alcázar de San Juan (Ciudad Real). Esta talla, en tamaño académico, me fue encargada en 2005 como una donación que quería efectuar un grupo de fieles. En 2011 llevaron una urna para que fuera colocada en ella esta Virgen, que se encuentra en la galería de advocaciones marianas de Torreciudad, donde se veneran otras patronas representativas de diversos lugares de España.

Aunque sea un caso especial, es mi aportación única hasta el momento para la imaginería religiosa en Aragón. Por la relevancia que tiene ese santuario me parece digno de resaltarlo.

En Canarias hay dos obras pertenecientes a la cofradía del Cautivo, de la población de Adeje, en la isla de Tenerife. Son Jesús Cautivo y la Virgen de la Esperanza, que salen el Lunes Santo en una procesión desde la ermita de La Viña, en el barrio de la Postura. Ambas están fechadas en 2006 y tienen tras de sí una historia con una simpática anécdota.

La cofradía tinerfeña me había encargado una imagen de Jesús Cautivo, que reproduce esta iconografía según el estilo presente en otras obras mías, realizadas en el entorno de finales del siglo XX y los primeros años del siglo XXI. Cuando vinieron y lo vieron terminado, se quedaron muy satisfechos con su Cristo. Sin embargo, les llamó la atención una Dolorosa que tenía en el taller de Gines, en principio sin destino a ninguna hermandad, realizada como otras veces para mostrarla en el estudio. Me preguntaron el precio. Los cofrades ya tenían todo previsto para irse ese mismo día de vuelta a Tenerife. Sin embargo, ante mi sorpresa, regresaron del aeropuerto. Habían retrasado el viaje de vuelta e intercambiado impresiones entre ellos y decidieron quedarse para adquirir la nueva Dolorosa que vieron en el estudio. Querían que pasara a ser la Virgen de la Esperanza de Adeje. La compraron sobre la marcha, les gustó tanto que no querían quedarse sin Ella.

Al día siguiente se improvisó una ceremonia de bendición en el estudio de Gines. Las dos imágenes, la del Cautivo y la Esperanza adquirida imprevistamente, fueron bendecidas por el padre Giovanni Lanzafame, un sacerdote italiano muy vinculado a Sevilla, especialmente a la iglesia de la Santa Caridad y a la cofradía de Las Aguas. En el acto de bendición, estuvo presente el alcalde de Adeje, que venía para el traslado del Cautivo, así como los hermanos mayores de las cofradías sevillanas del Polígono de San Pablo, Manuel Márquez, y de San Benito, Manuel Bermudo.

La Virgen de la Esperanza de Adeje ha sido relacionada estéticamente con la Esperanza cigarrera de Cádiz, por su aspecto y por el color de sus ojos, así como con la Virgen del Rosario Doloroso, del Polígono de San Pablo de Sevilla. Son tres imágenes casi coetáneas, de similitudes estéticas y estilo depurado, pero cada una cuenta con características diferenciadoras.

LAS VIRGENES DE PICASSENT O TRABAJAR PARA UNA SECTA SIN SABERLO

Para la localidad valenciana de Picassent tallé cuatro imágenes. Una es la Soledad, una de las mejores imágenes marianas de toda mi producción. También hice otra Dolorosa, la Virgen de la Esperanza. Asimismo, entregué una Virgen del Rosario y una segunda imagen mariana de gloria. Las cuatro fueron encargadas con destino al convento del Sagrado Corazón de Picassent.

Hasta ahí, nada llamaría la atención. Sin embargo, por causas ajenas al autor, una de mis obras cumbre, la Soledad, se ha quedado envuelta en circunstancias extrañas. El convento del Sagrado Corazón de Picassent pasó a ser un lugar donde se encubría una congregación religiosa fundada por el padre Ángel Muñoz Bartrina, al que se ha acusado de crear una secta con parecidas características a la sevillana de El Palmar de Troya.

Entonces desconocía lo que después han publicado diversos medios de comunicación. El padre Ángel había llegado a la provincia de Valencia a principio de los noventa. Se estableció en la zona de Alzira, donde afirmó que había sido ordenado sacerdote en Toulouse (Francia) en 1988, al parecer en un grupo integrista próximo a Lefebvre. Al poco de llegar, siempre según lo publicado, propagó que la Virgen se le aparecía en un paraje montañoso próximo a Alzira, donde se empezó a reunir un grupo de personas los días 15 de cada mes. Así fundó en 1992 una asociación religiosa «sin ánimo de lucro», denominada Junta de la Esclavitud del Sagrado Corazón de Jesús, que compró unos terrenos para construir un convento de religiosas. Después adquirió más terrenos en los alrededores, al parecer con la intención de ampliarlo.

La fundación del convento del Sagrado Corazón de Jesús, cerca de la cárcel de Picassent, levantó recelos cuando se supo que el padre Ángel costeaba su emporio religioso con el dinero, joyas, propiedades y herencias que recibía gracias a los creyentes en las supuestas apariciones de la Virgen. Llegó a tener unos dos mil fieles creyentes, que acudían al paraje de Alzira y al convento de Picassent. A partir de ahí todo se precipitó en una turbulenta historia. Incluso se dijo que intentaba construir una especie de basílica o gran ermita en Picassent, como ampliación del convento, aunque finalmente desistió. Lo cierto es que el convento fue fortificado, después de una obra colosal en la que invirtieron un millón ochocientos mil euros, según lo publicado, para garantizar la privacidad y controlar el acceso de los fieles. Entre los cultos organizados, celebraba unas procesiones en Semana Santa. En la del Viernes Santo hacían estación en la cárcel de Picassent, donde los reclusos veían los pasos.

La asociación del padre Ángel está considerada actualmente como una secta. Se le ha atribuido un patrimonio personal de unos tres millones de euros, además de inscribir a su nombre siete pisos en la provincia de Valencia, una casa y tres apartamentos en Galicia, así como numerosas joyas. Las imputaciones de asociación ilícita y estafa que pesaron contra él no prosperaron por falta de pruebas, ya que las aportaciones de sus fieles fueron voluntarias. Quedó absuelto en varios juicios, el último en 2010. Posteriormente ha sido juzgado por un fraude fiscal de 386.000 euros.

Mucho antes de esas peripecias judiciales, hacia 1995, el convento me encargó las cuatro imágenes marianas. Decían que querían tener obras de Álvarez Duarte. Se las hice en la confianza de que estaban destinadas a un centro religioso sometido a la autoridad eclesiástica.

Vinieron a verme el padre Ángel y algunas monjas. Me parecieron un poco raros, pero tampoco nada como para despertar mis sospechas. El sacerdote llegó vestido de cura a la manera tradicional, nada de *clerygman*, y me pareció que su personalidad era un tanto extraña. Las monjas se mostraron amables al principio, cuando visitaron mi estudio. Me dijeron que estaban levantando un convento cerca de la cárcel de Picassent y que querían estas imágenes para organizar procesiones de Semana Santa, que llevarían ante los presos, y para ofrecerles cultos en su templo. No me hablaron para nada de las supuestas apariciones de la Virgen. No pusieron ninguna objeción a pagar las cantidades que les pedí por estas imágenes.

Los únicos problemas con ellos surgieron por un pequeño retraso en la fecha convenida para la entrega. Entonces me llamó por teléfono una de las monjas, que me gritó en tono insultante. Llegó a decirme que los andaluces le parecíamos unos informales, que no cumplíamos los compromisos y que éramos una vergüenza para España. Le comenté que el retraso era pequeño y se debía tan solo a que quería perfeccionar la imagen. Le pedí hablar con el padre Ángel, pero me dijo que estaba enfermo y no se podía poner.

Cuando vinieron a recoger las imágenes los acompañaba el guardián del convento. Llegaron en una furgoneta y se las llevaron con mucho cuidado para no dañarlas. Después de aquel incidente, y de ciertos detalles raros que había visto y no me gustaron, decidí romper la relación con ellos. No les hice más imágenes, aunque informalmente me comentaron que querían encargarme algunas más.

Al margen de las vicisitudes posteriores del grupo, Picassent fue el destino de una de las mejores Dolorosas de mi taller. Quienes la vieron en Gines decían que era bellísima. Aunque probablemente no se encuentra en el lugar más adecuado para lucirla.

Sobre este asunto de las sectas debo decir que siempre he sido católico, apostólico y romano. En caso de ofender la moral religiosa católica, o simplemente de duda, nunca haría ningún trabajo, por muy bien que lo pagaran. Pero es cierto que también soy autor de una imagen mariana para la secta del Palma de Troya. Es un bronce de una Virgen doctora de la Iglesia, que me solicitaron en los años 80, cuando todavía trabajaba en la calle Aguiar. Coincidió con un encargo que le hicieron los del Palmar a Juan Abascal, que les talló una Divina Pastora. Antes de empezar mi trabajo en bronce, le consulté si lo hacía o no al entonces vicario general y párroco de la Magdalena, el padre Antonio Domínguez Valverde.

—Si solo haces una imagen, que te han encargado unos particulares, no puedo decir que sea nada malo. Solo les haces una imagen —me respondió.

Cuando vinieron a recogerla, recuerdo que estaba en mi taller el cofrade Juan Carrero. Resoplaba cuando vio a los *curas* del Palmar y bromeaba. Por entonces tenían sus casas en el barrio de San Vicente, cerca de mi estudio de la calle Aguiar, y cerca también de la parroquia. Alonso Corral acudió personalmente a mi taller para pagarme.

Pese a las palabras del vicario, el caso me dejó muchas dudas y decidí no trabajar más para El Palmar, si volvían a encargarme algo. Pero también es cierto que no fui el único. En aquellos años trabajaron para ellos otros conocidos escultores, bordadores y orfebres sevillanos, entre ellos muchos de los mejores. Salieron estupendas obras para la Semana Santa que organizaban en sus instalaciones de El Palmar de Troya. Después, a medida que la secta fue creciendo, se implantó un boicot generalizado de los artistas para no favorecer sus planes. Lo mismo pasó con músicos, costaleros y otros que participaban en su Semana Santa.

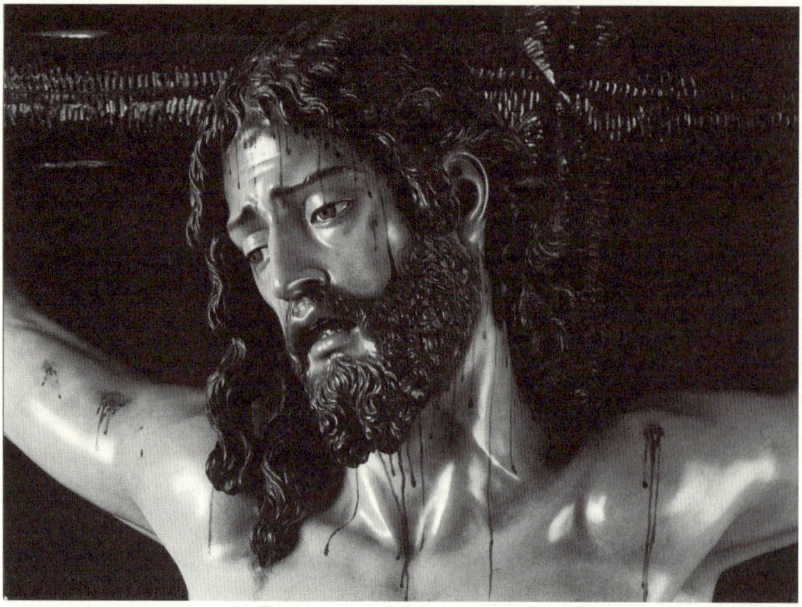

El Cristo de la Sangre, de Cieza (Murcia), obra de 2001.

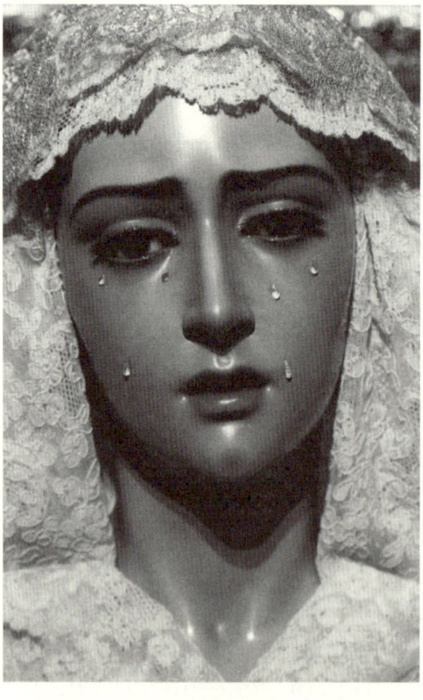

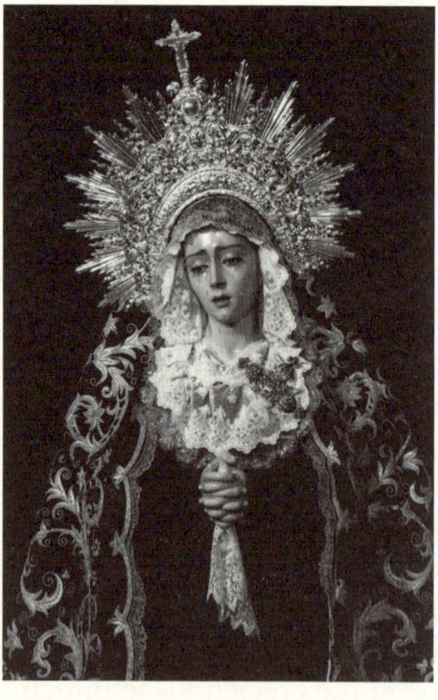

Virgen de la Soledad, de Solsona (Lleida) (izda) y
Soledad, de Picassent (Valencia) (dcha)

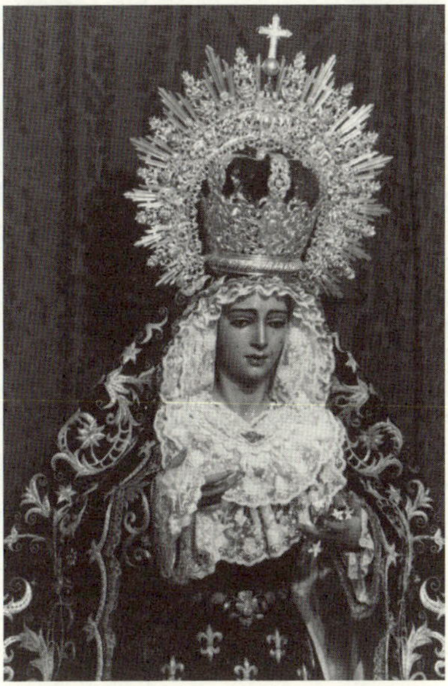
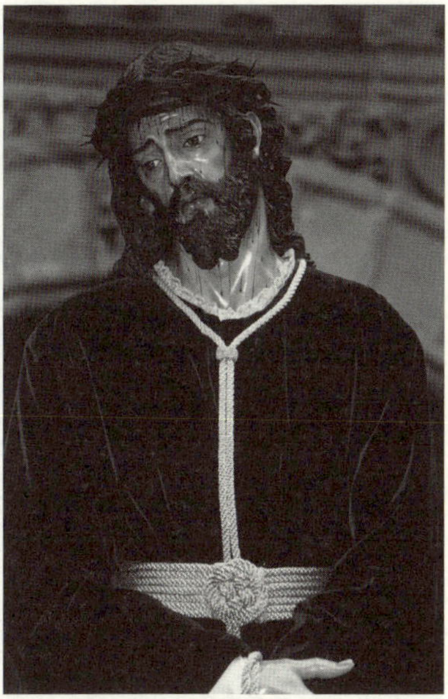

Dos imágenes para Bilbao:
La Virgen de la Esperanza y el Señor de Pasión.

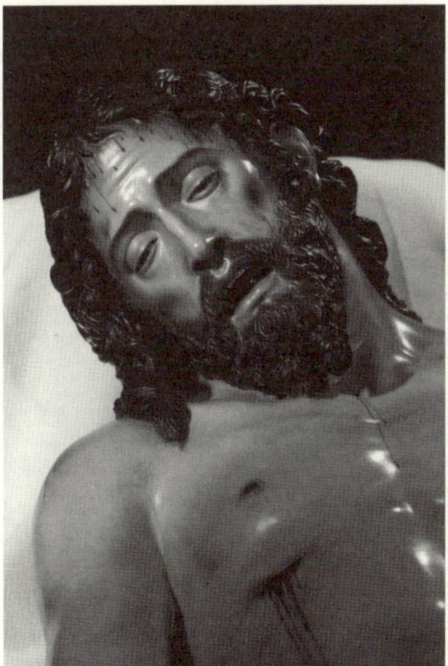
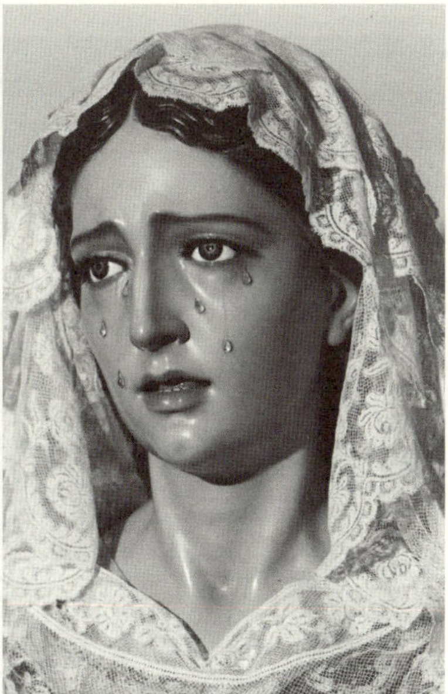

Cristo Yacente, de Zamora, y Virgen del Primer Dolor, de Daimiel (Ciudad Real).

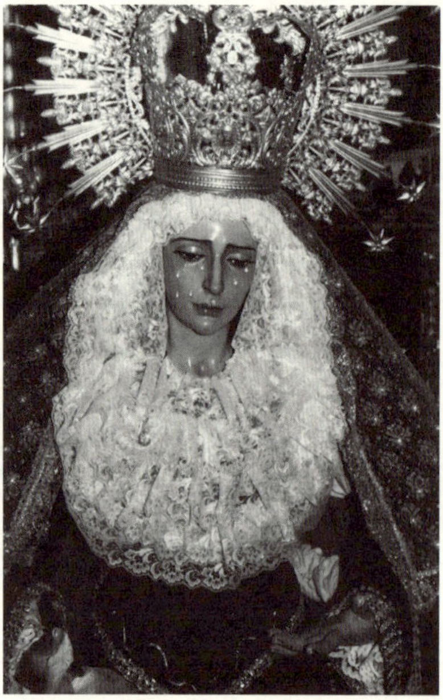
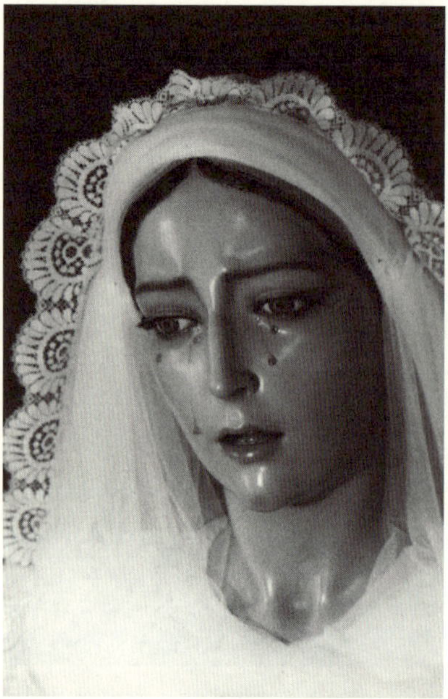

Entre las obras en Extremadura están la Virgen de la Paz, de Jerez de los Caballeros (izda.) y la Virgen de Nazaret, de Mérida.

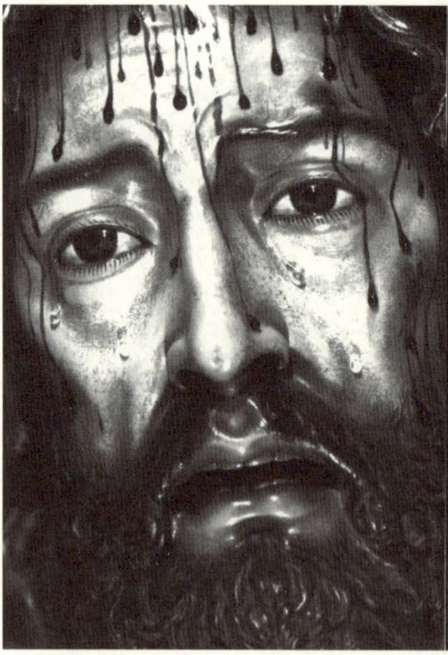
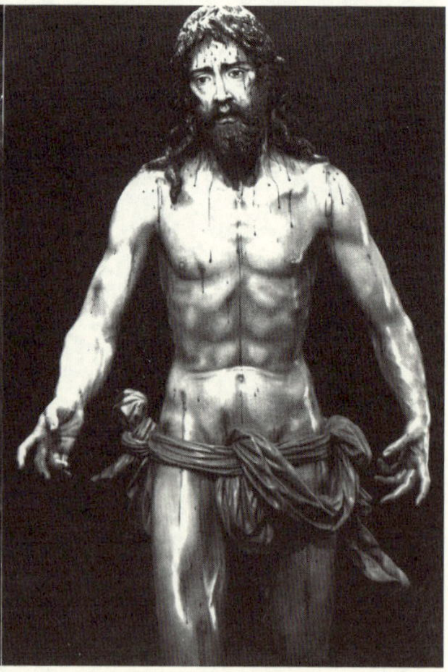

Rostro y cuerpo del Cristo de la Clemencia, de Hellín (Albacete), una de las tallas más espectaculares de Álvarez Duarte.

2.3 UN DESCUBRIMIENTO PARA AMÉRICA

En los años ochenta mis obras se extendieron también por varios países de América. El primer precedente había sido una Virgen de la Esperanza Macarena, en tamaño pequeño, que hice para Caracas, la capital de Venezuela, con destino al colegio de Santo Tomás de Aquino.

En 1981 me encargan uno de los trabajos que me dará más fama en América: Jesús del Gran Amor, más conocido como el Cristo de los futbolistas, que se venera en la Catedral metropolitana de Buenos Aires. Recibió ese nombre popular porque fue una iniciativa de los futbolistas argentinos que entonces jugaban en el Sevilla. También soy autor de una Virgen de la Amargura para Colombia, con destino a la parroquia de San Lorenzo, de Santa Fe de Antioquia.

Me han dado mucha fama y prestigio internacional mis Macarenas americanas. Especialmente famosa es la Esperanza Macarena de Nueva York, que data de 1985. Y asimismo tallé otra destacada imagen de la Esperanza Macarena con destino a Colombia, en concreto a la barriada Kennedy, de Bogotá.

Mis obras americanas se ampliaron con la Virgen del Amparo, de La Habana (Cuba), que es posterior, de 1997. Es una Dolorosa que recibe culto en un oratorio particular de la capital cubana. Fue encargada por unos particulares, que al parecer residían entonces en Miami, aunque preferían que la imagen estuviera al cuidado de unas personas de confianza y se quedó en La Habana. Al parecer, hubo un intento de trasladarla a un templo cubano, que no fructificó.

En América, mi aportación se completa con otros encargos de imágenes para colecciones particulares privadas. Entre ellas se puede citar, como una de las más destacadas, la del Corazón de Jesús de Bakersfield (EE. UU.), que pertenece a una familia norteamericana de esta ciudad del condado de Kern, en California. Es una obra de 1987, poco después de la bendición de la Macarena de Nueva York. Esa familia, tras verla, contactó conmigo. Me pidieron un Corazón de Jesús.

Asimismo, tallé un Niño Jesús pasionista para una colección privada de Nueva York. Y otra Virgen para una familia residente en Los Ángeles, que le quería dar culto privado en su domicilio.

No solo han llegado mis obras internacionales a América.

En Roma se encuentra una Virgencita que los Caballeros del Císter de Málaga regalaron a la Orden Cisterciense, en 1978, con destino a su Casa. Y si nos referimos a trabajos para colecciones privadas, los hay en Italia, Francia, Portugal, Austria, Holanda, Alemania... Unos son de temática religiosa y otros de contenidos profanos costumbristas.

EL CRISTO DE LOS FUTBOLISTAS, DE BUENOS AIRES

La idea del Cristo de los Futbolistas, como lo llaman en Buenos Aires, surgió de dos argentinos que jugaban en el Sevilla: Scotta y Bertoni. Me lo proponen en 1980. No conocía a los futbolistas. Se da, para colmo, la circunstancia de que soy bético. Pero tengo un buen amigo sevillista, Pablo Blanco, por el que siento un gran aprecio.

Fue precisamente Pablo Blanco quien me presentó a los futbolistas argentinos del Sevilla. Según comentaban, querían donar esta imagen a la Catedral de Buenos Aires, en agradecimiento por haber ganado Argentina el Mundial de 1978, aún reciente entonces, que se había disputado en su país. La imagen fue costeada por Bertoni y Scotta. Aunque, según publicó la prensa argentina, contribuyeron para la donación otros futbolistas menos conocidos que jugaban en ese país, como Pedro Larraquy, Osvaldo Rinaldi y Norberto Outes. Pertenecían a un movimiento católico denominado Vida Nueva en el Deporte.

El Cristo mide 1,87 metros. La imagen está tallada en cedro libanés y es muy elocuente, con mucha presencia. Representa a un Jesús Cautivo, maniatado, que sufre y al mismo tiempo trasciende ese Gran Amor que lleva en su advocación. Según me contaban, la idea tomó fuerza después de una visita a Sevilla del entonces rector de la Catedral de Buenos Aires, monseñor Daniel Keegan, que se quedó impresionado al ver al Señor de la Sentencia, de la Macarena. Quería una imagen semejante, de un Señor maniatado, aunque no es igual. Vinieron a mi estudio, que aún estaba entonces en la calle Aguiar, en la Puerta Real. Se organizó una ceremonia muy emotiva, en la que le di el primer *gubiazo* a la madera, de forma simbólica. Incluso colocaron una bandera de España y otra de Argentina para realzar el acto.

En 1981, cuando el Cristo ya estaba terminado, fue expuesto en la casa hermandad de la cofradía de los Gitanos. Unos días después fue trasladado a Buenos Aires, en un avión que enviaron exprofeso, perteneciente a la Fuera Aérea de Argentina.

El acto de la bendición fue espectacular. Viajé a Buenos Aires y permanecí allí durante un mes, preparando todos los detalles. La ceremonia de bendición estuvo presidida por monseñor Daniel Keegan y acudieron muchos futbolistas de entonces, tanto en activo como retirados. Había cámaras de numerosos canales de televisión y presencia de los medios de comunicación bonaerenses, que después informaron ampliamente sobre el acto. Pude apreciar cómo querían los argentinos a España. Me dieron un homenaje en la Casa de Galicia, que es como la casa de los españoles en Buenos Aires. Siempre les estaré agradecido por la excelente acogida que me brindaron.

Aunque no sea políticamente correcto, se puede añadir que, durante mi estancia en Buenos Aires, con motivo de aquel acto, me presentaron al entonces presidente argentino, el general Jorge Rafael Videla, responsable de la Junta Militar que gobernaba el país. Pidieron que me fotografiara con él. Cuando volví a España, me aconsejaron que no enseñara esa foto, por motivos obvios.

Recuerdo una anécdota pintoresca, achacable a las diversas interpretaciones que tiene nuestra lengua en algunos países de América. Me entrevistó una presentadora muy conocida, en el Canal 13 argentino, para preguntarme cómo había tallado el Cristo y otros detalles sobre mi obra. Le estaba explicando el primer *gubiazo* simbólico que organizamos en Sevilla y le dije:

—Entonces, con mis herramientas, yo cojo...

Y cortaron la grabación, entre risas. Al momento, me explicó que lo de coger y las herramientas se podía interpretar en Buenos Aires como una connotación sexual de mal gusto.

Otra anécdota me la contó Julio Vera, director de la banda de cornetas y tambores de las Tres Caídas de Triana. Estaban paseando por Buenos Aires, cuando representaban la *Carmen*, de Salvador Távora, y visitaron la Catedral. Vieron esta imagen, de lejos, y se sorprendieron. Un músico de la banda les dijo a los otros:

—Ese Cristo tiene todo el estilo sevillano. Hasta parece de Álvarez Duarte.

Cuando se acercaron, leyeron la placa. Cuentan que hasta se les saltaron las lágrimas a algunos. No esperaban encontrarse en la capital de Argentina una de mis obras. A muchos cofrades sevillanos y andaluces les pasa algo semejante cuando visitan la Catedral de Buenos Aires y descubren la presencia de esta imagen.

El Cristo de los Futbolistas viste una túnica que fue encargada, junto con un cordón, al modisto sevillano Petete Cerezal. Se ocupó de gestionarlo el cofrade Fernando López, muy conocido por el Jarrillo de Lata que se entrega en la tertulia de El Museíto. Junto con Scotta, vino un grupo que me saludó en el taller, antes de llevarse la túnica a Buenos Aires. Después, cuando han ido sevillanos a verlo y lo han fotografiado, pudimos comprobar que allí, al vestirlo, le suelen poner la túnica al revés y que el cordón tampoco se lo sitúan como es costumbre en Sevilla, sino con unas vueltas muy raras. Parece que la *priostía argentina* no está muy familiarizada con nuestro estilo. Petete Cerezal se molestó con eso. Decía que él confeccionó la túnica a medida para que lo vistieran bien, no para que se la pongan de esa forma.

Al margen de esas curiosidades, viví una gran experiencia en Buenos Aires. Desde entonces he mantenido la amistad con Scotta y Bertoni, dos excelentes personas, además de grandes futbolistas. El Cristo tiene muchos devotos y se puede contemplar en la Catedral de Buenos Aires, donde está cubierto con un cristal. Según parece, los jóvenes futbolistas, incluso los niños alevines, van mucho por allí, a rezarle, y tuvieron que proteger la imagen para evitar que la tocaran y resultara afectada por algún daño.

EL PAPA FRANCISCO REZABA AL CRISTO DE LOS FUTBOLISTAS

Con el Cristo de los Futbolistas de Buenos Aires ha ocurrido un hecho excepcional: Jorge Mario Bergoglio, el papa Francisco, le tenía mucha devoción cuando era cardenal de Buenos Aires. El 13 de marzo de 2013, de forma un poco sorpresiva, el cardenal Jorge Mario Bergoglio fue elegido nuevo Papa en el cónclave. Algunos días después, se publicó en la prensa que cuando estaba en Buenos Aires como cardenal le rezaba frecuentemente al Cristo del Gran Amor. Para mí, es un orgullo inmenso que Francisco fuera devoto de mi Cristo.

Pero no solo le rezaba en privado en la Catedral. También durante muchos años se encargó de predicar la última estación en el Vía Crucis del Viernes Santo, en el que participa esta imagen. Sucede que el Cristo del Gran Amor no dispone de una cofradía, como es habitual en España, sino que depende del Arzobispado de Buenos Aires, pero hay un grupo de devotos que le organiza cultos. Es admirable el Vía Crucis en el que sale todos los años, en la noche del Viernes Santo. Recorre desde la plaza del Congreso hasta la plaza de Mayo. Suelen participar entre treinta mil y cuarenta mil personas y se reparten miles de velas entre los fieles.

El Cristo del Gran Amor abre ese cortejo, en el que también incluyen una imagen de una Virgen, al representar en el vía crucis el encuentro de Jesús con su Madre. También llevan una cruz enorme, de unos quince metros, que es cargada por muchos fieles. El Cristo del Gran Amor es portado en unas andas, pero después lo dejan en el suelo, y se queda como si fuera una persona, rodeado por la gran multitud. Esto hace que se le vea muy cercano, como si estuviera entre el pueblo.

Como he apuntado, el entonces cardenal Bergoglio participó varios años en este Vía Crucis. En la mayoría de las ocasiones presidió la última estación, pero algún año prefirió participar en el acto penitencial como un fiel más, vestido con clerygman, podríamos decir que participaba como uno más entre la bulla. Tengo la intención de visitar próximamente al Papa y entregarle un recuerdo.

Actualmente, la imagen es muy venerada y ejerce una especie de patronazgo de los futbolistas. Entre el grupo de deportistas que encargó el Cristo del Gran Amor, posiblemente sea Scotta quién más se ha preocupado que todo vaya bien. He visto fotos recientes y, como autor de esa imagen, me sentí impresionado de la enorme devoción existente en torno al Cristo de los futbolistas, que es también mi Cristo para los argentinos.

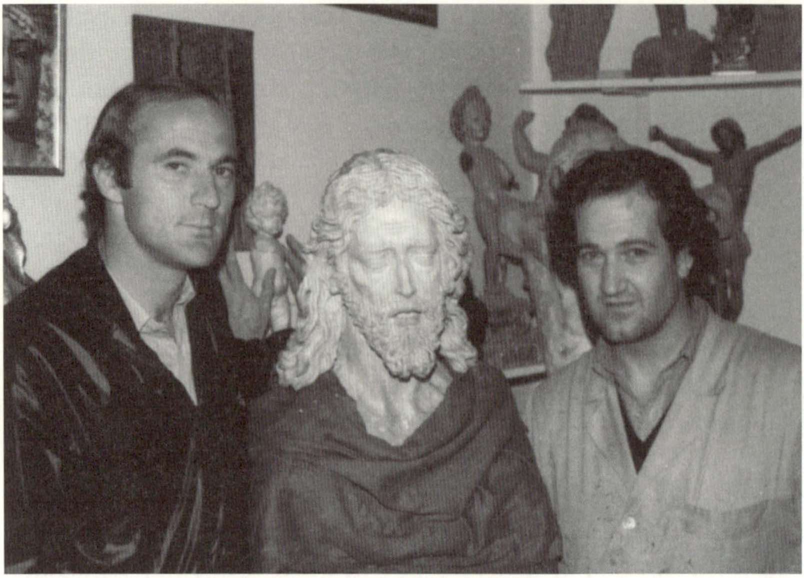

El futbolista argentino Scotta y Álvarez Duarte con el rostro tallado del Cristo del Gran Amor.

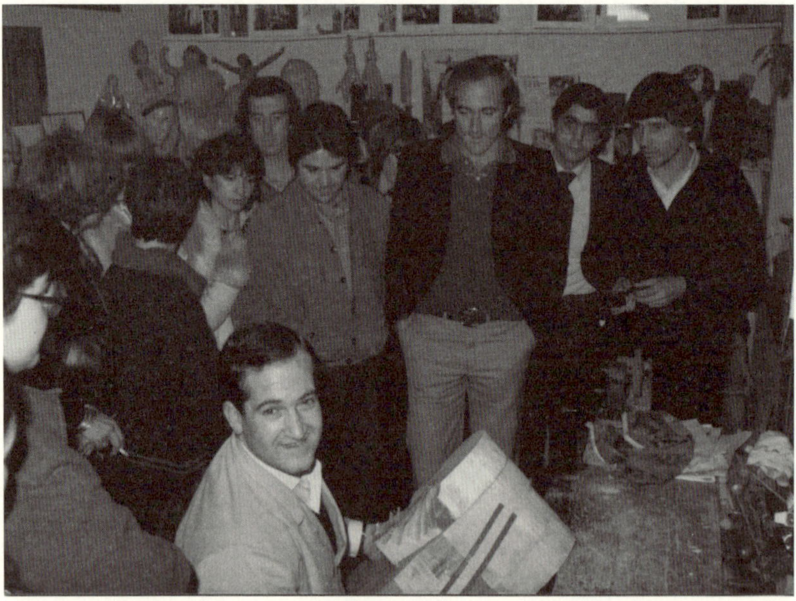

Scotta y Bertoni entre los asistentes al acto simbólico del primer gubiazo a la madera del Cristo de los Futbolistas.

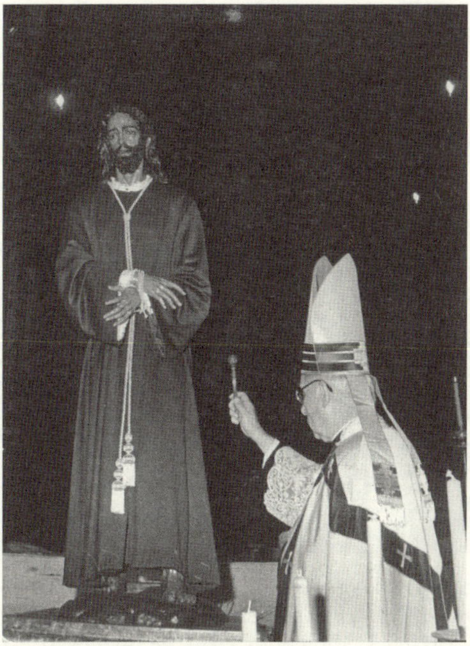

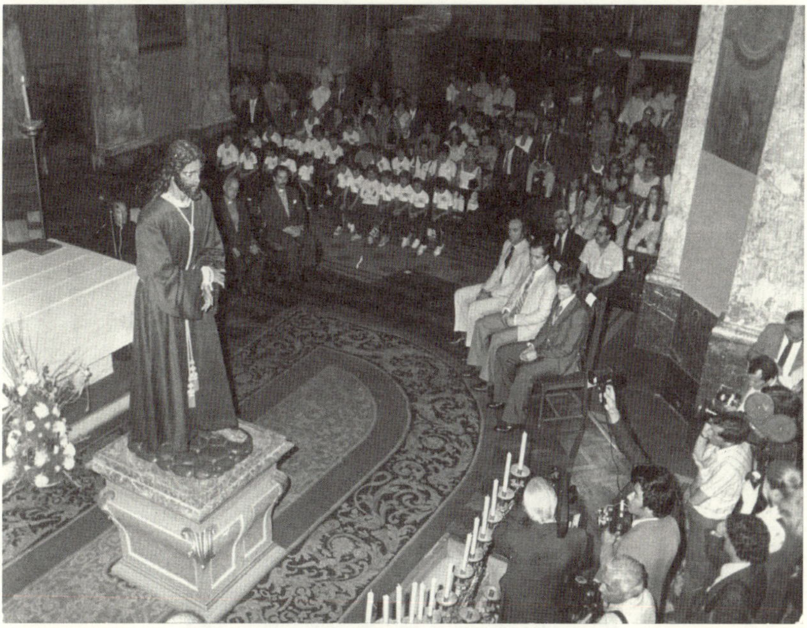

Dos momentos del acto de la bendición del Cristo de los Futbolistas en la Catedral de Buenos Aires. Fue presidido por monseñor Daniel Keegan.

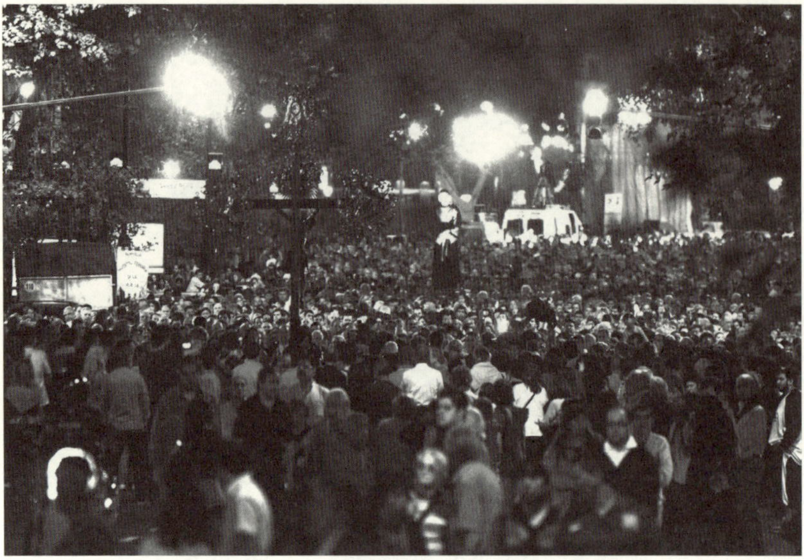

Un aspecto del via crucis multitudinario del Viernes Santo en Buenos Aires, con el Cristo del Gran Amor. (Foto: Gustavo Castaing. Cedida por Clarín, de Buenos Aires).

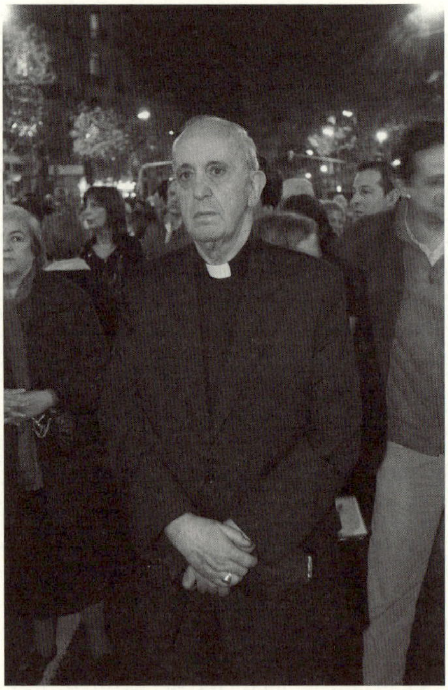

El cardenal de Buenos Aires, Jorge Mario Bergoglio, actual Papa Francisco, participaba cada año en el vía crucis con el Cristo del Gran Amor. Algunas veces se unía a los fieles, como un devoto más. (Foto: Gustavo Castaing. Cedida por Clarín, de Buenos Aires)

2.4 MACARENAS DEL MUNDO

Mi aportación americana no se entiende sin las Macarenas. He comentado en muchas ocasiones, y aquí lo repito, que una copia no es lo que más me gratifica como escultor. Sin embargo, con las Macarenas debo reconocer que me han dado prestigio. Se debe, probablemente, a que recuerdan bastante a la original, aun siendo única. No es algo en lo que quiera insistir, pero mis Macarenas están ahí, por todo el mundo, es lo más internacional. Desde Sevilla a Nueva York, pasando por Málaga, pero también por París y Bogotá. Hay una que estuvo a punto de ir al Vaticano y se quedó en un rincón de la Macarena. Las hay de tamaño semejante al original y en proporciones académicas. Existe una amplia gama de Macarenas que salieron de las manos de Álvarez Duarte.

Es una devoción universal, trasciende fronteras. Por supuesto, la mejor, la única, la original, siempre será Ella, la verdadera Esperanza Macarena, la que está en la basílica, junto al Arco. Pero después, ¿cuál es la más conseguida? Hay opiniones para todos los gustos.

LA MACARENA DE NUEVA YORK

La historia de la Macarena de Nueva York comienza en Madrid. A comienzos de 1985, llegaron allí unos señores de EE. UU., pertenecientes a la Sociedad Americana para la Defensa de la Tradición, la Familia y la Propiedad (TFP) y la Fundación para una Civilización Cristiana. Son entidades que agrupan a los principales grupos de católicos de EE. UU., con implantación en casi todos los estados norteamericanos, así como en Canadá.

En Madrid preguntaron a Joaquín y Raimundo Cruz Solís, que entonces trabajaban en el Instituto de Conservación y Restauración de Obras de Arte del Ministerio de Cultura, por un escultor de prestigio al que encargarle una réplica de la Macarena.

—Queremos conocer a un escultor que nos haga una imagen idéntica de la Esperanza Macarena, para darle culto en Nueva York. Nuestra intención es que la Esperanza Macarena presida la IV Conferencia Nacional de nuestra asociación, que se celebrará del 12 al 14 de octubre en Nueva York.

Los hermanos Cruz Solís le dijeron:

—Vayan ustedes a Sevilla, a ver a Luis Álvarez Duarte. Es el hombre que buscan, quien mejor se la puede hacer.

Vinieron los americanos a mi estudio de la calle Aguiar, a verme y plantearme sus intenciones. Coincidió con los días en que estaba mudándome a Gines. Llamé a Joaquín Cruz Solís para confirmarlo y darle las gracias. Si se hizo esta Virgen para Nueva York, fue realmente gracias a ellos.

Los norteamericanos me explicaron su propuesta. Querían una réplica idéntica de la Macarena, porque el Congreso Nacional de los católicos de EE. UU. de 1985 estaba dedicado a reflexionar sobre el valor de la esperanza en la sociedad contemporánea. Y pensaban que, en todo el mundo, ninguna imagen de la Virgen reflejaba mejor la Esperanza que la Macarena de Sevilla, una devoción universal, bien conocida en los ambientes católicos norteamericanos.

Para tallar la réplica de la Esperanza Macarena con destino a Nueva York se pidió permiso a la hermandad sevillana. Entonces era hermano mayor José González Reina, que lo concedió sin ninguna traba. Los estadounidenses querían que tuviera la misma estatura y las mismas medidas que la Virgen original; insistían para que fuera una copia fidedigna. Al orfebre Fernando Marmolejo le encargaron la corona y las mariquillas, como réplica de las originales. El taller de Esperanza Elena Caro se ocupó del ajuar y los bordados, consistentes en una saya blanca, una toca y un manto, que no era verde, sino rojo, según pidieron ellos mismos.

La copia se parecía muchísimo al original. Quizá lo más bonito me lo dijo José González Reina, el hermano mayor de la Macarena:

—Se la llevan estos señores a Nueva York porque nosotros tenemos aquí a la Virgen, que es única. En caso contrario, esta Macarena no salía de Sevilla.

Intenté que la Esperanza Macarena estuviera lo mejor representada posible en EE. UU. Era bonito hacer una réplica para tan lejos. Le puse su pelo natural, todo tal cual es. Juanita Reina visitó mi taller para verla y se santiguó ante Ella. Las medidas de la Macarena me las sabía de memoria, sin necesidad de medirlas. Me las sabía por intuición. Suelo calcular bien a ojo, pero después se midieron para comprobar y eran correctas.

Conocía las características de la Macarena, casi a ciegas, porque dos personas me habían explicado muy bien cómo era la Virgen. Uno fue Juan Pérez Calvo, vestidor de la Macarena durante muchos años, que había llegado a conocer personalmente a Juan Manuel Rodríguez Ojeda. Y otro era José Mena Martagón, prioste en los tiempos de la Coronación Canónica, y auténtico cuidador de la Virgen. Entonces yo no había visto todavía a la Macarena sin vestir, aunque después sí la he conocido. No obstante, cuando le puse unas nuevas pestañas a la Virgen de la Esperanza en su basílica, ya conocía muchos secretos de Ella, sobre el modelado y la talla, a través de fotos antiguas, y gracias a muchos detalles que me contaron Pérez Calvo y Pepe Mena.

Para tallar la Macarena de Nueva York también estudié el modelado en unas fotos antiguas de Albarrán, donde se apreciaban los contrastes. Pero sólo con eso no me bastaba. Pérez Calvo me ayudó mucho. Se sabía la imagen de memoria. Cuando modelaba la mascarilla, él me iba diciendo:

—Eso es así, o esto no.

Conocía todo, el trayecto del labio superior, tal detalle Sus consejos fueron decisivos.

Tardé unos ocho meses en acabar la Macarena de Nueva York. Mientras avanzaba, le bordaban el ajuar en el taller de Esperanza Elena Caro y la corona era labrada por Fernando Marmolejo. Cuando la terminé, en septiembre de 1985, se expuso en el taller de Gines, al que ya me había mudado. Si hubiera sido ahora, se organizaría una exposición pública en Sevilla, para que todos vieran la imagen. Sin embargo, entonces se procedía con más discreción y se expuso en privado.

Entre las curiosidades de aquella exposición particular, puedo citar que vinieron de la revista *Hola* y publicaron una foto de Juanita Reina, que era muy macarena, delante de la Virgen neoyorquina. Pronto se hizo muy famosa. Una vez me invitaron al programa de televisión *Con las manos en la masa*, de Elena Santonja, en el que cociné unas torrijas. Expusieron una selección de algunas de mis mejores imágenes, y entre ellas aparecía la Macarena de Nueva York.

La Virgen salió hacia EE. UU. en un avión. Fue embalada en un cajón, donde llevaba toda la documentación certificada sobre la autoría. En el cajón, la Macarena fue recubierta con nardos y quedó situada con las manos cruzadas, como en la famosa foto, cuando fue ocultada para que no la destruyeran. Al llegar yo a Nueva York, unos días después, en otro vuelo, me impresionó que los nardos del cajón de la Virgen aún olían, igual que cuando salieron de Sevilla.

El acto de la bendición se organizó por todo lo alto. Se habló de celebrarlo en la Catedral de San Patricio, pero finalmente se bendijo en Queens, en el colegio católico donde tendría su sede. Montserrat Caballé le cantó la saeta en forma de salve que compuso Joaquín Turina, con letra de los hermanos Álvarez Quintero.

Después de ser bendecida, fue entronizada, como ellos decían. Le pusieron un baldaquino o palio. Acompañada por católicos norteamericanos, fue trasladada para presidir el Congreso Nacional de la TFP y la Fundación para una Civilización Cristiana, que como estaba previsto se celebró en Nueva York del 12 al 14 de octubre de 1985. En este congreso o conferencia participaban católicos de todos los EE. UU., con grandes grupos procedentes sobre todo de Nueva York, Kentucky, Misuri, Kansas, Florida, Texas, Colorado y California. Por vez primera, participaron católicos de Alaska y también una delegación llegada de Canadá, con muchas personas procedentes de Québec y Ontario. Asimismo, hubo representantes de Francia, Sudáfrica, Bélgica, Irlanda, Brasil y España, entre los que me incluían, especialmente invitado como autor de la imagen.

Era realmente impresionante ver la unción y la fe con que miles de personas, de una tradición católica muy diferente a la nuestra, acogían a su Macarena. El congreso estaba dedicado a resaltar la importancia de la Esperanza para los católicos y también la devoción a María. Recordaban que, en la Salve, la Virgen es calificada como «Esperanza nuestra». En el congreso se proyectó un video con un mensaje del político y escritor brasileño Plinio Correa de Oliveira, que fue el fundador del movimiento Tradición, Familia y Propiedad, por lo que era muy admirado entre estos grupos de católicos norteamericanos.

Me llamó la atención el conocimiento que tenían sobre la devoción a la Esperanza Macarena en Sevilla. Conocían muchos detalles sobre Ella: que salía en procesión en Semana Santa, que iba acompañada por nazarenos en la madrugada, incluso que en otros tiempos salía de San Gil. Si habían pedido una Macarena para Nueva York no era por casualidad. Un congresista de Kansas dijo públicamente:

—Nuestra Señora de la Esperanza Macarena ha quedado entronizada hoy en el corazón de todos nosotros.

A lo que otro añadió:

—Yo siempre había soñado con este día, con la llegada de *Our Lady of Macarena*

Para mí fue muy emotiva esa extraordinaria acogida que nos dispensaron. En la revista de la TFP, en su edición de EE. UU., publicaron después un amplio reportaje sobre la Macarena de Nueva York, en el que calificaban a Luis Álvarez Duarte como «uno de los más renombrados artistas españoles», y destacaban que la Macarena neoyorquina era «una copia exacta».

La Macarena de Nueva York es trasladada dos veces al año a Pensilvania. No me encargaron una segunda imagen, como se ha publicado en Internet. Quizá eso aquí no se ha entendido bien. Esta Macarena pertenece, como ya se ha mencionado, a la Sociedad Americana para la Defensa de la Tradición, la Familia y la Propiedad, una organización fundada en 1971 para propagar las costumbres y tradiciones católicas, que cuenta con más de cien mil miembros en EE. UU. Esta organización, durante una parte del año, cede la imagen a una capilla que está en Spring Grove, en el condado de York, en Pensilvania. Allí recibe culto durante un tiempo y después vuelve a Nueva York.

Algunas personas que han acudido a visitarla en Queens se han llevado una sorpresa, al ver que no estaba. Es lo que ocurrió al grupo de personas que me encargaron posteriormente la Macarena de Bogotá. Antes de venir a Sevilla, viajaron a Nueva York para verla, pero no la encontraron. Les dijeron que la imagen había sido trasladada a Pensilvania y que regresaría en un plazo de dos semanas.

Otra sorpresa para quienes la ven en Nueva York es la forma de arreglarla. La priostía en EE. UU. se aparta de las costumbres andaluzas. Ahí es donde uno se da cuenta de la importancia de vestir y adornar bien a las imágenes, porque eso te cambia una Dolorosa, para bien o para mal. El exorno es muy importante. Si no se hace adecuadamente se pueden cargar la estética de una Dolorosa. Aunque sea un simple encaje, hay que saberlo poner. Es lo mismo que pasa con una señora bellísima cuando la vemos mal vestida y maquillada; o según cómo la arreglen en la peluquería. Algunos me dicen que se debería hablar con ellos para que vistan mejor a la Macarena de Nueva York.

La estancia fue impresionante. Recibí muchos testimonios de adhesiones, se volcaron conmigo. Aunque yo no sabía inglés, sentí la cercanía y el cariño de los miembros de la asociación que me encargó la Macarena. Podría contar muchas anécdotas, alguna triste, como las fotos que nos hicieron delante de las Torres Gemelas con un Cadillac Sevilla, el coche que nos pusieron de servicio durante la estancia en Nueva York. No quise subir a las torres, porque me daba vértigo. Por el contrario, me quería fotografiar ante la estatua de la Libertad y no pude, porque la estaban restaurando. Hoy me impresiona contemplar esas imágenes, que lamentablemente son irrepetibles. Entonces nadie podía imaginar lo que sucedería allí el 11-S.

En los tres días que la Macarena presidió el congreso, le rezaban muchos rosarios. Mostraron una gran fe y devoción, aunque con algunas diferencias en las costumbres. Por ejemplo, en el besamanos le pusieron una cinta con una medalla fundida de la Virgen. Los fieles le daban el beso en la medalla, pero no en la mano, que no se tocaba.

Algo parecido me ocurrió, años después, con la Esperanza de Bilbao. En el besamanos, la imagen bilbaína portaba una cinta y el beso se depositaba en ese lazo, no directamente en la mano.

LA MACARENA DE BOGOTÁ

La Esperanza Macarena de Bogotá (Colombia) es una obra de 1998. Me la encargaron durante el mandato de Joaquín Sainz de la Maza como hermano mayor de la hermandad de la Macarena. Al principio, cuando me lo propusieron, me mostré reticente.

—¿Otra Macarena? —pensé.

Fue el propio Joaquín, como hermano mayor, quien me lo pidió. Me dijo que era para la parroquia de Santa María de la Esperanza, en la barriada Kennedy, un barrio de la capital colombiana donde vivían muchas personas necesitadas. La cofradía colaboraba con aquella parroquia en un proyecto solidario de ayuda para asistencia social. Quería que se cumpliera el deseo de muchos fieles de Bogotá, deseosos de tener una réplica de la Macarena. Un empresario colombiano de los cafetales contribuyó a la donación.

En la madrugada del Viernes Santo de 1998, el año en que la terminé, la nueva imagen permaneció resguardada en la basílica de la Esperanza Macarena, de Sevilla. Mientras la Virgen recorría las calles sevillanas, su réplica se quedaba en el templo. Fue un detalle precioso y simbólico, pues la copia de la Macarena permaneció en la basílica durante la madrugada. Pocos días después partió en un avión, con destino a Bogotá.

A la bendición de la imagen no pude asistir. Tampoco la he visto después en la capital colombiana. Algunas personas me han advertido que la zona puede ser peligrosa a causa de la delincuencia. Incluso se comentó que un azulejo de la Macarena, que fue colocado en la fachada de la parroquia, había sido alcanzado por balas durante un tiroteo con narcotraficantes. En esas cuestiones de seguridad, no entro, ni las valoro. Tengo en Colombia otra imagen muy querida, la Virgen de la Amargura, que recibe culto en la parroquia de San Lorenzo de Santa Fe de Antioquia, en otra zona muy conflictiva.

La Macarena de Bogotá es una de las réplicas más conseguidas. Según me dicen algunos especialistas en *Macarenas*, la de Bogotá sería la más bonita de todas las mías. Quiero reiterar que no disfruto con las réplicas, no es lo que más me motiva como imaginero, aunque procuro hacerlo de la mejor manera. Incluso en la propia cofradía de la Macarena me pidieron entonces que la Virgen se representara del mejor modo posible. Conseguir el parecido real es muy difícil. Pero si yo eligiera la mejor, entre las de tamaño real, quizá sería la de Bogotá. Se ve muy lograda en la policromía y en todos los detalles macarenos. Aunque he procurado que todas estén bastante conseguidas.

LA MACARENA DE MÁLAGA

También hay una Macarena mía en Málaga, que no es procesional. Es una réplica de la Esperanza Macarena, encargada por las cofradías malagueñas, a través de la Agrupación, para regalársela al padre Ernesto Wilson, de los Misioneros de la

Esperanza. Este sacerdote, como hemos visto, estuvo muy unido a la cofradía de la Salud.

El padre Wilson admiró siempre mis obras. Las elogiaba hasta la desmesura y me trataba con muchísimo afecto y cariño. Asimismo, era muy macareno, un gran devoto de la Virgen. Ya tenía una más pequeñita, que le tallé con anterioridad. No obstante, los cofrades malagueños quisieron ofrecerle un regalo y pensaron que nada le gustaría más. Esa imagen de la Macarena se venera en el oratorio que tienen los Misioneros de la Esperanza en la calle Mármoles malagueña.

Hay quien dice que esta Macarena del padre Wilson no desmerece en nada de las más conseguidas, incluidas las de Bogotá y Nueva York, por lo que se podría situar a su altura artística. Aunque, sobre este asunto de las mejores Macarenas mías, reitero que hay diversas opiniones.

MACARENITAS DE SEVILLA

A todo esto, se debe añadir que hay dos réplicas de la Macarena en Sevilla, en tamaño académico, que considero dignas de mención. La primera se la regalé a Pepe Mena Martagón, prioste de la cofradía, en 1969, como agradecimiento por sus gestiones para la venta de la Virgen del Buen Fin de Jerez, después del episodio fallido de Santa Catalina. Es una réplica en tamaño académico, que medirá 1,20 m aproximadamente. Cuando la vio en mi taller de la calle Aguiar, se quedó sorprendido. Le dije a Pepe Mena que era un trabajo para un cliente particular. Me la elogió mucho. Por eso, después se llevó una gran sorpresa cuando le dije que era para él, un regalo con el que le testimoniaba mi gratitud por sus consejos y ayuda.

Pepe le encargó un manto a juego en el taller de Esperanza Elena Caro, basado en el de la Coronación, y una corona al orfebre Jesús Domínguez. Vestida a semejanza de la original, fue bendecida en 1970 en la propia basílica, delante de la Macarena. Aquel acto permitió una ocasión singular para ver juntas a la Macarena y a su réplica académica. Pepe Mena se la merecía, por su amistad, lealtad y ayuda; además de por ser un enorme cofrade y un gran macareno.

Actualmente, esta imagen pertenece a su sobrino, Antonio Barranco Mena. La tiene en una habitación de su casa, en la calle Duque Cornejo, muy bien expuesta. Le ha dedicado una especie de oratorio privado macareno, presidido por la Esperanza. Allí, de alguna manera, sigue vivo el espíritu y el recuerdo de aquel gran cofrade y mejor amigo que fue Pepe Mena Martagón.

La segunda Macarenita sevillana asimismo es de tamaño académico. Mide 1,22 metros sin la corona. Se expone en un oratorio particular, en la calle Parras, quizá la calle más macarena que existe. Es propiedad de la familia de Rafael Cadena, un señor que fue contraguía de Rafael Ariza y auxiliar con Manolo Santiago. Fue bendecida en la basílica, en 2009, por fray Ricardo de Córdoba, en presencia del entonces hermano mayor Juan Ruiz Cárdenas.

Como sucede en otros casos, muchas personas afirman que esta de la calle Parras es mi mejor Macarena, pese a ser de un tamaño más pequeño. Ya he comentado antes que no hay unanimidad sobre la mejor. Me dicen que es tal como la de verdad en miniatura. En verdad, está muy trabajada. Tardé dos años en terminarla; y ha ganado fama con el tiempo.

Un grupo de niños del barrio la saca en una cruz de mayo muy vistosa, en la que salen más de cincuenta chavales con cirios, así como más de diez monaguillos. El paso de esta Macarenita de mayo lo llevan veinticinco costaleros. En los últimos años ha salido con el acompañamiento musical de la Banda Municipal de Gines.

También soy autor de una cara en marfil de la Macarena, realizada para completar una reproducción en plata, que encargaron al orfebre Juan Borrero con destino al Rocío de la Macarena.

LA MACARENITA DE PARÍS

Menos conocida es la historia de una pequeña Macarena que me pidió, en 1979, una distinguida dama francesa, residente en París. Era una señora millonaria, que vino a verme con el embajador francés de entonces. Quería una réplica de la Macarena, en tamaño pequeño, para exponerla en su casa de París. Según me dijo, vivía en los Campos Elíseos. Cumpliendo su petición, le tallé una Macarena pequeña, que medía 1,05 metros, a la que después vistió Yves Saint Laurent.

Siempre me quedé con la intriga de conocer la verdadera identidad de esa señora, a la que no se lo pregunté por cortesía. Ni siquiera fue necesario firmar ningún contrato. Me abonó el importe de la imagen al contado y en efectivo. Según me dijeron, había sido una actriz o modelo francesa, famosa en sus años de juventud. Por causas que ignoro, prefirió hacer la compra de la imagen en el anonimato.

LA MACARENA DE JEREZ DE LOS CABALLEROS

Junto a las imágenes de la Macarena de Nueva York y Bogotá, y la de Málaga, no se debe olvidar la que llegó a Jerez de los Caballeros (Badajoz) en 1979. Fue la primera entre las de tamaño natural. Esta Virgen me la solicitan con destino a la cofradía macarena de esa población. Ya tenía en Jerez de los Caballeros una Virgen de la Paz desde 1973, que había gustado mucho, sin olvidar mi vínculo de sangre extremeña. Los cofrades de Jerez de los Caballeros hablaron con José González Reina, transmitiéndole que querían ser una hermandad filial de la Macarena. Poco después decidieron encargarme una réplica de la Virgen para que saliera en Semana Santa.

La hermandad de esta población extremeña cuenta con imágenes sevillanas reconvertidas. Cuando tallé el nuevo romano para el paso de la Sentencia de Sevilla, algunos lo calificaban como el mejor romano de la Semana Santa sevillana. Algo parecido al ránking de las Macarenas. Pues bien, el anterior romano de Castillo Lastrucci, el sustituido, fue a parar a la cofradía de la Macarena de Jerez de los Caballeros, que lo adaptó en su paso de misterio Pero ya no como romano, sino como Pilato. Con el viaje desde Sevilla a tierras extremeñas, el romano ascendió en estatus y relevancia. Por otra parte, la imagen del Señor de la Sentencia de Jerez de los Caballeros es la del antiguo Señor del Soberano Poder, de San Gonzalo, de Sevilla, que había tallado José Pires.

Estoy vinculado también con estos cofrades, le tengo un especial cariño a esa Macarena de Jerez de los Caballeros, por ser la primera que sale en procesión. Recientemente, he estado allí, en un acto cultural que organizaron. Fue un reencuentro muy agradable.

¿ES RUIZ GIJÓN EL AUTOR DE LA MACARENA?

Tallar réplicas de la Macarena es muy difícil. Me refiero a una buena réplica, claro, no a una mala imitación. Algunos creen que toda la dificultad se limita a reproducir su peculiar entrecejo. Pero hay que precisar mucho en el modelado para darle ese aire tan peculiar, con esos ojos de cascarilla, que por cierto son idénticos a los del Cachorro y a los del Cirineo de San Isidoro.

Para mí, la Macarena es obra de Francisco Ruiz Gijón. Y si no es de él, sería de un discípulo muy próximo que trabajó en su taller. La Macarena muestra el vello de las cejas al revés, peinado para abajo, un detalle que es propio del círculo de Ruiz Gijón y de Pedro Roldán, con el que se le vincula. Esa relación del taller de Roldán con Ruiz Gijón puede explicar el misterio de la autoría de la Macarena. Pero vuelvo a decir que esos ojos de cascarilla son como los del Cachorro y los del Cirineo de San Isidoro. Por otra parte, la imagen de San Antón, perteneciente a la hermandad del Silencio, que se encuentra en su iglesia de San Antonio Abad, es una obra de Ruiz Gijón en la que se aprecian los ojos y la cara con ese mismo modelado macareno.

Pondría las manos en el fuego, apostaría siempre, si me lo pidieran, a que la Macarena es obra de Ruiz Gijón. El Cachorro y la Macarena tienen una misma mano en la gubia, eso me parece evidente.

¿Por qué no se conoce la autoría? Hasta podría ser por algo que ahora nos parecerá raro, pero que en otros tiempos no lo era. En el siglo XVII, una imagen de vestir, de candelero, como es la Macarena, resultaba casi secundaria para los grandes imagineros. No voy a decir que lo tomaran como un trabajo inferior, pero casi. Entonces, para ellos, eran más importantes los Cristos crucificados, los Nazarenos, los grandes retablos en los que trabajaban con una imaginería más completa. Incluso podían ser más importantes algunas figuras tan destacadas y difíciles como el Cirineo de San Isidoro. Recuerdo que, cuando estaba en la Casa de los Artistas, aprendiendo con Buiza, por allí se decía todavía que una Virgen de candelero era «la cabeza y las manos». En los siglos anteriores esa idea había existido. Puede que se minimizara a la mismísima Macarena.

La gubia que talla la Esperanza Macarena tiene que ser la de Ruiz Gijón, por sus características. Los golpes de gubia son idénticos en el Cachorro y la Macarena. La morfología de la orejita, el cuello, el paladar Sin olvidar los dientes superiores tallados, que son característicos de Ruiz Gijón.

Cuando le hice un estudio al San Antón, del Silencio, aprecié unas similitudes estilísticas impresionantes. También me quedé sorprendido cuando restauré una Piedad de Lucena (Córdoba), que no ha sido documentada como obra de Ruiz Gijón, porque se perdieron los papeles, pero sí atribuida. Presentaba también grandes similitudes estilísticas con la Macarena. Ya digo que, para mí, no hay dudas: Ruiz Gijón tuvo que ser.

LA VISITA ANULADA DEL PAPA A LA MACARENA

Al Papa Juan Pablo II lo pude ver de cerca y saludarlo cuando viajamos a Roma para la procesión extraordinaria de la Virgen del Mayor Dolor, de los Escolapios de Granada. Pero hay otra anécdota anterior relacionada con él. Cuando vino Juan Pablo II a Sevilla en noviembre de 1982, para presidir la beatificación de Sor Ángela de la Cruz, en el campo de la Feria, la hermandad de la Macarena me contrata una réplica de la Virgen, de un tamaño aproximado de un metro, para regalársela al Papa. Al orfebre Jesús Domínguez le encargan una corona y una peana magnífica. Y el taller de Esperanza Elena Caro se ocupa de bordar un manto de tisú y una saya, a escala. Tiene hasta las mariquillas y la pluma de Muñoz y Pabón. Además, lo completan con una hornacina, que sigue la forma de la bambalina del palio. En fin, una joya, una maravilla.

Una vez que ya estaba todo terminado, hablan con el Nuncio en España para solicitar que el Papa visite brevemente la basílica, rece ante la Virgen y le entreguen la réplica de la Esperanza Macarena con todos sus avíos artísticos. Sin embargo, el Nuncio dijo que no, que el Papa no podía ir a la basílica.

—¿Y la entrega de la copia de la Macarena? —le preguntaron.

—Me la entregan a mí. Yo mismo se la llevaré a Roma —contestó el Nuncio.

Entonces la junta de gobierno de la Macarena se reunió y decidió que no; que, si el Papa no va a la Basílica de la Macarena, la Macarena no se irá a Roma. Alguno llegó a comentar:

—No sea que se pierda por el camino.

Al final, la réplica de la Macarena se quedó en Sevilla. Durante un tiempo permaneció expuesta en el museo de la Basílica, pero después de la reforma realizada, pasó al despacho del hermano mayor, donde ocupa un lugar preferente.

A esa Virgen le decíamos «la Virgen del Papa», aunque al final no se la llevó. Es la Virgen del Papa, pero nunca fue a Roma. La réplica está perfecta, porque cuenta con todos los detalles. No es solo la imagen, sino los bordados, la orfebrería y todo tal cual lo tiene Ella. Es curioso porque muchas personas me dicen, cuando la conocen, que han visto «la Virgen del Papa».

Además de todas las anteriores, pude tener una Macarena en el Vaticano. Pero no pudo ser. El Papa no visitó la basílica y en la cofradía pensaron que sería mejor esperar a otra ocasión. Tal vez no se entendió que Juan Pablo II no acudiera a rezar ante la Macarena, cuando sí se postró ante Virgen de los Reyes, patrona de Sevilla, en la Capilla Real de la Catedral. Y no por una rivalidad mal entendida, sino como una consideración de un Papa tan mariano a una gran devoción mariana y sevillana que es universal. Años después, en 1993, Juan Pablo II también visitó a la Virgen del Rocío, otra gran devoción andaluza. Pero tampoco pasó por la basílica macarena.

Quizá esta imagen se la lleve a Roma otro Papa, el día que visite a la Macarena en su *Casa*; o quizá se quede en el despacho del hermano mayor para siempre, como recuerdo de lo que nunca ocurrió. También me he preguntado a veces: ¿en qué lugar del Vaticano estaría ahora esa Macarena si en 1982 se la hubieran llevado?

Precisamente la visita del Papa Juan Pablo II a Sevilla, en 1982, fue el origen de la primera imagen de Santa Ángela de la Cruz (entonces beata). La tallé con destino a la Casa del Noviciado de las Hermanas de la Cruz. Fue bendecida por Juan Pablo II en el propio convento, en una ceremonia íntima, a la que no pude asistir. Me lo contó el padre Camilo Olivares, que sí estuvo presente. Es una imagen que representa a la beata en sus años de juventud.

Después he sido autor de la primera imagen de Santa Ángela

de la Cruz que se entronizó en los altares tras ser proclamada santa. Está en la parroquia sevillana de San Pedro, y fue bendecida por el cardenal Amigo Vallejo. La imagen, encargada por el párroco de San Pedro, fue donada por los feligreses. Por cierto, algunas imágenes de Santa Ángela que han tallado otros después son *clavaítas* a la mía de San Pedro, se parecen como hermanas de la misma cruz. Conste que la mía fue la primera.

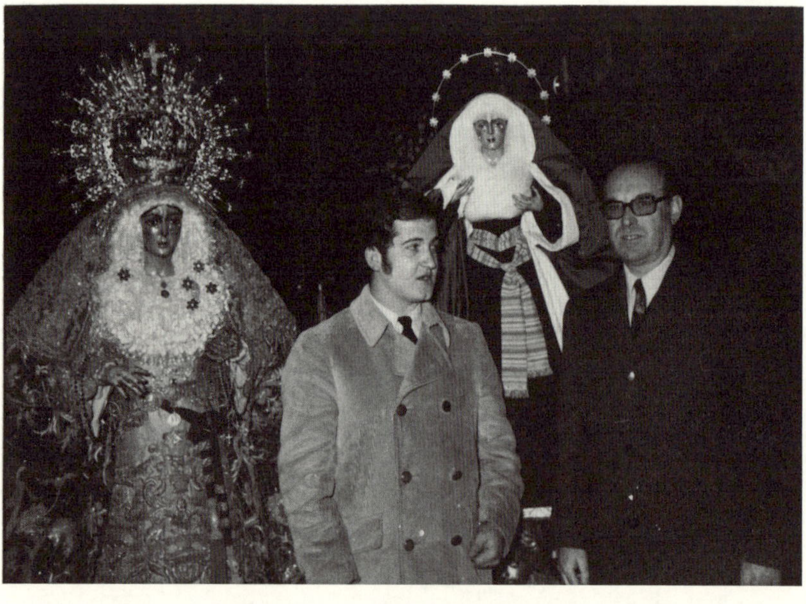

Álvarez Duarte y José Mena Martagón ante la Macarena y la copia que el imaginero regaló al prioste. Fue bendecida en la basílica en 1970.

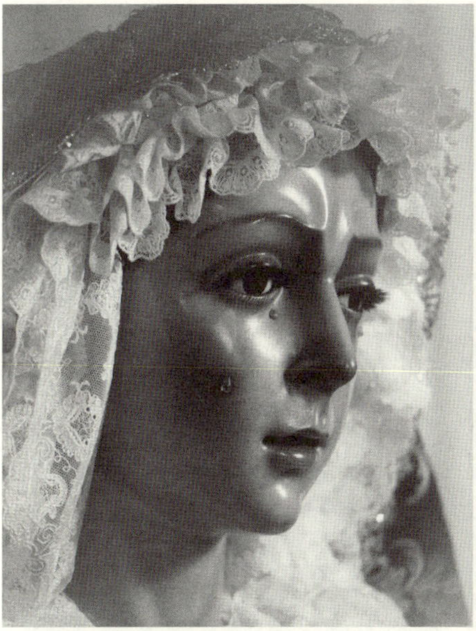
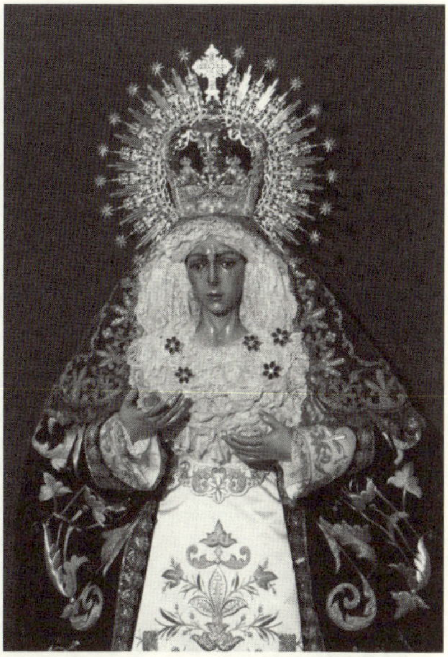

La Macarena.... de Bogotá (izda) y la de Nueva York (dcha).

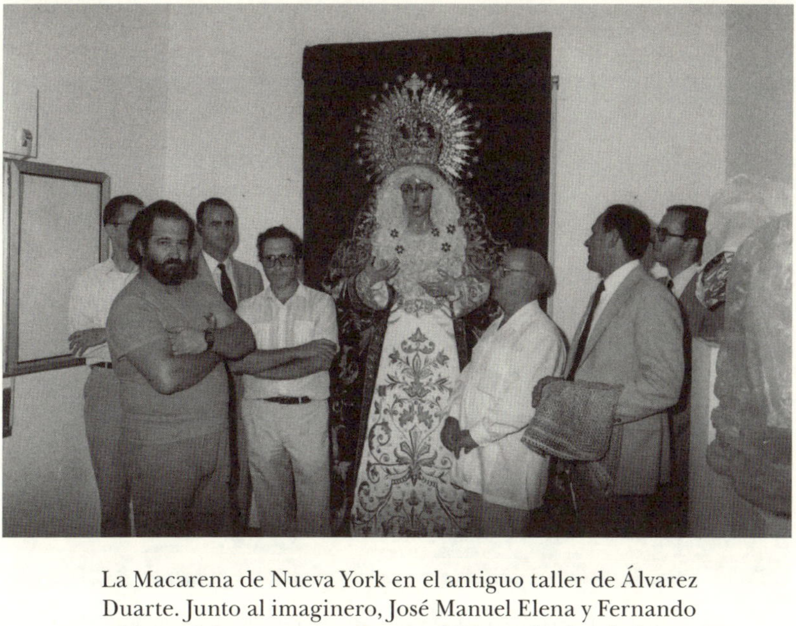

La Macarena de Nueva York en el antiguo taller de Álvarez Duarte. Junto al imaginero, José Manuel Elena y Fernando Marmolejo, en cuyos talleres se hicieron los bordados y orfebrería, así como cuatro miembros de TFP, de EEUU.

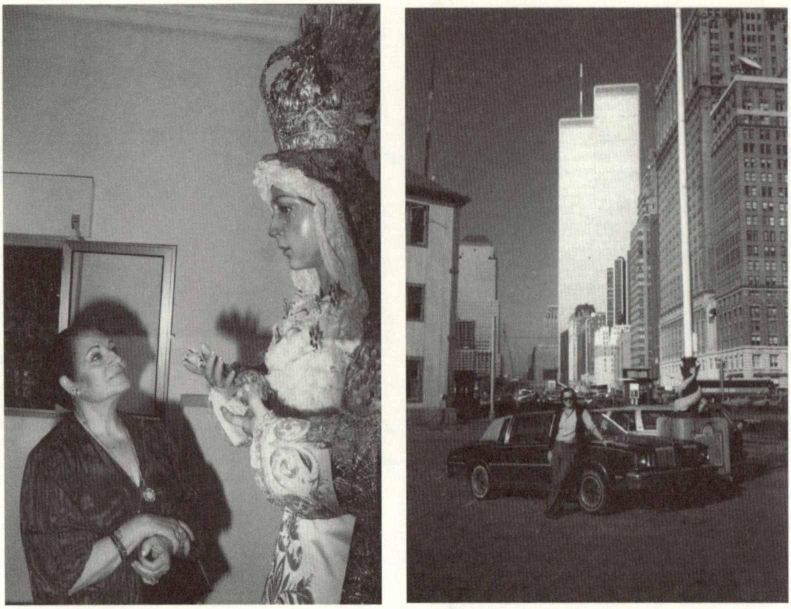

Juanita Reina ante la Macarena de NY. (dcha). Álvarez Duarte en un Cadillac Sevilla ante las Torres Gemelas.

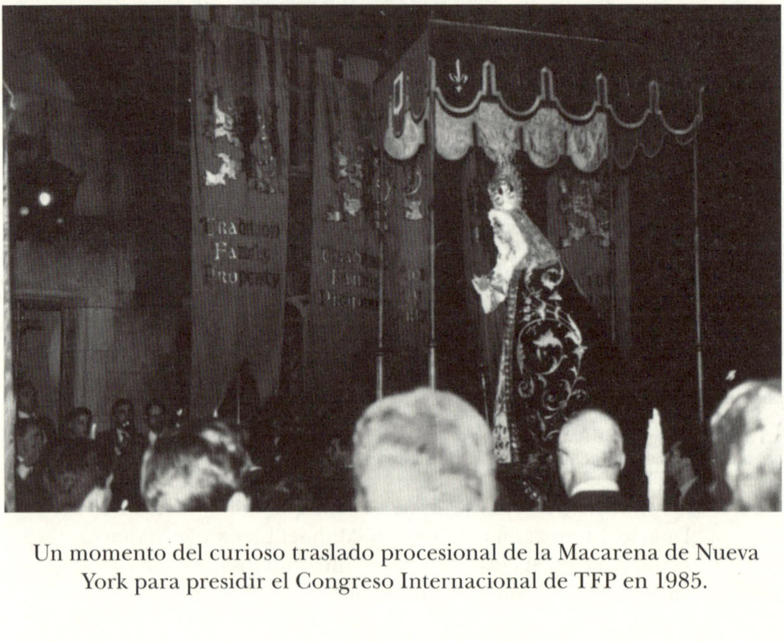

Un momento del curioso traslado procesional de la Macarena de Nueva York para presidir el Congreso Internacional de TFP en 1985.

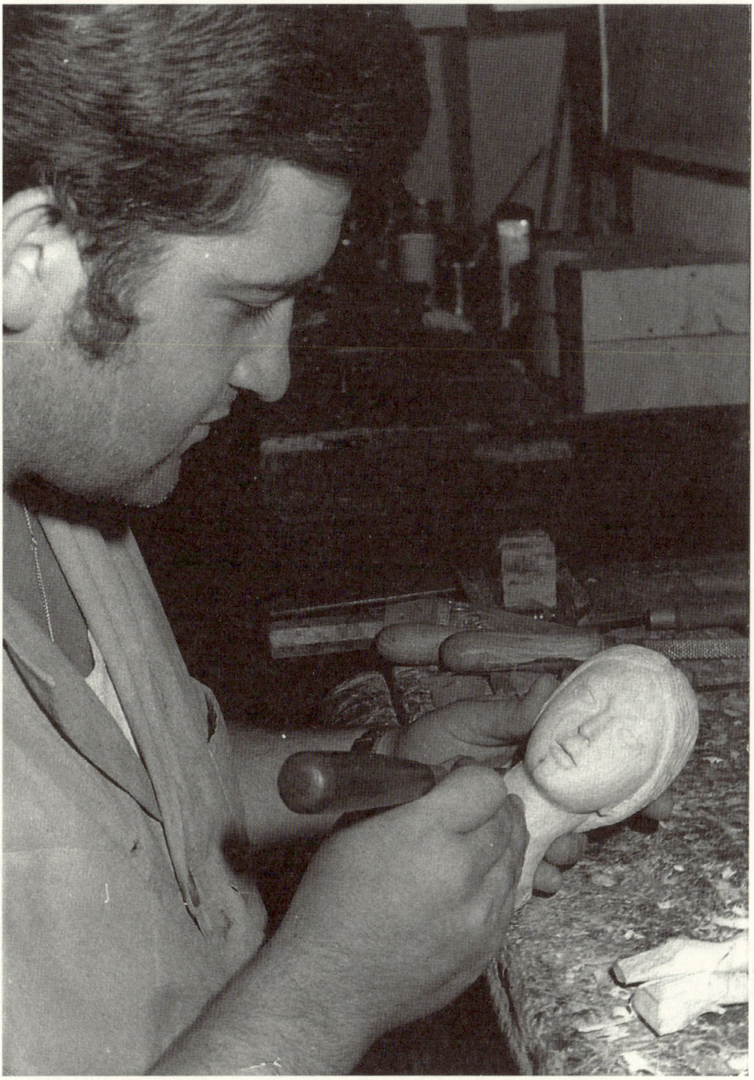

El imaginero tallando la Macarena que iba a ser regalada al Papa Juan Pablo II y que, finalmente, se quedó en la basílica.

3. TIEMPO DE MADUREZ

3.1 DE LA SEVILLA OCULTA AL POLÍGONO

Después de la Virgen del Patrocinio, que fue bendecida en 1973, pasarán unos años en los que la mayor parte de mis actividades como imaginero se centran fuera de la ciudad de Sevilla. A final de la década de los setenta, hay una aportación a la Semana Santa, ya mencionada, que se puede considerar menor, por tratarse de una figura secundaria, pero es importante por el paso al que se destina. Me refiero al centurión romano que se incorpora al paso de la Sentencia de la Macarena, en 1978, y que ocupa un papel central en la composición, junto a las figuras de Castillo Lastrucci.

Sin embargo, en los años ochenta, cuando comienza mi periodo de madurez, reanudo mis trabajos para Sevilla con una imagen de iglesia, que no sale en ninguna cofradía: el Cristo del Perdón y Misericordia. Podemos decir que casi es una imagen de la Sevilla oculta. Posteriormente, con el paso de los años, llegarán otras, entre las que destacarán el Cristo de las Cinco Llagas de la Trinidad y las imágenes de la cofradía del Polígono de San Pablo, mi última aportación... Hasta ahora.

EL CRISTO DEL PERDÓN Y MISERICORDIA

En 1983, vuelvo a realizar un Crucificado para Sevilla, aunque no para su Semana Santa. Es el Cristo del Perdón y Misericordia, que recibe culto en la iglesia del Señor San José, templo administrado por el Opus Dei. Es un Cristo vivo, que se encuentra situado en un altar, a la derecha, según se entra.

Este Cristo me fue encargado por el rector de la iglesia del Señor San José, que era entonces el padre Bernardo Robledo, impulsor de la idea de contar con un Crucificado para su templo. Fue una donación de la familia Alba Beteré, de Sevilla. Me pidieron un Cristo dialogante, expresivo, dulce… Fue bendecido por el entonces arzobispo, fray Carlos Amigo Vallejo, en una ceremonia que se celebró en el templo de San José, lleno de fieles para aquella ocasión.

La idea era disponer de una nueva imagen, muy devocional, para que contribuyera a la piedad popular de quienes acudieran a rezar o confesarse. Por eso, está situado cerca de la puerta de entrada y también junto a los confesionarios. Es una imagen concebida para la oración, que mueve al recogimiento. No está creado para salir en una cofradía, aunque han intentado sacarlo en Vía Crucis por las calles cercanas a este templo, situado entre la Judería y Santa Cruz. Al ser un Cristo vivo y expresivo, en el que se palpa claramente el sufrimiento, nos impacta porque tiene mucha fuerza.

Era mi segundo Crucificado vivo para Sevilla, después del Cristo de la Sed. Pero, entre ambos, se abre un paréntesis por medio de más de diez años, en los que mi estilo ha evolucionado y eso se nota claramente. Fernando Parias, que fue alcalde de Sevilla en la Transición política, solía llevar una estampa del Cristo del Perdón y la Misericordia en la cartera. Me comentó algunas veces que le parecía mi mejor Crucificado. Es cierto que impresiona a muchas personas cuando lo ven; incluso se confunden y creen que es una imagen antigua, de otros siglos. Sin embargo, al no salir en procesiones y no tener una cofradía, es menos conocido a niveles populares.

AIRES DE TRIANA EN PALMETE

En algunos barrios de Sevilla que aspiraban a tener cofradías de vísperas también me han pedido imágenes. Es el caso de Padre Pío-Palmete. En la parroquia del Buen Pastor y San Juan de la Cruz, sita en el mencionado barrio sevillano, fue creada una asociación de fieles en 1986. El 8 de diciembre de 1987 se dio a conocer un decreto del arzobispo Amigo Vallejo que le otorgaba rango de agrupación parroquial. Dos días después, el 10 de diciembre de 1987, en la sede provisional de la parroquia, el arzobispo presidía el solemne acto de bendición de la Virgen Madre de la Divina Gracia.

Unos años después, en 1992, tuvo lugar la primera procesión de la Virgen. Sale el Viernes de Dolores por las calles de su feligresía desde el año 1994. En el año 1996 se le agregó la imagen del Nazareno de la Salud y Clemencia, realizada por Fernando Murciano. Actualmente es una de las hermandades de vísperas de la Semana Santa sevillana.

La Virgen de la Divina Gracia de Palmete me fue encargada por un grupo de fieles de ese barrio. Entre ellos había muchos devotos de la Esperanza de Triana, circunstancia que influyó notoriamente en la estética de la imagen. El propio párroco de entonces, el padre Manuel Luque, que luego pasó a la parroquia de San Benito, me dijo que me inspirara en Triana, que la Virgen tuviera «aires de la calle Pureza». Y lo tiene. Me comprometí con este grupo, en el que había muy buenos cofrades, para darle ese aire trianero. Entre los que vinieron a verme para encargarme la Virgen de la Divina Gracia estaba Juan Carrero Rodríguez, con su señora, ya que mantenían una buena amistad con la que sería camarera de la Virgen de Palmete.

Quien la vea comprobará que, en su morfología, hay claras reminiscencias que nos llevan a Triana. Aunque no es una simple copia, sino que está adaptada a mi estilo. Se puede decir, si las comparamos, que la Virgen de Palmete es más clarita en el rostro y con un tono sonrosado que resalta en las mejillas. Al salir en una de las cofradías de vísperas, no es muy conocida todavía en Sevilla, aunque en la zona de Palmete y Padre Pío, incluso en otros barrios limítrofes, ya cuenta con mucha devoción.

Al cumplirse, en diciembre de 2012, el 25 aniversario de la bendición de la Virgen de la Divina Gracia van a celebrar algunos actos conmemorativos, entre los que han incluido nombrarme hermano de honor de esta corporación.

LA DOLOROSA DE ROCHELAMBERT

Otro barrio sevillano que cuenta con una imagen mía es el de Rochelambert. La Virgen de la Misericordia fue adquirida en el año 2000 y bendecida el 18 de diciembre de ese año, en la parroquia de San Luis y San Fernando, por el párroco, el padre Moisés López Méndez. La cofradía poseía con anterioridad un Crucificado, el Cristo de la Paz, tallado por Juan Manuel Miñarro en 1985. El anhelo del grupo de feligreses que le ha dado culto a las imágenes de Rochelambert es consolidar una cofradía en el futuro. Ese propósito no ha sido fácil y ha tropezado con obstáculos, hasta que el 7 de noviembre de 2011 presentaron formalmente en el Arzobispado de Sevilla el expediente para solicitar la creación de una Agrupación Parroquial. Posiblemente por estas circunstancias, la Virgen de la Misericordia es poco conocida en Sevilla, con la excepción de sus feligreses. Personalmente, me gustaría que fuera más conocida, porque muchos cofrades que la admiran piensan que está entre mis obras de plenitud.

Ya se han visto varios casos de imágenes que hice a poquito a poco en el taller, y que luego han sido adquiridas por diversas cofradías o entidades, una vez que las veían terminadas. Es el caso de la Virgen de la Misericordia. La tenía expuesta en mi casa de Gines el sábado de Pascua del año 2000, cuando un grupo de diez devotos de la parroquia sevillana de San Luis y San Fernando, de la barriada de Rochelambert, vinieron a verme para encargarme una Virgen. Ya tenían una imagen del Cristo de la Paz, pero querían una Dolorosa, con la intención futura de crear una agrupación parroquial que diera origen a una hermandad.

Cuando llegaron al taller, y vieron la Dolorosa que tenía allí, se quedaron prendados. Me insistieron en que les diera esa imagen, en vez de hacer una nueva. Precisamente aquel sábado de Pascua era la festividad litúrgica de la Divina Misericordia, que se celebraba por vez primera de manera oficial, según mandato del Papa Juan Pablo II. Por ello, los devotos de Rochelambert lo consideraron como un signo y le quisieron dar esa advocación.

Realmente es una Dolorosa en una línea estética comparable a otras que ya he citado, con la expresión del llanto muy acentuada, hasta el punto de ser como un sollozo. Su boca abierta y su momento de angustia contribuyen a esa impresión de desgarro. Sin embargo, es a la vez serena, para nada trágica. Tiene ese estilo que tanto ha gustado en otras imágenes de aquellos años, en los inicios del siglo XXI. Pienso que esta Virgen es una de las grandes desconocidas entre mis obras, a pesar de darse la paradoja de que está en Sevilla.

Al cabo de nueve meses, después de que llegáramos a un acuerdo y accediera a que esa Virgen fuera la titular que deseaban, el 18 de diciembre fue bendecida por el párroco, el padre Moisés López Méndez. Le pusieron la advocación de Nuestra Señora de la Misericordia. Era un día frío, pero la parroquia de Rochelambert aparecía llena de personas, muchas de las cuales ya soñaban con el día de verla en una cofradía, por las calles de su barrio. Fue muy curiosa la llegada de la Virgen a la parroquia, que tuvo lugar la noche anterior. La recogieron del taller en una furgoneta y la estaban esperando en el templo. Tras recibirla con júbilo, fue vestida de blanco, azul y rojo, los colores de la Divina Misericordia. Así quedó expuesta en su primer altar de besamanos.

LA MADUREZ

El periodo que abarca de los años noventa al fin de siglo fue muy intenso. A finales de los años ochenta seguía trabajando con plena normalidad, pero me llevé un buen susto. Sufrí un resfriado que no se curaba y que derivó en una neumonía. Llegué a asustarme, al notar que me asfixiaba. Por entonces yo me fumaba tres y hasta cuatro paquetes de tabaco al día, era un fumador empedernido, pero a raíz de aquella enfermedad dejé de fumar. Tuve la suficiente fuerza de voluntad. Afortunadamente, no padecí mayores problemas y pude seguir trabajando. En aquellos años, buena parte de mi actividad se centraba en Málaga, con una serie de imágenes que culminan en la Reina de los Cielos, obra de 1993.

Esta es una de mis imágenes más nombradas de aquellos años noventa. Otra destacable, que recuerdo de aquel periodo, es la Virgen de las Siete Palabras, de la cofradía de la Expiración, de Jaén. Fue mi primera obra para la capital jiennense, aunque en los ochenta había realizado diversos trabajos, sobre todo para Linares y también para Baeza.

Hay una serie de imágenes mías que le gustan mucho a los cofrades, sean de la provincia que sean. Y así hay muchos cofrades andaluces, de diferentes provincias, que admiran y elogian imágenes que sobrepasan sus ámbitos locales, como es el caso citado de la Virgen de las Siete Palabras, de Jaén. Entre otras, se podría citar también a la Virgen del Rosario del Mar, de Almería; la Virgen del Rosario, de Córdoba; la Virgen de la Merced y la Salud, de Málaga; y la Esperanza cigarrera, de Cádiz.

Esta última, por ejemplo, encantó a los cofrades de Elche, cuando vinieron a verme para encargarme su Virgen del Rosario. Les enseñé el catálogo de mis obras y me dijeron que parecía viva. Son imágenes con algo especial.

Podemos decir que tienen un atractivo añadido, siendo para mí valiosas todas las mías. A pesar de no ser obras sevillanas, y quizá por ello menos conocidas, han ganado admiradores en otros lugares. No corresponden a una sola época, o a un periodo de más inspiración, pues en esa lista, a la que se podrían añadir muchas, hay imágenes de los años ochenta, noventa y del siglo XXI.

En los años noventa vivo una etapa en la que me siento, profesionalmente, muy a gusto. Soy exigente conmigo mismo. Intento siempre superarme, pensar que todavía no he tocado techo. El nivel general de mis obras creo que alcanza siempre una altura. Es posible que algunas imágenes, sin ser malas o mediocres, sean menos afortunadas que la media. Nunca le voy a decir una cofradía que su imagen es más endeble que otras mías, por respeto. Sin embargo, he aprendido de todas, incluso de las que no estarían entre las mejores, porque todas me han enseñado a superarme.

De los años noventa destacaría la madurez, mi consolidación como imaginero. Ya tengo la capacidad de decidir, de elegir, de decir esto me interesa hacerlo, o no puedo porque no voy a tener tiempo, o simplemente no quiero por los motivos que sea. Hay que decir que esto lo cojo, o no lo cojo. Eso marca una etapa importante en lo profesional.

Se ha hablado sobre las características comunes de mis obras, sobre todo de mis Dolorosas. Quizá mi aportación más conseguida haya sido la *virgen-niña*, que alcanzó un especial éxito a partir de la Virgen de Guadalupe, por lo que muchas cofradías me pidieron ese modelo, que es de una gran dulzura. Pero también he creado Dolorosas que representan a una mujer madura, que son de profundo sentimiento, de una angustia muy acusada.

Se ha destacado también el hoyuelo en la barbilla que suelen mostrar mis Vírgenes, que ha sido calificado como una firma, un rasgo de identidad propia. Al escribir sobre mi obra mariana, la profesora María Dolores Díaz Vaquero apunta como características comunes: «rostros de trazo ovalado, barbillas levemente destacadas en las que se dibuja un hoyuelo, ojos enrojecidos por el dolor y una manos finas y elegantes de dedos abiertos y ligeramente flexionados, de los cuales el anular y el corazón suelen estar más unidos». Esto puede ser así, en general, pero sin olvidar que cada imagen tiene sus características propias, sus rasgos marcados y diferenciados que las hacen únicas.

En cuanto a las imágenes de crucificados, hay distinciones claras entre ellos, según los periodos; y también las hay en los paños de pureza, a los que he intentado dar un sello personal, pero sin mimetismos entre sí. Cada uno responde a su momento. En las imágenes de Nazarenos y Cautivos se observan muchas diferencias, según los periodos y lo que se buscaba. He realizado imágenes de cuerpo completo, de candelero... Mi obra es muy variada.

En cuanto a las policromías, siempre me han importado mucho. Creo que son fundamentales. La calidad es innegociable. Suelo buscar tonos suaves, con pinturas, veladuras y pátinas naturales. En los casos de las Dolorosas, es importante el acabado y la calidad del complemento en los postizos: lágrimas, ojos, pestañas... La belleza y naturalidad de una imagen gana o pierde con esos detalles.

Soy muy perfeccionista, incluso muy crítico con mi trabajo. A partir del año 2000, o poco más, ya empiezo a verme como plenamente consagrado en la imaginería, con una obra y una trayectoria muy importante por detrás, que me ha dado todo lo que tengo. Es un momento en el que me llegan diversos reconocimientos artísticos.

Precisamente en el año 2000 me encargan el paño de la Verónica para la hermandad del Valle. Fue la última vez que el pintor Francisco Maireles se ocupaba de buscar el autor. Maireles, ya enfermo, me llamó y me dijo que Álvarez Duarte debía ser el primer imaginero que pintara el paño de la Verónica del Valle, quería reservarme ese honor.

Acepté muy complacido. Pinté la Santa Faz de un Cristo más clásico que barroco. No es el retrato de ninguna escultura, ni mía ni de ningún autor. Quería pintar un Cristo expresamente idealizado para ese paño. Se lo entregué al entonces hermano mayor del Valle, el recordado cofrade José María O´Kean, en un acto muy emotivo celebrado en la iglesia de la Anunciación.

En el año 2000, ya tenía detrás casi cuarenta años como

imaginero, con más de cien obras. Por consiguiente, en este periodo del siglo XXI puedo escoger con más criterio, seleccionar mucho, pues no necesito demostrar nada. Era el momento ideal para afrontar desde la madurez nuevos retos en Sevilla: un Crucificado y un paso de misterio.

EL CRUCIFICADO DE PLENITUD PARA LA SEMANA SANTA DE SEVILLA

Había tallado muy joven el Cristo de la Sed. Era una obra de primeros tiempos, aunque con este Crucificado doy un paso adelante. Hasta entonces parecía especializado en Dolorosas, incluso después las imágenes marianas han sido las más demandadas en mi taller. Sin embargo, en paralelo, fui desarrollando una carrera artística como especialista en crucificados, que se fueron para otras ciudades, lejos de Sevilla; o, como en el caso del templo de San José, se quedaban sin salir en Semana Santa.

Si el Cristo de la Sed era mi Crucificado vivo para la Sevilla de las cofradías, me hacía falta un Crucificado muerto, que ampliara y llevara a la plenitud mi obra para la Semana Santa sevillana. Ese Cristo muerto, de plenitud artística, ha sido el de las Cinco Llagas de la Trinidad, tallado en 2002.

Era un reto muy difícil. No sólo por ser mi primer Crucificado muerto para la Semana Santa de Sevilla, y por llegar en un momento en el que mi carrera estaba en lo más alto. Se complicaba por la dificultad de una sustitución de otro Crucificado en un paso que llevaba muchos años envuelto en la polémica. La imagen del Cristo había sido sustituida en diversas ocasiones, sin que nunca terminara de consolidarse, por la propia estética de esos Crucificados y por la complicación de armonizarlo con las demás figuras del Calvario en el paso de misterio. Por ello, planteo a la cofradía la posibilidad de hacerles un nuevo grupo completo. A eso se sumaba que la cofradía de la Trinidad era la del Álvarez Duarte cofrade. Siempre había estado vinculado a ella, desde niño, y siempre he sentido especial admiración por la Esperanza de la Trinidad, una Virgen que restauré y que me ha servido como fuente de inspiración.

Por todo ello, el Cristo de las Cinco Llagas es tallado en un momento decisivo de mi vida como imaginero. La cofradía de la Trinidad había tenido en aquellos años dos crucificados de Hernández León, que fueron sustituidos por circunstancias que no voy a valorar. En el año 2000 restauré la Virgen de la Esperanza de esa cofradía. Y, poco después, me encargan el nuevo Crucificado, que fue bendecido el 28 de febrero de 2002.

La idea inicial era que el Cristo formara parte de un nuevo misterio completo. Les mostré la maqueta de ese misterio, en el que el Crucificado estaría integrado en el grupo de un modo diferente al actual. Por diversas circunstancias, la cofradía no ha seguido adelante con ese proyecto, al menos de momento. Pero el Cristo se concibió para un nuevo misterio, con la intención de completar después las restantes figuras.

Mi proyecto incluía que Nicodemo y José de Arimatea estuvieran abajo, no subidos a la cruz, porque creo que, con tener arriba a los Santos Varones de la Quinta Angustia, ya sobran en lo alto todos los demás. Pienso que el misterio de la Trinidad se cimbrea bastante y la cruz se mueve más de lo necesario. En el grupo escultórico que proyecté, San Juan está situado para abrazarse con la Virgen. La Magdalena, que tendría el pelo tallado, aparece con un cáliz. Nicodemus está también abajo, con el sudario, en el momento en que va a subir a la cruz. José de Arimatea se queda con las santas mujeres María de Cleofás y María Salomé, preparando las sábanas para amortajar al Cristo. Sería un misterio que aportaría matices nuevos, pero sin rarezas, y que al mismo tiempo es muy sevillano. Todo ello en una composición acorde con el Cristo de las Cinco Llagas.

Las restantes figuras del misterio se quedaron en el limbo de las ideas que no se materializan. Entre otras cuestiones porque había diversidad de opiniones en la cofradía. Algunos eran partidarios de un misterio clásico de Calvario, solo con el Cristo, la Virgen de la Concepción, San Juan y la Magdalena. Por el contrario, otros eran partidarios de un misterio con más figuras. En la cofradía me pidieron una maqueta. La idea de este proyecto es mía, personal, pero al mismo tiempo responde a unos patrones clásicos, que no iban a desentonar. Puede ser que, indirectamente, influyera lo ocurrido con el primer paso de esta cofradía, el alegórico del Sagrado Decreto, que despertó cierta polémica en su día. Al ser un paso con una composición alegórica, hay quien sostiene que no debería salir a la calle, que no se entiende, sino que es más apropiado para un altar de iglesia. Pero todo eso sería opinable.

El Cristo de las Cinco Llagas, con el paso del tiempo, ya ha cumplido más de diez años. Va tomando un aspecto de gran Crucificado. Me enorgullece que la principal crítica, que he oído alguna vez, es que recuerda demasiado al Cristo de la Buena Muerte, de la cofradía de Los Estudiantes, obra de Juan de Mesa. Pienso que no es así, ni se ha buscado. Pero si lo peor que tuviera es eso, tampoco me importaría.

Este Crucificado de la Trinidad cuenta con una policromía en tonalidad suave. Se ha destacado el tratamiento anatómico, muy elaborado; y sobre todo el paño de pureza, que es muy diferente al del Cristo de la Sed, pues no en vano hay por medio treinta años de una evolución artística. El Cristo tiene un aspecto joven, con un rostro dulce y sereno, a lo que contribuye que no le puse corona de espinas.

En realidad, mi principal fuente de inspiración para este Cristo fue su Madre, la Esperanza de la Trinidad. Me he basado en Ella para que tuviera un parecido, para que se note que es su Hijo. La morfología del Cristo y su boca se asemejan a las de la Virgen. La conozco perfectamente, porque la restauré tan solo unos meses antes de tallarlo. Se puede decir que es un Crucificado romántico, al estilo del siglo XIX. Me he basado en Juan de Astorga. En Bormujos hay un Cristo de Astorga muy bonito. Otro ejemplo sería el Crucificado de la Escuela de Cristo. He intentado reproducir la dulzura de la Esperanza en su Hijo. Lo veo con fuerza, pero al mismo tiempo dulce.

La verdad es que ha calado, poco a poco, en la hermandad de la Trinidad. No era fácil, por el peso de los casos precedentes. En cierto modo, recuerda también al primitivo Crucificado, de pasta, que tuvieron que retirar. No quise un Cristo duro, ni rebuscado o retorcido, aunque está muerto, sino que respondiera a la dulzura de Ella. Porque no podemos olvidar que en esa cofradía la Reina siempre será Ella, la Esperanza de la Trinidad.

Siempre le he tenido mucha devoción. Nací en la Huerta de los Granados, en la calle Venecia, en su barrio. Desde que era un niño pequeño veía la cofradía. Para mí, esta Virgen, con su paso de palio, es de lo mejor que existe en Sevilla. Aún recuerdo el palio antiguo de tisú, precedente del actual, que era original y la distinguía. Aunque es verdad que todo lo que han hecho después, en ese paso de palio, lo hicieron bien.

La cofradía del Polígono de San Pablo es muy especial para mí. Una de las principales representaciones de la obra de Luis Álvarez Duarte en la Semana Santa de Sevilla es esta cofradía, incorporada a la nómina en 2008 para salir abriendo el Lunes Santo. Esta incorporación permitió llevar a la Catedral dos pasos, cuya imaginería es obra completa mía. A diferencia de otros casos, lo último que hice fue la Dolorosa, que es obra de 2007. Por el contrario, empecé por la talla de Jesús Cautivo, que me encargaron en 1991, y completé el paso de misterio, en 2005, cuando la hermandad me encarga que plasmara el pasaje de Jesús ante Herodes. Para ello realizaría las figuras de Herodes, el Sumo Sacerdote, dos romanos y un sanedrita.

Es un paso de misterio cuya composición ha sido muy valorada. Algunos especialistas destacan su disposición iconográfica. En ese sentido entroncaría con las grandes composiciones de otros siglos anteriores y con las disposiciones escénicas que caracterizaban la mejor obra de Castillo Lastrucci. Para ello se basa en el papel central de Jesús Cautivo, que mantiene un protagonismo fundamental en el paso, y en el contraste con las figuras de Herodes y el sumo sacerdote, dispuestos en la trasera, que son dos figuras muy expresivas, y le dan una gran tensión y fortaleza a la escena.

La cofradía del Polígono de San Pablo tuvo una andadura más difícil de lo que parece. Sus orígenes están en la parroquia de San Ignacio de Loyola de este barrio sevillano. Con la llegada de la Orden Trinitaria a la parroquia, en 1988, el trabajo de los fieles cobró un nuevo impulso y se empieza a gestar una hermandad en San Pablo. En mayo de 1990 la autoridad eclesiástica aprobó la transformación de aquella asociación de fieles en una agrupación parroquial para crear la futura hermandad.

Un gran hito fue la bendición de Jesús Cautivo y Rescatado, una imagen que me encargaron para fomentar las devociones del Polígono de San Pablo. El acto de bendición se celebró el 28 de marzo de 1992, a cargo del vicario de zona, el padre Manuel de los Santos Sánchez-Barbudo, siendo apadrinado por la Orden Trinitaria. El Cautivo del Polígono salió por vez primera en procesión por el barrio ese mismo año.

Cuando tallaba el Señor Cautivo se plasmó todo el proceso de realización de la imagen en una película, *Divina madera,* producida por Salvador Vélez, con locución de José Manuel del Castillo y realizada por Ángela Vélez. Se explicaba todo el proceso de cómo se saca de punto, se talla, se encarna y se da la pátina para que una madera se convierta en una imagen sagrada. En este caso, con el Cautivo del Polígono como modelo.

Aunque el Señor fue bendecido en 1992, pasó más de una década hasta que el cardenal arzobispo de Sevilla, Carlos Amigo Vallejo, aprobó en 2005 el decreto de erección canónica de la nueva hermandad sacramental y de penitencia. El cofrade Manuel Márquez fue elegido primer hermano mayor. Una de sus decisiones inmediatas fue convocar un cabildo de hermanos, que aprobó encargar a Luis Álvarez Duarte la realización de las imágenes que completaran el paso de misterio, donde se representa el pasaje evangélico de San Lucas, 23, 6-10.

En 2007, otro cabildo de hermanos aprobó por más del 77% de los votos que fuera sustituida la anterior imagen de la Virgen del Rosario Doloroso, realizada por Luis Alberto García Jeute, y me encargaron una nueva. Fue bendecida el 3 de octubre de ese año por el cardenal Amigo Vallejo, actuando como madrina la hermandad de la Macarena, que le entregó como recuerdo una cruz de la Esperanza, réplica de la que lleva la Macarena en su corona de oro.

Mi relación con los cofrades del Polígono de San Pablo empezó en los años noventa, cuando me encargaron la imagen de Jesús Cautivo y Rescatado. Aunque en Sevilla hay otras tallas del Señor Cautivo, y es una iconografía frecuente en mi obra, intenté aportarle un sello especial. Es una imagen con personalidad por sí misma, que asimismo admite el encaje dentro de un misterio. Un detalle curioso, quizá poco conocido, es que el Señor tiene los ojos verdes. Por ello, cuando en 2005 me preguntaron, afronté con mucha ilusión la idea de crear un misterio para el Cautivo. Estuve tres años trabajando hasta terminarlo.

Ahí se consolida mi relación con la hermandad, que alcanza un nuevo hito en ese intervalo, cuando tallo en 2006 una Dolorosa, que después se convertirá, en 2007, en la Virgen del Rosario Doloroso. Así se completó mi aportación para la cofradía, con aquella bendición que presidió el cardenal Amigo Vallejo. A la anterior imagen de la Virgen le tenían afecto y devoción, era respetable, pero querían otra de mayor nivel artístico. La autoridad eclesiástica se mostró favorable al cambio y lo aprobó, cuando ya se gestaba que la cofradía acudiera a la Catedral. La actual titular del Polígono de San Pablo cumplió esos objetivos. Al igual que el Cautivo, tiene los ojos verdes. Forma parte de una trilogía mariana de ojos verdes, realizada en esa época, en torno a 2005 y 2006. Son las Dolorosas de los ojos verdes. Con distintos matices y tonos, comparte ese rasgo especial con la Esperanza cigarrera de Cádiz y la Esperanza de Adeje (Tenerife), que son de la misma época.

Pero si esta Virgen del Rosario Doloroso fue reconocidísima, debo decir que no he recibido nunca tantas felicitaciones como en la presentación del grupo escultórico del misterio. Causó una impresión tan impactante en la Sevilla cofrade como nada mío hasta entonces. Algunos me decían que ya era hora de que se creara un gran misterio, sin tanto olivo. El pasaje que representa es el anterior al del Silencio Blanco de San Juan de la Palma. El grupo escultórico del Polígono quedó expuesto desde el 28 de febrero hasta el 2 de marzo de 2008 en el salón del Apeadero del Ayuntamiento. En esos cuatro días fue visitado por casi treinta mil personas, según datos oficiales. La prensa local publicó reportajes destacando el estreno.

Querían que este grupo de imágenes tuviera una fuerte personalidad y, al mismo tiempo, una estética muy sevillana. Algunos cofrades rancios y veteranos me dicen que, aunque todas las tallas son de calidad, el dúo que forman Herodes y el sumo sacerdote Caifás es impresionante. En la imagen de Herodes Antipas se percibe su vejez, con un estado de inquietud y preocupación por las acusaciones que le está planteando el sumo sacerdote Caifás para que Jesús sea condenado. La imagen lleva un *kipá* (gorro hebreo) tallado, dorado, estofado y enriquecido con piedras semipreciosas. Esta pieza ya tiene un valor en sí misma. Caifás muestra claramente su odio hacia Jesús, al que acusa ante Herodes, con unos rasgos marcados en la expresividad de su maldad, mientras lo señala para reforzar la acusación. La tiara de Caifás también está tallada, dorada y estofada, mientras en el pecho porta el llamado *pectoral del juicio*, con doce piedras naturales que representan a las doce tribus de Israel.

Por el contrario, las otras imágenes secundarias son diferentes. El sanedrita es un hombre bondadoso, disconforme con el juicio a Jesús, al que casi pide perdón, con unos ojos al borde de las lágrimas. Sostiene la túnica blanca que le van a colocar a Jesús. Los dos romanos son un capitán, que manda al sanedrita colocar la túnica por orden de Herodes, y un soldado que porta el SPQR en la trasera del paso, mientras parece oír el diálogo de Herodes y Caifás. El canasto del paso fue tallado por Francisco Pineda y lleva imágenes de santos y cartelas, que son obra de mi discípulo Ventura Gómez.

Una característica del misterio es que el Señor no está tapado por ninguna de las imágenes, se mire desde donde se mire. Jesús Cautivo aparece visible en primer término. La escena está tomada del evangelio de San Lucas. Como se ha indicado, es justo la anterior al paso de misterio de la cofradía de la Amargura. Querían un misterio de categoría para Sevilla y eso es lo que busqué.

Fue impresionante la entrada en la Campana, aquel Lunes Santo del año 2008, cuando la cofradía acudía por primera vez a la Catedral. El presidente del Consejo de Cofradías, Manuel Román, me invitó al palquillo para que lo viera de cerca. Disfruté muchísimo, porque entró con clase y señorío. Luis León, el recordado capataz de la Macarena y el Cristo del Amor, me dijo después unas palabras que no he olvidado:

—Cuando lo vi entrar en la Campana, me parecía como si hubieran recuperado un paso de misterio del siglo XVII. Me parecía un paso que durante mucho tiempo hubiera estado oculto en una cueva y, de repente, salía a la luz.

Fui el director artístico de la cofradía del Polígono en los primeros años, cuando se completó el paso de misterio y el paso de palio para ir a la Catedral. De lo que hicimos hasta 2008 me responsabilizo. Después, en los últimos años, he observado algunas cosas en este paso que van en otra dirección. Le he visto más colgantes, más anillos y más cosas añadidas a las imágenes. No digo que esté mal, pero no es lo mismo que yo les puse. Hay que tener un cierto tacto con los detalles. Cuando un creador concibe su obra debe ser respetada en su totalidad. A veces, solo con cambiar un pliegue ya no es lo mismo. Desde luego, solo son pequeños detalles. Quede claro que me siento muy feliz con este misterio del Polígono, que ha sido valorado como mi gran misterio para la Semana Santa de Sevilla. Todavía me siguen felicitando.

Otro hecho destacado de aquel Lunes Santo de 2008 es que la Virgen del Rosario Doloroso también entró señorial en la Campana. Lucía el manto de la Coronación de la Macarena, obra de Esperanza Elena Caro, que le había cedido la cofradía por haber sido la madrina de esta imagen en su bendición. También llevaba la corona de la Virgen de los Dolores, de San José Obrero, mi primera Dolorosa, y asimismo una toca de sobremanto de Madre de Dios de la Palma y una barquita de oro cedida por la cofradía de La Sed.

Tener una cofradía completa en la Semana Santa de Sevilla es algo muy importante para un escultor. No todos lo pueden decir. Es un hito que te marca y te define. Aunque la hermandad del Polígono de San Pablo haya llegado recientemente, y haya tenido mala suerte con la lluvia en sus primeros años, es una cofradía joven que no desmerece nada de otras más antiguas. Ha cumplido sobradamente con el precepto no escrito de que ninguna cofradía se incorpore a la nómina de la Semana Santa de Sevilla hasta que presente la debida dignidad y decoro en su patrimonio artístico. Una condición que en otros casos no se ha mantenido.

IMÁGENES DE GLORIA PARA SEVILLA

A principio de los años ochenta, se creó en el barrio León, el núcleo de una hermandad de gloria en torno a la devoción a la Virgen del Rosario. Pronto contaría con una capilla provisional, hasta que en 1994 se pudo terminar la capilla definitiva. Al poco de empezar, en 1982, se firma el contrato para que les talle una Virgen del Rosario, que en 1984 se completó con la imagen del Niño Jesús. Es una clásica efigie mariana de gloria, en tamaño académico, que unió la devoción mariana del barrio León en torno a su Virgen del Rosario. Quedó refrendada con la aprobación de la hermandad por el Arzobispado en 1992 y con el apoyo del párroco de San Gonzalo, al estar en su feligresía.

La Virgen del Rosario es una imagen que muestra unos rasgos muy finos y que se complementa con un Niño Jesús pequeñito, pero muy cuidado en los detalles. Aunque me la encargaron para que recibiera culto en el barrio León y saliera en procesión de gloria por sus calles, pronto adquirió fama en toda Sevilla, sobre todo porque muchos años ha sido trasladada a la calle Sierpes para presidir uno de los altares que se levantan con motivo de la festividad del Corpus Christi.

Otra imagen de gloria que tallo para Sevilla es la Virgen del Puerto, que recibe culto en la parroquia de San Román, la antigua sede de la cofradía de los Gitanos. Fue bendecida el 11 de mayo de 1985. La realizo a semejanza de la patrona de Zufre

(Huelva), para una asociación mariana parroquial, integrada en su mayor parte por personas oriundas de esa población. La imagen luce una corona y está orlada con una ráfaga que le hizo el orfebre Manuel de los Ríos.

Esta Virgen del Puerto evoca a la Patrona de Zufre (Huelva), pero he procurado que posea un valor artístico en sí misma. Una singularidad es que la Virgen se complementa con un Niño Jesús, como es habitual, pero casi siempre la vemos sin su Hijo. Cuando la tallé me dijeron que el Niño Jesús solamente lo expondrían en los cultos, ya que en Zufre es costumbre que el Niño se quede en el pueblo y la Virgen se venera sola en su ermita.

Quizá esta imagen, que se encuentra en un altar de la parroquia de San Román, no sea suficientemente conocida por los sevillanos, pese a ser una de las de mayor nivel artístico entre las mías de Gloria.

Como ya se ha comentado anteriormente, en 1982 tallé una imagen de sor Ángela de la Cruz con motivo de su beatificación, que se encuentra en la casa de novicias del convento de las Hermanas de la Cruz. Y posteriormente, cuando fue canonizada, realicé la primera imagen de Santa Ángela de la Cruz, que se encuentra en la parroquia de San Pedro. Fue bendecida por el cardenal Amigo Vallejo, en un acto muy solemne.

Para un altar del templo del Santo Ángel de Sevilla, de los Carmelitas Descalzos, me encargaron en el año 2000 una imagen de Teresa Benedicta de la Cruz, que se le dedicó con motivo de su canonización como santa. Esta monja carmelita descalza alemana, llamada Edith Stein, tenía origen judío y murió en Auschwitz en el holocausto de la Segunda Guerra Mundial. Es copatrona de Europa y fue elevada a los altares por el Papa Juan Pablo II, gran admirador de su vida y de su obra.

LA VIRGEN DEL ROCÍO DE SEVILLA SUR

Mis imágenes marianas en Sevilla también abarcan la devoción rociera. En 1987 tallé la Virgen del Rocío de la hermandad de Sevilla Sur. Es una réplica de la original de Almonte, con la que presenta una evidente similitud. Esta Virgen del Rocío de Sevilla Sur tiene su sede canónica en la parroquia de San Juan de Ávila, donde recibe culto y sale en una procesión por la feligresía.

La Virgen suele permanecer vestida de Pastora durante el Adviento hasta el día de Reyes. Durante el resto del año aparece vestida de Reina y solo la cambian para los cultos. En un par de ocasiones fue trasladada para presidir un altar del Corpus, situado en la Avenida, delante del Banco de España.

En 2011 restauré esta imagen, aunque la intervención se limitó a la consolidación de los brazos y repasar la policromía, así como corregir los daños causados por algunos alfilerazos.

VENTURA GÓMEZ, EL DISCÍPULO

A lo largo de mis años de actividad profesional, he trabajado siempre como imaginero autónomo. Tan sólo tengo un discípulo reconocido como tal: Ventura Gómez Rodríguez. Empezó a aprender conmigo en el año 1993. Me ha acompañado en algunas restauraciones de imágenes, me ha visto trabajar y le he dado clases. Pero él no ha participado en la realización de mis imágenes, que son todas obras personales mías.

Ventura Gómez nació en Sevilla, en 1973, aunque su familia procede de Mairena del Alcor. Tras estudiar el Bachiller en esta población, empezó a trabajar. Desde muy joven había sentido afición por la imaginería, si bien empezó como profesional de la carpintería y cerrajería, actividades que combinaba con su incipiente afición de imaginero. Es hijo de Agustín Gómez Morales, que fue hermano mayor de la Vera Cruz, de Mairena del Alcor. Cuando en 1992 restauré las imágenes de esa cofradía, conocí personalmente a Ventura, que me mostró algunas de las imágenes que había realizado como aficionado.

Aprecié que tenía posibilidades y capacidad para ser imaginero, además de unas buenas dotes personales. Por eso, le propuse que acudiera a mi taller de Gines, para darle consejos y que aprendiera. Empezó a ir en 1993. Tres años después, dejó sus oficios de carpintero y cerrajero para dedicarse de lleno a la imaginería, por su cuenta, siguiendo las enseñanzas que le he aportado. También ha aprendido a restaurar imágenes y me ha ayudado en algunas de esas intervenciones.

Ventura se ha construido un taller propio, en una casa de Mairena del Alcor, donde trabaja habitualmente por su cuenta. Aparte de eso, acude a verme con cierta regularidad para pedirme consejos, o consultarme detalles, y para colaborar en algunas restauraciones. Entre sus obras propias, se pueden citar la Virgen de la Esperanza, de El Viso del Alcor (Sevilla); el Cristo del Amor, de Vélez-Málaga; la Virgen del Mayor Dolor, de Mairena del Alcor (Sevilla), el Cristo del Perdón, de Torrent (Valencia) o la Virgen del Remedio, una imagen de gloria para Istán (Málaga). También es autor de imágenes de santos y cartelas en el canasto del paso de misterio del Polígono de San Pablo.

Siempre le digo que siga su camino, que busque su estilo, que no se dedique a copiarme, aunque me vea como maestro. Esta es una cuestión esencial para un imaginero, que intenté llevar a la práctica desde que aprendía con Buiza, como hizo él cuando era discípulo de Sebastián Santos. Cada imaginero es diferente. Debemos aprender de nuestros maestros, pero después cada uno seguirá su camino hasta crear su estilo personal, su identidad propia.

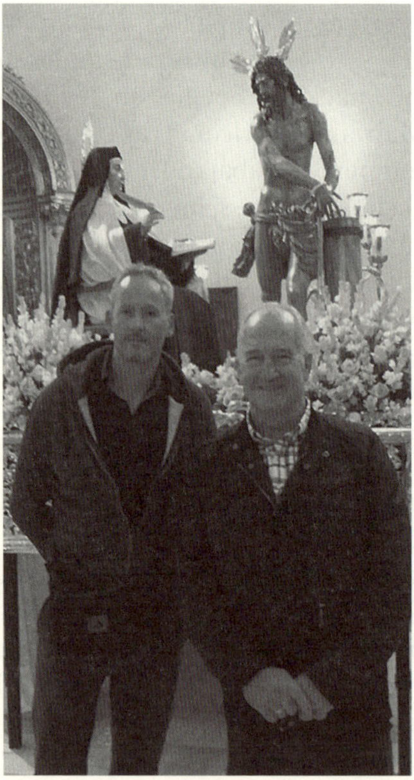

Álvarez Duarte con su discípulo Ventura Gómez, en una visita al convento de las carmelitas descalzas de Alcalá de Henares (Madrid).

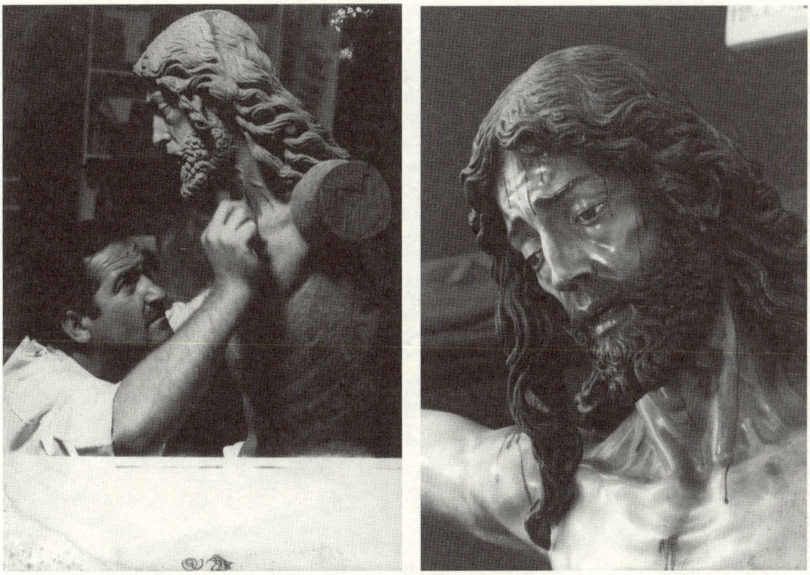

El Cristo del Perdón y Misericordia, que recibe culto en la iglesia de San José, de Sevilla.

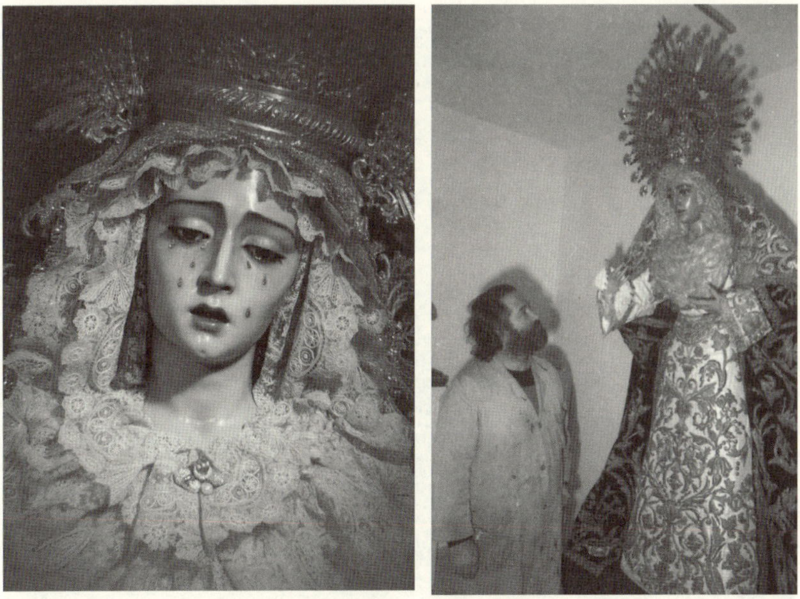

Virgen de la Misericordia, de la barriada sevillana de Rochelambert. A la derecha, con la Virgen de la Divina Gracia del barrio de Palmete (Sevilla).

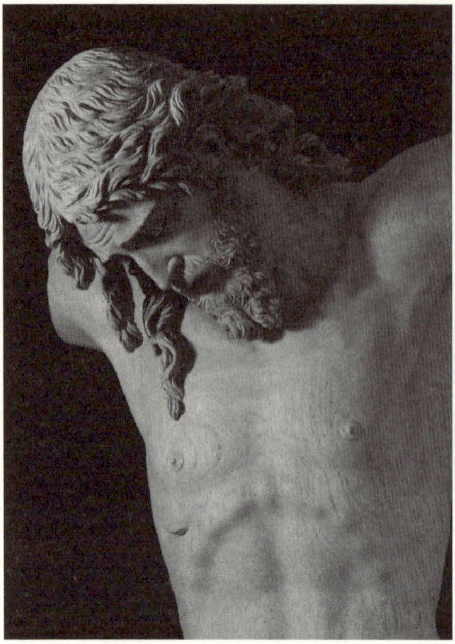

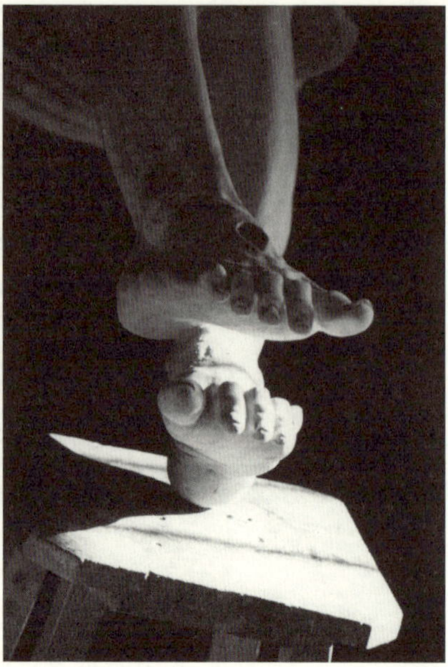

Dos detalles del Cristo de las Cinco Llagas (2002)
para la cofradía sevillana de la Trinidad.

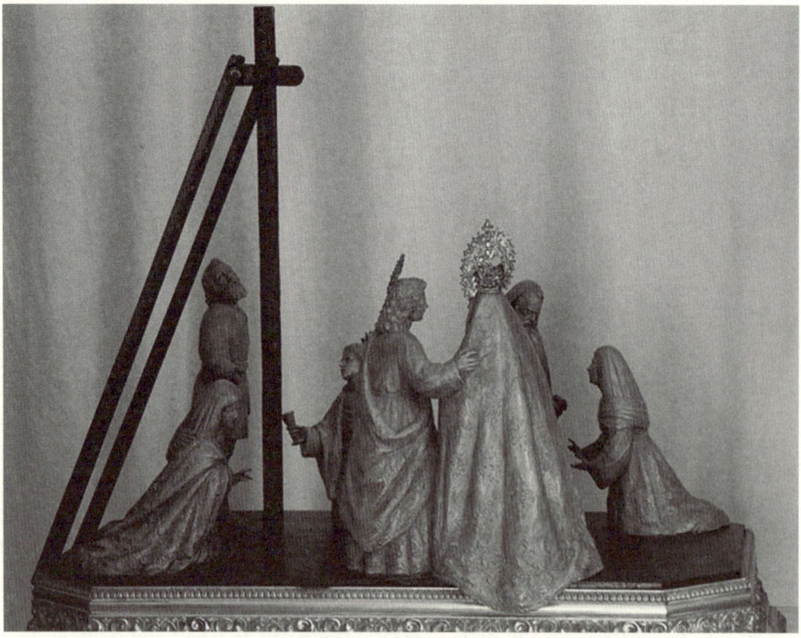

Álvarez Duarte presentó un boceto para un nuevo misterio
de las Cinco Llagas, que no llegó a realizarse.

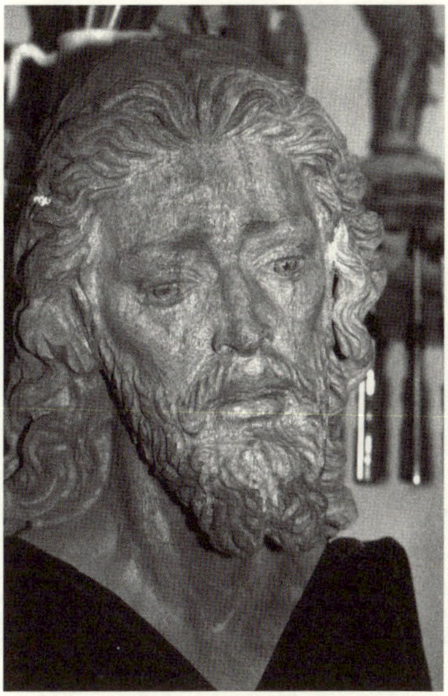
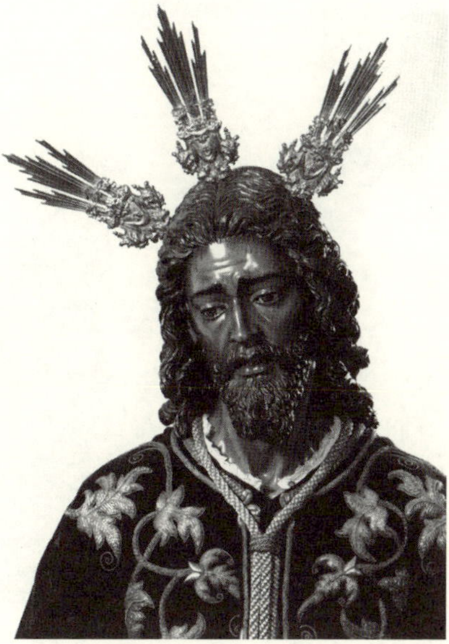

El Cautivo del Polígono de San Pablo en madera
y terminado con su aspecto actual.

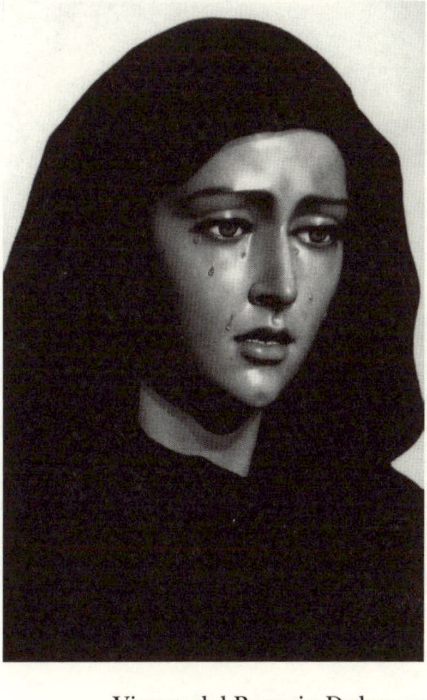
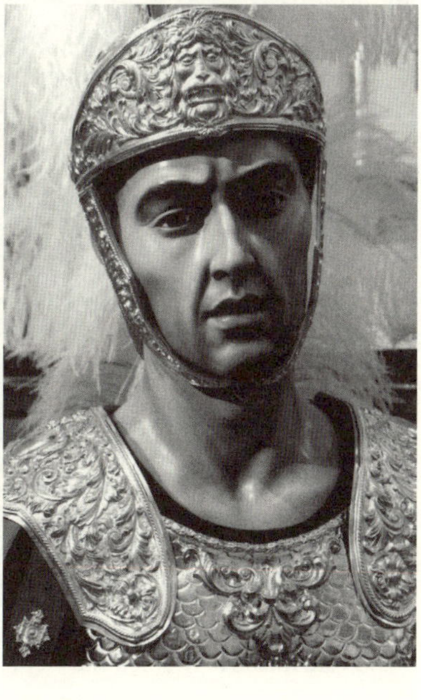

Virgen del Rosario Doloroso, de la cofradía del Polígono
de San Pablo, y romano del paso de misterio.

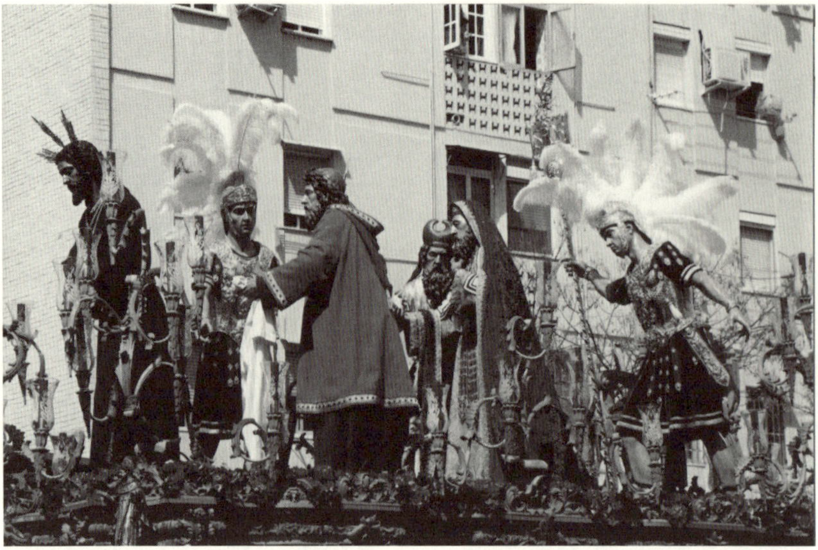

El paso de misterio del Polígono de San Pablo con todas las imágenes realizadas por Álvarez Duarte.

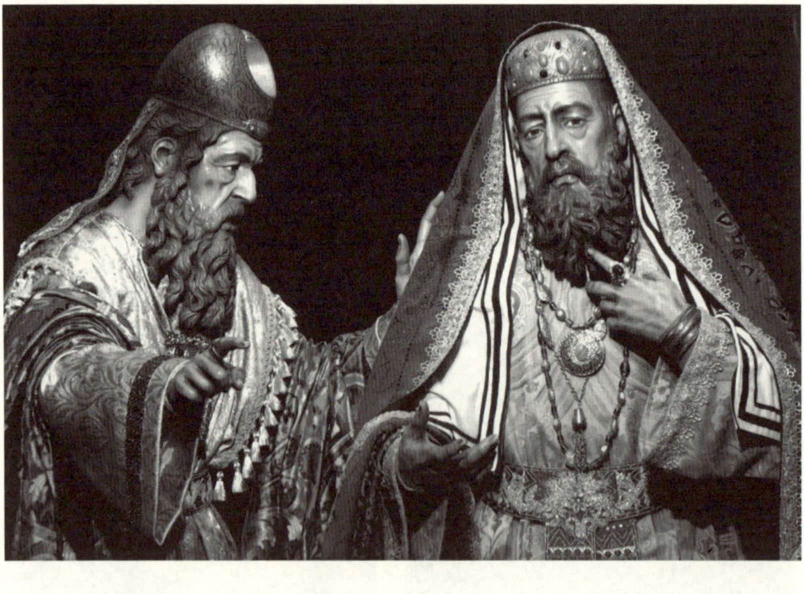

En este misterio destaca el excepcional dúo que forman Herodes y Caifás.

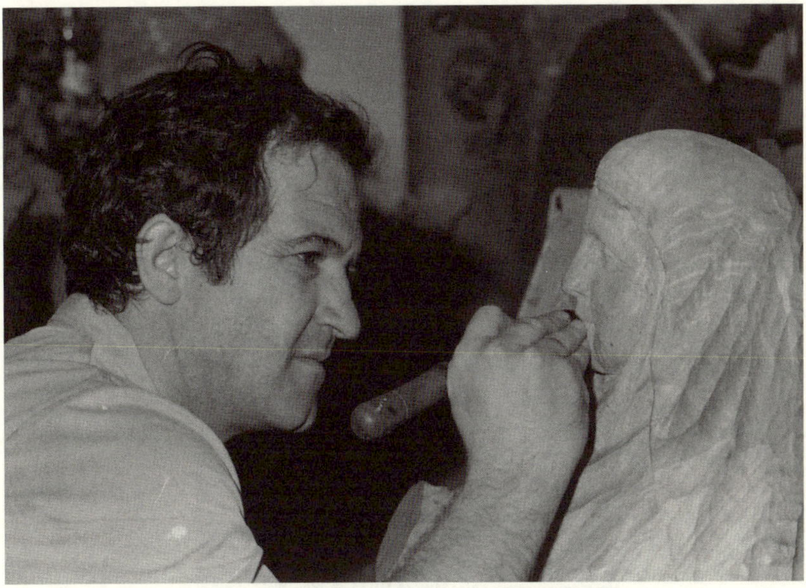

Álvarez Duarte tallando en 1982 la Sor Ángela de la Cruz bendecida por Juan Pablo II.

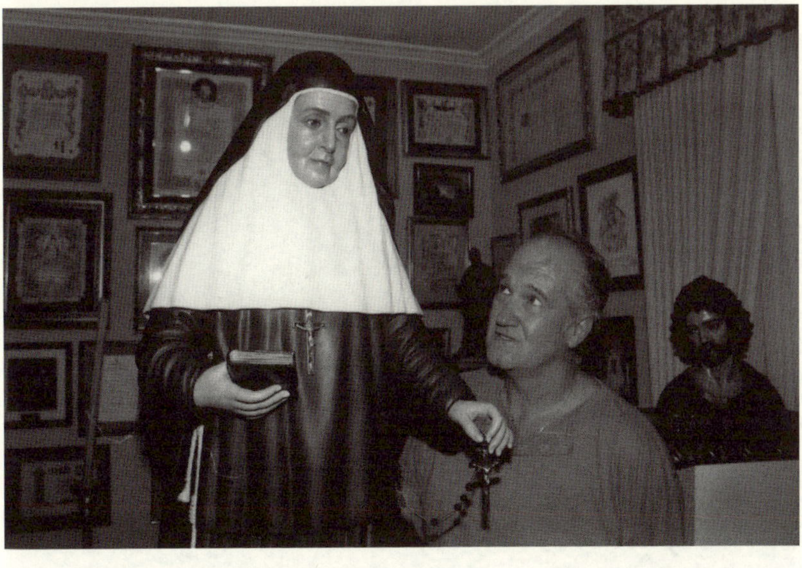

Primera imagen de Santa Ángela de la Cruz tras ser proclamada santa, realizada para la parroquia sevillana de San Pedro en 2004.

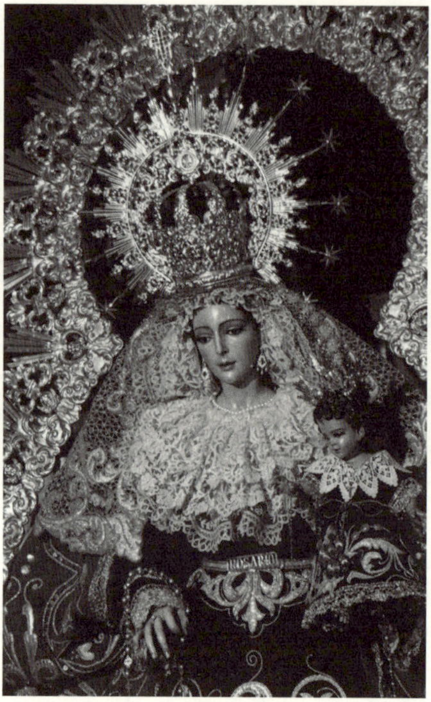

Virgen del Rosario del barrio León, de Sevilla.

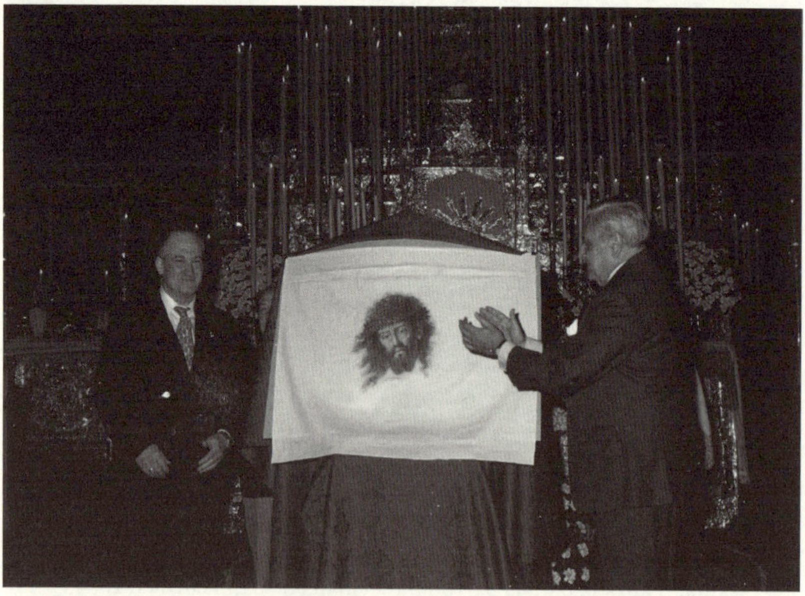

Álvarez Duarte entrega el paño de la Verónica que pintó en 2000 al entonces hermano mayor de El Valle, José María O´Kean.

3.2 MONUMENTOS EN LAS CALLES

No he sido solo un imaginero. Es posible que, a nivel popular, la temática religiosa haya eclipsado mi trayectoria como escultor. Pero no ha sido así en los encargos recibidos, tan frecuentes que me resultaba imposible atender todos, y en el reconocimiento que me dispensan los coleccionistas y expertos.

Aunque sea menos conocida del gran público, mi trayectoria como escultor tiene un capítulo importante en la obra profana, a la que ya dediqué una primera referencia. Y estoy especialmente satisfecho de mi participación en los monumentos de homenaje a diversas personalidades. Entre ellos se pueden destacar cuatro de Sevilla (los de fray Serafín Madrid, Juan Manuel Rodríguez Ojeda, Pastora Imperio y Manolo Vázquez), así como uno de Málaga (dedicado a Lola Carrera).

EL NIÑO PERDIDO DE FRAY SERAFIN MADRID

Fray Serafín Madrid fue un fraile perteneciente a la Orden de San Juan de Dios, que murió en 1972. Su gran labor caritativa mereció en vida la consideración y el aprecio de las muchas personas que lo conocieron. Fue el superior del Sanatorio de Jesús del Gran Poder, de la Orden Hospitalaria de San Juan de Dios, en Sevilla. También fundó la Ciudad de los Muchachos en Alcalá de Guadaíra. Y quizás una de sus actuaciones más populares fue la creación del Teléfono de la Esperanza, que según el lema que utilizaba «atiende tus problemas».

Fray Serafín murió trágicamente, a los cuarenta y siete años, en un accidente de tráfico cuando viajaba desde Sevilla a Málaga, acompañado por otro fraile, José María Pérez. El suceso ocurrió el 26 de septiembre de 1972. El Seat 124 D en el que se trasladaban colisionó con un camión, en el término municipal de Fuentepiedra (Málaga), falleciendo fray Serafín y resultando gravemente herido su acompañante. La trágica noticia suscitó una gran conmoción en Sevilla y en otros lugares de Andalucía, donde era muy conocido. Por ello, pronto se planteó una campaña para levantar un monumento en Sevilla que sirviera de recuerdo y homenaje a su memoria.

El monumento a fray Serafín Madrid se inauguró en 1982. Está situado en la Gran Plaza, al final de la avenida Eduardo Dato. Constaba en sus orígenes de dos figuras. Eran dos niños, uno de ellos sentado con gesto de abatimiento, mientras el otro, de pie, mostraba una actitud consoladora, como símbolo de la ayuda fraternal que proclama la espiritualidad de la Orden y la actividad del fraile fallecido. Fray Serafín aparecía en un altorrelieve con retrato en bronce, también obra mía, situado sobre un pedestal, bajo el que figuraba la siguiente inscripción: «Sevilla a Fray Serafín Madrid. Estuvo con los marginados en su esperanza de justicia. Mayo de 1982».

El monumento a fray Serafín Madrid fue para mí una obra de valor artístico, pero sobre todo sentimental. Además, era mi primer monumento público. Se inauguró en 1982, siendo alcalde Luis Uruñuela. En la comisión pro-monumento participó otro exalcalde, Juan Fernández. El día de la bendición estuvieron presentes todas las autoridades de la ciudad, en un acto que para mí será inolvidable.

Lamentablemente, fue robado uno de los niños, el que permanecía de pie en actitud de consolar al abatido. El monumento quedó mutilado y desprovisto de su sentido original. Con el tiempo, ha quedado reducido tan solo al niño abatido, al que ya no consuela nadie. Quizá se puede interpretar como un símbolo del presente sin fray Serafín, ya que no consuelan al que sufre.

Pero fue muy triste lo que ocurrió con el robo. El niño que estaba de pie era una parte importante en el significado del monumento. Para robarlo, cortaron el anclaje de la escultura con un láser. Al parecer, para no despertar sospechas, se aprovecharon de que habían colocado una caseta de obras municipales al lado del monumento, y así pudieron ocultarse mejor.

Cuando Soledad Becerril era alcaldesa de Sevilla, le planteé la posibilidad de reponerlo y hacer un niño nuevo. Al final no se concretó nada y se ha quedado reducido a una parte de lo que fue. Según me dijo entonces Soledad Becerril, la Policía estaba buscando la imagen robada y llegaron a investigar en zonas del Algarve, pero no se halló ningún indicio. Algunos expertos y la propia Policía sospechaban que fue un robo por encargo, cometido por especialistas a petición de algún coleccionista. En tales casos suele ser muy difícil descubrir a los autores.

Es una lástima. El niño robado representaba la alegría, las ganas de vivir, en contraposición al niño abatido, que representaba la tristeza. Al menos se ha quedado ese niño, junto al altorrelieve de fray Serafín Madrid. Pero el monumento sigue incompleto, ante la indiferencia de quienes no se han preocupado para recomponerlo y devolverle su estado original.

RODRÍGUEZ OJEDA JUNTO A LA MACARENA

El 18 de diciembre del año 2000, festividad de la Virgen de la Esperanza, se inauguró el monumento a Juan Manuel Rodríguez Ojeda. Fue promovido por la hermandad de la Macarena, en recuerdo de quien es considerado el mejor artífice del bordado sevillano del siglo XX. Fue un gran creador, un artista completo, que no solo revolucionó el arte del bordado, sino que cambió la estética de esa cofradía, creando el estilo que se ha llamado «macareno» o «juanmanuelino». El monumento tiene la siguiente inscripción: «A Juan Manuel Rodríguez Ojeda con el reconocimiento y la gratitud de la Hermandad de la Macarena. Sevilla, 18 de diciembre de 2000». En el arco de la Macarena, justo enfrente de la basílica, se ha quedado Juan Manuel a la vera de su Esperanza, la que conoció en San Gil.

Este monumento de Juan Manuel Rodríguez Ojeda fue una iniciativa de Joaquín Sainz de la Maza, cuando era hermano mayor de la Macarena. En un principio las autoridades locales querían que se situara en el atrio de la basílica. Pero Joaquín Sainz de la Maza insistió para que estuviera fuera, junto al arco, porque no solo había trabajado para esa hermandad. Así se hacía justicia al mayor creador de la Semana Santa andaluza. Su gran obra artística va más allá de la Macarena, e incluso más allá de Sevilla. Me pusieron como condición que el busto de Juan Manuel estuviera mirando hacia el altar de la Virgen. Y así se cumplió.

El resto del monumento ya dependía de mi criterio. Como en aquel año 2000 se cumplía un siglo del manto camaronero de la Macarena, obra de Juan Manuel en 1900, planteé la inclusión de un relieve con un bastidor, en el que se apreciara un fragmento de ese manto de malla. Asimismo, se ven dos angelotes, uno llorando y otro sonriendo, como símbolos de la Esperanza.

La inauguración resultó muy solemne. Asistieron las primeras autoridades, con el entonces alcalde, Alfredo Sánchez Monteseirín. El monumento fue muy elogiado en los diarios locales. Recuerdo un artículo muy emotivo que escribió Carlos Colón en *Diario de Sevilla*. En aquel acto viví un momento que me hizo mucha ilusión. Un sobrino nieto de Juan Manuel Rodríguez Ojeda me abrazó casi llorando y me dijo que lo había plasmado en el busto como si fuera de verdad.

EL BAILE DE PASTORA IMPERIO

El 13 de febrero de 2006 fue inaugurado el monumento a Pastora Imperio, el tercero de los que he realizado en Sevilla. Está situado en uno de los enclaves más céntricos, el cruce de las calles Velázquez y O´Donnell, muy cerca de la Campana. El monumento se levantó por la iniciativa y empeño personal de la duquesa de Alba, que había conocido personalmente a Pastora y había mantenido amistad con ella.

Con el monumento se quería homenajear a una de las flamencas sevillanas más universales. Pastora Rojas Monje (nacida en Sevilla en 1889 y fallecida en Madrid en 1979) fue conocida primero como Pastora Rojas, después como Pastora Monje y finalmente como Pastora Imperio. Este nombre artístico se atribuye a una frase legendaria de Jacinto Benavente, dramaturgo español distinguido con el Premio Nobel. Una noche, entusiasmado por una de sus actuaciones, Benavente se levantó entre el público y le gritó: «¡Pastora, tú vales un imperio!». Según se cuenta, al día siguiente, ella le pidió a su representante que le cambiara el nombre y desde entonces se anunció como Pastora Imperio.

Pastora es una leyenda, y no solo del flamenco. Era una gran bailaora, que además cantaba y recitaba. Estuvo casada con el torero Rafael Gómez *El Gallo*, con el que vivió una relación complicada. Fue admirada por grandes artistas, como Julio Romero de Torres, los hermanos Machado y Manuel de Falla, que la ayudó a consagrarse. Pastora fue la primera bailaora en el estreno de *El amor brujo*, en 1915.

En el acto inaugural del monumento hablaron la duquesa de Alba y el alcalde de Sevilla, Alfredo Sánchez Monteseirín. Asistieron diversos familiares de Pastora Imperio, entre ellos Pastora Vega con su marido Imanol Arias, así como otros artistas y personalidades famosas de Sevilla, como el torero Curro Romero y el escritor Antonio Burgos, entre otros.

Cayetana de Alba estaba entusiasmada con este monumento. Me dijo que era de justicia que Sevilla le rindiera tributo a una bailaora tan extraordinaria y universal como fue Pastora Imperio. Le presenté un bocetito para que viera cómo quedaría el monumento. Lo pude modelar gracias a que la familia de Matilde Coral, a través de su hija Rocío, me proporcionó una documentación excelente, con numerosas fotos de Pastora Imperio. Y debo añadir que para los brazos me inspiré en los de Matilde, una excelente bailaora. El braceo de Pastora Imperio fue siempre muy elogiado, se consideró insuperable. Esos brazos de la escultura, siguiendo el modelo de otra gran bailaora como Matilde, le dan un sello especial, que se expresa en la ejecución del baile, con mucho dinamismo. Cuando lo estaba modelando en barro, vino un día a mi estudio la duquesa de Alba, acompañada de la marquesa de Saltillo y Carmen Vega, bisnieta de Pastora. Se quedaron impresionadas. No se la esperaban así.

La duquesa de Alba me comentó algunas anécdotas y detalles de Pastora Imperio, que le había dado clases de baile en el Palacio de Liria, en Madrid. Debo añadir que Cayetana de Alba, una gran defensora y mecenas de las Bellas Artes, es para mí una amiga, antes que una clienta. Siempre se ha portado muy bien conmigo. Por eso, me causó una especial alegría que me encargara este monumento. En la inscripción se hace constar expresamente que es una donación de la duquesa de Alba a Sevilla, cumpliendo así su deseo. Es de justicia que se sepa, porque lo donó como un testimonio más de su sevillanía y su generosidad.

La inauguración fue un gran acto social, que tuvo reflejo en muchas publicaciones y revistas españolas. La familia de Pastora Imperio vino de Madrid, aunque algunos viven en Sevilla. Todos se mostraron muy ilusionados con ese reconocimiento. La figura de Pastora, en el monumento, aparece bailando. Lo más difícil era conseguir esa sensación de movimiento que tiene la bailaora.

A este monumento le hacen muchísimas fotos, quizá en parte por su ubicación tan céntrica, y por ser un personaje del mundo del flamenco. Llama la atención ver a tantos chinos o japoneses que se le acercan para fotografiarlo. La duquesa de Alba me ha comentado que ahora ve el monumento muy bien, consolidado en ese lugar tan céntrico como una parte del paisaje urbano, pero tal vez un poco triste, y sugiere que habría que ponerle algunas plantas para alegrarlo.

Una anécdota de ese día es que, después de la inauguración, se celebró una gran juerga flamenca en el bar Las Rejas. Lo cerraron para nosotros. Muchos familiares de Pastora que habían venido, así como otros artistas flamencos que se sumaron, organizaron una fiesta impresionante. Se prolongó desde el mediodía hasta la noche. Lo que se vio aquel día allí, tanto en el cante como en el baile, quedará para el recuerdo de todos los que tuvimos la suerte de estar presentes.

MANOLO VÁZQUEZ EN LA MAESTRANZA

Uno de los toreros reconocidos para siempre frente a la plaza de toros de la Real Maestranza de Sevilla es Manuel Vázquez Garcés. El monumento de Manolo Vázquez fue inaugurado el 11 de junio de 2009. Se encuentra situado en el Paseo de Colón, frente a la plaza de toros, en la acera del río. Para este monumento, hice una escultura realista del torero, al que se reproduce con una pose muy personal, tomada de su última faena. En el pedestal se lee: «Manolo Vázquez, torero de Sevilla». Más abajo se incluyen unos versos que le dedicó el poeta José Bergamín: «...Y cante y canto y encanto /o embeleso de brujería, /de mágico señorío torero, /es Manolo Vázquez...»

Con este monumento se quería perpetuar la memoria de Manolo Vázquez, el Brujo de San Bernardo. El torero había tenido dos etapas importantes en su vida. Había tomado la alternativa en 1951 en Sevilla y se retiró en 1968. Pero, cuando ya tenía los 50 años cumplidos, volvió a reaparecer en 1981, iniciando así una segunda etapa inolvidable, en su mejor madurez. Entre sus mayores éxitos figura el de la corrida del Corpus de 1981. Salió por la Puerta del Príncipe de la Maestranza sevillana, por vez primera en su carrera. Fue una tarde memorable, en la que compartió cartel con Curro Romero y Rafael de Paula. El poeta Bergamín, tras aquella mítica corrida, le dedicó los versos reproducidos en el monumento.

La inauguración estuvo presidida por el alcalde, Alfredo Sánchez Monteseirín, junto a la familia de Manolo Vázquez. Asistieron conocidos toreros, como El Cid, José Ortega Cano, Manolo Cortés y Eduardo Dávila Miura. También estuvo presente el presidente de la CEA, Santiago Herrero, que había sido promotor del monumento. Fue muy emotiva la intervención de Remedín Gago, la viuda del torero. Dijo que Manolo Vázquez había reaparecido a los cincuenta años para que Sevilla lo quisiera, pues antes había triunfado más fuera que en su propia tierra. Por eso, aquel monumento junto a la Maestranza la dejaba «muy contenta, aunque con el alma rota».

Una de las singularidades del monumento de Manolo Vázquez es que se completa con un estoque de verdad, que perteneció al torero. Se lo han robado dos veces. Otra canallada que cometieron es escribirle la palabra «asesino» con pintura. El monumento surgió por iniciativa de la familia y de un grupo de amigos cuando todavía vivía él, aunque no se inauguró hasta casi cuatro años después de su fallecimiento. Tanto Manolo como su familia querían que yo fuera el autor de su monumento. Tenía un retrato que le hice para su colección particular, unos años antes, y había quedado muy satisfecho.

En la iniciativa colaboraron la CES (Confederación de Empresarios de Sevilla) y otras entidades, como Cajasol. Cuando terminé la escultura, Manolo Vázquez ya estaba muy enfermo, pero aun así posó algunas veces. Sobre todo, cogía la muleta y me explicaba, fijando la postura. También me enseñó el traje de luces de su despedida en la Maestranza, que se reprodujo. Me decía que, en ese gesto, tan torero, se veía a sí mismo, que era él. Eso es lo que comentan muchas personas cuando ven el monumento.

Tanto en este, como en los casos anteriores, estoy muy satisfecho por los elogios que he recibido de artistas y personalidades. Antonio Burgos, Andrés Amorós, Albert Boadella y muchos aficionados ilustres me dieron la enhorabuena.

UNA ROTONDA PARA LOLA CARRERA EN MÁLAGA

El 25 de febrero de 2012 fue inaugurada una rotonda en Málaga como homenaje póstumo a la cofrade Lola Carrera, conocida como Nazareno Verde. El acto, que fue muy emotivo y sentido, estuvo presidido por el alcalde de esa ciudad, Francisco de la Torre. Desde ese día la plaza existente frente a la basílica de la Esperanza del Perchel, con su rotonda, quedaba dedicada a la memoria de esta gran cofrade, casada con Carlos Gómez Raggio, que fue hermano mayor de esta popular cofradía malagueña.

Durante muchos años, María Dolores Carrera Hernández fue camarera mayor de la Esperanza. Pero fue mucho más. Fue también archivera de la Agrupación de Cofradías de Málaga y autora de interesantes libros sobre la Semana Santa de esa ciudad, entre ellos *Anécdotas y curiosidades de la Semana Santa malagueña* y *Lenguaje cofradiero de Málaga*. Firmaba sus publicaciones con el seudónimo de Nazareno Verde, por el que era conocida y que se ha dado también a la plaza donde se ubica su monumento.

Además de ser una gran cofrade malagueña, sentía un enorme cariño por las cofradías sevillanas, a cuyos actos se desplazaba con frecuencia. Lola era muy conocida en Sevilla, especialmente en la cofradía de la Macarena, donde cumplió los cincuenta años como hermana. Conmigo, tanto ella como su marido, tuvieron una relación muy afectuosa, en lo personal y en lo profesional, porque me ayudaron y aconsejaron para algunos de mis trabajos. Como le profesaba tanta devoción a la Esperanza del Perchel, le hice una réplica de su Virgen, en tamaño académico, para que la tuviera en su casa.

En Málaga se llegó a decir que Lola Carrera era mi valedora ante las cofradías de su ciudad, pero en realidad no era eso, sino mucho más. Era casi como una madre. Ella misma le envió una dedicatoria a mi hija Guadalupe y le ponía: «Para mi nieta sevillana». Para mí fue una enorme satisfacción cuando me propusieron hacer su monumento en la plaza que le dedicaría el Ayuntamiento de Málaga, precisamente en un sitio tan emblemático para ella. Su nombre de Lola Carrera y su seudónimo de Nazareno Verde, con el monumento, han quedado unidos ya para siempre a la Esperanza del Perchel.

OTRAS OBRAS PARTICULARES

Además de los monumentos, he realizado otras obras de bustos o esculturas civiles, con motivo de diversos encargos particulares. Entre ellos se puede mencionar el busto de José Manuel Lara, con destino a la Fundación de su nombre. También hice el de Manuel Ruiz de Lopera para el estadio del Betis. Fue un encargo de Alfonso Jaramillo y las peñas béticas, que se lo ofrecieron al entonces presidente del Real Betis. Eran los buenos tiempos, los anteriores a las polémicas...

También soy autor de bustos o esculturas de Rocío Jurado, Juanita Reina, Paquirri, Pepa Flores (Marisol), Matilde Coral, Manuela Vargas... A Pastora Imperio y Manolo Vázquez también les hice bustos, aparte de sus monumentos.

Con todas estas personas he mantenido una gran amistad. Lo mismo se puede decir del torero Antonio Ordóñez, al que reproduje en un busto. A Ordóñez le restauré un Cristo del siglo XVI, de la escuela castellana. Lo guardaba en un cajón de su finca de Carmona, porque nadie se atrevía a tocarlo. Contaba que cuando se casó en 1953 con Carmen González, hermana de Luis Miguel Dominguín, ese Cristo presidió la ceremonia. Posteriormente, con los años, la imagen se deterioró, pero se lo pude recuperar. Además de un gran torero, fue un distinguido cofrade de la Esperanza de Triana y la Soledad de San Lorenzo.

Por el contrario, aunque en alguna web me lo atribuyen y se llegó a publicar en un diario, no es cierto que hiciera una escultura de Carmen Romero, ex esposa de Felipe González. Nunca me la encargaron. Tampoco es cierto que me invitaran a la Moncloa, como se publicó.

Sí es cierto que me gustaría realizar una escultura de la duquesa de Alba. La de su monumento en Sevilla es obra de Sebastián Santos Calero, y no hay nada que objetar. Pero me gustaría dedicarle una, y Cayetana sabe que se la haré algún día. Ella es una gran coleccionista particular de mis obras. En el Palacio de las Dueñas tiene una figura que impresiona.

A la duquesa de Alba le entregué el proyecto para su mausoleo. Ella misma lo confirmó en público y me autorizó a dar algunos detalles. Me pidió que no le pusiera ni ángeles ni arcángeles. Así que aparece un bronce con la Torre del Oro, con una paloma y un palomo besándose, y con flores de Sevilla. El bronce ya lo tiene ella y lo guarda en el Palacio de las Dueñas.

UNA GLORIETA Y DOS CALLES

No sólo he contribuido a crear monumentos en glorietas y calles en honor de otras personas. A mí también me han dedicado una glorieta en San Fernando, así como una calle en Dos Hermanas y, más recientemente, otra en Sevilla.

El Consejo de Cofradías de San Fernando pidió a su Ayuntamiento que me organizaran un homenaje, en consideración de mi vinculación con el municipio isleño y también por las imágenes y restauraciones realizadas para su Semana Santa. Acogieron con mucho interés esta propuesta. Me dedicaron una glorieta, que fue inaugurada en un acto muy solemne, que tuvo lugar el 27 de junio de 2008. Asistieron mis familiares y amigos.

El acto me permitió reencontrarme con muchos cofrades isleños. A algunos los conocía desde hacía más de treinta años, o desde mis tiempos del servicio militar. Es una glorieta que se denomina Imaginero Álvarez Duarte, que está a la vera de los bomberos, en el camino de la playa de Camposoto.

Curiosamente, esta glorieta de San Fernando no es la primera calle que me dedican. La primera me la pusieron en 1997 en Dos Hermanas, concretamente en una barriada cercana al estadio de fútbol, donde rotularon calles con nombres de imagineros. Allí hay una antología de la imaginería, con las calles de Antonio Illanes, Luis Ortega Bru, Sebastián Santos, Francisco Buiza y Luis Álvarez Duarte.

La decisión fue tomada por el Pleno municipal del Ayuntamiento de Dos Hermanas y me la comunicó personalmente el alcalde, Francisco Toscano, en noviembre de 1997. Yo no conocía al alcalde, ni a ningún miembro de la Corporación Municipal. Como manifesté entonces, me hizo mucha ilusión, al tiempo que me mostré agradecido al Ayuntamiento de Dos Hermanas por su generosidad y reconocimiento a mi labor.

Pero me faltaba la mayor de las distinciones: una calle en Sevilla. Se ha cumplido en diciembre de 2012. Cuando todavía era alcalde Alfredo Sánchez Monteseirín, el Ayuntamiento de Sevilla aprobó la rotulación con mi nombre de una calle, la que se denominaba *General Martínez Vara del Rey*, en el barrio de San José Obrero, para que pase a llamarse *Imaginero Luis Álvarez Duarte*. El acto de la nueva nominación se celebró el 12 de diciembre de 2012, festividad de la Virgen de Guadalupe, y estuvo presidido por el alcalde Juan Ignacio Zoido. ¡El 12 del

12 del 12, y a las 12 horas! Fue un acto emotivo, al que asistió mi familia, amigos, cofrades de Sevilla y otras ciudades, así como muchos vecinos del barrio. Es una gran ilusión, porque es la calle donde viví de niño, en el número 6, cuando nos mudamos desde la Huerta de los Granados. Es la calle donde terminé algunos de mis primeros trabajos, donde tallé a la Virgen de Guadalupe, donde conservo recuerdos maravillosos de mi infancia con mis padres y mi familia.

La iniciativa para que me dedicaran esta calle surgió en diciembre de 2006 a través de la cofradía del Polígono de San Pablo, agradecida por ser el autor del Cristo, la Virgen y las figuras del misterio. En principio, se planteó la posibilidad de que me dedicaran un parque, ubicado en los antiguos terrenos de la fábrica de Bordas Chinchurreta, en la antigua carretera de Carmona. Pero después se estimó más conveniente la dedicatoria de la calle donde había vivido en mi infancia y adolescencia.

La iniciativa fue presentada oficialmente en el Ayuntamiento de Sevilla por Manuel Márquez, hermano mayor de la cofradía del Polígono de San Pablo. En el dossier se incluyeron muchas adhesiones, encabezada por la Casa de Alba, firmada por la duquesa, Cayetana Fitz-James Stuart. También se adhirieron instituciones como la Fundación Cruzcampo y numerosas cofradías sevillanas, entre ellas las del Gran Poder, Macarena, Esperanza de Triana, El Cachorro, La Trinidad, La Sed, etcétera. No faltaron adhesiones de hermandades de Gloria y del Rocío, así como la cofradía de vísperas de Palmete y algunas de la provincia.

Fue un bonito detalle, tomado por iniciativa de la cofradía del Polígono de San Pablo, que en su estación de penitencia del Lunes Santo pasa por la esquina de mi calle.

También hay distinciones que brillan por su ausencia. Algunas personas me han preguntado cómo es posible que no me hayan concedido la Medalla de Andalucía. Hasta han insinuado que sería por motivos políticos, o por un menosprecio a los imagineros, cuando se les ha dado a otros cuyo arte es discutible. Me consta que en alguna ocasión se ha tratado este asunto. Pero nunca me he implicado en política, ni lo voy a hacer, menos para que me concedan una medalla. El homenaje de Andalucía me lo dan los andaluces todos los años en Semana Santa, cuando miles de personas ven mis obras y las siguen con devoción, no solo en Sevilla, sino en todas las capitales andaluzas y en las ocho provincias.

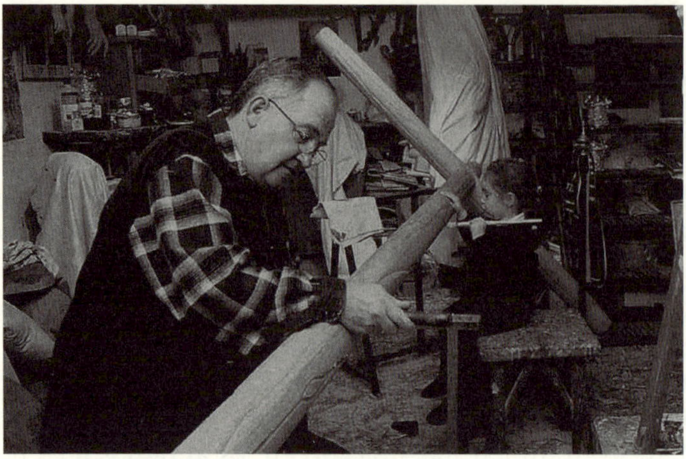

Con su hija Guadalupe en el taller, en una foto de 2001.

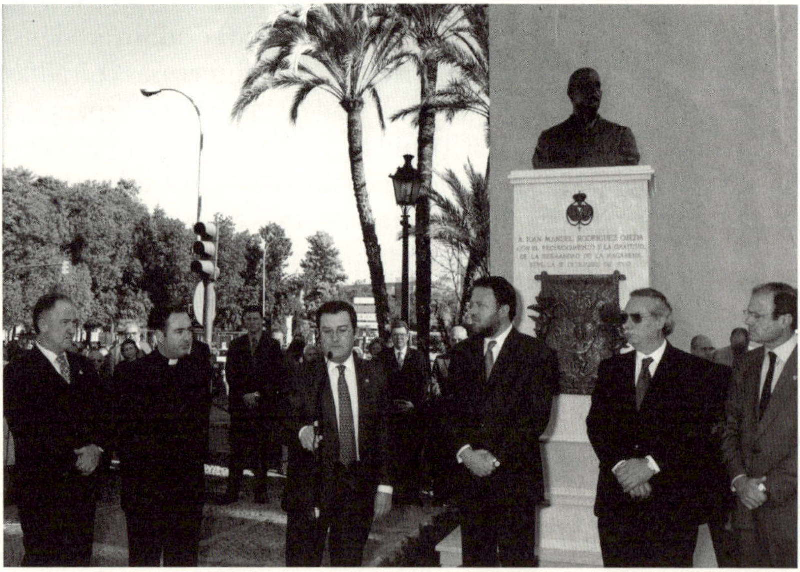

Inauguración del monumento a Rodríguez Ojeda junto al Arco de la Macarena el 18 de diciembre de 2000.

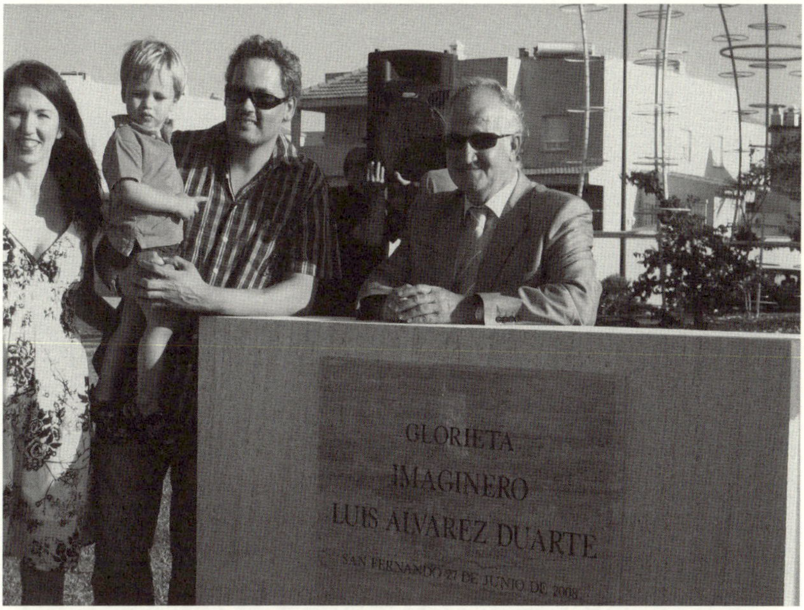

Álvarez Duarte con su discípulo Ventura Gómez y familia en la inauguración de la glorieta dedicada al imaginero en San Fernando (Cádiz)

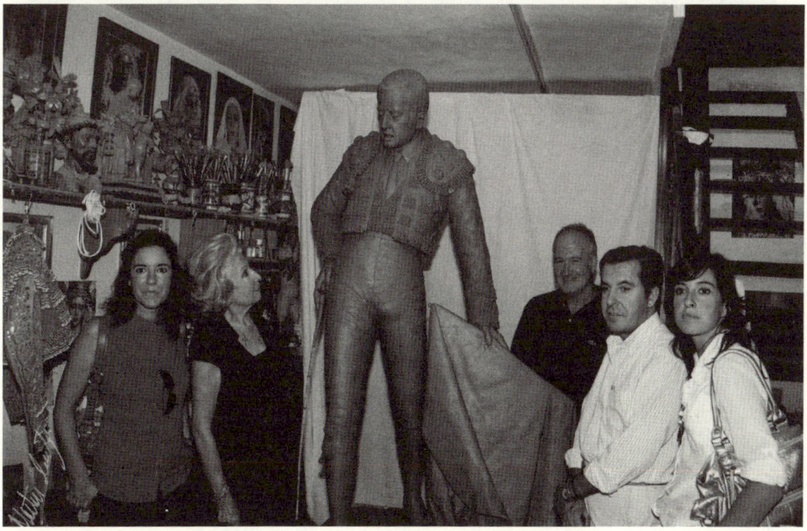

La viuda de Manolo Vázquez y sus hijos ante la escultura realizada para el monumento al torero, inaugurado en 2009.

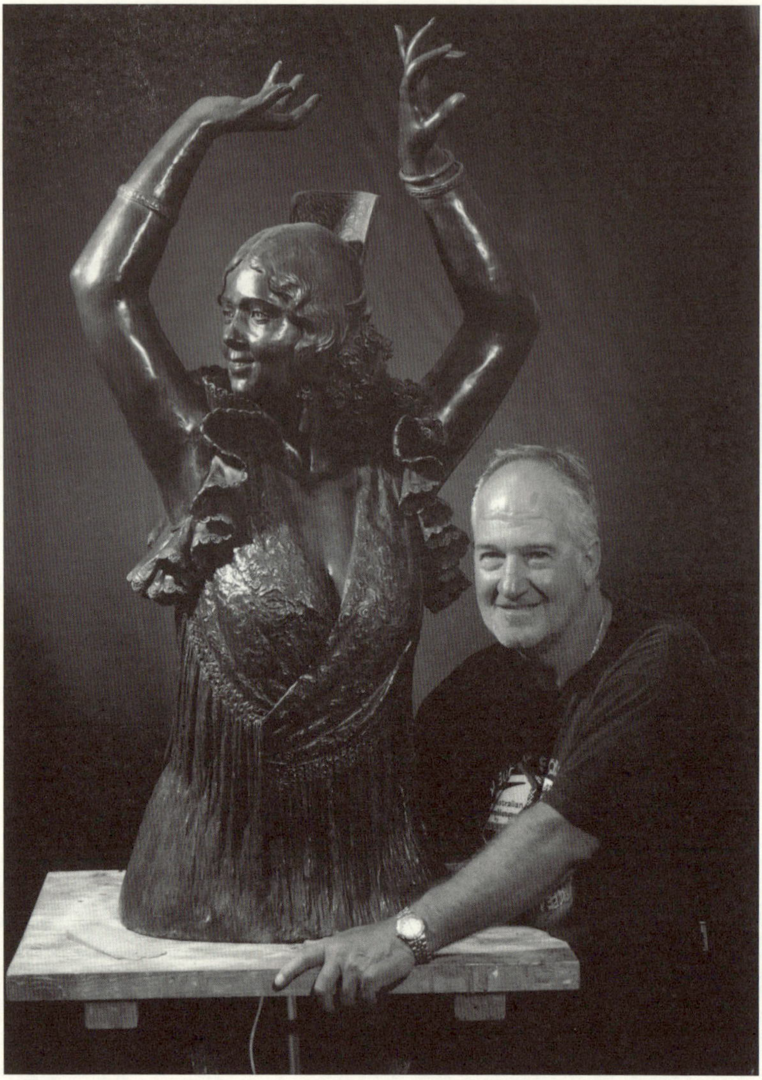

Álvarez Duarte junto a la figura de Pastora Imperio para el monumento donado por la duquesa de Alba a Sevilla.

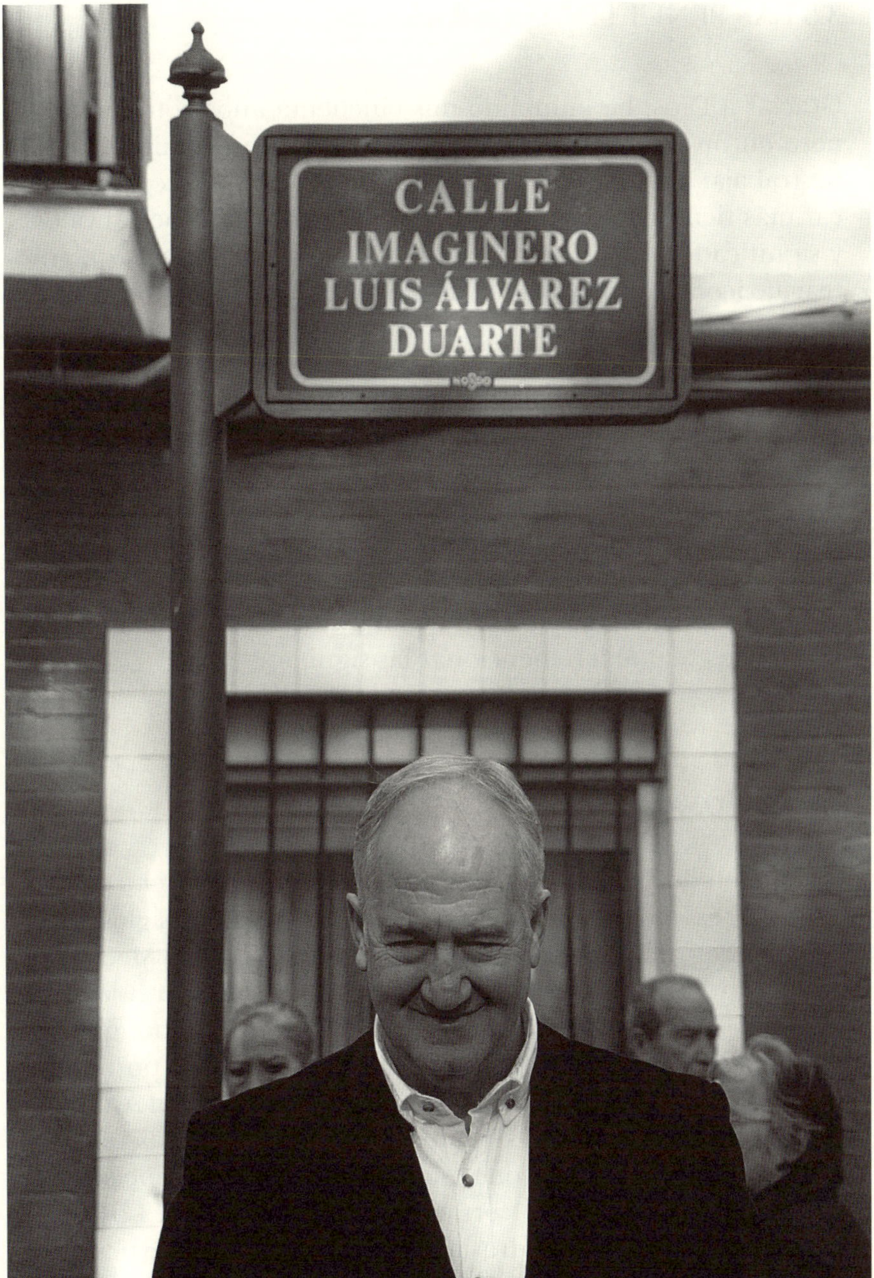

Luis Álvarez Duarte delante del rótulo de la calle que le ha sido dedicada en Sevilla, en el barrio de San José Obrero, precisamente donde vivió en su infancia. Fue inaugurada el 12 de diciembre de 2012, festividad de la Virgen de Guadalupe, por el alcalde Juan Ignacio Zoido.

3.3 LAS PENÚLTIMAS OBRAS

Gracias a Dios, he cumplido mis cincuenta años como imaginero en un buen momento. Ahora me puedo permitir el lujo de trabajar en lo que realmente me conviene, así como dedicar más tiempo a terminar algunas imágenes de especial valor y significado. Puedo afrontar nuevos proyectos, incluso plantearme iconografías como la de Cristo atado a la columna, que nunca realicé por diversos motivos.

Son mis penúltimas obras. Siempre digo que son las penúltimas, porque pienso que las últimas están todavía por llegar. Y quiera Dios que las verdaderamente últimas tarden mucho tiempo, pues será una buena señal.

La producción más reciente ha salido o saldrá pronto del taller. Estas penúltimas obras son muy diversas. Me ocupo en iconografías variadas, algunas de las cuales pienso que quedarán entre las más significativas de mi historial como imaginero. Entre ellas se pueden mencionar las siguientes.

SAN ANTONIO DE GUADIX

La imagen de San Antonio para Guadix (Granada), entregada en 2012, es suntuosa, parece más propia de otros siglos. Los promotores de esta imagen fueron José Juan Bugés Medina y Antonio Cruz García. En principio, se iba a destinar a la hermandad de San Antonio de ese municipio granadino, que se estaba reorganizando. Sin embargo, parece que posteriormente tuvieron diferencias internas. La imagen de San Antonio recibió culto durante un tiempo en el convento de las religiosas franciscanas clarisas, que estaba en la calle Concepción, de Guadix. El convento fue cerrado en marzo de 2018. Los propietarios de la imagen la trasladaron a un oratorio particular.

Me la encargaron como una de esas tallas majestuosas para retablos o altares mayores, esas que vemos con grandes estofados y grandes policromías. San Antonio se complementa con un Niño Jesús, en consonancia al santo. Les aconsejé que esta imagen del Niño estuviera sujeta, para evitar que pudiera ser sustraída en un descuido, ya que son piezas artísticas cotizadas por los ladrones expertos. Pero me dijeron que la preferían suelta, porque tenían la intención de utilizarlo por separado en algunos cultos.

Este San Antonio es una obra muy cuidada en todos los detalles. Me llamaron por teléfono desde Guadix para contarme que el obispo, cuando lo vio, quedó admirado. Permaneció delante un largo rato, contemplándolo y elogiándolo. El santo se ve realzado con una orfebrería muy buena, con una aureola que es obra de los hermanos Delgado.

LA VIRGEN DEL ROSARIO DE ELCHE

El 7 de octubre de 2012 fue bendecida la Virgen del Rosario para la hermandad de Jesús Caído, de Elche (Alicante). Esta es una cofradía ilicitana que sale el Martes Santo. El Señor Caído protagoniza un encuentro en la plaza Baix con la Verónica y, posteriormente, un segundo encuentro, en otra plaza, con la Virgen del Rosario.

La nueva Virgen del Rosario, que es de estilo muy clásico, sustituyó a la que salía desde 2013 en la Semana Santa. En Elche ha recibido una excelente acogida. Piensan que eleva muy notablemente el nivel artístico de su Semana Santa. Viajé en coche desde Sevilla, junto a mi esposa, para asistir al acto de la bendición. Se celebró en la parroquia de San José, coincidiendo con la festividad del Rosario.

El día anterior participé en una conferencia que tuvo lugar en el Palacio de Congresos ilicitano, en la que expuse los detalles artísticos de esta imagen. Me llamó la atención el gran conocimiento que tenían las personas presentes sobre la Semana Santa andaluza, especialmente la de Sevilla. También conocían muchos detalles de mi obra artística. Fueron muy amables y cariñosos conmigo, incluso me invitaron para que en 2013 asista a la representación del Misterio de Elche.

EL CRISTO DE LA COLUMNA DE ALCALÁ DE HENARES

En diciembre de 2013 fue terminada terminada la imagen del Cristo Atado a la Columna para Alcalá de Henares. Fue encargo realizado por las Carmelitas Descalzas del convento de la Purísima Concepción, que se ubica en esta histórica localidad madrileña, que cuenta con diócesis propia. Aunque es propiedad de la comunidad de religiosas, es cedido a la hermandad del Cristo de la Columna para que le den culto. Hasta 2012 contaban con una talla de escaso mérito procedente de Olot.

El Cristo de la Columna de Alcalá de Henares es una imagen fuera de serie. Pienso que será considerada entre mis principales obras. Como autor, diría que quizá sea la más difícil y brillante de toda mi carrera artística. Las monjas, tras ejecución y entrega, en enero de 2014, lo expusieron durante unos días en su sede canónica de Alcalá de Henares, para que lo contemplasen los cofrades y devotos. En esta imagen puse un cariño, un empeño y una ilusión enormes, lo afronté como un gran reto profesional. Nunca hice un Cristo Atado a la Columna, que es una iconografía muy difícil, como se apreció en Sevilla con el de la cofradía de las Cigarreras, sometido a diversos cambios hasta que se quedó el de Francisco Buiza.

La propuesta me la presentaron directamente las Carmelitas Descalzas. Como son monjas de clausura, me desplacé a Alcalá de Henares, acompañado por mi discípulo Ventura Gómez, para presentarles un boceto en el que se apreciaba cómo quedaría. De inmediato, lo llevaron al interior de la clausura para que todas las hermanas lo vieran. Se quedaron tan contentas con ese boceto que me pidieron la firma inmediata del contrato.

—Tenemos que cerrar el documento del contrato hoy mismo —me dijeron.

Allí mismo, en el locutorio del convento, se redactó un documento de contrato, escrito a mano, y lo firmamos de inmediato. Me pagaron un anticipo y me regalaron una caja de dulces.

Regresé muy feliz a mi taller de Gines. Nada más llegar, me puse a cortar maderas. Fue más laborioso y difícil de lo que esperaba y me ocupó muchísimas horas de trabajo. En el verano de 2013 me dediqué prácticamente para la concreción de esta imagen, pero fue un trabajo que me colmó plenamente como artista. El Cristo de la Columna es una obra en la que he puesto toda mi alma.

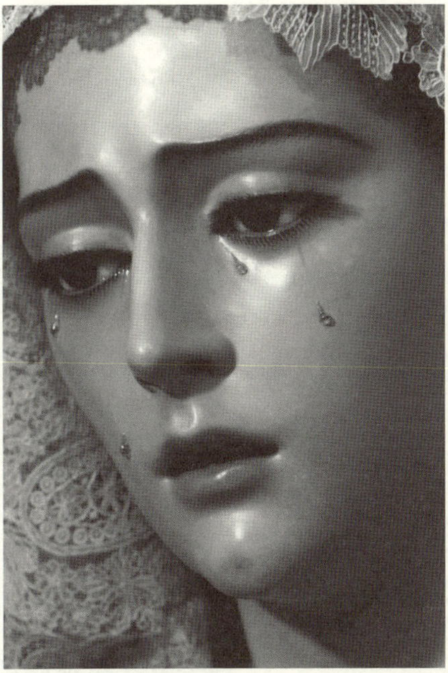

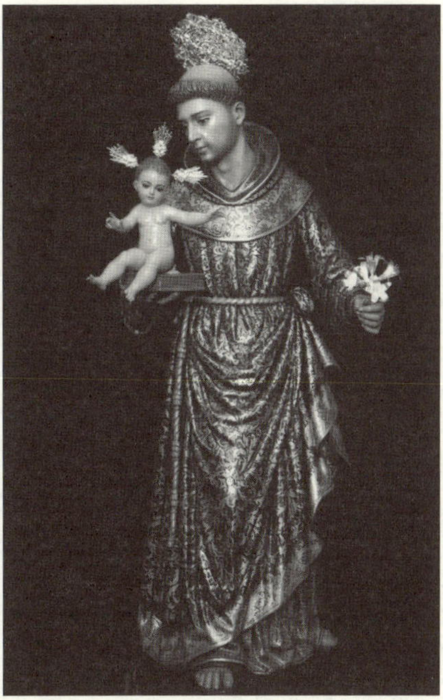

La Virgen del Rosario de Elche (Alicante), una bella dolorosa que fue bendecida en 2012 (izquierda). Imagen de San Antonio, de Guadix (Granada). Es una talla muy cuidada, con excelente estofado y policromía (derecha).

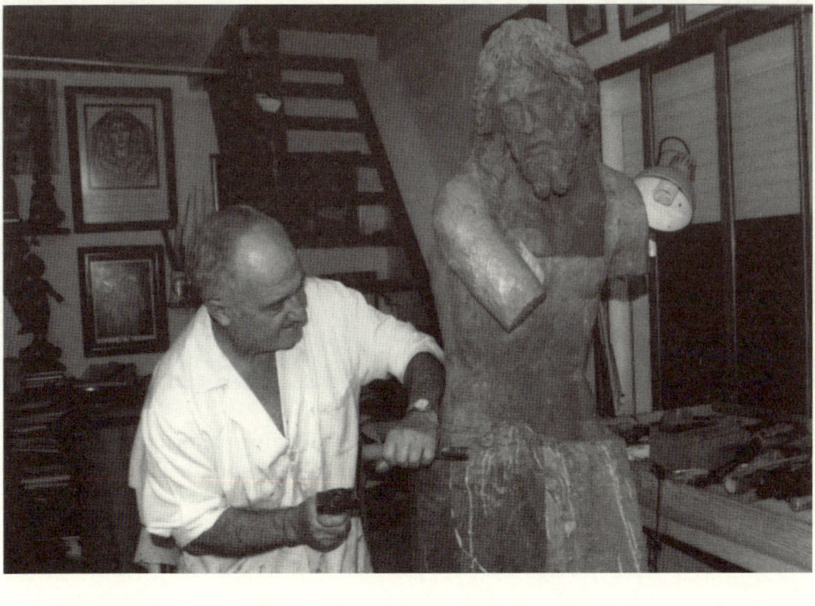

El imaginero tallando el Cristo de la Columna, de Alcalá de Henares, considerada una de sus obras más relevantes.

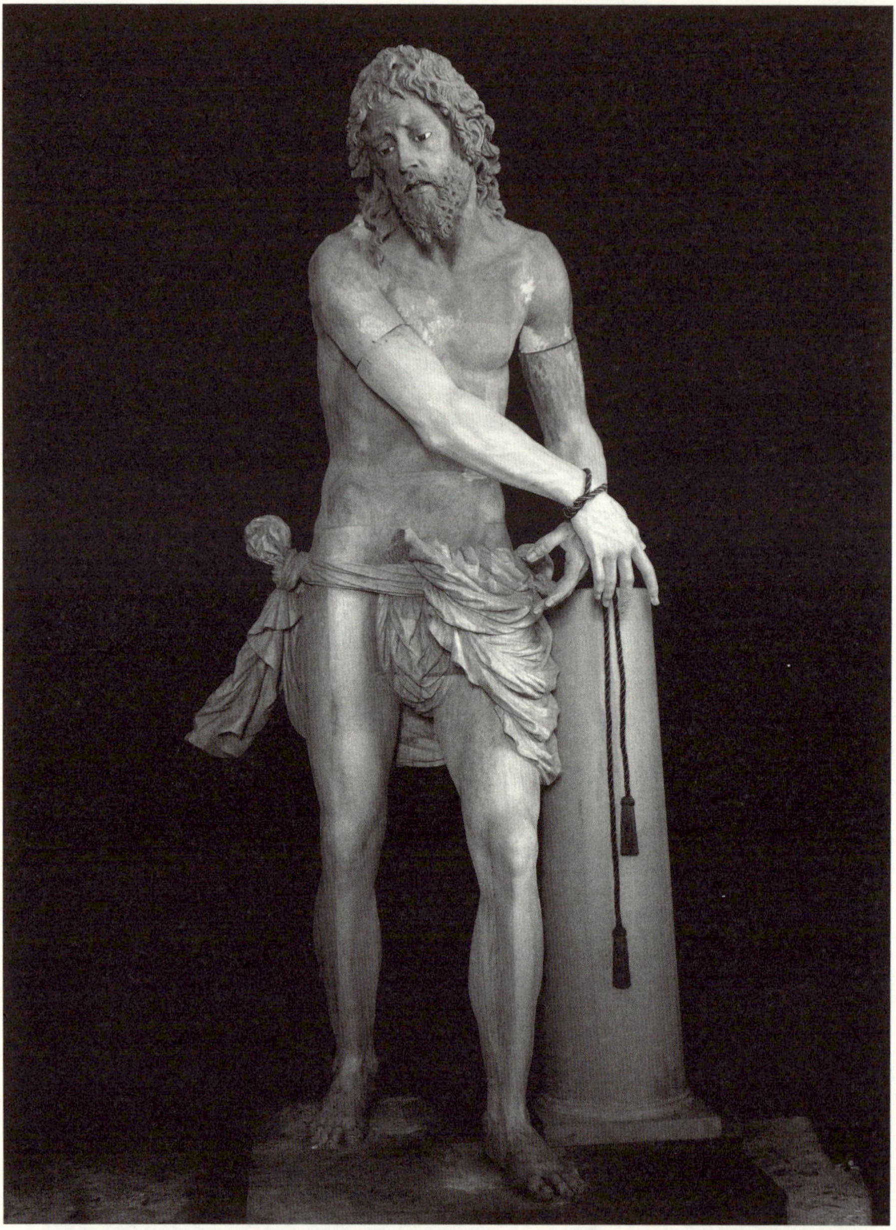

El Cristo de la Columna, de Alcalá de Henares, ya terminado en madera, en una foto realizada en septiembre de 2013.

4. RESTAURADOR E IMAGINERO

4.1 EL ARTE DE RESTAURAR

Algunos imagineros han retallado imágenes y se las han cargado. Eso es verdad. También lo es que algunos restauradores que no son imagineros han estropeado imágenes. Parece que los imagineros estamos siempre en el ojo del huracán de las críticas. Se puede hablar de imagineros que saben restaurar y también de imagineros que no saben. Depende de lo que se entienda por restaurar, que en principio debería ser no alterar la imagen, como concepto básico. Lo bueno de un imaginero que sepa restaurar es que conoce a fondo la cocina del oficio.

En otros tiempos, no tan lejanos, las cofradías les encargaban a los imagineros remodelaciones. No es que retocaran ellos por su gusto, o por ignorancia, sino que muchas cofradías pretendían que un imaginero les mejorara su imagen titular, que la alterara para corregirle supuestos fallos. A veces incluso pedían que se hiciera nueva, pero diciendo que era la misma. Creían que así se mantendría el prurito de la antigüedad original, que podía ser del siglo XVII. Pero no olvidemos que, en otros tiempos, sobre todo en el siglo XIX, la alteración de imágenes fue una práctica común y muy solicitada en los talleres. Se veía como algo normal.

Las prácticas de restauración/remodelación llegaron así hasta las generaciones anteriores a la mía. La mayoría de los trabajos de restauración que encargan a Castillo Lastrucci, Sebastián Santos o Francisco Buiza son remodelaciones. Sebastián Santos Rojas, que conocía bien la restauración, en algunos casos actuaba con mucha fidelidad y respeto. Otras veces, por indicación de las cofradías, el propio Sebastián retocó algunas imágenes que salieron ganando, sobre todo en su policromía. Algo parecido se puede decir de Buiza. En el caso de Antonio Eslava, que interviene en algunas restauraciones, lo que más sorprende hoy es que al tallar algunas nuevas imágenes se copió a sí mismo, como se aprecia con dos Dolorosas de Sevilla y con varias más en otros lugares.

Con mi generación ya se empiezan a considerar las restauraciones de otra manera, con fidelidad al original. Aun así, la práctica de retocar y alterar profundamente ha continuado. No daré nombres de imagineros, que son bien conocidos, por ser un asunto cuya responsabilidad es sobre todo de las cofradías que se lo proponen. En mi caso, siendo jovencillo, hubo una cofradía del Miércoles Santo de Sevilla que me pidió una restauración de su Dolorosa, consistente en que le retallara la cara para abrirle la boquita, y hacerle unos ojos que recordaran entre la Macarena y Triana. Les dije que no, que yo no lo hacía; que, si querían eso, mejor les tallaba una Virgen nueva. Y no le hice nada.

Otra cofradía, en otra ocasión, me solicitó oficialmente una Virgen nueva. No obstante, querían que dijera que era la anterior, que había sufrido daños en un incendio, y que había sido restaurada. Dije que no, me negué totalmente, y no la hice. Les dije que si la imagen era mía se debía saber que el autor era Álvarez Duarte, para bien o para mal.

Denominar restauración a lo que se ha restaurado y asumir la autoría de la imagen cuando es una nueva talla. Ese es un principio fundamental que he mantenido a lo largo de toda mi carrera artística. Hay imagineros que saben restaurar y otros que no saben. Hay imagineros que retocan imágenes y otros que no. En mi caso, siempre he dejado claro a las cofradías que si restauro es para acometer un trabajo cuyo resultado final sea que la imagen se quede tal cual era, en el aspecto estético, pero sin los problemas de conservación que sufra. Si quieren una versión mejorada de su imagen, les ofrezco hacerla nueva. O trabajo como restaurador, o como imaginero.

REMODELACIÓN DE LAS MERCEDES

También es verdad que, en mis principios, cuando aún se veía como algo normal, hice algunos retoques. Por ejemplo, he retallado levemente alguna Virgen de Castillo Lastrucci, modificándole los dientes.

En Sevilla, sólo he remodelado una imagen de gloria: la Virgen de las Mercedes, de la Puerta Real. La imagen original había sido tallada en pasta y no tenía calidad, además de encontrarse en muy mal estado de conservación. Según lo que me pidieron, le tallé unas nuevas manos, pero al ver el rostro, que se encontraba en muy mal estado, se lo rehíce, es prácticamente nuevo. Le guardé el sellito de su impronta, un aspecto que recordaba a la anterior.

Hoy está asumido que soy el autor de la actual Virgen de las Mercedes de la Puerta Real. Es justo que se entienda así, porque no voy a decir que entregué una restauración de la antigua, cuando realmente la retallé y es nueva. En la web de la hermandad también lo admiten sin ambigüedades: «Esta imagen debe su aspecto actual a Luis Álvarez Duarte, quien la remodeló sustancialmente en 1969 cuando este artista contaba la jovencísima edad de veinte años, adquiriendo entonces la fisonomía que hoy ofrece». Y sobre la anterior añade: «En su precedente aspecto era de autor desconocido, más devota que artística, pero con una cierta e ingenua dulzura».

Esa dulzura intenté reproducirla. Creo, con todos los respetos, que la nueva imagen mejora a la anterior. Aparte de otros detalles, ahora la vemos inclinada hacia delante y tiene un empaque que ha sido comparado con el de las Dolorosas de Semana Santa, pese a ser una imagen de gloria. A esa impresión ayuda que no tiene un Niño Jesús en sus brazos. Pero, sin abundar en su estética, es evidente que no fue una restauración.

En otros casos, como el que comentaba de Castillo Lastrucci, retoqué bocas y dientes. Castillo ponía una paleta en los dientes, que no gustaba a determinadas cofradías. A veces lo he disimulado, cuando era posible. En tal caso, se puede decir que los dientes son míos. Pero eso no creo que cambie la autoría de una imagen. Estas prácticas fueron mínimas y no recientes, solo en mis principios. Desde hace muchos años, tengo claras mis normas: si quieren mejorar una imagen, no la retoco, sino que la hago nueva.

EL RESPETO Y LOS BULOS

En el caso de las Mercedes de la Puerta Real, no he ocultado nada. Sin embargo, no puedo aceptar las falsas acusaciones. Mis normas son claras. Incluso cuando he restaurado imágenes que ya habían sido retocadas por otros imagineros, no las he vuelto a alterar. Eso puede valer desde la Esperanza de Triana a la Virgen de las Penas, de Cádiz, por citar dos casos. A la Esperanza de Triana, antes de empezar, se le hizo una mascarilla para que quedara claro que no le retallaba nada. En cuanto a la Virgen de las Penas, la Dolorosa del barrio de la Viña gaditano, es una obra antigua de la escuela malagueña del siglo XVIII, que había sido retocada por Francisco Buiza. La retalló un poco, aunque sin practicarle una gran alteración. Es cierto que Buiza la dejó bellísima. Pero yo solo la toqué de pátina y veladura, y le puse nuevas pestañas, sin retallar nada.

Estos son ejemplos de dos imágenes que incitan a la devoción, muy populares, que poseen algo indefinible que llama a venerarlas. Dos imágenes que habían sido alteradas a lo largo de su historia. Pero tuve claro que mi responsabilidad en esos casos, cuando intervenía para restaurar, era devolverles el mejor aspecto posible sin inventar nada. Mi trabajo consistía en sacarles el mayor partido estético con medios naturales, que a veces pueden ser tan simples como unas pestañas bonitas o una pátina adecuada. Y eso, que es intangible, como la inspiración, probablemente lo hace mejor un imaginero con experiencia que un técnico en restauración.

Pasa igual con las imágenes que uno ha tallado. A la Virgen de Guadalupe, por ejemplo, siempre será mejor que la restaure yo, que soy el autor. La persona que la materializó desde el principio es la más idónea para sanarla y restaurarla. Quien conoce una obra es quien mejor la sabe tratar. Siempre que tenga los debidos conocimientos en restauración, lo podrá hacer mejor que un técnico.

Sin embargo, los imagineros tenemos colgado el sambenito de no ser buenos restauradores porque, supuestamente, alteramos todo lo que cae en nuestras manos. A mí me han inventado infinidad de bulos y falsos rumores. Piensan algunos que siempre tenemos a mano la gubia para retallar y que somos incapaces de no caer en la tentación. Es lamentable que se acuse sin pruebas, que se opine sin conocimiento y que se propaguen falsedades. Es más lamentable cuando se dedican a esos falsos menesteres algunos restauradores profesionales, que solo quieren el desprestigio de un imaginero para obtener ellos beneficios y más encargos. Algunos de estos, en sus restauraciones, han dejado mucho que desear y se cargaron imágenes sin necesidad de usar una gubia.

Un ejemplo del cuidado que siempre pongo cuando intervengo a una imagen lo encontramos en el Cristo de las Tres Caídas, de la hermandad de la Esperanza de Triana. El Cristo tenía candelero, pero me pidieron que le tallara un cuerpo completo, y que mantuviera la misma silueta. Era una intervención que se podía prestar a los comentarios y a la maledicencia. Por ello contó, de principio a fin, con el asesoramiento de los profesores José Hernández Díaz y Jorge Bernales Ballesteros, prestigiosos catedráticos de la Universidad de Sevilla.

Otro ejemplo de restauración delicada, supervisada también por los profesores Hernández Díaz y Bernales Ballesteros, fue la realizada a la Virgen de la Angustia, de la hermandad de los Estudiantes. A esta bella Dolorosa, obra de Juan de Astorga, se le había roto un ojo de cristal y se lo rehíce para devolverle su aspecto original.

Insisto en que hay imagineros que saben restaurar. En mi caso, me he preocupado de tener los conocimientos necesarios. Aparte de los estudios en Italia, mis verdaderos maestros han sido los hermanos Cruz Solís, de los que me considero discípulo como restaurador. He trabajado mucho con ellos y he bebido en la fuente de sus conocimientos. En la restauración del Cachorro no intervine, pero estaba con ellos, presencié su trabajo con detalle, me fijé en lo que hacían y me lo explicaron. Fueron muy generosos al permitirme que aprendiera con ellos. La parte básica de la restauración, con la pigmentación de las imágenes, el proceso de igualar colores y todo eso, me lo enseñaron los hermanos Cruz Solís.

Esa restauración del Cachorro es lo más grande que se ha podido ver en Sevilla. Hay que tener en cuenta cómo se quedó el Cristo después del incendio, en un estado patético, casi destrozado. Ya he comentado que impresionaba el olor a madera quemada. Sufrió daños muy importantes en la policromía y algunas partes de la imagen quedaron deterioradas por el fuego. No quiero ni pensar que esa actuación hubiera sido encargada a otras personas que restauraban entonces en Sevilla. Si Dios a veces pone a las personas en los lugares oportunos, sin duda esta fue una de esas veces. Los tres hermanos Cruz Solís dejaron al Cachorro como si volviera a salir del taller de Ruiz Gijón, a pesar de que estuvo muy cerca de perderse para siempre, o al menos de haber quedado desfigurado.

Aunque solo fuera por lo que he vivido en esa histórica restauración del Cachorro, siempre sentiría un gran afecto por los hermanos Cruz Solís. Pero si son buenísimos como restauradores, aún lo son más como personas. Con ellos aprendí, y luego colaboré en la restauración del Señor del Gran Poder. La primera vez, después de la criticada intervención de Peláez del Espino, formé parte de la comisión, para la que fui nombrado por Cultura, Bellas Artes y la hermandad. En esta primera restauración del Señor del Gran Poder, a cargo de los hermanos Cruz Solís, ya intervengo. Y en la segunda restauración, cuando se limpia, asimismo me nombra la hermandad y trabajo con ellos. Al lado de los maestros es como mejor se aprende un oficio. Mi base de conocimientos, aparte de otros fundamentos teóricos, se la debo a ellos, que asimismo han sido profesores de grandes restauradores. Me han aportado muchísimo. Por eso, me considero su discípulo.

En Italia aprendí sobre todo la restauración de frescos y pinturas al temple. Viajé varias veces entre 1980 y 1984. Primero estuve en Roma y después en Florencia. Tengo certificados de los cursos a los que asistí en ambas ciudades, entre ellos el Instituto de Arte y Restauración de Florencia, una institución de prestigio mundial. Pero no soy una persona que vaya enseñando los diplomas por ahí, para presumir de nada.

Supongo que, si no tuviera conocimientos y formación suficiente, jamás hubiera sido nombrado miembro de la Real Academia de Bellas Artes Santa Isabel de Hungría de Sevilla.

Fui elegido académico el 17 de enero de 2006, en una decisión que me llena de orgullo profesional. Si soy imaginero y me nombran académico es como concederme un *cum laude* maravilloso en el mundo del arte. Es lo más grande que puedes recibir artísticamente, porque supone el reconocimiento de prestigiosos catedráticos que también forman parte de esa institución. Solo con eso ya no tendría que justificar nada más.

IMAGINEROS ANTE EL TRIBUNAL

Las diferencias entre los imagineros que restauran y los restauradores que no crean imaginería vienen de antiguo. Se deben a muchos motivos, entre otros a los intereses económicos y profesionales, porque todos trabajamos con las imágenes a la hora de restaurar. Uno de los casos en los que estas diferencias han surgido fue cuando tres imagineros, Luis Ortega Bru, Francisco Buiza y yo mismo, coincidimos en criticar las restauraciones que hizo Francisco Arquillo a la Macarena y la Virgen de los Reyes.

La historia completa sería muy larga de contar. En principio, a la Macarena la iban a restaurar los hermanos Cruz Solís. Después de su gran éxito en la restauración del Cachorro se lo propusieron. Incluso fueron a verla a la basílica y llegaron a preparar un estudio. En el libro que publicó la hermandad del Cachorro sobre la restauración del Cristo lo mencionan. La restauración que habían previsto los Cruz Solís para la Macarena era impecable. Estaba casi todo pactado para que los hermanos Cruz Solís hicieran ese trabajo, en el que yo hubiera colaborado.

¿Por qué no se la encargaron finalmente? Algunos empezaron a criticarlos sin motivo, con un argumento aldeano. Decían que la Macarena iba a ser restaurada por unos señores de Madrid, cuando en Sevilla también había buenos especialistas. Además de absurdo, era falso, porque no eran madrileños, nacieron en Andújar (Jaén). Así empezaron a moverse ciertos hilos en contra de los Cruz Solís. Al final quedaron descartados, lamentablemente, y se lo encargaron a Francisco Arquillo.

Después de aquella restauración, realizada en 1978, la Macarena ha sido tocada en otras ocasiones. La Macarena ha cambiado tres veces de color en los últimos años, incluida la última. A raíz de aquella primera intervención de Arquillo, hicieron una encuesta en *El Correo de Andalucía.* Tanto Ortega Bru como Buiza y yo coincidimos los tres en decir que no nos había gustado esa restauración, ni tampoco la que le hizo a la Virgen de los Reyes.

Arquillo respondió con una querella contra los tres, cuando nuestro único supuesto delito era dar una opinión sobre un resultado estético. Ortega Bru, Buiza y yo tuvimos que pasar por el Juzgado. Como era más joven, me lo tomé con otro espíritu, pero Ortega Bru y Buiza, que eran más mayores y quizá tenían una mentalidad de tiempos más difíciles, se pusieron nerviosos y lo pasaron muy mal. El caso lo ganamos sin ningún problema, pues era de sentido común que se podía expresar una opinión. Sin embargo, me dolió la actitud de Arquillo con esa denuncia. No se lo perdono. Y no por mí, sino por ellos dos. Ortega Bru sufrió por aquello y murió algún tiempo después. No digo que fuera por eso, ojo, sino que al recordarlo y ver lo que le pasó, me sienta muy mal que este gran imaginero sufriera tanto por algo tan absurdo, cuando tenía otros problemas. Con lo que había pasado ese hombre después de la Guerra Civil, fue lastimoso verlo llorando en un Juzgado, tan sólo por expresar una opinión artística, cuando ya estábamos en democracia.

Al preguntarme por la restauración, no puse en duda la capacidad o la valía profesional de Arquillo. No es eso. Simplemente dije que no me agradaba esa cáscara de piel de naranja que tenía la Macarena, ese granulado que le aprecié al verla de cerca. No estaba conforme, ni me parecía lo más adecuado. Y la Virgen de los Reyes, después de aquella intervención, ha sido restaurada dos veces. No me gustaba ese brillo, la forma de darlo, como con un espray en la cara. La Macarena tenía antes una policromía impresionante, preciosa, unas veladuras y unos detalles que se perdieron. De eso se dieron cuenta muchas personas. La diferencia es que nosotros lo dijimos y otros se callaron.

Es algo parecido a lo que pasa con el Instituto Andaluz del Patrimonio Histórico de la Cartuja. Hay muchos que graznan y critican algunas de sus restauraciones, los cambios de color, pero ¿quién lo dice en público? Un imaginero hace lo que hicieron allí con el Cristo de la Providencia, de los Servitas, y se tiene que ir de España. En mi caso, tanto aquella vez como siempre, digo lo que pienso, no me callo. En el IAPH se han hecho cosas mejores y peores. Para mí lo mejor, con diferencia, fue la restauración de la Virgen del Valle, y también la Virgen del Subterráneo.

Un fallo del IAPH es que deberían haber contado con uno o dos maestros de la imaginería, para que colaboraran con ellos en los trabajos. Con los imagineros andaluces y sevillanos que tienen cerca es lamentable que nunca les hayan preguntado. No digo que contrataran a imagineros para las restauraciones, sino consultar los criterios a la hora de llevarla adelante. Han contado con carpinteros, con ensambladores, ¿por qué no con imagineros? No ha sido así. Y conste que la política no tiene nada que ver con esto. A mí no me interesa la política, solo el arte. Por eso, no me callo. En el mundo de las cofradías se dicen cosas por detrás, pero a la hora de la verdad no se atreven. Aún recuerdo lo que pasó con el Cristo de San Esteban. Algunos cofrades comentaban que salió con una pierna más blanca que la otra.

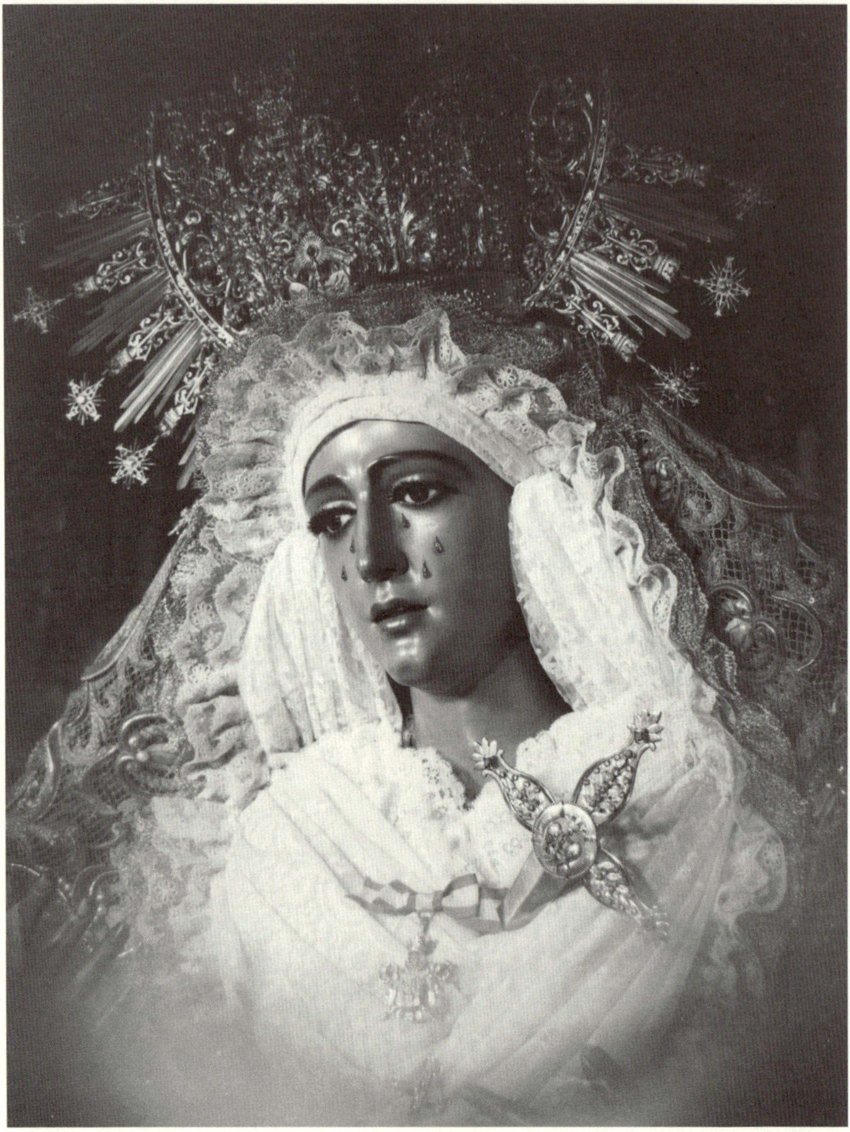

La Esperanza de Triana en una foto tomada recién terminada
la restauración de 1989, con su nueva policromía.

4.2 LAS VERDADES VERDES DE TRIANA

En 1989 restauré a la Esperanza de Triana. Soy consciente de que estamos ante una intervención sometida a la controversia y la polémica, a veces interesada, por lo que se debe explicar en sus justos términos. La Virgen salió con un aspecto tan espléndido que empezó a correr por Sevilla y por Triana el rumor de que Álvarez Duarte la había retocado. No es cierto. Nunca retallé a la Esperanza de Triana. Sí es verdad que soy el autor de su actual policromía, pero eso es diferente, no tiene nada que ver con retallar ni remodelar.

RESTAURACIÓN DE LA ESPERANZA

La teoría de la remodelación de la Esperanza de Triana empezó a propagarse, sin fundamento, nada más terminarla. Desde el primer momento fue desmentido. Pero algunos siguieron erre que erre. Hasta ahí no pasaban de ser habladurías. Algunos años después, en 1993, volvió a surgir en una serie de artículos publicada en el diario *ABC de Sevilla* por Manuel Tobaja Villegas, titulada *La restauración de las imágenes cofradieras*, en la que daba cuenta de las alteraciones sufridas por las imágenes de la Semana Santa sevillana a lo largo de los siglos.

En este estudio, al referirse a las restauraciones de la Esperanza de Triana, citaba las realizadas por Gumersindo Jiménez Astorga en 1898, así como las de José Ordóñez en 1910 y Antonio Castillo Lastrucci en 1929. Todos ellos habrían retocado significativamente la imagen original, que se atribuía a Juan o Gabriel de Astorga. En concreto, según lo publicado, Jiménez Astorga la pudo tallar de nuevo, «dándole al rostro un color más claro del que tenía antes del incendio que la deterioró en 1898». También Ordóñez la habría retocado en el rostro. En cuanto a Castillo Lastrucci, alega que, según el libro de cuentas del imaginero, en 1929 cobró quinientas pesetas «por ponerle mascarilla y manos», además de hacerle nuevo candelero y darle el color moreno en la policromía que caracterizó su aspecto desde entonces.

Siempre según el mencionado informe publicado por Tobaja, en 1981 Luis Álvarez Duarte «le hace candelero nuevo, retoca la frente y la repolicroma». Y añade que, en la restauración realizada por Álvarez Duarte en 1989, «remodela el rostro afinándolo y dándole una nueva expresión, así como repolicromándola».

Estas afirmaciones me indignaron. En la práctica suponían atribuirme directamente la remodelación de la Esperanza de Triana, por no decir la autoría de su aspecto actual. Y además incidía en algo que ya había sido negado hasta la extenuación, con el aval de la comisión de expertos que designó la hermandad, presidida por el catedrático José Hernández Díaz. Todos coincidieron en garantizar que Álvarez Duarte no había alterado nada de la talla.

Me consideré perjudicado, incluso ofendido, por unas afirmaciones equívocas y sin fundamento. Por ello, para aclarar todo, expliqué con detalle la intervención a la Esperanza de Triana, en una réplica publicada el 28 de marzo de 1993 por el diario *ABC de Sevilla.*

Según expliqué:

> «Primero se le hizo un estudio radiológico a la imagen para ver y comprobar cómo se encontraba por dentro; gracias a Dios se comprobó que todo estaba perfecto. Después se empezó a estudiar el ennegrecimiento irreversible que presentaba la imagen, así como pequeñas fisuras y cortes de telas encoladas, sobre todo en la parte posterior de la barbilla. Fue imposible salvar su policromía, o sea la que hiciera Antonio Castillo Lastrucci en su intervención, ya que no era de veladuras. Estaba policromada al dedo, y entonces la imagen de cerca presentaba poca terminación de policromía aunque el efecto era magnífico, y se limpió, se le quitó la policromía casi inexistente con todo el producto de esmudine que tenía y se quedó en el aparejo y goma laca, y se procedió a repasar las pequeñas fisuras en punta de nariz y parte inferior de la barbilla, y se comenzó a policromar y encarnar, siempre copiando la encarnadura de las manos de la Virgen, que no habían sufrido tal ennegrecimiento.

> Se le colocaron nuevas lágrimas engarzadas en la talla y nuevas pestañas».

Asimismo, recordaba en la réplica que:

> «...en la misma mañana que la Esperanza fue llevada a las dependencias de la hermandad donde se efectuaron los trabajos de consolidación y nuevas encarnaduras, a la imagen se le hizo un vaciado de su bellísimo rostro, con silicona en frío, rocadul y marmolina para así tener un testigo del modelado y talla de la Santísima Virgen, para que con este testigo en años venideros se pueda salir al paso de posibles comentarios de remodelados o retallados, cosa que jamás se hizo».

Por último, recordaba que este vaciado se efectuó ante los miembros de la junta de gobierno de la Esperanza de Triana, en presencia también, entre otros, del profesor José Hernández Díaz y el párroco de Santa Ana y director espiritual, Juan Martín Pérez, así como Julio Díaz Portillo, nombrado por la hermandad para estar siempre presente en los trabajos, y el vestidor de la Virgen, Fernando Morillo. De todos los trabajos realizados hizo un completo reportaje fotográfico Manuel Díaz (Dihor), con la condición exigida de que quedaran en propiedad de la cofradía, sin que le diera ningún uso externo.

Cuando hay una crítica fundamentada, no tengo inconvenientes en admitirla. Sin embargo, no puedo aceptar que me atribuyan falsedades. En el caso de la restauración de la Esperanza de Triana, lo que publicó Tobaja, que por entonces se dedicaba a las restauraciones, no se correspondía con la realidad. No podía admitir que le había retallado el cuello, porque no es cierto. Además, con esas afirmaciones, se cuestionaba a un especialista tan prestigioso como Hernández Díaz, que había avalado la restauración de la Esperanza de Triana, dando su beneplácito a todo lo realizado.

No retallé el rostro ni el cuello de la Esperanza de Triana. Aunque sí es cierto que le doy una nueva policromía. No la retoco, pero sí la repolicromo. Se puede afirmar que soy el autor de la policromía de la Esperanza de Triana. Pero, en lo referido a la talla, solo cabe decir que está garantizado que no se tocó.

Hay una mascarilla, conservada por la hermandad, que prueba cómo era antes. Se puede comprobar que ahora es igual.

Otras personas también aludieron al supuesto retoque del cuello, incluso afirmaron que le había eliminado la papada. Cuando terminé la restauración, el cuello parecía más afinado, más esbelto. Pero se trataba tan solo de un efecto visual, en forma de V, conseguido con el uso de veladuras.

Fue el profesor Hernández Díaz quien me aconsejó que lo hiciera.

—¡Dele usted una gracia! —me dijo.

Y se lo hice en pocos segundos, con testigos delante. En cierto modo, era como esos efectos teatrales que, a través del maquillaje, consiguen que una mujer joven pueda parecer más mayor, o una señora mayor presente un aspecto rejuvenecido. Es una técnica que se puede aplicar a una imagen.

El profesor José Roda Peña, de la Universidad de Sevilla, también pensaba que había retallado el cuello de la Esperanza de Triana. Le invité a que lo comprobara por sí mismo y viera que se trata de un efecto conseguido de forma natural, sin remodelar nada. Cuando se acercó al camarín y la vio de cerca, se quedó asombrado. Me dijo que le parecía increíble y que tenía toda la razón, que lo había conseguido sin retallar. A la Virgen le hizo Rodríguez de Quesada muchas radiografías. Todos los trabajos se completaron con el máximo rigor.

La cara de la Esperanza no es original de Castillo Lastrucci, aunque le cambió las cejas. Las manos sí son de él, se las puso nuevas, y lo son aún, se mantienen tal cual. A la Virgen se le practicó una cata para la policromía y se observó que solo le quedaba una capita y la goma laca debajo. Castillo le da la policromía en unos tiempos difíciles, con pocos medios. En consecuencia, había que policromarla de nuevo.

La policromía de la Esperanza de Triana es de Luis Álvarez Duarte. Eso sí lo digo claro y lo he defendido siempre. Me siento orgulloso. Cuando le termino la nueva policromía, alguien sugirió una propuesta rara: decir que había rescatado la policromía anterior de José Ordóñez. Me negué a aceptar tal falsedad. Hernández Díaz afirmó que eso ni se podía insinuar, porque no era verdad.

En otros casos donde se han dado supuestos rescates anteriores de policromías habría que verlos. En la Esperanza era imposible. La tenía levantada y casi no quedaba. También es cierto que yo no le he aportado mi estilo de policromía, que hubiera sido distinto, sino el que se debía dar a la Esperanza de Triana. Mi trabajo consistió en copiar milimétricamente, en bueno, lo que hizo Castillo Lastrucci en su policromía, para que no perdiera el sello. La policromía de Castillo se ve en las manos, que no se habían deteriorado. A partir de ese modelo, la repetí a base de veladuras.

En una foto en blanco y negro, el efecto que se le observa es el mismo que en los años siguientes a la restauración de Castillo Lastrucci. Después de la intervención que le hice en 1989, cuando apenas había transcurrido un mes, colocaron en el bar Santa Ana una foto de la Esperanza, en tono sepia. La mujer de un miembro de la junta de gobierno se acercó y me dijo:

—Luis, no te enfades. Pero esta era la Reina de Triana. ¡Mira qué color! Así era Ella y ya será imposible que vuelva a estar así…

Nos quedamos callados un momento y yo le contesté:

—Pues esa foto es de hace quince días.

La foto que esta señora creía de otros tiempos, de los años treinta, se la hizo en blanco y negro Eugenio Borrego, recién terminada mi restauración. En sepia, no se apreciaban las tonalidades del color, por lo que el efecto parecía el mismo que tenía en otros tiempos. Mi trabajo consistió en imitar la policromía de Castillo, pero con buenos materiales.

Hernández Díaz dijo que fuésemos realistas. No se podía hablar de una restauración como tal, sino de una nueva policromía. En lo demás, la Virgen no fue alterada. Estaba perfecta. Lo único que se le había arreglado era un detalle menor, ya que en la mano izquierda tenía dos dedos pegados y se los separé ligeramente. Pero incluso los besos que le habían dado a la Virgen en la mano se le siguieron notando. Tiene una resina que no se le ha tocado para nada, solo se le limpió la zona de los besos, y en los deditos se le añadieron unos pequeños repintes para dejarlos en su estado natural. Sin embargo, la policromía de la cara es totalmente mía.

Es verdad que la idea, en principio, no era esa, sino salvar la policromía de Castillo en el rostro. ¿Por qué cambiamos de opinión? En las catas practicadas se veía que saltaba, era como un papel de fumar, no había nada. Entonces fue cuando Hernández Díaz y Bernales indicaron que era imprescindible policromar de nuevo. La Virgen se encontraba en perfecto estado de conservación, en cuanto a la talla, pero mostraba un color como de verde aceituna. Le di tres veladuras hasta la encarnadura definitiva y después la pátina. Algunos decían que había quedado más clara. Es lógico, pues el color anterior aceitunado no era el suyo natural y debía verse más clara. Si el tono de la policromía se lo hubiera puesto igual que lo tenía en 1989, ahora la Esperanza de Triana sería negra.

En la coronación canónica de 1984 muchas personas se habían dado cuenta de lo mal que estaba la policromía, que se había vuelto de un verdoso ennegrecido, nada natural. Antes de la coronación, en 1981, le puse un nuevo candelero y un perno de quita y pon, así como le cambié las pestañas, que procedían de la restauración de Ordóñez, y le agregué unos fragmentos de las orejitas, que le faltaban. El candelero nuevo reprodujo en madera la estructura que le montaba su vestidor, Fernando Morillo. Hasta entonces, para vestirla, usaba el anterior candelero, muy deteriorado, y le colocaba alrededor unas telas, con las que le hacía una especie de falda, con una estructura prefabricada. Todo eso se reprodujo en madera de caoba, con la consistencia necesaria, y ya sin rellenos.

La restauración posterior de 1989 se aprobó en un cabildo de hermanos. Existía una sensibilidad generalizada en el mundo cofrade sobre el color ennegrecido y verdoso de la Esperanza. Expliqué en aquel cabildo las actuaciones que se podían plantear, siempre con la intención de salvar la policromía anterior. Hasta que en las pruebas estratigráficas se apreció que solo le quedaba como una base de óleo. Pienso que Castillo Lastrucci hizo lo que pudo. No lo critico en absoluto, al revés. La impronta de la belleza que se le ve actualmente la Esperanza de Triana es de Castillo Lastrucci. Es él quien le modifica las cejas y se las deja arqueadas. La Virgen tenía un entrecejo tallado de dolor y Castillo Lastrucci se lo cambió.

Después de mi restauración, la Virgen mantiene las cejas igual que se las dejó Castillo Lastrucci, comprobado milimétricamente. Hicimos la prueba con unas diapositivas y está calcada. Pedí que se le hiciera una mascarilla, precisamente para evitar problemas de interpretaciones posteriores. Y además Hernández Díaz y Bernales siguieron todos los trabajos.

En la mascarilla se aprecia la papada y se ve que la talla es igual. Fue un acierto del profesor Hernández Díaz la sugerencia para darle un efecto que la estilizara. Lo que le hice fue muy simple. Con la pátina le daba oscuridad en la papadita del cuello y le dibujaba una V, simulándole una talla de la que la Virgen carecía, pero sin hacerla realmente. Quizá, con el paso del tiempo, ahora se nota menos.

Sabía lo que me jugaba. Cuando surgieron algunos comentarios sobre la inexistente remodelación, el profesor Hernández Díaz me comentó:

—Es una pena que la cofradía no publicara un libro sobre la restauración de la Esperanza de Triana, con todo el material gráfico que tienen. Así se hubieran acabado todas las especulaciones.

Luis Murillo, que era el hermano mayor entonces, sabe que dijimos toda la verdad. No se engañó a nadie. No había nada que ocultar. No quedaba nada de las policromías anteriores a Castillo. ¿Qué hubiéramos ganado con mentir y decir que era la de Ordóñez? No se podía contar que había rescatado la antigua, como alguien sugirió, porque no quedaba nada. Tampoco había nada de Gumersindo Jiménez Astorga, ni de Juan Astorga, ni de nadie.

En cuanto al color oscuro que habían tomado los restos de la policromía de Castillo Lastrucci, era muy criticado por cofrades respetados de la ciudad, como Juan Carrero Rodríguez, que pedía una recuperación del color original de la Esperanza de Triana, no el del falso negro verdoso, sino el de los años treinta.

Adolfo Vela, siendo hermano mayor, me pidió que le practicara a la Esperanza una pequeña reparación, tan solo de los alfilerazos de los vestidores, que se le notaban bastante. El profesor Roda Peña, que fue nombrado para supervisar el trabajo, y que había comprobado en su día el efecto que le aporté en el cuello, me comentó:

—Luis, ¡qué belleza le has dado! La Virgen está impresionante, es almíbar puro.

Entre los muchos elogios recibidos, citaré el del recordado cofrade Alfonso Jaramillo, un extraordinario bético y un gran trianero, que me dijo:

—¡Esta es mi Esperanza otra vez! Es la Virgen que conocí en San Jacinto.

Que me dijera eso un trianero de los de otros tiempos, un trianero de pata negra me llenó de orgullo. No es el único que me lo comentó. Otros trianeros dicen que ha vuelto la Virgen de los azulejos. La volvieron a ver como la Virgen guapa a la que le rezaban en San Jacinto. Y así creo que sigue ahora. Juan

Carrero Rodríguez me dijo que era «la Esperanza de Triana, pero más bella».

Eso me recuerda una entrevista que me hizo Salvador Recio en Radio Nacional, cundo me preguntó qué era lo más difícil en una restauración. Le contesté que dar belleza a la belleza es lo más difícil. Si enturbias la belleza, o la palideces, has fracasado, mejor apaga y vámonos.

La verdad es que arreglan muy bien a la Esperanza de Triana y eso ha contribuido a embellecerla aún más en los últimos años. Su actual vestidor, Francisco Javier Hernández Lucas, la pone impresionante. La ha vestido romántica, y como en los años treinta. Para mí le ha devuelto todo su esplendor. La Esperanza de Triana de hoy es canela fina. Tengo el honor de que su piel es obra mía. Aunque ya he comentado que no quedó como las mías, que son diferentes, sino como una emulación de Castillo, como un tributo a su obra, porque fue él quien le dio más belleza a la Esperanza.

Yo siempre he defendido la intervención de Castillo Lastrucci a la Virgen. También defiendo sus valores como imaginero, cuestionados a veces por la gran producción de su taller, en el que todo no salía de sus manos. No obstante, aunque le diera belleza, guapura, la Esperanza de Triana no es una obra de Castillo Lastrucci. Ninguna de sus imágenes muestra el paladar tallado, y la Esperanza tiene el paladar, la lengua y los dientes perfectos. Castillo le puso unos ojos nuevos de cristal, le cambió la mirada, quitando la expresión acentuada de dolor al arquearle las cejas. Le puso unas manos que son las más bonitas de Castillo. Le dio una morfología nueva. Está muy recreada por él, incluso retalladita por él. Pero la boca no es de él. La boca es calada, perfecta, no tiene nada que ver con las suyas. Recuerda más a las de Astorga. En la Esperanza de Triana hay cosas de Astorga y hay cosas de Castillo.

El estilo de una imagen se va forjando, con el tiempo, en muchos detalles. Un señor llamado Canito, carpintero y prioste, en los años cuarenta, quiebra la cintura de la Virgen y le cambia la posición, con ese aire tan peculiar. Cuando le hago el nuevo candelero, mantengo ese quiebro en las caderas. Antes era más erguida y estática, como se aprecia en muchas fotos. Fernando Morillo contribuye a cambiarla, cuando le da el refregado al vestirla. En otras cofradías me han pedido imágenes con ese quiebro trianero en el candelero. En el paso resulta muy elegante. La Esperanza de Triana es una de las más admiradas, de las más imitadas en su vestimenta y apariencia. Le copian mucho su estilo.

Me siento muy satisfecho de decir la verdad. No es el primer caso de una obra de otros siglos con una policromía contemporánea. En Sevilla no todas las policromías de imágenes antiguas son de tiempo ha, ni mucho menos. En cuanto a reconocimiento, a piropos, a fervor popular por la imagen, esta intervención que le hice a la Esperanza quizá sea uno de mis trabajos más admirados. Antonio Ordóñez y Vicente Acosta, dos ilustres hermanos mayores de esta cofradía, me decían, cariñosamente, que el médico de cabecera de la Virgen de Triana era un macareno, para colmo.

Pero, en realidad, también me siento muy trianero.

EL 23-F EN TRIANA

Hay una anécdota poco conocida, relacionada con la primera restauración de la Esperanza de Triana. En las radiografías de 1989 se le apreciaron unos restos de virutillas en el paladar. Eso creó cierta inquietud, al desconocerse su origen. Pronto se pudo comprobar que eran pequeños restos de viruta de la restauración anterior, la de 1981. Entonces se le colocó un perno y, al estar ahuecada por dentro, se le quedó algún mínimo resto de la madera, que apareció casi ocho años después.

En 1981, cuando terminó esa primera restauración de la Esperanza, en la que también le puse un nuevo candelero, fuimos a celebrarlo con una cena en Casa Manolo, el bar restaurante de Triana tan frecuentado por cofrades. Nos extrañó que no veíamos a nadie en la calle y nos sorprendió que, al poco tiempo de entrar, los camareros echaron la baraja. Allí nos enteramos de que un guardia civil llamado Tejero había entrado con una pistola en el Congreso de los Diputados para dar un golpe de Estado. La cosa se estaba poniendo difícil, con los diputados retenidos y a la espera de que hablara el Rey por televisión. Era el 23 de febrero de 1981.

Estábamos en Casa Manolo con el hermano mayor de entonces, Vicente Acosta, su esposa, Elisa, que era la camarera de la Virgen, y otros miembros de la junta de gobierno. Cenamos con rapidez. Después de aquello, un poco asustados, regresamos a la capilla de los Marineros y terminé de ponerle el perno a la Esperanza. Quizá de ahí procedía la viruta. Después me subí a la *Mobilette* que tenía entonces, y me fui en *la motillo* a mi estudio de la Puerta Real, por las calles de una Sevilla silenciosa y desierta. No se veía ni un gato.

EL CUERPO DE LAS TRES CAÍDAS

Entre las dos restauraciones de la Esperanza de Triana, hay otro trabajo para esta cofradía. En 1983 intervengo al Cristo de las Tres Caídas para tallar un cuerpo completo, en sustitución del candelero que tenía, con la condición de que mantuviera la misma silueta. La cabeza no se le tocó, con la excepción de suprimir un mechón antiestético que le añadió Castillo Lastrucci. En esa intervención, se lo quito y le pongo otro, a juego con la barba.

Hay que tener en cuenta que el Cristo tiene el pelo con estopa y tela encolada. En su momento, era una imagen con peluca. En Sevilla había tres Cristos con peluca, que eran el de las Tres Caídas de Triana, Sentencia y Oración en el Huerto. También le hice una peñita, donde apoya una de las manos en su caída. Para mí, esas manos son las más bellas de los Cristos de Sevilla, y diría que las más bonitas que he visto de toda Andalucía. Contempladas de cerca, son extraordinarias.

La intención era que el Señor apareciera con el mismo aspecto, una vez vestido con su túnica. Le incorporé el nuevo cuerpo, con un sudario. También le cambié los pies. Antes tenía una pierna de quita y pon, que se le colocaba para el paso y se le retiraba en el altar, donde no se notaba. Esta intervención, que se podía prestar a la polémica, se practicó con el máximo rigor, para dar más consistencia a la imagen, sin modificar su aspecto. Como en otros casos, fue supervisada en todo momento por José Hernández Díaz y Jorge Bernales Ballesteros, catedráticos de Historia del Arte de la Universidad de Sevilla.

OTRAS RESTAURACIONES EN TRIANA

En mi estudio de la calle Aguiar, a principios de 1983, coincidieron señeras imágenes de Triana. Cuando trasladaron allí al Cristo de las Tres Caídas, se encontró con Madre de Dios del Rosario, la patrona de los capataces y costaleros de Sevilla, que se venera en la parroquia trianera de Santa Ana, y que estaba siendo restaurada. Casualmente, asimismo tenía allí las manitas del simpecado del Rocío de Triana. Cuando le robaron las joyas, le partieron las manitas y yo se las rehíce. Me las habían llevado en un cofrecito de plata. Así coincidieron, en la calle Aguiar, el Cristo de las Tres Caídas, las manitas del Simpecado del Rocío de Triana y Madre de Dios del Rosario. Todo un cónclave de amores trianeros.

Madre de Dios del Rosario había sido revisada recientemente por otro restaurador, que le apreció unas fisuras en el cuello, según informó a la hermandad. Pero, en cuanto la toqué con la mano, observé que en realidad no eran fisuras, sino que tenía la cabeza seccionada. Estaba cortada y sujetada con cuatro clavos gitanos. Así se lo dije al hermano mayor y al padre Juan Martín Pérez, párroco de Santa Ana. Al parecer, para cambiarle la posición, en una restauración anterior, le habían guillotinado la cabeza.

Le hice una restauración profunda, que consistió en reensamblar y repolicromar el cuello, así como resanar la talla en general. La completé con un encolado en el cuello, que le quedó muy bien, y permitió sustentarla con naturalidad. También fue restaurado el Niño Jesús. A la Virgen hay que revisarla de vez en cuando, aunque no ha vuelto a tener problemas

Una anécdota poco conocida de esta imagen ocurrió en una de sus salidas procesionales de gloria, que tienen lugar cada año el 12 de octubre. Cuando iba a entrar en la parroquia de Santa Ana, en una de las últimas levantás, se le cayó una mano y se quedó en el paso, tapada por las flores. Tras ser recuperada la mano, se observó que le faltaba un dedo. Por más que se buscó después, en el paso y entre las flores, no hubo manera de encontrarlo. Nunca apareció. Así que le puse un dedo nuevo, se lo reconstruí.

Con anterioridad a eso, en 1975, también en Triana, había restaurado a la Virgen del Carmen de la parroquia de Santa Ana. Es una imagen muy interesante, que tiene su origen en el siglo XVIII, y que llegó a la parroquia trianera procedente del antiguo convento de Carmelitas Descalzos de los Remedios.

A esta Virgen del Carmen le consolidé unas fisuritas, le igualé la pigmentación en unos fragmentos de la policromía y le colocamos un nuevo candelero. Asimismo, restauré la talla del Niño Jesús, que es de notable mérito artístico. Esta Virgen ha participado en diversas procesiones fluviales por el río Guadalquivir, coincidiendo con la Velá.

Y en Santa Ana hice otra restauración a la imagen de la Divina Pastora, muy popular como patrona de los deportistas, que también ha sido paseada alguna vez en barca por el río Guadalquivir, una costumbre que era habitual en los años sesenta. Después se reorganizó la hermandad de gloria. A esta imagen de la Divina Pastora trianera, obra de Gabriel de Astorga en el siglo XIX, le restauré las manos, igualándole la policromía, y le puse nuevas pestañas.

Con todo esto, ya se ve lo mucho que me ha dado Triana y lo mucho que le he dado, con todo mi cariño. Aunque siempre me acuerdo de Antonio Ordóñez y Vicente Acosta, cuando bromeaban con aquello de que el médico de cabecera de la Esperanza de Triana es macareno, la verdad es que he puesto todo mi cariño en Triana. Ahí está la Virgen del Patrocinio, y lo que he dedicado a la Esperanza, con las restauraciones del Cristo y la Virgen, y la talla del San Juan, y el Niño Jesús que llaman de la Esperanza, realizado en los años ochenta. Todo eso, más las restauraciones en Santa Ana. ¡Son tantas cosas! En el nombre, y en el corazón, Luis Álvarez Duarte estará unido siempre con Triana.

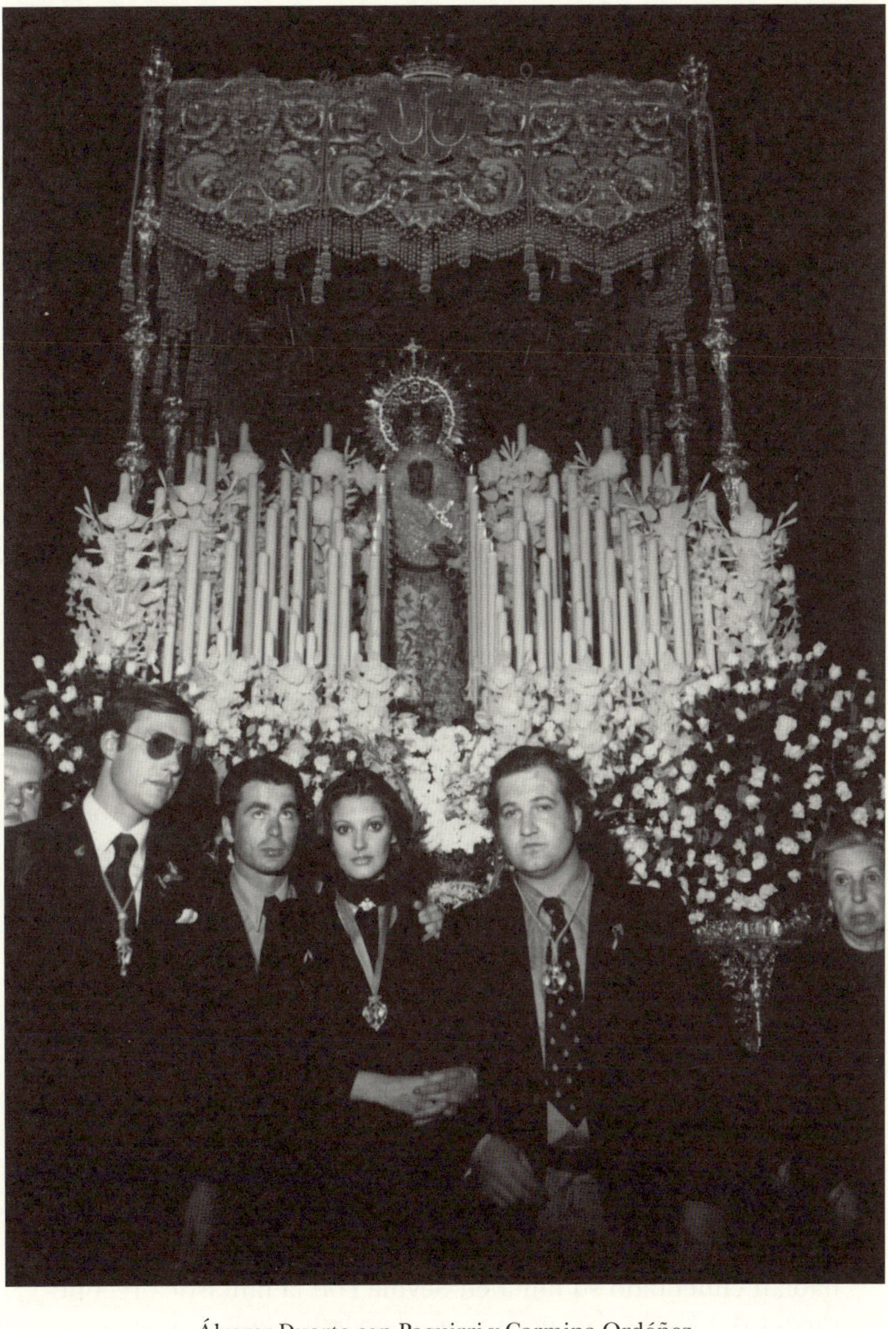

Álvarez Duarte con Paquirri y Carmina Ordóñez
ante el paso de la Esperanza de Triana.

4.3 LA VERDAD DEL GRAN PODER Y OTRAS VERDADES

En el año 1983 fui nombrado por la hermandad del Gran Poder para participar en la comisión encargada de supervisar la restauración del Señor, que iban a realizar los hermanos Raimundo y Joaquín Cruz Solís, junto a Isabel Poza. Posteriormente, en 2006, estuve en la comisión para la segunda restauración de los Cruz Solís al Gran Poder. En 2010, me ocupé de restaurar de urgencia al Señor, tras el brutal ataque que sufrió en su basílica. En estas tres ocasiones entendí la dificultad que eso comporta. Tocar al Señor del Gran Poder, aunque solo sea para reparar un desperfecto leve, impresiona, no está al alcance de cualquiera. Es una experiencia muy fuerte.

LOS HERMANOS CRUZ SOLÍS RESTAURAN AL SEÑOR

En 1983, la hermandad del Gran Poder decidió que los hermanos Cruz Solís restauraran al Señor. Por entonces, seguían Raimundo y Joaquín, pero ya no estaba el mayor, Antonio, que había participado en las restauraciones del Cachorro y del Cristo de la Fundación, de Los Negritos. Por el contrario, se incorporó Isabel Poza, cuya profesionalidad resultó de gran valía. En la comisión creada para el seguimiento de la restauración, tuve la suerte de estar presente junto a prestigiosos catedráticos de la Universidad de Sevilla y expertos de Bellas Artes, como José Hernández Díaz, José María Benjumea, Emilio Gómez Piñol y Jorge Bernales Ballesteros.

Era una restauración histórica, después de la polémica y desacertada intervención que le había realizado Francisco Peláez del Espino. Como había sido tan cuestionada por los expertos, la nueva restauración fue encomendada a los Cruz Solís, que habían cimentado su fama en Sevilla con la fantástica recuperación del Cachorro, pero que además habían alcanzado un prestigio nacional e internacional indiscutible, gracias a su labor en el Instituto de Conservación y Restauración de Obras de Arte, del Ministerio de Cultura. En Madrid habían restaurado y salvado grandes obras artísticas españolas y se les consideraba las máximas autoridades en esta materia.

En la restauración del Gran Poder pude seguir de cerca sus trabajos, como había ocurrido con el Cachorro. Solo verlos ya era una fuente de aprendizaje y perfeccionamiento. El hermano mayor del Gran Poder era entonces Rafael Duque del Castillo. Junto a él, viví en aquella restauración un sorprendente descubrimiento, que él mismo contaría en un libro de memorias que escribió. Todo surgió al analizar las radiografías que le hizo Rodríguez de Quesada al Señor. Estábamos reunidos con Hernández Díaz y nos extrañó que algunas zonas de la imagen no se veían claras. En las radiografías daba que en esas zonas había hierro, pero en teoría era imposible. Resultaba enigmático y preocupante, de modo que en la comisión nos quedamos confusos, sin saber a ciencia cierta lo que era.

Yo le había visto al Señor unas huellas raras en la parte del talón, en un tono grisáceo, y dije que parecía emplaste de coche. Peláez del Espino, cuando se enteró, se indignó, lo negó y me llamó «niñato». Dio la casualidad de que, poco después de ocurrir aquello, cuando pasaba por la calle Gravina, me encontré con un coche que tenía el mismo color y la misma textura que le había visto al Señor. Lo arañé un poco, por encima, con cuidado, y comprobé que era emplaste de coche. ¡Había dado con la clave! Peláez, en su restauración, le había tapado algunos huecos al Señor del Gran Poder utilizando emplaste de coches. De la marca *El Pajarito*, concretamente.

Miguel Muruve Pérez, que entonces era prioste y años después sería hermano mayor, recordó que todavía quedaba en la casa de hermandad una bolsa con material que había sido utilizado en la restauración anterior. Efectivamente, cuando fue revisada, se comprobó que contenía un bote del catalizador con el emplaste de la marca *El Pajarito*. Se descubrió así lo que había pasado. En la radiografía daba hierro. No lo era, pero como tenía una aleación, distorsionaba el resultado. El hermano mayor, Rafael Duque del Castillo, lo contó años después, en su libro *Apuntes para la historia de la Hermandad del Gran Poder*, publicado en 2002. Así quedé como el descubridor del emplaste que le puso Peláez al Gran Poder.

Aparte de la anécdota, la imagen del Señor estaba muy mal en su interior. Había sido dividido en casi treinta pedazos, con unos hierros que no encajaban bien. Le retiraron hierros por aquí y por allí, algunos que no se sustentaban, o un taladro en la cabeza... Durante los trabajos, por consejo del profesor Hernández Díaz, se hizo un vaciado al cuerpo del Señor, y se le sacó un molde, en poliéster, para que sirviera como testigo.

Los trabajos duraron más de dos meses. Para que pudiera salir en la Madrugada de aquella Semana Santa, le pusimos tensores a fin de que no se moviera en el paso, desde la cintura a la peana, con el cincho incluido. Le hicimos un seguimiento al Señor por la carrera oficial, y después hasta la entrada, como medida preventiva ante una eventual urgencia. Estuvimos pendientes, en todo momento, los hermanos Cruz Solís, el profesor Ricardo Comas y yo. La medida de emergencia fue necesaria debido a la endeblez de la peana y a que aún no se había completado la restauración. Había que arriesgar. Era impensable que el Gran Poder se quedara en su templo, sin salir, a causa de su deficiente estado en aquel momento.

Mientras se completaba la restauración, la cabeza del Señor del Gran Poder era depositada por las noches en un sagrario. Resultaba impresionante. Ver el rostro del Señor desprendido y metido allí te dejaba sin palabras. Recuerdo que Antonio Ríos Ramos, vestidor del Señor durante muchos años, que poco después sería también hermano mayor y más tarde presidente del Consejo de Cofradías, le ponía flores a ese sagrario. El rostro del Gran Poder se quedaba cobijado allí, durante las horas nocturnas, en silencio, entre claveles, rosas y jazmines. Ha sido una de las etapas más bonitas que he vivido. Gracias a eso, puedo decir que al Señor del Gran Poder lo conozco muy bien, por dentro y por fuera.

Todos los miembros de la comisión y los responsables de la cofradía estuvimos muy unidos aquellos días, éramos como una piña. Los hermanos Raimundo y Joaquín Cruz Solís, junto a Isabel Poza, hicieron un trabajo impecable, magnífico, enorme... No tengo palabras. Le quitaron todo el hierro que tenía y fue sustituido por maderas de fresno y alerce. Manuel Guzmán Bejarano preparó la base de la peana para el Señor. Para el cincho, yo le retallé la peana, igualándole las piedras. Además, como imaginero, colaboré con ellos en los trabajos, les ayudé en todo lo que pude. Era un espectáculo verlos trabajar. Todo lo que hacían era como dar clases magistrales. Todo me parecía fuera de serie. Todavía hoy lo pienso y me dan escalofríos de lo que se hizo con el Señor de Sevilla. Es increíble, si sabes cómo estaba y si ves cómo se devolvió al culto.

TRES SEMANAS PARA RECUPERAR EL COLOR

En el mes de julio de 2006, colaboré en la segunda restauración del Gran Poder que hicieron los hermanos Raimundo y Joaquín Cruz Solís, junto a Isabel Poza. Entonces ya era hermano mayor Enrique Esquivias. Aunque al principio se habló de que el Instituto Andaluz de Patrimonio Histórico podría restaurar la imagen del Señor, e incluso presentaron un informe, finalmente la propuesta llevada al cabildo de hermanos, por la junta de gobierno encabezada por Esquivias, consistía en que la hicieran los Cruz Solís. Los trabajos se centrarían en la recuperación y fijación de toda la policromía del Señor, en rostro, cuerpo, manos y pies. Esta decisión se tomó por aclamación de los hermanos, que aplaudieron puestos en pie.

Los restauradores tardaron casi un mes en terminarlo. Trabajaban más de diez horas al día, en las dependencias del Tesoro existentes en la basílica. Al final del proceso, el Señor de Sevilla recuperó su color original en todo su esplendor. Pude ver de cerca esos trabajos porque también fui nombrado para la comisión de seguimiento. De los que habían estado en 1983, solo seguíamos el catedrático Emilio Gómez Piñol y yo. Se incorporaron otros profesores y expertos, como Alberto Villar Movellán, Javier Rodríguez Barberán y José Roda Peña. Asimismo, eran miembros de la comisión Antonio Ríos Ramos, Miguel Muruve Pérez y José León-Castro Alonso, los anteriores hermanos mayores del Gran Poder, además de la junta de gobierno de entonces.

El objetivo de los trabajos consistía principalmente en atajar el ennegrecimiento progresivo que sufría la imagen. Durante la polémica restauración de Peláez, lo había tratado con betún de Judea, tanto en el rostro como en el cuerpo, y eso hacía que cada vez se viera más negro. Es algo similar a lo que ocurrió con el Cristo de la Expiración, del Museo. Llegó un momento en que esa oscuridad resultaba alarmante y antinatural. No obstante, el color original no se había perdido del todo.

Después de un debate, en el que se analizaron diversas opciones, se tomó una decisión que para mí fue un gran acierto. Se acordó limpiar el rostro, con sumo cuidado, a base de bisturí, pero sin blanquearlo, que hubiera sido catastrófico. Lo que se hizo es igualarlo con témpera y acuarela, devolviéndole el color original que le dio Juan de Mesa a la corona de espinas, reponiéndole algunas de las espinas con fresno y quitándole las espinas de hierro que tenía. En el cuerpo, manos y pies también se igualó la policromía.

El Gran Poder tomó así su color actual, que es el original. Fue una lección magistral de cómo se debe restaurar una imagen. Hay que decir que los hermanos Cruz Solís justificaron su fama y que Isabel Poza, esposa de Raimundo, demostró que es una eminencia mundial en el rescate de policromías, que sabe tratar como nadie.

EL DÍA EN QUE UN LOCO ATACÓ AL SEÑOR

El domingo 20 de junio de 2010, hacia las 21 horas, un individuo atacó brutalmente a la imagen del Señor del Gran Poder. Fue identificado como Luis C. O, de treinta y siete años, funcionario de prisiones de la cárcel de Huelva. Había asistido con normalidad a la misa celebrada en el templo, pero a la terminación actuó con un comportamiento extraordinariamente agresivo, de una forma inesperada. Según las versiones de testigos, primero dejó en el suelo una mochila y, a continuación, se acercó al camarín del Señor por la parte izquierda del altar, al contrario de lo que es habitual. Se subió, apoyándose en la barandilla, y comenzó a zarandear violentamente al Señor en varias ocasiones. Intentaba desprenderlo para arrojarlo al suelo, pero no pudo porque estaba anclado. A continuación, fuera de sí, como enloquecido, le propinó patadas de rabia, al ver que no podía tumbar a la imagen.

Era un individuo alto y corpulento, muy fuerte. Afortunadamente, en el templo se encontraba en esos momentos un agente de la Policía Nacional de paisano, que había asistido a la misa. Consiguió reducir al agresor, ayudado por otros feligreses. Al ser interrogado en la sacristía por los motivos de su ataque, dijo que era «el hijo de Dios» y que traía un mensaje. Tras ser avisada la Policía, acudió una dotación que rápidamente se llevó detenido a este individuo para evitar males mayores, ya que fue increpado cuando lo detuvieron y la tensión había subido muchísimo entre las personas que se acercaron a la plaza de San Lorenzo.

Ante la conmoción suscitada por aquel ataque, el hermano mayor, Enrique Esquivias, dijo aquella misma noche que «el brazo derecho está partido desde la articulación», aunque añadió que «no se ha producido nada que no sea reparable».

La Policía Científica llegó al templo, pasadas las 22.30 horas, para iniciar diversas investigaciones. Poco después llegaba yo para analizar los daños sufridos por el Señor y plantear una reparación de urgencia.

Casi dos años después, en marzo de 2012, el agresor aceptó una condena pactada de nueve meses de cárcel por un delito contra el patrimonio histórico, en concurso con otro contra el sentimiento religioso. La condena pactada no incluía que la cumpliera en un centro psiquiátrico, al acreditar que tenía compensados los trastornos mentales sufridos en aquel momento. Asimismo, había pagado ya una gran parte de los 11.432 euros que costó la restauración de la imagen.

Fue un episodio terrible. Tuve que ver el video donde se observaba el ataque para explicar los daños que había sufrido el Señor, en la reunión de urgencia que se convocó aquella misma noche. Estuve hablando también con la Policía Científica. En el video me debía fijar en dónde le daba las patadas, para comprobar los daños. Se portó como un energúmeno. Se veía a un individuo alto, corpulento, que de pronto empieza a dar patadas, como si fuera una película mala de kung fu de serie B. ¿Cómo a un hombre que estaba en el templo, que en teoría se situó entre los que iban a besar al Señor, se le ocurre saltar y ponerse allí a agredirlo como un loco? En el video se ve que a un chaval lo zarandea y le lanza una patada para que no le entorpezca. Fue todo muy extraño. De alguna manera, recuerda la agresión que sufrió la Piedad de Miguel Ángel, en 1972, cuando fue atacada con un martillo por un hombre llamado Lazlo Toth.

Tras ver el video, revisé más a fondo la imagen, a la espera de que se le hicieran radiografías. Le observé daños en el brazo derecho y la mano afectada. El Señor tiene tallado hasta el antebrazo. El individuo había intentado arrancársela, pero no había podido, y en la mano se apreciaban unas fisuritas en la zona de la palma. Aparte de eso, había agredido brutalmente al Señor. Se había liado a patadas y le causó daños en la pelvis, los glúteos y sobre todo en el tobillo izquierdo, que era una parte más frágil al haber sido suprimidos los antiguos hierros.

En las radiografías se apreció que tenía fisuras por diversos lugares, pero sin llegar a mayores consecuencias. Técnicamente, algunas se restauraron al agua, bastante bien. Por otra parte, se había partido una espiga que se encontraba en la rótula en la espalda, que daba por dentro, y no se podía mover. La espiga no era normal, sino que se accionaba mediante un mecanismo. Me acordaba del lugar donde estaba, porque lo había visto cuando se la pusieron en la restauración de los Cruz Solís. Fue necesario operar por fuera, sacarla y reponerla. Afortunadamente, quedó bien. Aparte de eso, le arreglé la mano y se restañaron todas las fisuras, sobre todo unas lagunitas en la palma de la mano, así como otras en el tobillo y en la peana.

El video era para verlo… ¡Fue un ataque bestial! Los daños fueron mayores de lo que suponíamos al principio, cuando se da la versión oficial. En un primer momento, se minimizaron las consecuencias, porque creímos que solo le había afectado a una galleta del brazo, que eso se le pone en un momento. Pero no. Esa galleta de la rótula iba ensamblada a un espigón grande, que a su vez se ensamblaba en el tórax. Al mismo tiempo, el tórax estaba circundado por otra espiga que tenía en la espalda. Todo ello hacía que tuviera movimiento, pero que no saliera. Por el tacto, comprobé donde estaba, y se le pudo extraer la parte dañada. Entonces se le hizo una pieza igual y se la coloqué. Así el brazo derecho quedó como el izquierdo.

Es cierto que la agresión pudo tener unas consecuencias mucho más graves. Si la imagen del Señor no llega a estar atornillada, para anclarla y que no se desprendiera, hubiera ocurrido una gran desgracia. El agresor intentó reiteradamente soltarlo, pero no pudo, con la evidente intención de arrojarlo desde el camarín y estrellarlo en el suelo. Hay que dar gracias a Dios porque pasó poco, en comparación con lo que pudo pasar. Conociendo al Señor, emocionalmente, para mí fue muy duro hacer esta restauración. Aunque no quisieras, se te iban los pensamientos hacia la brutal agresión y era como revivir constantemente una terrible pesadilla.

Sin embargo, como devoto del Señor, también fue un privilegio. Estaba muy emocionado. Ver al Señor sin la túnica, con esa zancada impresionante, después de lo que le había sucedido, es algo que ni te puedes imaginar.

Una noche, en un *pescaíto* que organizaron, el hermano mayor, Enrique Esquivias, me entregó un recuerdo, y dijo que, si los Cruz Solís eran los cirujanos del Señor, Álvarez Duarte era su médico de cabecera. Eso es lo que se había puesto de manifiesto en aquella ocasión. Los Cruz Solís habían estado en las grandes intervenciones, pongamos que en la cirugía de la escultura. Mientras que yo había intervenido en el tratamiento inmediato, en la enfermedad, como en la atención tras aquella agresión bestial.

Por cierto, que eso del médico de cabecera ya se lo dicen a todo el mundo. A cualquiera que hace una restauración de una imagen, se le dice que es el médico de cabecera. Lo he leído y oído varias veces. Es como un nuevo tópico. Le encargan una restauración a Fulano y ya es el médico de cabecera de esa imagen. Eso se decía antes por un concepto diferente, que incluye la persistencia en el tiempo, el conocimiento a fondo de los tratamientos a esa imagen y la plena disposición para cuando sea necesario. En el caso del Gran Poder, nunca hubiera deseado restaurarlo como consecuencia de semejante brutalidad. ¡Ojalá nunca lo hubieran atacado! Pero una vez causado el daño, fue necesario restaurarlo en cinco días inolvidables en la basílica. Cinco días para curar al Señor de Sevilla.

Cuando restauré al Gran Poder en 2010, después de la salvaje agresión, le dejé el brazo tal y como estaba, quizá un poco más fuerte. Después, cuando acudí para afianzarlo, dije verbalmente, delante de mi alumno Ventura Gómez, y lo repetí por escrito en una carta dirigida al hermano mayor, Enrique Esquivias, que para dejarlo mejor era conveniente ponerle un juego de rótulas de madera. Les comenté que, si querían, eso se lo hacía rápido y así se quedaría en mejores condiciones. Entonces me dijeron que no.

Pasado el tiempo, en 2012, el hermano mayor informó que la cofradía iba a encargar la restauración del brazo, y añadió:

—Pero no lo harán ni los Cruz Solís, ni Álvarez Duarte.

Pocos días después se la encargaron a Pedro Manzano. La intervención consistía en poner un juego de rótulas, lo mismo que ya les había recomendado en 2010, pero con un mecanismo de acero inoxidable en las articulaciones del brazo. Es cierto que yo les aconsejé ponerlas de madera, porque creo que era mejor en este caso.

Eso de que «no lo harán ni los Cruz Solís ni Álvarez Duarte» me sorprendió muchísimo. Si se lo encargaban a otro, pues no pasa nada, pero se podía haber ahorrado el comentario. Cuando me han pedido una restauración, nunca he oído que no la va a hacer ni éste ni el otro. La hace quien la hace, y ya está. Me han llamado muchas personas extrañadas por este asunto.

Pero lo que más me sorprendió fue la forma. Resulta que le envío una carta al hermano mayor del Gran Poder, en la que le aconsejo ponerle unas articulaciones de rótula en el brazo al Señor, sustituyendo el sistema de galleta. Me dice que no lo haga en esos momentos. Y, además, me pide que le reenvíe la carta, quitando ese párrafo para que no haya polémicas internas. Después, en un cabildo, ya se habla de restaurarlo. Y, a continuación, me entero de que le van a poner una rótula, como aconsejé, «pero que no lo harán ni los Cruz Solís ni Álvarez Duarte», que son ni más ni menos que quienes se han ocupado de restaurar al Señor cada vez que hizo falta desde 1983.

También es cierto que Enrique Esquivias después ha aclarado este asunto. No dijo, en ningún momento, que la decisión de encargar el trabajo de colocación de la rótula a otro restaurador se tomara porque hubiera algún fallo en la restauración que le hice en 2010. Asimismo, ha reconocido, y así se publicó, que la primera persona que habló de poner una rótula al Señor del Gran Poder había sido Luis Álvarez Duarte.

Ese trabajo no hubiera sido una novedad para mí. Llevo más de treinta años poniendo rótulas de madera en brazos de imágenes de Cristos. Todas han funcionado magníficamente, sin ningún problema. Cuando restauré en 2010 al Señor del Gran Poder, pudimos aprovechar la ocasión para ponerle la rótula y afianzar el brazo. Ya se sabía entonces que estaba un poco flojo, incluso lo habíamos comentado en plan coloquial. Se me llegó a decir que era mejor tenerlo así, para facilitarle el trabajo a Antonio Ríos Ramos, vestidor del Señor, que de ese modo lo podía vestir con más comodidad. Como tampoco se encontraba en un estado preocupante, ni peligroso, no se le dio mayor importancia.

Me siento feliz con la restauración que le hice en 2010 al Gran Poder. Lo único que me extrañó es que en aquellos momentos me comentaran que el brazo estaba fuerte y después dijeran que se quedó flojo, cuando hay testigos de que por mí le hubiera puesto la rótula.

No sé si todo esto forma parte de lo mismo: la moda de que los restauradores no sean imagineros. Como si fuera un demérito, cuando no son trabajos incompatibles. Dependerá de la preparación que tenga el restaurador y de cómo haga una restauración en concreto. Incluso las mismas personas no aciertan siempre. Por ejemplo, la restauración de la Dolorosa que sale en primer lugar de la Madrugada sevillana me pareció mejorable, y no la hizo un imaginero.

LOS HIERROS DEL MAYOR DOLOR Y TRASPASO

En 2002 restauré la Virgen del Mayor Dolor y Traspaso. Como bien saben los cofrades, esta imagen de finales del XVIII sale en la Madrugada sevillana, acompañada por San Juan, en su espléndido paso de palio, detrás del Señor del Gran Poder. Todo lo relacionado con esta cofradía levanta una gran expectación. Así ocurrió en su momento. Oficialmente, los trabajos consistían en ensamblar el cuello de la imagen, a la que realizaría una nueva policromía en el cuello, y proceder a la retirada de elementos metálicos que tenía la talla. Pero, tras esos términos técnicos, se hallaba la realidad de quitarle unos hierros, colocados en una anterior intervención por Francisco Peláez del Espino. Eso avivó la polémica existente sobre ciertas actuaciones de dicho restaurador.

La Virgen del Mayor Dolor y Traspaso se encontraba en mal estado. Después de haber sido restaurada por Peláez del Espino, la policromía no quedó bien y volvió a ser restaurada por Luis Ortega Bru. La policromía superficial que le había dado Ortega no estaba mal; de hecho, es la que le imité al repolicromar el cuello, en el curso de los trabajos. Lo que estaba mal era lo anterior, lo que le hizo Peláez del Espino con hierros.

Cuando estrenó el manto bordado de Fernández y Enríquez, que le regaló Manuel Ruiz de Lopera, la Virgen del Mayor Dolor y Traspaso tuvo problemas. Se le quedó el cuello seccionado.

Pudimos comprobar que Peláez del Espino lo había cortado en dos mitades para introducirle hierros por dentro. Las radiografías eran impresionantes. Por cierto, que algo parecido le hizo a la Virgen de la Estrella, y a la del Mayor Dolor del paso de misterio de las Aguas, que la restauré después.

A la Virgen del Mayor Dolor y Traspaso, del Gran Poder, le saqué un hierro de 1,10 metros, que iba desde la cabeza hasta debajo de las caderas. En la garganta tenía otros dos hierros, con gavillas cogidas. La cabeza la tenía seccionada y suelta. Era un desastre. Todos esos hierros, cuando los saqué, se colocaron en un expositor. En total, había seis. Además del cuello seccionado, la Virgen tenía algunas grietas. Ya lo sabía, porque uno de los años anteriores, para que saliera en Semana Santa, le había fijado unos tacos de madera, a fin de reforzarla.

Cuando la restauré, el hermano mayor de la cofradía del Gran Poder era José León-Castro Alonso, un buen amigo y un gran hermano mayor. En la restauración, sustituí todo lo metálico y se lo renové en madera de fresno, alerce y caoba. Le igualé la policromía del cuello con el rostro y también le rescaté las manos, que tenían pintura de repintes, y le recuperé el modelado de las uñas.

Cuando finalizó la restauración, participé en una charla para exponer esa intervención a la Virgen del Mayor Dolor y Traspaso. Pero antes hubo una anécdota. Se celebró una misa de acción de gracias. El sacerdote que la presidía, el capellán real Camilo Olivares, me dijo a la terminación:

—Me parece muy bien que haya restaurado la imagen de la Virgen. Pero me sorprende que la ha dejado igual que estaba.

—Es el mejor piropo que me puede echar —le contesté.

Después, cuando vio en la conferencia cómo había sido la intervención, los hierros que le había retirado y las radiografías de lo que tenía, se quedó asombrado. Pues no; no estaba exactamente igual, aunque lo pareciera. Fue una restauración muy difícil, complicada por los hierros y la necesidad de extraerlos, pero asimismo muy gratificante.

Una restauración delicada, supervisada también por los profesores Hernández Díaz y Bernales Ballesteros, fue la realizada en 1985 a la Virgen de la Angustia, de la hermandad de los Estudiantes. Me llamó Juan Moya Sanabria para comentarme que a la Virgen se le había caído una pestaña, cuando era trasladada en su paso desde el Paraninfo a la Capilla Universitaria. Se le veía raro un ojo, por lo que me pidió que acudiera a revisarla con urgencia. Quedé con él y acudí acompañado por mi buen amigo Rogelio Gómez *Trifón*.

Pude comprobar que no era un problema con la pestaña. Se le había roto el cristal del ojo derecho, original de Juan de Astorga. Incluso se notaba que le había caído dentro de la mascarilla.

Era necesario restaurar la zona del ojo dañado. Hablaron con el profesor José Hernández Díaz, tan vinculado a la Universidad y su cofradía, para que supervisara todo el proceso de restauración. Don José solía venir por las tardes a mi estudio, donde hice los trabajos, y se tomaba un cafelito, mientras se ponía al tanto de todos los detalles. Fue una restauración más difícil de lo que podría parecer. Le reconstruí el ojo por fuera, tras reproducirlo. No se podía rehacer con el mismo vidrio y tuve que simularlo. Con algodón, le fui rellenando el glóbulo y después lo policromé a semejanza del otro ojo. Así se le quedó vidriado, con el uso de una resina y un barniz especial. También le puse nuevas pestañas en los dos ojos. En la restauración, le eliminé algunos pequeños repintes. Además, le puse un nuevo candelero de caoba, no el busto, sino solo el candelero, con los brazos articulados.

La restauración de la Virgen de la Angustia duró casi un mes. El resultado está ahí, se puede ver todos los años cuando es Martes Santo. Todo se hizo bajo la supervisión de los catedráticos, principalmente de Hernández Díaz, que era entonces la máxima autoridad en materia de Arte en Sevilla. Siempre, en los casos delicados, he trabajado con las máximas garantías. Por supuesto, la hermandad también permaneció atenta, haciendo un puntual seguimiento. Tanto el hermano mayor, Juan Moya Sanabria, que además de magnífico cofrade y gran pregonero, fue un excelente amigo mío, como otros miembros de su junta de gobierno, acudían de vez en cuando para ver cómo iba la restauración. Para mí fue un honor y un placer restaurar esta talla maravillosa de Juan de Astorga, uno de los imagineros que más admiro. Fue un trabajo delicado y laborioso, pero que finalmente mereció la pena.

CON LA ESPERANZA DE LA TRINIDAD

A la Esperanza de la Trinidad la restauré en el año 2000. Fue otro trabajo inolvidable. La Virgen permaneció durante dos meses y medio en mi estudio de Gines. La intervención consistió en ampliar el busto original de Juan de Astorga, hacerle un nuevo candelero, adaptarle brazos articulados y ponerle nuevas pestañas. También le eliminé los rasguños causados por alfileres que le habían clavado en el cuello y la cabeza. Aparte de la importancia profesional, fue una restauración que me causó una especial emoción por dos motivos. Uno es mi vinculación a la cofradía de la Trinidad, desde la infancia. Y otro, no menos importante, que la Esperanza trinitaria es muy especial para mí, una de las Dolorosas más queridas.

Hay fotos de cómo llega al estudio y cómo sale la Esperanza de la Trinidad. La Virgen se movía mucho en el paso. Tenía remaches de puntillas en el cuello y estaba de pena. También tenía un busto que le puso Astorga en el siglo XIX; pero él no los dejaba completos, llegaba hasta el pecho, y le habían añadido tablitas de madera, bastante inestables. Le coloqué un nuevo candelero y le rehíce el busto, completándolo hasta las caderas, siguiendo el modelo de Astorga. También se le añadieron brazos articulados de rótula. Le corregí los fallos que se le notaban, causados por alfileritos, que la habían afectado bastante. Se le veían huellas en las sienes, la nuca y el cuello. En resumen, la Virgen quedó de dulce.

No obstante, también se vio que la Esperanza de la Trinidad tenía unas grietas, que aconsejé corregir. La mascarilla no se encontraba bien. En los años sesenta había sufrido un percance cuando pasaba por la calle Laraña. Se le cayó la corona. El prioste se la arregló sobre la marcha y le puso el perno a martillazos. Tras aquel incidente, fue restaurada de urgencia por Sebastián Santos Rojas. Sin embargo, no se apreciaron entonces unos daños interiores que había sufrido, probablemente a consecuencia del percance. Eso se lo descubrí yo, cuando le hice las radiografías para la restauración. Propuse corregirlo entonces, aprovechando la intervención prevista y que la Virgen estaría durante cierto tiempo en mi taller, pero me dijeron que preferían dejarlo para más adelante. A partir de aquello, desde el año 2000 le hice un seguimiento, con radiografías casi todos los años, para comprobar el estado de la imagen.

En el año 2012, antes del cabildo que convocó la cofradía para la nueva restauración, hablé con el hermano mayor, Félix Lerma. Le dije que era aconsejable restaurarla ya, y que me brindaba para ese trabajo, porque conozco muy a fondo a la Esperanza y sé cómo hay que tratarla. Pero también le dije que por mi parte no había ningún problema si la cofradía prefería que lo hiciera otro, aunque en tal caso me retiraba, no quería un concurso ni una puja. Esa es una norma que siempre he seguido. Si me piden un trabajo de restauración, que me lo encarguen directamente. Pero si hay dos o más proyectos, si van a establecer una competencia, no quiero entrar en ese juego y prefiero que se lo encarguen a otro. Me retiro y no pasa nada. Lo que tampoco me gusta es que me utilicen, en esos casos, para jugar con mi prestigio.

En la hermandad me dijeron que se presentaría al cabildo mi proyecto de restauración de la Esperanza de la Trinidad. Pero después me entero de que al cabildo van, además del mío, otros proyectos de Enrique Gutiérrez Carrasquilla, de Pedro Manzano y del Instituto Andaluz del Patrimonio Histórico de la Cartuja, dependiente de la Junta de Andalucía. Al final, se votó en el cabildo de hermanos. Mi propuesta quedó en segundo lugar y decidieron encargar la restauración al IAPH de la Cartuja.

Las formas no me han gustado nada, porque no era eso lo que hablamos. Tampoco profundizo en otras consideraciones. No entiendo que los hermanos de una cofradía voten para elegir entre un restaurador u otro. ¿Acaso todos los hermanos de más de dieciocho años son expertos y entienden de restauración de obras de arte? Me parece un disparate. En cualquier situación semejante, sería más lógico que se presente un solo proyecto, ya seleccionado y avalado por la junta de gobierno, tras asesorarse bien, y que los hermanos acuerden si le dan luz verde o no.

LA CAÍDA DEL CRISTO DEL MUSEO

En marzo de 2008, el Cristo de la Expiración, de la cofradía de El Museo, sufrió un accidente cuando lo estaban subiendo a su paso para la salida procesional del Lunes Santo. Al ser introducida la cruz en el cajillo, hubo un problema y no se consiguió situarla correctamente, por lo que la cruz resbaló y el Cristo cayó, recibiendo un fuerte impacto en la zona de los pies.

Ante lo ocurrido, los miembros de la junta de gobierno, que se encontraban presentes en la capilla, decidieron llamarme con urgencia para que evaluara los daños sufridos por el Crucificado y procediera a restaurarlo con la mayor rapidez posible, teniendo en cuenta que solo faltaba una semana para la salida procesional. Los daños fueron minimizados, con la intención de no provocar alarma y no crear inquietud sobre el estado de la talla ante la proximidad de la Semana Santa. Entonces se publicó que el Cristo de la Expiración, a consecuencia del golpe, sufrió «varias fisuras en los dedos de los pies y pequeños desprendimientos de la policromía en esta zona». En realidad, había sufrido daños en nueve dedos de los pies, que quedaron irrecuperables. Solo se salvó uno.

Restauré el Cristo en cinco días y quedó en condiciones de salir en la Semana Santa de aquel año 2008. Fue posiblemente uno de los trabajos más duros y difíciles como restaurador.

Cuando ocurrió el accidente del Cristo de la Expiración, del Museo, yo estaba en el Polígono de San Pablo, colocando las figuras del paso de misterio, que salía también el Lunes Santo. De pronto, el teléfono móvil empezó a sonar y no lo cogí. Pero insistía e insistía, por lo que me asusté y contesté. Era mi amigo Pepe Gómez Clérigo, cofrade del Museo, que me llamaba de parte del hermano mayor de entonces, José Luis Palma.

—¡Ven rápido para la capilla del Museo, que ha ocurrido un accidente con el Cristo! —Me dijo.

Fui corriendo y, cuando llegué, me contaron lo sucedido. Habían fallado las garruchas al levantar el Cristo y, al introducirlo en el cajillo, se había dado un golpe en los pies contra el cajón que tenía el paso como funda.

Según pude comprobar, fue horroroso. A consecuencia del golpe, aparte de otras consecuencias que pudiera tener el impacto, se apreciaba a simple vista que se le habían destrozado nueve dedos de los pies y que tenía algunas pequeñas fisuras en las piernas, tanto en el exterior como interior del tobillo.

Me dediqué a un trabajo titánico, de día y de noche, acompañado por mi alumno Ventura Gómez. Fue un trabajo contra reloj, lleno de inquietudes. En los primeros días no sabíamos si podría salir, parecía muy difícil terminar a tiempo. Hasta el Jueves de Pasión no pudimos comprobar que el Cristo de la Expiración estaba en condiciones de salir sin peligro. El Viernes de Dolores ya se lo comuniqué a la junta de gobierno. Después de la Semana Santa, hicimos una revisión de la imagen y vimos que se encontraba perfecto.

Esta intervención no tiene nada que ver, lógicamente, con la que se practicó en el IAPH de la Cartuja, en 2012, debido al ennegrecimiento de la imagen, que es otro problema. La negrura estaba originada por el betún de Judea que le aplicó Peláez del Espino en su restauración, que se fue ennegreciendo. Los hermanos Cruz Solís habían restaurado muy bien al Cristo. Sin embargo, los barnices que aplicó Peláez han torcido con el tiempo. Así se van forzando y repiten ese color oscuro que se le forma con el paso de los años.

Por eso, me fastidió mucho un comentario que se publicó, citando fuentes de los restauradores del IAPH encabezados por Cinta Rubio. Según escribió José Cretario en *ABC de Sevilla,* el Cristo estaba negro por la superposición de los barnices utilizados en las restauraciones de 1991 y 2008. Añadía que, según el Instituto, en aquella restauración de urgencia que le hice en 2008, terminada en cinco días, barnicé el cuerpo completo «de arriba abajo». Esto es falso y tengo testigos. En aquella restauración tan sólo utilizamos un preparado reversible para igualar de color la pierna y el pie que sufrieron daños en el accidente. Pero no se le hizo un tratamiento integral de color a la imagen.

Sobre este asunto, publicamos un comunicado, puntualizando el alcance de la restauración de 2008: «Jamás he barnizado ni esa ni ninguna otra obra de arte. Mi actuación consistió en la reconstrucción de los dedos de sus pies, a excepción de uno que pudo salvarse, y en la reintegración cromática y posterior aplicación de una capa de protección en aquellas zonas de las piernas (muslos y pantorrillas) donde fue absolutamente necesario».

Al ennegrecimiento puede contribuir también el humo de las candelerías en los altares de culto. El Cristo de la Expiración del Museo cuenta con un espléndido altar, con mucha cera, pero en un espacio reducido y concentrado. Algunos barnices absorben el humo y terminan dando un tono oscuro, entre verdoso y negro. Eso no se quita con una simple limpieza de la policromía, porque lo va absorbiendo. Es como una policromía al óleo, que cristaliza según pasan los años y adquiere la pátina del tiempo. En este caso, si el barniz está mordiendo todavía y absorbe el humo, la consecuencia es el ennegrecimiento, que evoluciona a más y ya no resulta natural.

A pesar del betún judaico, es justo reconocer que la restauración del Cristo de la Expiración fue posiblemente la mejor que hizo Peláez del Espino, la más acertada. Pienso que, gracias a aquella restauración de Peláez, se evitó una catástrofe con el golpe que sufrió en 2008. Si no hubiera estado protegido por una percha metálica que le colocó en su interior, es posible que el Cristo se hubiera roto en el accidente.

Este Crucificado del Museo es una imagen portentosa. Es magnífico en cuanto al modelado y la expresividad; es impresionante, pero carece de consistencia material. Está tallado en pasta de guano, que es un excremento de pájaros utilizado en Perú en la época del Descubrimiento. En otros tiempos también se usaba frecuentemente en la imaginería, con una saga de antiguos crucificados que aún se pueden ver en diversas ciudades andaluzas y americanas. Peláez del Espino, para fortalecer el interior de la imagen, le aplicó una percha de acero revestida de poliéster, que va desde los brazos hacia abajo. Gracias a eso resistió el golpe brusco sin sufrir más daños.

Pero, al ser tan frágil, nueve dedos de los pies se le rompieron y fue necesario reponerlos. Como decía antes, esta restauración, profesionalmente, creo que es una de las mejores de toda mi carrera, por el trabajo en sí y porque se terminó en cinco días.

Después ocurrieron algunas anécdotas. Cuando terminábamos la restauración, llegó un cofrade enterado, de los que creen saber de todo, y nos dijo:

—La restauración está muy bien, pero se le nota en el tórax.

—Pues ahí es uno de los sitios donde no se le ha tocado. Tenía los daños de la rodilla para abajo.

Entonces un cofrade del Museo, en broma, le propuso:

—Solo le ha quedado un dedo tal como lo tenía. Le invitamos a almorzar si acierta cuál es.

La verdad es que no se notaba diferencia alguna. El único que se salvó fue el dedo meñique del pie izquierdo. Pero, al tratarse del pequeñito, era más difícil acertarlo.

Un histórico e inolvidable cofrade del Museo, Francisco de los Santos, que falleció en agosto de 2012, acudió una tarde, cuando ya se terminaba la restauración, para verlo de cerca. Paco Santos, como era conocido, estaba considerado toda una institución en el Museo. Perteneció a la junta de gobierno durante más de cincuenta años, y fue prioste de la cofradía y vestidor de la Virgen mucho tiempo. Cuando le explicamos la restauración, dio su veredicto de modo tajante:

—El Cristo tiene los pies mejor que nunca.

LIMPIANDO A LA VIRGEN DE LAS AGUAS

Algún tiempo después, cuando ya ejercía como hermano mayor del Museo Javier Sobrino, se le observó a la Virgen de las Aguas un cierto ennegrecimiento, una veladura verdosa. Me preguntaron si se la podía corregir con una limpieza.

En una sola mañana, en el Museo, delante de varios miembros de la junta de gobierno, se lo arreglé. Le hice una limpieza a punta de bisturí y goma, que permitió devolver su esplendor a la magnífica policromía de esta imagen, obra de Cristóbal Ramos. Fue una intervención superficial y rápida, pero fuerte. La Virgen de las Aguas mantiene su policromía original. Era una pena que se perdiera; es una magnífica policromía cuarteada, que le va muy bien a esta imagen y a su paso.

La Virgen de las Aguas sale en un paso de palio muy elogiado. Es proporcionado a Ella, todo está medido, en sus límites justos. Quizá muchos ignoren que esta Virgen es grande, una de las mayores de Sevilla en tamaño, pero no se nota porque todo está ajustado a Ella. El paso es grande y el palio es muy alto. Los varales son esbeltos y elegantes. Le pasa como al paso de la Macarena, que se ve recogido; y, sin embargo, es uno de los más anchos de Sevilla. Incluso la forma del mecido de la Virgen de las Aguas resulta sublime, le aporta una identidad propia, un estilo muy suyo. Es una joya de Sevilla, como lo es el magnífico paso del Cristo de la Expiración del Museo.

DOS CUERPOS PARA EL SEÑOR DE LOS GITANOS

Una circunstancia hasta cierto punto curiosa es que, al Señor de la Salud, de los Gitanos, le hice dos cuerpos anatomizados y diferentes en apenas tres años, en sustitución de su anterior candelero.

El primero fue realizado en 1979. Cuando la junta de gobierno de Los Gitanos me encarga un nuevo cuerpo anatómico para el Señor de la Salud, obra de José Rodríguez Fernández-Andés en 1938; la idea era «que fuera valiente». Es cierto que no me pidieron una zancada abierta, ni me dieron ninguna indicación sobre eso. Decidí ponerle un cuerpo que lo representara con un andar más potente y decidido. Así se estrenó en la Semana Santa de aquel año. Como suele ocurrir con las novedades, hubo hermanos que acogieron muy bien la idea, mientras otros criticaban lo que les parecía una imitación del Gran Poder. Se creó así una corriente de partidarios de que el Señor de la Salud mantuviera su anterior apariencia. Por el contrario, otras personas elogiaban el nuevo cuerpo, decían que lo hacía más Señor de los Gitanos. Uno de sus admiradores fue el recordado cofrade Juan Carrero Rodríguez. Me comentó que, a su juicio, era el mejor cuerpo anatomizado que se había tallado para un Nazareno en Sevilla.

Como es lógico, me mantuve ajeno al debate, que correspondía decidir a los hermanos. Finalmente, la junta de gobierno de los Gitanos acordó que le volviera a hacer un nuevo cuerpo anatomizado, si bien en este caso recuperando una postura más similar a la que mostraba anteriormente. El segundo cuerpo del Señor lo terminé en 1983. Debo aclarar que no se trataba de volver a lo mismo de tiempos anteriores, cuando era una imagen de candelero. El nuevo cuerpo que le tallé la segunda vez estaba anatomizado, como el primero, aunque cambiando la postura. No tenía nada que ver con el candelero de Fernández-Andés, excepto en mostrar una postura parecida en la disposición del Señor para caminar.

Otra curiosidad es que el primer cuerpo anatomizado del Señor de los Gitanos no se desperdició. Reutilicé el torso para una nueva imagen, el Señor de la Oración del Huerto, de Álora (Málaga), que estaba tallando entonces. A esta imagen le incorporé el cuerpo retirado, aunque adaptándole unas nuevas piernas, que le ensamblé por detrás, para que apareciera en posición de rodillas. De este modo se pudo reutilizar y no se desaprovechó la base de mi anterior trabajo.

La realización de un nuevo cuerpo para el Señor de la Salud estaba plenamente justificada, en todo caso. Era una decisión correcta de la cofradía. La imagen mejoró notablemente con el cambio. Lo único opinable es si gustaba más una posición u otra, si era preferible una zancada más abierta, o mantenerla más parecida a su anterior aspecto. Había división de opiniones y se optó por zanjar la polémica. No es la primera vez que ocurre algo así en el mundo de las cofradías.

ESPECIALIZADO EN PESTAÑAS

Algunas de las restauraciones de Dolorosas que me encargaron han sido simples. Se han limitado a ponerle a una Virgen nuevas pestañas. Pero, sólo con eso, se ha conseguido que señeras y destacadas imágenes de la Semana Santa sevillana ganaran en belleza y cobraran un aspecto casi novedoso, realzando sus facciones.

Es por eso por lo que, en materia de restauración, a veces he sido valorado como «un buen esteticista», o como «un gran maquillador». Sin alterar para nada la imagen, conseguía darle una mejor prestancia, solo con cambiarle el juego de pestañas, o a veces incorporando algún efecto óptico a través de la policromía.

En los años setenta y ochenta se consolidó mi fama como restaurador estético de las Dolorosas sevillanas. En aquellas dos décadas adapto nuevos juegos de pestañas a algunas de las Vírgenes más famosas de Sevilla, incluidas la Macarena y la Esperanza de Triana, y también, entre otras, a la Virgen del Mayor Dolor en su Soledad (Carretería), Rosario (Montesión), Regla (Panaderos), Caridad en su Soledad (Baratillo), Soledad de San Lorenzo, Virgen de la Palma (Buen Fin), Paz (Porvenir),

Villaviciosa (Santo Entierro) y Angustia (Estudiantes). Posteriormente, se las puse a la Esperanza de la Trinidad y más recientemente a la Virgen de Loreto (San Isidoro). Asimismo, le coloqué nuevas pestañas al Señor de la Sentencia, de la cofradía de la Macarena. En algunos de estos casos, formaba parte de otros trabajos de mayor alcance para resanar las imágenes.

En general, en las décadas de los setenta y ochenta hice muchos trabajos de restauración para consolidar imágenes y, en algunos casos, para mejorar su aspecto estético, aunque sin alterarlas para nada. Un ejemplo de estas intervenciones puede ser la efectuada en 1979 a la Virgen de Villaviciosa, de la cofradía del Santo Entierro. Bailac, que era mi maestro carpintero y ensamblador, vinculado a esta cofradía, me dijo que el candelero de la Virgen de Villaviciosa se encontraba en muy mal estado y me preguntó si lo podría restaurar. Le dije que sí. Poco después, él y mi amigo Dani Jiménez Quirós, que era miembro de la junta de gobierno, me encargaron la restauración. Le puse un nuevo candelero de cedro y le añadí el busto. También le coloqué unas nuevas pestañas, que realzaban su expresión de dolor. Villaviciosa es una Virgen muy bella, obra de Cardoso de Quirós, a finales del XVII. Pienso que es casi una gran desconocida del público, tal vez por la singularidad de su cofradía, con la excelente imagen del Cristo Yacente y la rareza de la Canina. Quizá no se valora en su justa medida la conseguida expresividad de aflicción que nos muestra esta Virgen.

En cuanto a las pestañas, he renovado muchas, es verdad. En 1977 se las puse a la Esperanza Macarena y al Señor de la Sentencia. A la Macarena también le hice una limpieza en sus ojos de cristal policromados. En aquellos años le puse pestañas a la Virgen del Rosario, de Montesión, y a la Paz, del Porvenir. Igualmente, a la Virgen de Regla, a la que le incorporé un nuevo candelero. La primera de estas intervenciones de restauración estética fue en 1973, a la Virgen del Mayor Dolor en su Soledad, de la cofradía de la Carretería, a la que no solo le puse las pestañas, sino que también le adapté un nuevo busto y candelero, además de resanar e igualar el cuello de la Virgen, afectado por daños que le causaron unos clavos en la nuca.

En aquellos años también le puse un nuevo juego de pestañas y lágrimas a la Virgen de la Caridad, del Baratillo, en 1977. A la Esperanza de Triana, antes de restaurarla y policromarla, también le coloqué nuevas pestañas cuando era hermano mayor el torero Antonio Ordóñez. Igualmente, se las cambié en 1978 a la Virgen de la Palma, de la cofradía del Buen Fin, aunque en este caso también con un nuevo busto y candelero. Asimismo, le coloqué nuevas pestañas en 1978 a la Soledad de San Lorenzo, además de fijarle el ojo izquierdo, que se le había quedado un poco suelto.

En 1974 restauré a la Virgen del Dulce Nombre. En este caso no fue para ponerle nuevas pestañas, sino para una nueva policromía en las manos, aunque manteniendo las suyas originales de Castillo Lastrucci. En cuanto a manos, una curiosidad es que le hice un segundo juego de manos, réplica del original, a la Virgen de Todos los Santos, de la hermandad de gloria de Omnium Sanctorum, a petición de Juan Pérez Calvo. Era una réplica fiel, tanto en la talla como en la policromía. La hermandad las conserva y creo que se lo ponen algunas veces, aunque mantiene las originales.

Imágenes que fueron restauradas por mí, como puede ser el caso de la Virgen del Mayor Dolor en su Soledad, de la Carretería, después han pasado por otras manos en nuevas intervenciones. No por enmendarme el trabajo, sino para corregir otros desperfectos, consolidarlas de nuevo, o por otros motivos. En tales casos, no considero ya que la imagen se deba incluir entre mis restauraciones, excepto para mencionar lo que hice en su momento. Pero no me responsabilizo de su estado actual si después la han tocado otros. En esos casos, prefiero que se considere restaurada por el último.

LA VIRGEN DEL MAYOR DOLOR PUDO SUFRIR UN PERCANCE

Una de las intervenciones más recientes ha sido la restauración de la Virgen del Mayor Dolor, que sale en el paso de misterio de la cofradía sevillana de Las Aguas. En principio, fue llevada al taller de Gines, a finales de 2011, para una consolidación y limpieza del color verdoso que mostraba. No volvió al templo de la calle Dos de Mayo hasta marzo de 2012. La restauración se prolongó durante tres meses, después de descubrir que la cabeza de la Virgen del Mayor Dolor estaba partida en cuatro trozos. El cuello lo tenía seccionado, sin una sujeción mínimamente fiable, no había ni restos de cola. En su interior, presentaba un aspecto penoso, que ponía en grave peligro la estabilidad de la imagen. Fue milagroso que no le ocurriera nada en el paso durante la estación de penitencia.

La Virgen del Mayor Dolor me llevó a una de las actuaciones más difíciles de mi carrera como restaurador, quizá la más complicada junto a la del Cristo de la Expiración del Museo, aunque por diferentes motivos. Los problemas detectados a esta imagen comenzaron en 2011, cuando el vestidor, al cambiar el ajuar a la imagen, observó que tenía las articulaciones rotas y que los brazos se habían quedado sin movilidad. La restauré de urgencia, poniéndole no solo el mecanismo de la articulación, sino unos brazos nuevos. Hasta entonces los tenía sin proporción, con los antebrazos más largos. A partir de ahí, se decidió una restauración posterior de esta imagen, para corregirle la policromía, que presentaba un tono verdoso.

El principal problema de la Virgen del Mayor Dolor era el mismo de otras restauraciones de Peláez del Espino, el mismo de la Estrella y el mismo del Mayor Dolor y Traspaso del Gran Poder: que le había metido hierro por dentro. Como en otros casos, le seccionó el cuello para introducirlo. Le fijó un perno con un hierro que iba desde la cabeza hacia abajo. Esta restauración de Peláez fue posteriormente corregida por otra de Bonilla. Pero si bien es cierto que le cambió el candelero y le retiró los hierros, le dejó unos huecos libres, que debió rellenar con madera. No lo hizo así, y esos huecos le ocasionaban un grave problema de estabilidad. Además, la Virgen mantenía en su interior unas puntillas, aparentemente nuevas, que no sé si se las puso uno u otro. El problema grave para esta imagen lo creó Peláez, pero después no se corrigió como necesitaba.

Cuando la Virgen del Mayor Dolor entra en mi estudio y la analizo descubro que su estado era dramático. Las radiografías confirman que tenía la cabeza seccionada en cuatro partes, que se estaban separando, con un grave riesgo. También se aprecian huecos en su interior (los que se quedaron al retirar los hierros), que amenazan la propia estabilidad. Al carecer de un pollero, a diferencia de una Virgen de paso de palio, todo el peso de las levantás, con la corona incluida, cae sobre la talla, que no disponía de un sustento adecuado, ya que el cuello seccionado carecía de una sujeción fiable.

La restauración resultó muy laboriosa. Por una parte, consistió en el relleno de los huecos con maderas nobles. Asimismo, le retiré cuarenta y dos puntillas que había en su interior. Era fundamental dejar perfectamente unidos los cuatro trozos en que había sido cortada, ensamblándole el cuello para garantizar su estabilidad. Utilicé fibra de vidrio en las juntas de ensamble para evitar que se agrietaran las maderas. También corregí un problema en las manos de la Virgen, ya que le habían cortado unos dedos de raíz y estaban mal ensamblados.

Además, se completó con otro trabajo muy importante, que era el inicialmente previsto, consistente en recuperar la policromía original, realizada por Antonio Eslava. A la Virgen se la veía verde, con un color rarísimo. En la cara le habían dado colores acrílicos, que con el tiempo habían torcido a verdosos. Los colores, cuando tuercen, suelen virar a verdoso, a rojo oscuro o a blanquecino. En las retransmisiones de televisión, cuando la enfocaban de cerca, se le apreciaban zonas pardas, como si tuviera churretes. Fue necesario limpiarla a base de bisturí, sin utilizar disolventes. Así se consiguió devolverle el tono original de la policromía, el tono que le dio Antonio Eslava. Esa policromía era preciosa y, afortunadamente, se conservaba intacta debajo.

Esto nos lleva a la polémica existente sobre la autoría de la imagen, un asunto que ya está aclarado, aunque todavía se siguen publicando datos confusos. La actual Virgen del Mayor Dolor, bendecida el 19 de marzo de 1944, fue modelada por José Romero Murillo ese mismo año. Hizo una réplica de la imagen antigua, obra de José Montes de Oca, del siglo XVIII. Sin embargo, hay que tener en cuenta que Romero Murillo no era un escultor, sino un ceramista de Triana. Tan solo hace la mascarilla, como una réplica de la imagen antigua de Montes de Oca. Pero es Antonio Eslava quien termina la imagen, quien la saca de punto, quien la talla en madera, quien hace las nuevas manos y quien le da la policromía. Romero Murillo era un excelente barrista, pero no tallaba en madera.

Antonio Eslava me confesó una vez que era el verdadero autor de la Virgen del Mayor Dolor, de las Aguas. Como

Eslava fue uno de mis maestros, puedo asegurar que, viendo las manos y la policromía, no hay dudas de que son suyas. Precisamente al poco tiempo de bendecirse la Virgen del Mayor Dolor, en 1947, Eslava talló la Magdalena de esta cofradía, sustituida en 1998 por la actual, que les hice yo.

Sobre la diferencia entre modelar y tallar se podrían precisar muchas cosas. Hubo imagineros, como Fernández-Andés, que modelaba más y otros tallaban. En este caso, Romero Murillo sería el creador de la imagen, aunque su obra consiste en modelar sobre la antigua de Montes de Oca. Pero quien la talla y ejecuta es Eslava.

Cuando vi las radiografías, descubrí que el estado de la Virgen del Mayor Dolor era mucho peor de lo que esperábamos. Llamé al hermano mayor de las Aguas, Antonio Arrondo, para informarlo. Acudió a verla, junto con miembros de la comisión que habían creado, en la que se integraron, entre otros, Joaquín Delgado-Roig Pazos y Manuel Díaz-Jargüín Ocaña. Quedaron bastante impresionados. Era muy duro ver a su Virgen en esas condiciones. Por el contrario, cuando la contemplaron restaurada finalmente, después de tres meses, fue un momento muy emotivo. Hubo hasta lágrimas en los ojos de algunos. La Virgen del Mayor Dolor volvía a su capilla con un aspecto espléndido, tanto externo, como interno. Lo más llamativo de esta restauración es que fue muy elogiada por lo que se veía, pero lo más difícil era lo que no se vio.

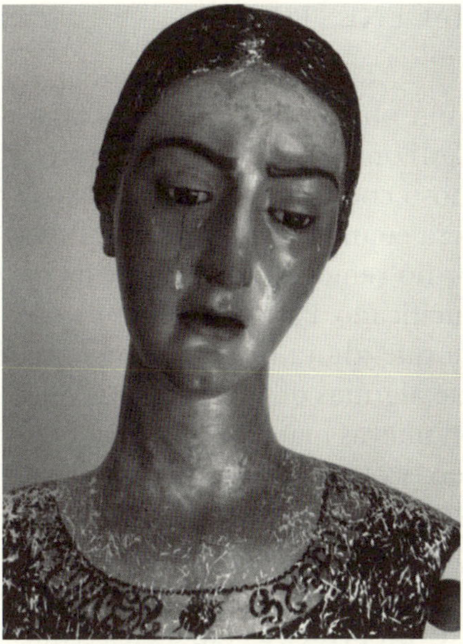 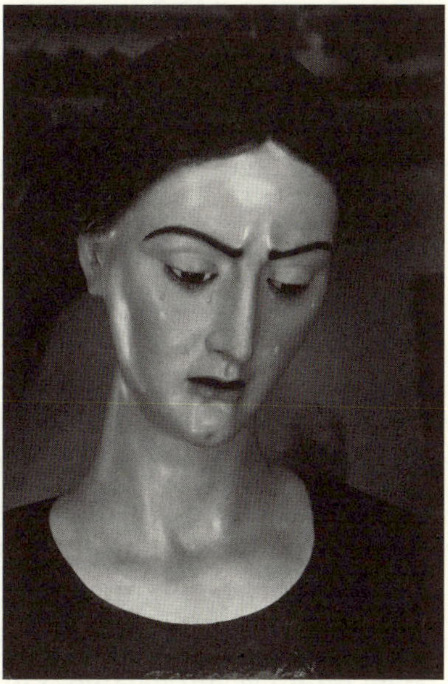

La Virgen del Mayor Dolor tenía la policromía torcida a verdoso, con parches y las huellas de alfilerazos. A la derecha la Virgen tras ser restaurada y resanada con la recuperación de su policromía.

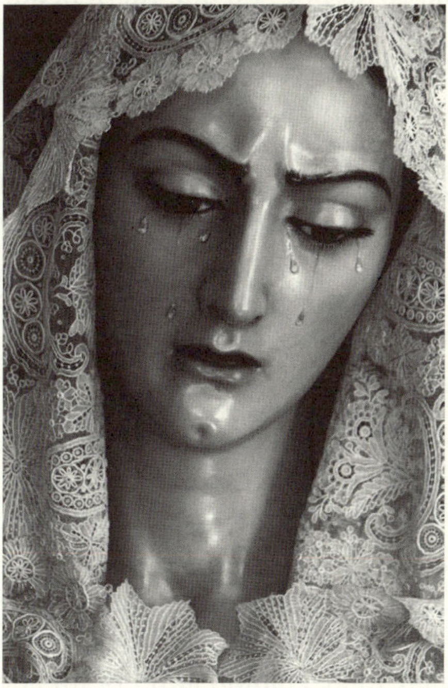

Aspecto que tiene actualmente la Virgen del Mayor Dolor tras la restauración de Álvarez Duarte en 2012.

4.4 RESTAURANDO LAS IMÁGENES PROPIAS

¿Se puede o se debe alterar una obra propia? Es un asunto polémico en el mundo del arte. Mi opinión sobre este asunto es clara: hay que ser fiel y respetuoso con uno mismo. Y eso pasa por mantener una obra como era cuando fue concebida. En el caso de mis imágenes, pasa por no remodelar la mascarilla dc una Virgen o no retallar un Crucificado. Pasa por no cambiarle su aspecto, aun cuando piense que ahora lo podría mejorar. Sin embargo, eso no impide que algunas de mis primeras imágenes hayan sido mejoradas con nuevas manos, con nueva policromía o con un nuevo candelero y otros arreglos secundarios.

Curiosamente, entre mis actuaciones como restaurador que han provocado alguna polémica, generalmente por desinformación o por imaginar lo que no era cierto, algunas están relacionadas con las imágenes de mi primera etapa. He restaurado a la Virgen de los Dolores de San José Obrero, a la Virgen de Guadalupe, y al Cristo de la Sed. También a la Virgen del Patrocinio, aunque en distintas circunstancias.

En este caso, fui yo mismo quien pidió a la hermandad mejorarla, pocos meses después de que fuera bendecida, ya que se hizo todo muy deprisa y la encarnadura no le quedó como esperaba. Por tanto, en realidad, fue terminada con su aspecto actual unos meses después de haber salido en la Semana Santa.

Los otros casos son diferentes. Cuando restauro al Cristo de la Sed, en 1991, se llegó a decir que lo había retallado levemente, además de darle una nueva policromía. Lo negué tajantemente y precisé que no había alterado nada del Crucificado, quedó igual que en su origen. Algo similar ocurrió con la Virgen de Guadalupe, a la que nunca he retallado.

LAS DOS RESTAURACIONES DE GUADALUPE

He restaurado dos veces a la Virgen de Guadalupe, en 1981 y en 2011. La polémica se debió a que, en ambas ocasiones, se rumoreó que podría haber retallado el rostro de la imagen, realizada en 1966, cuando aún era un adolescente, sin la experiencia y el desarrollo artístico que después he tenido. En ambas ocasiones lo he desmentido. Nunca le cambiaré el rostro a la Virgen de Guadalupe. Por principios (no soy partidario de alterar), y por ser una talla esencial para mi consagración como imaginero. Una Virgen de Guadalupe retocada ya no sería la que imaginé en su día, y el principal perjudicado sería yo mismo como artista.

Por el contrario, sí he asumido otras modificaciones, entre ellas que el actual juego de manos de Guadalupe es el tercero. Después de la primera salida procesional de 1969, le cambié el juego de manos porque el primero me parecía demasiado deficiente. Hay que tener en cuenta que era la obra de un niño, inexperto aún en esos detalles. Por otra parte, en su primera salida procesional, a la Virgen se la vio con una tonalidad demasiado blanca en la mascarilla, cuando la iluminaba el sol, por lo que procedí a darle pátina para que tuviera más color.

En 1981 le hice el tercer juego de manos. El anterior era bonito, pero quizá resultaba grande para una Virgen de estatura menuda. Al menos, eso se comentaba. Entonces también le cambié el candelero, porque el anterior era de otros tiempos, y no me parecía en consonancia a la valía de la imagen.

Sin embargo, a la Virgen de Guadalupe nunca la he retallado. Soy incapaz de alterar mis imágenes, que son obras mías, de un determinado momento. ¿Cómo voy a alterar a la Virgen de Guadalupe, que es una obra decisiva en la trayectoria artística de Luis Álvarez Duarte?

Como queda apuntado, es cierto que en 1981 le cambié las manos. En aquella restauración, ya con más experiencia como imaginero, las sustituí por otras que son más bellas y expresivas, a mi entender, mucho más proporcionadas y adecuadas con la dulzura de su rostro que las anteriores. En cuanto al candelero, le pusimos uno de cedro y caoba de Brasil, ensamblado por Bailac, que era mi carpintero, con el añadido de un nuevo busto. El primer candelero era de menos calidad, con una madera endeble; por eso, tenía sentido sustituirlo por otro más consistente y con un busto adecuado. Nunca he ocultado nada. Cambiar algo complementario, que no altere lo esencial, me parece correcto, si es para bien y con el artista en vida.

En el caso de Guadalupe, sus devotos destacan que el rostro es bellísimo. No había que cambiarle nada. ¿Para qué? Lo único que se le ha tocado ahí es la sustitución de unas lágrimas por otras similares.

En la segunda restauración a la Virgen de Guadalupe, en 2011, como en la primera, algunos insinuaron que la había retallado. Es falso. No entiendo por qué se inventan esas cosas, sin ninguna base ni fundamento. En esta segunda intervención no solo se inventaron eso, sino que le había dado a la imagen una nueva policromía. Tampoco es cierto. La policromía de la Virgen de Guadalupe permanece intacta, se conserva muy bien desde que volvió a ser patinada tras la primera salida de 1969, cuando Juan Delgado Alba me comentó que veía a la Virgen demasiado blanca, y la patiné un poco, dándole un toque de veladura. Desde entonces no se ha tocado de color.

En 2011 me limité a hacerle una limpieza a fondo, para recuperar la tonalidad original. Hay fotos que así lo atestiguan. Algunas son impactantes, como una en la que se ve medio rostro tras ser limpiado y el otro medio como llega al taller. La Virgen de Guadalupe estaba ennegrecida, pero tan solo necesitaba una limpieza profunda. Después de tantos años, con el problema que supone tantas salidas en Semana Santa, con el humo de la candelería, la Virgen mostraba en la cara zonas negras, muy tiznadas. Pero no afectó a la policromía, que se conservaba. Bastaba con aplicar un algodón humedecido en agua destilada, con cuidado, para que saliera el tiznado de la cara.

Las cofradías deben ser más cuidadosas con la cera de sus candelerías. Algunas fábricas les venden una supuesta cera virgen pura que, en realidad, lleva bastante parafina. Hay casos peores, ya que algunas cofradías, para ahorrar gastos, les ponen a los palios una cera de nazareno. Eso me parece una barbaridad. En general, se está deteriorando la cera, debido al coste. Para que resulte más económico, le añaden más parafina y los pabilos son de inferior calidad. Así la cera origina más humo y más sucio, con el consiguiente perjuicio, no solo para las imágenes, sino también para los enseres. Es cada vez más difícil contar con un paso de palio impecable. Un buen ejemplo, por fortuna, es el de la Virgen del Patrocinio, del Cachorro, espléndido después de la restauración de sus bordados en el taller de Santa Bárbara.

Tras ser sometida a una limpieza integral, la Virgen de Guadalupe recuperó las tonalidades que debe lucir. También se le cambiaron las articulaciones de los brazos, que antes los tenía de galletas, con la colocación de unas rótulas de madera. Joaquín Delgado-Roig era uno de los cofrades más satisfechos con esta restauración. Cuando a vino a verla, ya terminada, me abrazó emocionado. Vio a Guadalupe igual que en los días de San Bartolomé. Aunque ha sido hermano mayor del Silencio, y se siente muy unido a esa hermandad, por tantas razones, incluso familiares, se puede afirmar que la hermandad de las Aguas también es su cofradía. Cuentan mucho con él. Como ya apunté, al referirme a la primera salida, los dos mayordomos donaron la peana de Guadalupe. Esa peana tiene un maravilloso diseño de Jesús Domínguez. Suele decir Delgado-Roig que, si alguna vez le hacen una nueva, en plata de ley, se debería copiar el mismo diseño.

Con esos recuerdos, vienen a la memoria personas entrañables para mí, como Jesús Domínguez Vázquez. Fue un gran orfebre, que me ayudó mucho en mis comienzos, cuando me permitió trabajar en su taller de la calle Santa Clara, junto al convento de San Clemente. En mi opinión, Jesús era muy bueno como orfebre, pero especialmente en las coronas. La que le hizo a la Virgen de la Concepción, del Silencio, me parece la mejor. Es autor de otras dos, que también son muy buenas, en esa línea: la de la Virgen de los Dolores, de la cofradía de las Penas de San Vicente, y la de la Virgen de las Penas, de la cofradía de la Palma, de Cádiz. Jesús Domínguez dejó grandes obras, y no solo en Sevilla, sino también en otras provincias andaluzas, como Cádiz y Huelva.

La Virgen de Guadalupe llenó con su gracia mi estudio poco tiempo, menos de un mes. Pero me encantó, disfruté muchísimo aquellos días de la restauración. Era la primera vez que la Virgen de Guadalupe se quedaba en una casa que está rotulada como *Guadalupe*. Era la primera vez que mi hija Guadalupe veía en su casa a la Virgen de Guadalupe. Ese nombre y esa Virgen lo resumen todo en mi vida.

UN CRISTO DE ANTES QUE NO CAMBIA

El Cristo de la Sed fue restaurado en el verano de 1991. Ya se ha recordado que fue mi primer Crucificado, el más emblemático quizá. Por entonces cumplía veinte años. También provocaron una falsa e innecesaria polémica. Se llegó a publicar que el Cristo había sido «retallado levemente» y que había sido «policromado de nuevo». Ni se retalló, ni se repolicromó. Una vez más, como suele pasar casi siempre cuando un imaginero restaura, se le atribuyen falsedades, aunque no retoque la imagen. No se sabe por qué intereses, ni por qué motivos.

Expliqué, en su momento, que la hermandad de la Sed me había dado plenas libertades para la restauración del Cristo, al ser su autor. Es decir, que si le hubiera querido cambiar algo, retocarle algún detalle, lo hubiera podido modificar libremente, sin necesidad de ocultarlo. Sin embargo, no me puedo atribuir nada, más allá de lo que realmente pasó.

Es seguro que, si hubiera tallado el Cristo de la Sed en 1991, como una obra nueva, no hubiera sido igual que la imagen que conocemos, realizada veinte años antes, en mi etapa de juventud. Este Cristo presenta claras diferencias con el de las Cinco Llagas, tallado en 2002. Entre ambos hay más de treinta años de una trayectoria como imaginero. Sin embargo, eso no lo desmerece; al contrario, pienso que lo revaloriza. Incluso los balbuceos que puedan existir en las primeras obras son importantes para valorar a un artista. Las obras están ahí, nos definen. Por eso, no soy partidario de retallar mis propias imágenes, sean mejores o peores, porque quiero ser fiel conmigo mismo. Sin olvidar que son imágenes realizadas con amor, que han marcado las diferentes épocas de tu vida.

En la realidad, el supuesto «retallado» del Cristo de la Sed consistió en restaurarle unas pequeñas fisuras que surgieron en las telas encoladas de aparejos en distintas partes del cuerpo, así como resanar unos desprendimientos de aparejos cálcicos en la nuca. En cuanto a la policromía, no se la hice nueva, sino que se le patinó a base de témperas y ceras a la trementina. Asimismo, le apliqué un producto impermeabilizante reversible para que la encarnadura expulsara mejor el agua, en caso de que le lloviera. Con esa pátina, el aspecto estético mejoró. Para esta restauración, el Cristo de la Sed ni siquiera fue desprendido de su cruz.

En el verano de 2006 fue nuevamente restaurado, aunque en esta ocasión en su iglesia, en la parroquia de la Concepción, de Nervión. Por diversas circunstancias, al Cristo de la Sed se le había levantado una parte de la encarnadura y había que asentar y repasar las anomalías que presentaba, especialmente en las piernas y en el cabello. También tenía algunas fisuras que necesitaban reparación. Los trabajos se hicieron en el coro de la parroquia de Nervión, durante el mes de agosto. Yo dirigí la restauración al principio y al final, aunque la mayor parte de esos trabajos fue realizada por mi discípulo Ventura Gómez. Por supuesto, la imagen no fue alterada en nada. Todo se basaba en consolidarlo.

DOLORES CUMPLE 50 AÑOS

Es normal que, con el paso de los años, sean restauradas y consolidadas las imágenes primerizas. El tiempo no pasa en vano. A la Virgen de los Dolores, de San José Obrero, mi primera Dolorosa, fechada en 1962, también le sustituí el juego de manos y el candelero. Se los hice nuevos, porque los anteriores eran mejorables. Asimismo, en este caso, sí es cierto que le he dado una nueva policromía. Solo con eso ya ha cambiado a mejor, con más prestancia de Dolorosa de valía. Tengamos en cuenta que la primera policromía correspondía a un niño de doce años. Cuando una imagen es repolicromada, puede adquirir un mejor aspecto. Puede parecer «distinta». Y esa mejoría se puede conseguir sin necesidad de retallarla, sin utilizar la gubia.

Dolores ha cumplido sus primeros cincuenta años con un buen aspecto. Es mi primera obra, tan entrañable para mí. Quizá con esta imagen no se han inventado tantas habladurías porque no sale en Semana Santa y ha recibido menos atención mediática. Sin embargo, ahora, cuando se ha revalorizado al cumplir sus primeros cincuenta años y con los nuevos proyectos de su hermandad, empiezan a surgir los bulos. Ya se oye por ciertos corrillos, y se lee en algún foro, que la he retallado. Y no una, sino varias veces, como si me dedicara a retallar por retallar para distraerme.

EL ASPECTO DEFINITIVO DE PATROCINIO

Ya se indicó que la Virgen del Patrocinio fue restaurada en el verano de 1973, pocos meses después de ser bendecida. Como se ha explicado, la terminación inicial no fue la deseable por la premura de tiempo que medió entre el incendio y la salida de Semana Santa. Yo mismo pedí esa restauración al hermano mayor, Carlos Elliott. Se llevó a cabo en las dependencias de la capilla. Tras afinarle el rostro, la encarné y patiné de nuevo. En esa ocasión utilicé unas veladuras y pátinas muy buenas, que le han dado a la Virgen del Patrocinio su característico tono nacarado. Se puede considerar que es entonces cuando la imagen queda terminada como obra de arte.

Pasados los años, en 1996, le volví a hacer, en madera de cedro, el cuerpo y el candelero a la Virgen del Patrocinio. En el interior se volvieron a introducir las reliquias con las cenizas de la antigua Dolorosa. Aunque la policromía se encontraba en muy buen estado, procedí a una limpieza superficial, porque ya habían pasado veintitrés años desde que fue tallada. Las policromías de las Dolorosas, aunque se conserven bien, sufren el paso del tiempo cuando salen todos los años en un paso de palio.

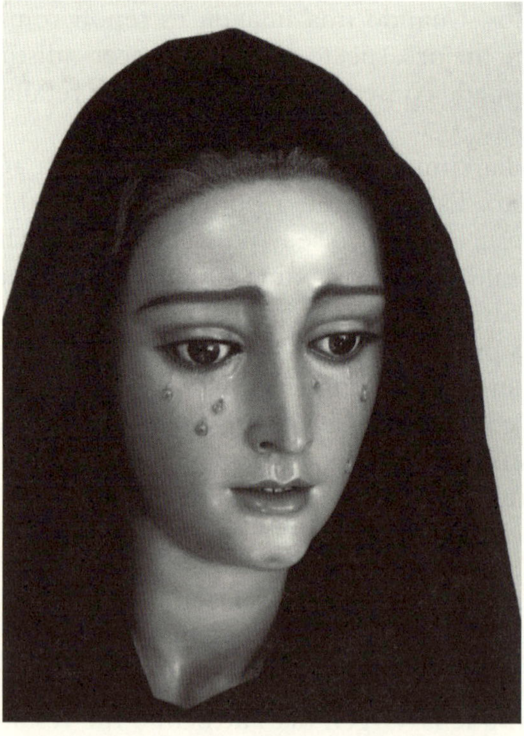

Tocada tan solo por un velo negro, se aprecia la gran belleza de Guadalupe tras la restauración de 2011.

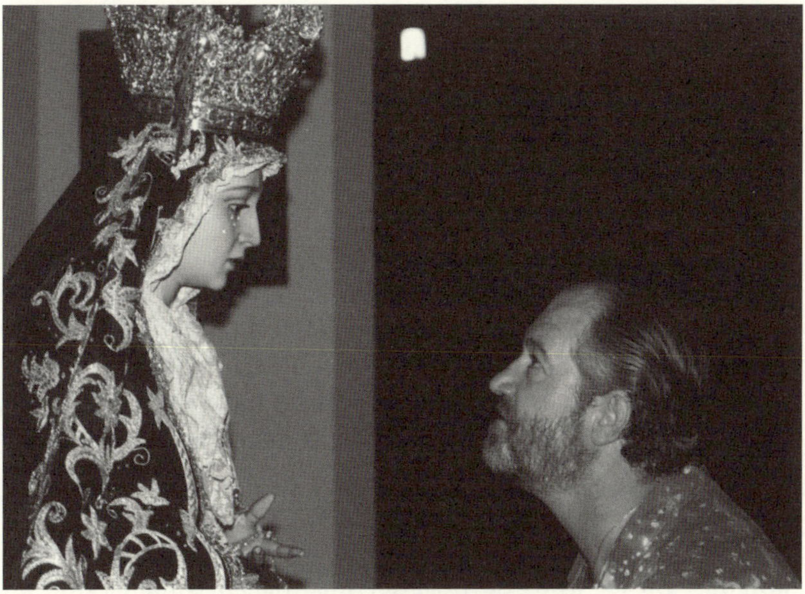

Álvarez Duarte con la Virgen de los Dolores de San José Obrero, a la que dio nueva policromía.

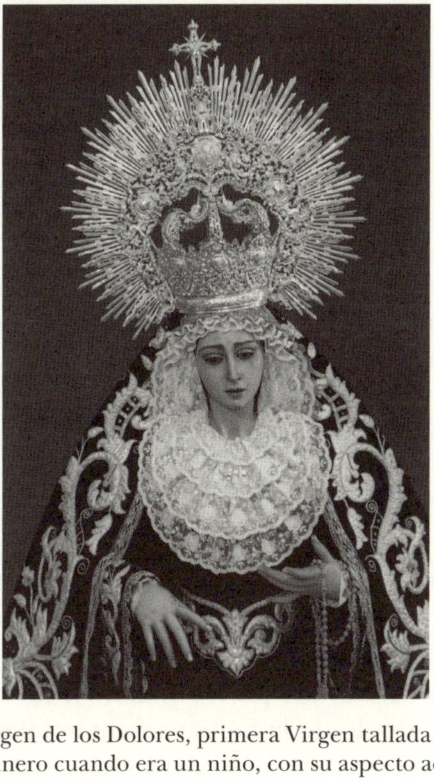

La Virgen de los Dolores, primera Virgen tallada por el imaginero cuando era un niño, con su aspecto actual.

4.5 MÁLAGA, UN CAPÍTULO APARTE

No voy a descubrir ahora la enorme importancia e interés de la Semana Santa de Málaga. Me alegro de tener una amplia presencia en ella, a través de mis imágenes propias y de las numerosas restauraciones en las que he participado. Al igual que me ha sucedido en Sevilla, he trabajado para casi todas las cofradías más importantes de Málaga, para muchas de las que cuentan con más hermanos y las imágenes más populares. Y he estado presente en episodios que quedan en su historia.

Trabajar como restaurador en Málaga ha sido difícil, sobre todo delicado, por la singularidad de su imaginería. Los daños sufridos en la Guerra Civil fueron cuantiosos, mayores que en otras ciudades andaluzas. Eso obligó a restaurar, remodelar y sustituir, de forma apresurada, muchas imágenes perdidas o dañadas. En los años de posguerra se hacen trabajos que en algunos casos son de una calidad mediocre, por la urgencia o por falta de preparación. A finales de los sesenta y principios de los setenta se detecta en las cofradías malagueñas una preocupación por este asunto. Se encargan nuevas imágenes y restauraciones, en las que participé activamente.

Con el tiempo, ya en el siglo XXI, algunos han desvirtuado la realidad, guiándose por fotos antiguas y por rumores, sin conocer el verdadero estado de algunas imágenes retocadas en los años de posguerra, que era lamentable. Y han propagado por Internet las típicas leyendas urbanas sobre remodelaciones. Hoy sigo trabajando para muchas cofradías de Málaga. Actualmente tengo trabajos pendientes en mi taller para esa ciudad. Y comparto hacia los cofrades malagueños el cariño que siempre me han ofrecido.

LA ESPERANZA… DE MENA

Entre las restauraciones en Málaga, se puede destacar la Esperanza del barrio del Perchel, obra del siglo XVII, atribuida a Pedro de Mena. Es una imagen excepcional, muy popular. Cierra las procesiones del Jueves Santo, en un trono que es el más grande y pesado de la Semana Santa malagueña, con un peso total de 4,95 toneladas. Cuenta con muchísima devoción y se la puede considerar justamente como unas de las Dolorosas emblemáticas de Málaga.

La Esperanza del Perchel es muy bella. Muestra unos rasgos que la relacionan claramente con la obra de Pedro de Mena, aunque fue restaurada y retocada por Risueño. Le añadió un cuello desproporcionado, que parecía un tarugo. A esta Virgen le suprimí ese cuello añadido por Risueño, retallando uno nuevo. Hay que tener en cuenta que la imagen original de Mena no se concibió como una Virgen para un paso, sino que es un busto. También le tallé las manos y le rescaté la policromía. Por cierto, que después de mi primera restauración, volvió a ser restaurada por otra persona, al parecer de Málaga. En 2010 volví a restaurarla yo, por segunda vez, a petición de la cofradía. En ningún caso, se ha alterado nada de la talla atribuida a Mena.

Un dato relevante de la Esperanza es que se encontraba en una hornacina del templo malagueño de Santo Domingo, para el que consta que había trabajado Pedro de Mena. Morfológicamente, se puede relacionar muy claramente con su obra. Así lo dije tras la restauración, en la que conseguí recuperarle la policromía anterior. Algunos estudios que se han realizado posteriormente han avalado esta tesis y confirman las semejanzas en el modelado con otras tallas documentadas de Pedro de Mena. Después de mis trabajos de restauración, no me cabe ninguna duda de que la Esperanza del Perchel es obra de ese gran imaginero.

Para mí, ha sido importante trabajar con esta imagen, tan valiosa artísticamente y tan querida, que fue coronada canónicamente en 1988. En los trabajos recuperé su aspecto antiguo. Otro dato histórico, que avala su popularidad y devoción, es que su sede canónica (el templo de la Esperanza, en el barrio del Perchel) fue la primera basílica que se autorizó en Málaga.

EL «DOCTOR» DE LA NOVIA DE MÁLAGA

A la Virgen del Rocío, otra señorial imagen malagueña, que asimismo figura entre las más populares, la restauré para rescatar la policromía, que era de Pío Mollar. Este imaginero, perteneciente a la escuela levantina, la talló dos veces. La imagen actual es de 1935 y sustituyó a una anterior del mismo escultor, que fue quemada durante la Segunda República. Su policromía es muy fina, aunque presentaba algunos repintes posteriores, que le eliminé. Tiene la singularidad de ser una talla de cuerpo completo, lo que no abunda entre las Dolorosas.

Se la conoce popularmente como la *Novia de Málaga* y fue coronada en septiembre de 2015. Su procesión es una expresión de júbilo, cuando sale el Martes Santo desde el barrio de la Victoria. A ello ayuda que tiene unos rasgos muy particulares, con una evidente identidad propia. Se puede afirmar que su expresión está en el término medio entre una Dolorosa y una Virgen de gloria, entre el dolor y el gozo. Tiene pelo natural. Otra característica singular es que siempre la visten de blanco, con una saya y una mantilla de ese color. Todo eso la hace inconfundible, diferente a las demás Vírgenes de la Semana Santa malagueña.

Quiero mucho a esta hermandad, me siento especialmente unido a sus cofrades. También me aprecian, son muy afectuosos conmigo, y me dicen que soy el doctor de la *Novia de Málaga*. Siempre recurren a mí, cuando hay algún problema, aunque sea pequeño. Me han llamado ya en tres ocasiones. Tras restaurar la policromía y darle veladuras en 1992, que fue la restauración principal, le practiqué unas leves reparaciones de manos y cuello en 2004 y 2009.

LA VIRGEN QUE PUDO SER DE LOS GITANOS

En 1972 restauré la Virgen de la Soledad, de la cofradía del Sepulcro, que sale el Viernes Santo y tiene su sede canónica en la parroquia de los Santos Mártires. Esta imagen guarda una historia curiosa detrás, pues fue realizada por el escultor malagueño José Merino Román, con destino a la cofradía de los Gitanos de Sevilla, donde iba a ser la nueva Virgen de las Angustias, en sustitución de la desaparecida. Sin embargo, la cofradía sevillana al final rehusó adquirirla, al no ser una réplica exacta de la anterior imagen, que era una de las condiciones impuestas. En 1938, la cofradía malagueña del Sepulcro llegó a un acuerdo con Merino Román y se convirtió en su Virgen de la Soledad.

Según reconoce la propia cofradía del Sepulcro en su página web, en un determinado momento la Virgen sufrió «una restauración desconocida e indocumentada, de una calidad que deja mucho que desear y en la cual inexplicablemente se le cambió la posición de las lágrimas de su lugar de origen. Es lógico el pensar que esto pudiera ser fruto incluso de los propios hermanos, que no iniciados en la materia y en un intento voluntarioso de retocar la parte deteriorada de la talla, emplearan la forma y los materiales menos adecuados para ello».

En 1972 me encargan una restauración para la Semana Santa del año siguiente, en la que me limité a hacerle a la Virgen de la Soledad lo que me pidieron sus cofrades, y que ellos mismos explican claramente:

> «Le haría una completa y necesaria restauración, en la cual se le tallaron unas nuevas manos, que sustituyeron a las primitivas, las cuales eran de muy escaso valor artístico. También se le cambió la encarnadura completa, debido a que la anterior se encontraba en muy mal estado y en la que se apreciaron tintes y esmaltes impropios para estos menesteres, a la vez que se le pusieron nuevas pestañas».

Me limito a reproducir la versión oficial para que se vea que, en ningún caso, se me ocurrió remodelar a esta Virgen por mi cuenta. Si bien es cierto que no se podía quedar tal y como estaba, porque había sido retocada —y mal retocada, además—, por manos inexpertas. Considero que la imagen se puede estimar como una obra original de Merino Román, a excepción de las manos, que se las hice nuevas. Posteriormente, fue intervenida por Miñarro, que la repolicromó en 2006.

DOS RESTAURACIONES DIFÍCILES EN LOS AÑOS 70

Siempre hay gente que busca polémicas, generalmente por ignorancia de la realidad y del verdadero estado de las imágenes. En los años setenta me encargaron dos restauraciones en Málaga que han levantado un cierto debate en los foros de aficionados. Curiosamente, esto sucede con el paso del tiempo, cuando opina gente que no conocía la realidad de entonces, ya que en su día fueron alabadas.

Como ya he apuntado, en 1972, además de restaurar la Virgen de la Soledad, de la cofradía del Sepulcro, intervine a la Virgen de Consolación y Lágrimas. Esta imagen pertenece a la cofradía de la Sangre, que sale el Miércoles Santo y que tiene su sede en la parroquia de Santa Cruz y San Felipe, aunque la salida procesional se realiza desde la casa de hermandad. La Virgen se considera obra del siglo XVIII, vinculada al círculo del escultor malagueño Francisco Ortiz. En contra de lo que algunos dicen, la que actualmente sale no es una imagen nueva de Luis Álvarez Duarte.

En 1972, cuando me pidieron que la restaurara, la imagen presentaba un gran deterioro. Si era una obra de Ortiz, no hay que olvidar que fue alterada con otras intervenciones. Cuando me la entregaron estaba repintada, quizá con pintura de Titanlux, y con evidentes deficiencias. En la restauración no la remodelé a fondo, como algunos dicen. Tan solo le hice nuevas las manos. También es cierto que le modifiqué los ojos, ya que algunos cofrades decían que parecía *bizquilla* y querían que se los pusiera bien. Su aspecto pudo cambiar, estéticamente, con la colocación de las nuevas pestañas, que le daban un aire más actual. Pero es falso, como se ha publicado en algunos foros, que a esta imagen le diera un aire macareno. ¡Si se ve que no se parece en nada a la Macarena! Por otra parte, hay que tener en cuenta que poco después de mi intervención fue retocada por un vestidor, que le volvió a cambiar algo en los ojos y le puso más abierta la boca, de lo cual no me responsabilizo.

En todo caso, es una obra de restauración de mi etapa de juventud, a los veintidós años, con menos experiencia y conocimientos. Si la hiciera ahora sería diferente, porque hubiera tomado más prevenciones para evitar habladurías. No se puede opinar en base a fotos. Comparar una foto actual con otra de hace muchos años induce a errores de apreciación. Incluso imágenes que ni siquiera han sido restauradas parecen diferentes. Más aún en casos como el de Consolación y Lágrimas, que aparece vestida y presentada de forma totalmente distinta. Creo que sobre esta Virgen se han vertido comentarios muy injustos. Quiero aclararlo, aunque afortunadamente no hay una opinión crítica generalizada, sino al revés. Muchos cofrades la consideran actualmente como una imagen muy bella.

Otra restauración a la que también le buscaron polémica es la de la Virgen del Gran Poder, de la cofradía de la Misericordia. Esta cofradía, que sale el Jueves Santo, tiene su sede en la parroquia del Carmen. Es famoso su encierro, que levanta un gran entusiasmo en el barrio del Perchel cuando los dos tronos son enfrentados.

Antes de opinar sobre una restauración, sería muy conveniente conocer el estado de la imagen cuando entra en el taller. La Virgen del Gran Poder, que tiene su origen en el siglo XVIII, posteriormente fue muy retocada y alterada. Le habían añadido unos ojos enormes, con cristales, que la desfiguraban. Cuando me encargan la restauración, en 1977, el deterioro era evidente. Por ello, solamente se pudo conservar la mascarilla, sustituyendo los ojos y manteniendo los rasgos del aspecto original en lo posible. Básicamente, fue un trabajo de limpieza, nueva policromía y nuevo juego de manos. Si se hubiera querido remodelarla para darle un aspecto diferente, se hubiera cambiado por una nueva, pues era lo más fácil.

Posteriormente, esta imagen fue intervenida por Juan Manuel Miñarro, en 2005. Le hizo unas nuevas manos y le cambió la policromía. Como ya he mencionado en otros casos similares, en los que se ha intervenido sobre restauraciones previas, creo que el resultado actual de la imagen se le debe adjudicar al último que la tocó.

LAS ANGUSTIAS DE CASTILLO

Uno de los últimos trabajos de restauración destacable, entre los realizados en Málaga, es el de la Virgen de las Angustias, de la cofradía del Descendimiento, que tiene su sede canónica en la capilla del Hospital Noble, en La Malagueta. Ha sido una restauración reciente, culminada en 2011. Era una intervención complicada, que levantaba expectación en Málaga. Y no a la terminación, sino desde antes de empezar. Se planteaba una discusión entre dejarla como estaba o como debería estar.

La imagen es obra de Antonio Castillo Lastrucci, que la talló en los años cuarenta. Sin embargo, fue claramente retocada en algunas intervenciones posteriores, por lo que su aspecto no era tal y como lo concibió Castillo. Además, tenía grietas en el cuello y en el rostro. En un estudio radiológico que le hice se observó que, en el interior, había puntillas. También mostraba parchetones con pintura de Titanlux. La junta de gobierno convocó un cabildo de hermanos, en el que se aprobó encomendarme la restauración. Querían adjudicarla a un imaginero y descartaron otros nombres, antes de presentarme la propuesta.

Como digo, fue un trabajo laborioso. Duró más de dos meses. Resané íntegramente la talla de la Virgen de las Angustias, corrigiendo las deficiencias que mostraba. Y uno de los logros más destacados fue la recuperación de la policromía original de Castillo Lastrucci, que se conservaba en su mayor parte, pero estaba encubierta. La parte perdida se la reconstruí en los mismos tonos, al igual que las manos, muy estropeadas. Además, le hice un nuevo busto y candelero. A la conclusión, la Virgen de las Angustias presentaba el aspecto que debía tener, tal como la ideó su autor.

Esta Virgen, tanto en el modelado de la talla como en la policromía, se debe situar entre las obras de la mejor etapa de Antonio Castillo Lastrucci. Pertenece a la cofradía del Descendimiento, que sale el Viernes Santo y se caracteriza por un estilo serio y señorial. A la Virgen de las Angustias le están haciendo un trono de un notable valor artístico.

RESTAURAR OBRAS PROPIAS: LA PAZ Y LA CENA

Como en otros casos de Sevilla, en Málaga también me he ocupado de restaurar algunas de mis primeras obras. Es el caso de la Virgen de la Paz, cuya restauración he terminado recientemente, en septiembre de 2012, así como las demás imágenes de esta cofradía de la Cena. En el otoño de 2012, el Señor se encuentra en mi taller de Gines. Posteriormente, será restaurado el apostolado de la Cena por mi discípulo Ventura Gómez y por mí mismo, bajo mi dirección artística.

La Virgen de la Paz ha quedado con un aspecto excelente tras la restauración. El 29 de septiembre de 2012 se celebró una misa de acción de gracias para conmemorarlo. Es mi primera obra para Málaga, fechada en 1970, y una de las más emblemáticas. Por motivos que desconozco, había sido repintada en los párpados y presentaba en el rostro algunos tonos anaranjados y de otros colores muy extraños. Por ello, la he limpiado, con bisturí, y le dado veladuras para equilibrar los tonos. Además, le puse unas nuevas manos, ya que las anteriores eran de mis primeros tiempos, menos elaboradas. Ha sido un regalo que me parecía oportuno hacer a esta hermandad.

También ha sido restaurado, en 2013, el Señor de la Cena. Cuando llegó a mi taller de Gines, bastaba con verlo para entender que su aspecto era lamentable, ya que algunos aficionados lo repintaron, tiempo atrás, de una forma muy burda. El rostro, el pelo, los ojos... Todo necesitaba recuperar su aspecto original. Afortunadamente, creo que se ha conseguido. Asimismo, estamos restaurando los apóstoles del paso de la Cena, con la colaboración constante e inestimable de mi discípulo Ventura Gómez, bajo mi dirección artística. Estas imágenes habían perdido los contrastes y parecían figuras planas, por las deficiencias de los repintes que han sufrido. Una vez que terminemos todo, la cofradía de la Cena de Málaga recuperará un conjunto escultórico revalorizado.

EL INOLVIDABLE VIAJE DE LA DIVINA PASTORA

Una de las restauraciones más inolvidables de toda mi vida artística ha sido la realizada a la Divina Pastora de las Almas, de Málaga. La imagen está atribuida a José Montes de Oca, que la habría terminado en la década de los treinta del siglo XVIII, con destino a reafirmar la devoción pastoreña en Málaga. Como en otras ciudades andaluzas, desde que fray Isidoro de Sevilla empezó a extender la devoción, el arraigo fue enorme, fomentado por los Capuchinos. En Málaga la devoción creció durante el siglo XVIII, sobre todo en el barrio de Capuchinos, donde se veneraba. Después fue propagada también por el beato Marcelo Spínola, en su etapa de obispo de Málaga a finales del XIX.

La Divina Pastora es, por consiguiente, una bella imagen, de valía artística, atribuida a Montes de Oca con fundamento, que testimonia una gran devoción de los malagueños. Para completarla le hice la imagen del Divino Pastorcillo en 1975. La restauración de esta Virgen era un trabajo de gran responsabilidad. Pero lo que nunca imaginé es lo que ocurriría en aquel automóvil que trasladaba la Divina Pastora a Sevilla en una noche de niebla.

Fuimos a Málaga, en 1971, para un acto de la Virgen de la Paloma. Acudí acompañado por mis amigos Pepe Gómez Clérigo y Joaquín Cobo. Después del acto, nos encontramos con un comisario de policía, José María Claros, que era entonces el hermano mayor de la Divina Pastora de Málaga y que después sería el padrino de la Virgen del Amor y Soledad, de Fuengirola. Nos pidió que fuéramos a ver la Pastora. Era una imagen muy interesante, atribuida a Montes de Oca, pero necesitaba un nuevo candelero y una restauración en el rostro, además querían hacerle un Niño Jesús. La vimos, tratamos las condiciones, y le dije:

—Como hemos venido en un coche y tenemos que volver a Sevilla, si le parece bien, nos la podríamos llevar ya para restaurarla. En el asiento de atrás tenemos sitio.

Le pareció una buena idea. Así decidimos que nos la llevaríamos al taller en el viaje de vuelta. El método puede sorprendernos hoy, pero entonces estas cosas se hacían así, a veces sobre la marcha, para no perder más tiempo.

—Nos hará falta algún papel, un documento donde se mencione que ustedes nos la ceden para una restauración. Tenga en cuenta que es una imagen antigua y valiosa, de Montes de Oca, y me da apuro llevarla sin ningún justificante —le dije.

—No hace falta nada, hay confianza. Si hubiera algún problema, o les pregunta la Guardia Civil, ustedes le dicen que llamen a la Comisaría de Málaga y pregunten por mí —respondió el hermano mayor y comisario.

El coche en el que viajamos de Málaga a Sevilla era un Seat 600. Conducía Pepe Gómez Clérigo, delante iba yo en el asiento del pasajero, y detrás Joaquín Cobo, un barbudo que tenía aspecto como de legionario, y a su lado la imagen de la Divina Pastora.

Entonces no había autovía del 92. Cuando volvimos era de noche, bien avanzada. Serían alrededor de las cuatro de la madrugada cuando llegamos a la Cuesta de la Reina, donde nos sorprendió una niebla densísima. No se veía casi nada. Íbamos asustados en el *seiscientos*, muy despacito, llegamos a lo alto de la cuesta y vemos unas sombras que aparecen y nos hacen gestos. ¡Eran unos tricornios! La Guardia Civil caminera, con sus capotes, la que más imponía, que cumplía su vigilancia en una noche infame. De pronto, creo que todos pensamos en lo mismo: viajaba con nosotros, medio tumbada y sin cubrir el rostro, una Virgen de Montes de Oca, una talla del siglo XVIII. Y sin papeles…

Uno de los guardias civiles se nos acercó con un gesto. El *seíta* se detuvo y se quedó clavado:

—Buenas noches. ¿De dónde vienen ustedes?

—De Málaga —respondió Pepe.

—¿Y dónde van ustedes?

—A Sevilla —volvió a contestar Pepe.

—¿Cuántos son ustedes?

Pepe Gómez Clérigo iba a contestar «tres», pero respondí antes yo:

—Cuatro.

A Pepe se le cambió la cara, se quedó blanco. Entonces el guardia civil, con su linterna, me iluminó y dirigió la luz hacia atrás, hacia el barbudo Quino Cobo, que estaba medio dormido, y hacía como que no se enteraba. Y luego intentó iluminar hacia la Divina Pastora, que estaba allí, con su pelo natural, un poco inclinada. Pero no podía acercarle la linterna, obstaculizado por la ventanilla del coche, y no la distinguiría bien.

—¿Y quién va detrás?

—Un amigo.

—¿Y la otra?

—Es mi hermana —le respondí.

—Parece que está muy rara.

—Es que la pobre se ha mareado y se ha dormido, a ver si se le pasa —añadí.

—Bueno, pues no corran mucho y váyanse despacito para Sevilla —indicó el guardia civil.

Pepe arrancó el coche por la cuesta abajo, diciéndome de todo.

—¿Cómo se te ha ocurrido contarles que era tu hermana? Supongo que solo le ha visto el pelo natural. Figúrate si la enfoca y descubren que es una imagen de una Virgen. ¡La que nos hubieran dado por la cuesta! Hubiéramos ido los tres para el talego. Y no creo que hubieran llamado a la comisaría de Málaga, a las cuatro de la madrugada, a preguntar por el comisario —me recriminó.

—Pues imagínate si le contesto, a esta hora, y con esta niebla, que llevamos en el *seíta* una imagen del siglo XVIII, obra de don José Montes de Oca…

Quino Cobo se incorporó y dijo:

—Menos mal que no se te ocurrió decir que era mi mujer.

Ahora lo recordamos muchas veces y todavía nos da la risa temblona. Pepe Gómez Clérigo dice que las pasó canutas. Por encima de la anécdota, quiero precisar que todo se hizo con el debido respeto a la imagen, en un momento de mucho apuro. Fue una salida ocurrente, una travesura juvenil, propia de otros tiempos, a principios de los setenta, cuando todavía no había democracia y las cosas se veían de otra manera. A veces con improvisación. Por fortuna, la Divina Pastora nos ayudó y pudo ser restaurada sin problemas.

Hoy sigue luciendo en todo su esplendor, en el templo de Capuchinos, junto al Niño Jesús Pastorcillo que le tallé en 1975. Este Niño Jesús fue recogido de mi taller de Gines por la gran cofrade malagueña Lola Carrera, que para mí era como una madre.

Siempre he pensado que aquel ajetreado viaje de la Divina Pastora de Málaga, con su feliz desenlace, debió ser un pequeño milagro.

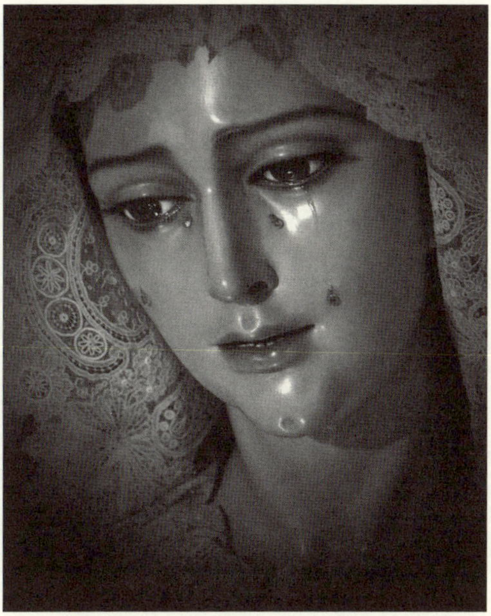

La Virgen de la Paz, de Málaga, es obra de Álvarez Duarte (1970) y fue restaurada en 2012.

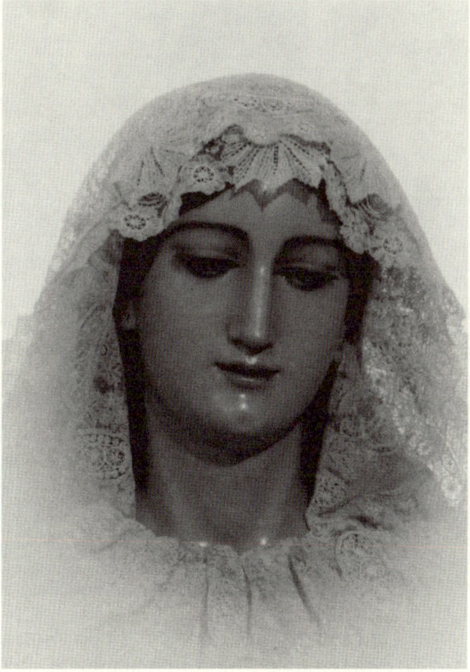

El valenciano Pío Mollar talló la Virgen del Rocío, llamada «La Novia de Málaga». Álvarez Duarte es su *doctor*. Restauró la policromía en 1992.

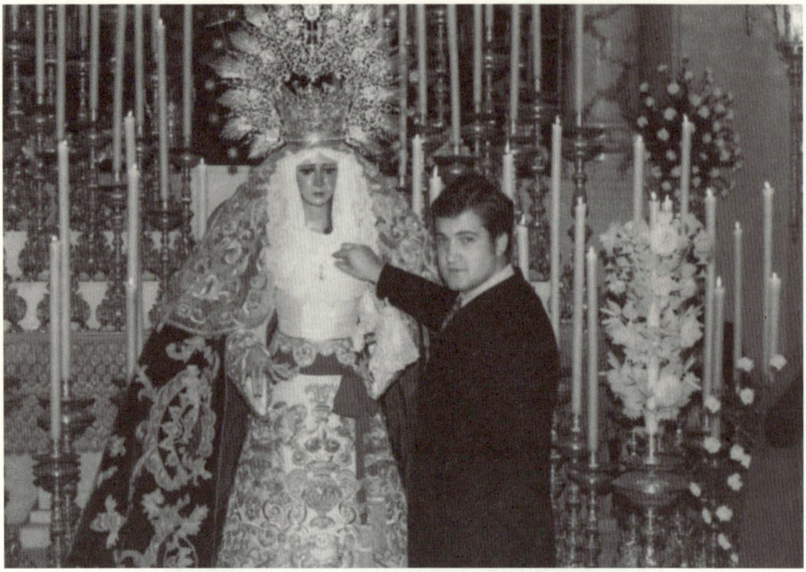

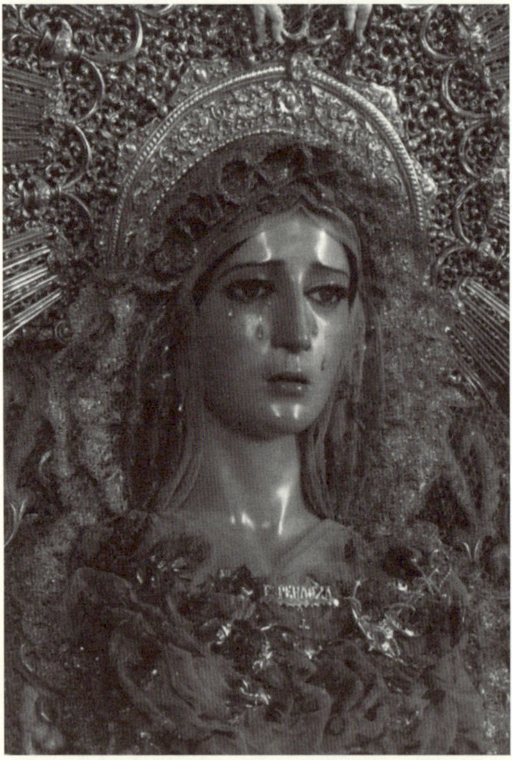

El imaginero junto a la Esperanza del Perchel. En la fotografía de abajo se aprecia el rostro de esta popular Dolorosa malagueña, atribuida a Pedro de Mena, cuya última restauración realizó Álvarez Duarte en 2010.

4.6 IMÁGENES DE ANDALUCÍA

Además de las restauraciones que me han encargado en Sevilla y en Málaga, han pasado por mi taller numerosas imágenes procedentes de otras ciudades andaluzas y poblaciones sevillanas. Entre ellas, hay tallas muy significativas de la imaginería andaluza. No solo por su valor artístico. Igualmente hay patronas y otras tallas sagradas de enorme devoción popular.

Entre las restauraciones de imágenes de otras regiones, se puede destacar al Nazareno de Burguillos del Cerro (Badajoz). Es una imagen de valía, que se puede situar en el siglo XVI. A este Nazareno le practiqué una leve restauración para consolidarlo.

La gran mayoría de mis restauraciones son andaluzas. Aquí se mencionan las más relevantes o curiosas por diversas razones, ya que detallarlas todas sería exhaustivo.

CÁDIZ

MAQUILLAJE A LA VIRGEN DE LAS PENAS

A la Virgen de las Penas, de Cádiz, le hice una restauración exprés. Lo digo así por el poco tiempo empleado. En realidad, fue un simple maquillaje, como decía el cofrade José Luis Ruiz Nieto-Guerrero, uno de los presentes durante la breve intervención de urgencia que llevé a cabo en la parroquia de la Palma. Precisamente fue él quien vino a verme para pedirme que la revisara. Entonces estaba trabajando para ultimar la que sería Virgen del Amor y Soledad, de Fuengirola, una imagen por la que se interesaron algunos cofrades sevillanos de Santa Cruz, como ya mencioné anteriormente.

Viajé a Cádiz en las fechas previas a la Semana Santa de 1972. La Virgen de las Penas todavía no se encontraba en su paso de palio. Fue bajada de su altar y la pusieron reclinada para que accediera mejor a Ella. José Luis decía que la Virgen se quedó en una posición «como la de un paciente ante el dentista». Ni siquiera fue necesario quitarle el tocado.

En cuanto La miré, sabía lo que necesitaba. Cogí los tarritos, los pinceles, y a base de pátina en claroscuro le apliqué un efecto como de maquillaje, con la intención de embellecerla y resaltar el modelado, que lo tenía perdido. A la Virgen se le veía una cosa extraña en los ojos. Había sido restaurada dos años antes, en 1970, por Francisco Buiza, que la retalló un poco. Después parece que alguien de la hermandad la retocó con pintura. La Virgen de las Penas, originalmente, tenía los párpados tallados y Buiza, al limpiarla, le dio una especie de continuidad, por lo que no se veían. Alguien se pasó de listo, intentó arreglarlo y lo empeoró. Mi intervención se limitó a resaltar los párpados, como dibujarle la mirada con la pátina, así como adaptarle las pestañas. En el labio superior también le noté unos brillos raros y se lo corregí.

Esta restauración o maquillaje se mantuvo en el más estricto secreto. Solo fue reconocida cuando habían pasado unos años. Cuando vino José Luis Ruiz a mi taller para solicitarme esta restauración en Cádiz, ya le puse como condición que no se diera a conocer. Este maquillaje se lo hacía a la Virgen de las Penas tan solo un par de años después de la intervención de Francisco Buiza sobre la misma imagen. Ni la hermandad ni yo lo queríamos revelar para que no se sintiera dolido. Conociéndolo, como lo conocía, por ser mi maestro, estoy seguro de que no le hubiera sentado nada bien y hubiera mantenido otra discusión conmigo. A la cofradía tampoco le interesaba difundirlo, porque Buiza aún tenía pendiente de entregarles los angelitos y evangelistas para el paso del Cristo.

Cuando Buiza restauró a la Virgen de las Penas, en su taller de Sevilla, yo la había visto allí. Le dieron carta blanca para intervenirla. Retalló ligeramente la imagen original, atribuida al círculo malagueño de Francisco Ortiz, del siglo XVIII. Sin embargo, las manos que tiene actualmente, muy bonitas, son las originales. Buiza no se las cambió.

En el maquillaje que le hice a la Virgen de las Penas, por parte de la cofradía, tan solo estuvieron presentes el mayordomo, Ángel Gutiérrez de la Mora, y José Luis Ruiz Nieto-Guerrero. Al terminar, me preguntó Gutiérrez de la Mora el precio. Le dije que nada, porque había tardado poco tiempo. Entonces él me metió un billete en el bolsillo. Este señor tenía un almacén de ultramarinos, una tienda de montañés, en la calle Valverde, de Cádiz. Pero aquel día nos fuimos a tomar unas copas a Las Banderas, en el barrio de la Viña, donde se reunían los cofrades de La Palma.

LOS RETOQUES DE LA SOLEDAD

Otro caso que quiero mencionar en Cádiz es el de la Virgen de la Soledad, de la cofradía del Santo Entierro. En mi opinión, es una Virgen de mucha valía, cuyo aspecto actual no me parece el adecuado. Es una talla antigua, del siglo XVII o del XVIII, de autor anónimo. Había sido restaurada, en la posguerra, por Miguel Láinez, que le cambió las manos y le dio un aire diferente al que mostraba con las anteriores. Posteriormente, volvió a ser restaurada, en 1978, en este caso por Francisco Buiza, que le afinó el rostro y le cambió de nuevo las manos, sustituyéndolas por unas extendidas que se veían más expresivas. Para mí, las manos de la Soledad de Cádiz son unas de las mejores que talló Buiza.

Según parece, en los años setenta, cuando la vestía Mariano Arce, no le gustaba el candelero, porque le estorbaba para adornarla como él quería. Además, un perturbado le había arrancado algunas lágrimas. Por ello, me encargaron una nueva restauración en 1983. Consistió en hacerle el busto y un candelero. Le puse unas nuevas pestañas, que eran preciosas, y asimismo le repuse las lágrimas perdidas.

Ante mi sorpresa, he observado que después de mi restauración la volvieron a tocar. Le han repintado los ojos, le pusieron una boquita de corazón y han alterado el trabajo que hicimos Buiza y yo. Con ese repinte han trastocado la imagen a peor. Su mirada ya no es como antes y se le nota algo raro en la expresión, que parece desfigurada. Según los comentarios de cofrades gaditanos, esto ocurrió cuando estaba vinculado a la junta de gobierno un imaginero. Según me dijeron, la habría retocado. Es una pena que imágenes de valía como la Soledad puedan ser perjudicadas por restauraciones desafortunadas y que se enturbie sin razón el trabajo realizado por imagineros profesionales de prestigio.

NAZARENO DE SAN FERNANDO Y DOLORES DE SANLÚCAR

Entre las restauraciones que se pueden destacar en la provincia de Cádiz, encontramos imágenes de mucha valía y devoción. Una de ellas es el Nazareno de San Fernando. Se le considera como el Señor de La Isla. Es, sin duda, la imagen más venerada y devota, como se ve todos los años en su salida procesional de la madrugada del Viernes Santo de la iglesia mayor parroquial de San Pedro y San Pablo y con las visitas de los numerosos devotos que le rezan durante todo el año.

La restauración del Nazareno de San Fernando está fechada en 1975. Eran unos años en los que estuve muy activo allí, ya que en esa década también tallé tres nuevas Dolorosas. Al Nazareno le hice un nuevo cuerpo completo y anatomizado, además de una limpieza general y resanado. Aunque es de autor desconocido, en la restauración se apreciaron detalles que lo acercarían a los imagineros de la escuela genovesa que trabajaron en Cádiz en el siglo XVIII, como Galleano. Es, desde luego, más próximo a esa escuela que al modelo sevillano, que también estuvo activo en esa época, como se observa en otras imágenes de la Bahía.

Igualmente se debe anotar aquí la restauración realizada a la Virgen de los Dolores, de la hermandad de los Servitas, de Sanlúcar de Barrameda. Es una talla originaria del siglo XVII, en terracota policromada, a la que restauré en dos ocasiones. En 1981 le hice un nuevo candelero y unas nuevas manos en madera de cedro. En 2004 le sustituí los brazos y le limpié la policromía, restituyendo las zonas dañadas y corrigiendo las pérdidas por el paso del tiempo.

CÓRDOBA

LA PATRONA CORONADA DE PALMA DEL RÍO

Entre las restauraciones en la provincia de Córdoba, una de las que podría destacar es la realizada a la Virgen de Belén, patrona de Palma del Río. Siempre he mantenido mis vínculos con esta población cordobesa, pues no en vano la segunda imagen que sale de mis manos, la Virgen de la Concepción, llega a ese destino. La Patrona tiene mucha devoción, como se aprecia cada año en la popular romería que celebran en su ermita. La imagen anterior de la Virgen de Belén había sido quemada públicamente en 1936, en un penoso acto sacrílego. Por ello, en 1937, le encargaron una nueva imagen a Sebastián Santos, a semejanza de la anterior. A esta imagen le adaptó las antiguas manos, que pudieron salvarse. Asimismo, se pudo recuperar el antiguo Niño Jesús.

En 1995 me solicitaron que la restaurara. La Virgen de Belén no se encontraba en buen estado. La intervención se centró en recuperar la policromía, además de consolidar la imagen, que tenía algunos daños, y hacerle nuevo candelero. Pero, en este caso, no es cierto que fuera retallada, ni se parece en nada a mis imágenes originales. Es una obra de Sebastián Santos, que mantiene el estilo que le dio para recordar a la antigua.

La Virgen de Belén fue coronada canónicamente en 2010 por el rito pontificio, tras solicitarlo al Vaticano. Esta coronación fue realizada por el actual arzobispo de Sevilla, Juan José Asenjo. El obispo de Córdoba, Demetrio Pérez, cedió el honor de imponer la corona a monseñor Asenjo, por haber sido el inspirador de la coronación cuando estaba al frente del Obispado cordobés, y quien animó a la hermandad a solicitarla. En la ceremonia, celebrada en la Mesa de San Pedro, de Palma del Río, donde antiguamente se levantaba la Alcazaba, participaron más de setenta sacerdotes.

UN NAZARENO DE CABRA Y UNA VIRGEN DE LUCENA

Por su valía artística es destacable la restauración del Cristo del Perdón, del municipio cordobés de Cabra. Es un Nazareno del siglo XVII, atribuido a la escuela granadina de José de Mora. Recibe culto en el convento de las Agustinas, donde consta que llegó en 1697 al fundarse el monasterio. Es muy popular en la Semana Santa de Cabra, que por cierto cuenta con veintisiete cofradías, según me comentaron, y buenas imágenes antiguas. El Señor del Perdón sale en la madrugada del Sábado Santo, como epílogo del Viernes Santo, y es conocido como el

Nazareno blanco por el color de su túnica. Otra curiosidad es que sale acompañado por una centuria de romanos.

La cofradía anteriormente tenía otra sede y otra imagen. Al pasar al convento, llegaron a un acuerdo con las monjas para sacarlo en la procesión. Asimismo, acordaron después restaurarlo, ya que no se encontraba en las debidas condiciones. A esta imagen le sustituí el pelo natural de la cabeza. Según me pidieron, le tallé el cabello siguiendo el modelado de la barba, con un trazo semejante. Asimismo, le adapté un nuevo juego de manos y una peana para sustentarlo mejor. No es un Nazareno de candelero, sino de cuerpo anatómico completo.

En Lucena restauré a la Virgen del Mayor Dolor, perteneciente a la cofradía de la Sangre, que sale el Jueves Santo de la parroquia de Santo Domingo. Es una imagen tallada en 1959 por Antonio Castillo Lastrucci, siguiendo en parte el estilo de algunas de sus Dolorosas más conocidas.

La restauración tuvo lugar en 1994. Consistió en incorporarle un candelero con un nuevo juego de brazos, así como restauración de la policromía y de las manos de Castillo, sin que fuera necesario sustituirlas.

GRANADA

LA SOLEDAD DE HUÉSCAR

Entre las restauraciones en la provincia de Granada, destaca la Soledad de Huéscar, que es una imagen coronada canónicamente. La misa pontifical de su coronación estuvo presidida por el obispo de Guadix, Juan García Santa Cruz, y se celebró el 2 de febrero de 2008 en la iglesia mayor de Huéscar. Fue un acto muy solemne, en el que intervinieron tres corales, los seises de Guadix, que por vez primera bailaban fuera de su Catedral, y la Banda Municipal de Huéscar. En la procesión, la Soledad estuvo acompañada por la banda de música de la Cruz Roja de Sevilla. Con motivo de la coronación canónica, fueron aplazadas las fiestas del Carnaval de ese año en Huéscar, para evitar la coincidencia de fechas.

La Soledad recibe culto en la ermita dedicada a su advocación. El Viernes Santo sale en procesión, junto al Cristo del Consuelo, pero efectúa la recogida en la iglesia de Santa María. En la mañana del Sábado Santo, la Soledad vuelve sola hacia su ermita. La cofradía cuenta con una agrupación musical a la que pertenecen muchos jóvenes de la población.

Era otra restauración difícil, por el estado en que se encontraba y por ser una imagen muy querida. La Soledad de Huéscar tiene mucha devoción, de ahí que fuera coronada canónicamente. Consta que ya tenía cultos a finales del siglo XVI y después se ha mantenido como una devoción histórica. La Virgen es de autor desconocido.

A la Soledad le hice un nuevo juego de manos y una nueva policromía. Vinieron a pedírmelo después de ver la policromía de la Virgen del Rosario del Mar, de Almería, que les gustó mucho. Tras la restauración, la Soledad de Huéscar estuvo expuesta en la capilla de los Marineros de la Esperanza de Triana. Con este motivo, la banda de música de esta cofradía granadina se desplazó para tocar en Sevilla. Sus cofrades quedaron muy agradecidos, fueron muy cariñosos y me hacían regalos, como a los médicos antiguos.

En la provincia de Granada, entre otras, se puede citar la restauración de la Esperanza de la localidad de Baza. Es una imagen, tallada por el murciano José Lozano, a la que reciben con mucho entusiasmo en su barrio de San Juan, cuando sale en procesión el Jueves Santo. Con el paso del tiempo presentaba algunos daños y fue restaurada en mi estudio de Gines en 1997.

HUELVA

PAZ, ROSARIO Y RESIGNACIÓN

En la década de los noventa me encomiendan tres restauraciones, en la ciudad de Huelva, ciertamente complicadas. Me refiero a las intervenciones a la Virgen de la Paz, en 1993, y posteriormente, en 1997, a la Virgen del Rosario y a la Virgen de la Resignación. Cada una de estas imágenes tiene su historia, pero coinciden en que llegaron a mi estudio previamente retalladas. Como suele pasar en esos casos, después algunos dijeron que me había dedicado a alterarlas. Las tres coinciden también en que eran obras inicialmente del ayamontino Antonio León Ortega, que las talló en los años de la posguerra. Con todos mis respetos por él, para dedicarme a retallar sus obras, me hubiera negado y hubiera solicitado hacerlas nuevas. En aquellos años, yo había alcanzado ya el prestigio de ser un imaginero consagrado.

La Virgen de la Paz pertenece a la cofradía de los Mutilados, que sale el Domingo de Ramos. Es una hermandad fundada por ex combatientes de la Guerra Civil a semejanza de la cofradía de la cofradía de la Paz de Sevilla. Por ello, sus titulares son el Señor de la Victoria y la Virgen de la Paz. Curiosamente, salen de la parroquia de San Sebastián, misma titulación del templo de la cofradía sevillana de la Paz. La principal diferencia entre ambas es que el Señor de la Victoria no está recibiendo la cruz, sino que es una iconografía más parecida a la del Despojo de las Vestiduras al llegar al Calvario.

Esta imagen onubense de la Virgen de la Paz fue tallada por Antonio León Ortega en 1944. Llegó a mi estudio en unas condiciones francamente lamentables. Había sido retocada profundamente por un sacerdote, que tiene todos mis respetos como cura, pero que demostró su ignorancia como restaurador. La había repintado y le había dado unos barnices rarísimos que no se usan en imaginería. Pero, además de eso, le había seccionado el cuello para modificarle la postura del rostro y ponerlo a un lado. En resumen, se puede decir que vino muy mal.

Tuve que intervenirla deshaciendo los entuertos causados por el aprendiz de restaurador. Eliminé lo que no le correspondía, con la intención de que recuperara en lo posible su aspecto original. Asimismo, además de renovarle la policromía, le hice un candelero en condiciones. A mi juicio, se puede considerar hoy como una imagen de León Ortega restaurada por Álvarez Duarte. Es verdad que no la dejé como estaba, porque así no podía seguir y tampoco estaba como salió de las manos de su autor.

En la hermandad de los Mutilados quedaron muy satisfechos con su Virgen de la Paz, como lo prueba que después he restaurado la imagen del Señor de la Victoria, que también lo necesitaba. Mi discípulo Ventura Gómez, dirigido por mí, restauró los sayones de este paso de misterio.

La Virgen del Rosario en sus Misterios Dolorosos pertenece a la cofradía onubense de la Santa Cena, que sale el Domingo de Ramos de la parroquia del Sagrado Corazón de Jesús. Es una imagen realizada en 1955 por el imaginero Antonio León Ortega. Fue bendecida el Domingo de Pasión de ese año y salió por primera vez el Domingo de Ramos de 1956. Poco después de su primera salida, fue retocada por su propio autor, León Ortega, que le cambió la forma del cuello, dándole una leve inclinación hacia la derecha. Según la propia cofradía, posteriormente fue restaurada por Enrique Pérez Saavedra en dos ocasiones. En 1989 consta otra restauración realizada por José María Gamero Viñau e Inmaculada González Ramos en Sevilla.

Debo decir, en honor a la verdad, que en 1997, cuando la Virgen del Rosario en sus Misterios Dolorosos llega a mi taller para ser restaurada, no le quedaba apenas nada del aspecto original que le había dado Antonio León Ortega. No obstante, es incierto que yo la hiciera nueva o la retallara. Mi intervención se limitó a darle una nueva policromía, incorporarle nuevos postizos y repasarle las cejas. Si salió ganando en su aspecto es porque procuraba ese objetivo, que se puede conseguir con los conocimientos adecuados, sin necesidad de hacerla nueva ni remodelarla. La cofradía así lo asume. Menciona en su web que fue policromada, en 1997, por Luis Álvarez Duarte. Ni más ni menos.

La Virgen de la Resignación, de la cofradía del Descendimiento, es la tercera Dolorosa onubense realizada por Antonio León Ortega que he restaurado. Esta cofradía tiene su sede canónica en la iglesia mayor parroquial de San Pedro, desde donde sale el Viernes Santo. El misterio del Descendimiento sale en el antiguo paso de Cristo del Cerro del Águila, que adquirieron a la cofradía sevillana en el año 2000.

En 1952 fue tallada la Virgen de la Resignación por Antonio León Ortega. En principio, esta Virgen no tenía una advocación propia y salió en el paso del Descendimiento desde 1957 a 1974. En 1975 estrenó un paso de palio y pasó a ser llamada con su actual advocación de María Santísima de la Resignación en sus Dolores. Con ese motivo la Virgen fue restaurada en el taller de León Ortega, cambiando la posición, para que dejara de mirar hacia arriba y mirara hacia abajo.

En 1997 la restauré. Según lo previsto, consistió en nueva policromía y nuevas manos, con la incorporación de postizos para embellecerla. Es decir, una restauración de mejora de imagen, muy normal, como tantas en Sevilla y en otras ciudades, en las que la Virgen sale estéticamente embellecida sin necesidad de alterar la talla. Se ha reconocido públicamente que la Virgen de la Resignación mantiene el sello propio de León Ortega y que no la retallé. A las otras tampoco. La diferencia es que la Virgen de la Resignación estaba menos manipulada que la Paz y el Rosario Doloroso, a pesar de la intervención en el taller de León Ortega para cambiarle la posición de la mirada.

JAÉN

EL CRISTO DE LA EXPIRACIÓN DE LINARES

Entre las restauraciones más aplaudidas que he realizado recientemente figura la del Cristo de la Expiración, de Linares. Iniciada en 2011 y terminada en 2012. Es un Crucificado tallado en 1942 por Gabino Amaya, un imaginero extremeño que vivió en Madrid. Realmente, era un Cristo muy conseguido, que se considera su obra más significativa. Sin embargo, fue lamentablemente desvirtuado en restauraciones posteriores de las décadas de los 80 y los 90.

En mi taller lo sometí a una cuidada recuperación de su aspecto original, que se completó con una nueva policromía. El Crucificado había sido repolicromado en restauraciones anteriores, con resultados desastrosos. Cuando el Cristo volvió a Linares, abundaron los elogios. Decían que había sido una recuperación insólita, que volvía a ser el de los primeros tiempos de posguerra. Expliqué todo con detalle en una conferencia. Se mostraron entusiasmados por la recuperación.

A esta cofradía, que tiene su sede en la parroquia de San Francisco de Linares, ya le había trabajado anteriormente —en 2007— para restaurar a su Dolorosa, la Virgen de la Esperanza. Es una obra del valenciano Pío Mollar, a la que le adapté un nuevo candelero y juego de brazos. Asimismo, le restauré la policromía. El estilo de este imaginero ya lo conocía bien por haber restaurado otra obra suya: la Virgen del Rocío, de Málaga.

En la provincia jiennense, se puede destacar también la restauración del Nazareno de Huelma, realizada en 2010. Es una imagen que llegó de Madrid en 1950 y que cuenta con mucha devoción. Sale en la madrugada del Viernes Santo de la iglesia parroquial de la Inmaculada.

Con esta cofradía me siento muy vinculado, como autor que soy de su Dolorosa, la Virgen de la Amargura. La restauración del Nazareno consistió en hacerle un nuevo cuerpo anatómico y una peana, pero manteniendo los pies que tenía. El anterior cuerpo no era anatómico ni guardaba las proporciones correctas. No obstante, le mantuve la parte principal de los pies, como un gesto para conservar los muchos besos que había recibido.

EL CRISTO DE LA EXPIRACIÓN DE JAÉN

Esta restauración ha sido realizada en septiembre de 2013 y se puede considerar la última hasta el momento de esta edición. Durante dos semanas he permanecido en Jaén, junto con mi discípulo Ventura Gómez para restaurar *in situ* el Cristo de la Expiración, que recibe culto en la parroquia de San Bartolomé.

Es un interesante Crucificado, de notable mérito artístico, atribuido a José de Medina y fechado en 1761. Había sido restaurado con anterioridad en el ICROA de Madrid, pero presentaba nuevas deficiencias. La restauración ha consistido, principalmente, en afianzarle el soporte y resanar el interior de la imagen, así como eliminar algunas grietas y fisuras que presentaba.

PROVINCIA DE SEVILLA

EL CRISTO DE SAN GIL, DE ÉCIJA

Una de las restauraciones más importantes de mi vida profesional, una de las que más me llenan de satisfacción, es la del Cristo de la Salud, de la hermandad de San Gil, de Écija. Este soberbio Crucificado, que sale el Miércoles Santo, es una imagen gótico renacentista de la primera mitad del siglo XVI. Lo vemos sobre una espléndida cruz tallada, del siglo XVIII, que es en sí misma otra obra de arte.

Llegó a mi taller, en 1985, en unas condiciones pésimas, que quedaron atestiguadas por un reportaje gráfico que casi produce miedo. Estaba tan mal que fue necesario sacar de puntos del anterior para dejarlo exactamente igual que en su origen. Además de restaurar la imagen a fondo, por supuesto sin modificar nada, se le repuso una parte del sudario, que estaba apolillado. Al tratarse de una talla de tanta valía artística, fue restaurado con el seguimiento y dirección del profesor José Hernández Díaz.

—Es una de las mejores restauraciones que he visto en mi vida —me dijo don José, una vez terminados los trabajos.

En verdad, creo que fue una intervención delicadísima, donde se demostró que un imaginero puede restaurar una imagen histórica con la misma precisión y fidelidad, o más, que un instituto oficial, sin nada que envidiar. Siempre que conozca a fondo la restauración, claro. El resultado está ahí, se puede ver en Écija.

VIRGEN DEL MONTE, DE CAZALLA

También en la provincia de Sevilla, destacaría un caso diferente: la restauración-remodelación realizada en 1996 a la Virgen del Monte, patrona de Cazalla de la Sierra, que tiene su sede en la parroquia de Nuestra Señora de la Encarnación de esa población de la Sierra Norte sevillana. La imagen primitiva, que era originaria del siglo XVI, fue destruida en 1936, durante los incidentes de la Guerra Civil. La nueva imagen, a semejanza de la anterior, fue tallada en el taller de Castillo Lastrucci en 1937. Para mí está claro que el verdadero autor de esa imagen fue Antonio Eslava, que trabajó en el taller como discípulo de Castillo Lastrucci. No obstante, el Niño Jesús es el antiguo, que se salvó y fue restaurado y retocado por Manuel Pineda Calderón en 1938.

La imagen de la Virgen no se encontraba en buen estado y en 1996 me encargaron que la restaurara. Pero, en realidad, se trató de una remodelación y así lo he reconocido públicamente, ya que la hermandad me pidió que le devolviera el máximo parecido posible a la antigua imagen del siglo XVI. Mi intervención se basó en que el rostro fuera una réplica aproximada de la primera Virgen del Monte. Fue una restauración de algo que ya no existía, a través de una remodelación. En consecuencia, se puede considerar como una nueva imagen realizada por Álvarez Duarte, que sería su autor. Pero, con mis reservas en cuanto a la creación, ya que no utilicé un modelo personal, sino que interpreté una iconografía anterior.

DOS VÍRGENES DE AZNALCÁZAR Y UNA DE LA RINCONADA

Algunos que van de puristas acusan a los imagineros de remodelar en vez de restaurar. A veces da la sensación de que ignoran en qué consiste una remodelación. En el caso anterior de la Virgen del Monte, he asumido que es prácticamente nueva, igual que en el caso de la Virgen de las Mercedes de la Puerta Real, de Sevilla.

Sin embargo, el caso de la Virgen de la Encarnación, de Aznalcázar, es diferente. Esta imagen, perteneciente a la cofradía de la Vera-Cruz del citado municipio sevillano, que recibe culto en la ermita, en su origen era una talla del siglo XVIII. Cuando me la entregan para restaurar estaba repintada. Como en otros casos que se han descrito, alguien utilizó pintura de Titanlux o similar, en un plan bastante chapucero. Le di una nueva policromía a esta imagen, pero no fue remodelada.

En esa misma población de Aznalcázar encontramos otra restauración que se ha prestado a equívocos: la Virgen de las Angustias, de la hermandad de Santiago, que recibe culto en la iglesia de San Pablo. Esta Virgen sale dos veces al año. El Viernes Santo va como Dolorosa bajo palio, tras el Cristo del Buen Fin; y el veinticinco de julio, día de Santiago, con ráfaga, como Virgen de gloria. Es una intervención de mis primeros tiempos, en 1973, cuando aún algunas cofradías, sobre todo de la provincia de Sevilla, me pedían que retocara imágenes del taller de Castillo Lastrucci, que por diversos motivos no guardaban los mejores rasgos del artista.

La Virgen de las Angustias era obra suya. Se la encargaron en 1935, tras perderse la anterior, que fue quemada en los disturbios de la II República, pero no fue bendecida hasta 1939. Según la hermandad, costó dos mil quinientas pesetas. Sin embargo, cuando me la entregan para restaurarla en 1973, había sido previamente alterada por unos aficionados, que retocaron la obra de Castillo Lastrucci. Los cofrades de Santiago me pidieron que le bajara los ojos, para suavizarle la mirada. La intervención se centró en eso y en la policromía. No obstante, posteriormente, parece que ha sido tocada por alguien, de cuyos resultados no me responsabilizo.

A veces sucede que te entregan para restaurar una imagen alterada y, con los años, crean dudas e insinuaciones. Un ejemplo de Virgen previamente transformada es la Salud, de La Rinconada, que he restaurado en dos ocasiones. Pertenece a la cofradía del Nazareno y tiene su sede en la parroquia de Nuestra Señora de las Nieves, desde donde sale el Miércoles Santo.

La talla original era una Virgen de gloria, probablemente de mediados del siglo XVIII. Fue transformada por el imaginero local Francisco Velasco Barahona, en 1963, para ser adaptada a Dolorosa. Posteriormente, en 1969, fue restaurada por José López Egreja. No fui yo quien la transformó en Dolorosa, que quede claro, sino que ya lo estaba antes de llegar a mi taller en 1972 y después en 1984. En estas dos restauraciones se mejoró el estado de la imagen, se le aplicaron nuevos postizos y se eliminaron los pequeños daños que mostraba, además de darle una nueva policromía. Pero no la remodelé, ni es una obra nueva mía. Como se ha apuntado, fue una Virgen de gloria en sus orígenes, pero ya no. Desde 1963 es una Dolorosa.

VERA CRUZ Y SOLEDAD EN MAIRENA DEL ALCOR

En 1992 y 1993 restauré las imágenes titulares de la cofradía de Vera Cruz, de Mairena del Alcor, que tiene su sede en la parroquia de la Asunción, desde donde sale el Viernes Santo. Especialmente laboriosa fue la intervención al Cristo de la Vera Cruz, al que cambié el cuerpo. Le coloqué uno nuevo, tallado en madera de cedro, aunque siguiendo fielmente el diseño del primitivo, que era de pasta y se encontraba en muy malas condiciones. Ahí conocí a mi discípulo Ventura Gómez. Su padre era entonces el hermano mayor de la cofradía de Vera Cruz, de Mairena del Alcor. Como ya he apuntado, Ventura no solo es imaginero, sino un buen restaurador, que posteriormente ha participado conmigo en otros trabajos.

Además del Cristo, restauré también a la Virgen de la Ancilla en su Mayor Dolor. Esta imagen había sido comprada por la cofradía, en 1940, a las Religiosas Mínimas de Triana, que la guardaban «desde tiempo inmemorial», según el contrato de venta. Se consideraba obra probable de Montes de Oca. Aunque se la menciona como imagen de candelero, en realidad era de terracota, con el candelero incorporado. En 1965 se había caído desde su altar de cultos y fue restaurada por Antonio Gavira, un imaginero local. La restauración que efectué en 1993 consistió en hacerle nuevas manos y un nuevo candelero, consolidándola y recuperando su encarnadura original.

También en aquellas fechas, en 1993, restauré otra venerada imagen de Mairena del Alcor, la Soledad, que recibe culto en la capilla del Cristo de la Cárcel y sale el Viernes Santo con el Cristo Yacente. La anterior imagen fue sacada a la plaza, rociada con gasolina y quemada en julio de 1936. La cofradía encargó una nueva al imaginero sevillano Manuel Cerquera en 1938. A esta Virgen le restauré la policromía, además de ponerle un nuevo candelero y nuevos postizos.

OTRAS SOLEDADES

Se da el caso curioso de que la Soledad es una de las advocaciones con las que más veces me he encontrado a la hora de restaurar. Además de las ya descritas, destacaré a la Soledad de Huévar. Se trata de una talla que tiene su origen en el siglo XVII, aunque es de autor desconocido. Fue restaurada en 1997, cuando le adapté un nuevo candelero y busto. Posteriormente, volvió a ser restaurada en 2008, tras el incendio ocurrido en la parroquia de la Asunción de Huévar del Aljarafe, que afectó principalmente a la Virgen de la Soledad, situada en el altar mayor para su quinario. Debido a los daños sufridos, tuve que cambiarle las manos y rehacer las zonas que resultaron afectadas por el fuego.

Asimismo, restauré a la la Soledad de Sanlúcar la Mayor. Es una imagen antigua, del siglo XVII, por la que siempre he sentido admiración. En 1975 le hice un juego de manos que fue muy elogiado, además de un nuevo candelero y una restauración de la encarnadura, que presentaba daños en el cuello y parte del rostro.

Por otra parte, a la Soledad de Tocina, le restauré la mascarilla y la policromía.

MÁS INTERVENCIONES EN LA PROVINCIA

Otra patrona de municipio sevillano que he restaurado es la Virgen de las Nieves, de Benacazón. Es una imagen muy antigua, de autor desconocido, tallada en una pasta parecida al guano. Por ello, me esperaba un trabajo bastante delicado. Esta imagen había sido restaurada anteriormente por Peláez del Espino. La Virgen de las Nieves cuenta con mucha devoción en el pueblo, como se aprecia cada año en su procesión, que sale el 5 de agosto.

La patrona que ha pasado más recientemente por mi taller es la Virgen de la Granada, de Guillena, que recibe culto en la parroquia de su mismo título, un bello templo gótico-mudéjar erigido en el siglo XV, y que cuenta con notables esculturas. La actual Virgen de la Granada es una obra anónima del siglo XVII. En 1970 fue restaurada por Francisco Buiza, que le puso nuevo candelero, con torso y brazos articulados. Posteriormente, fue restaurada otra vez por Juan Manuel Miñarro. La intervención que le realicé fue leve, consistente en nuevos postizos y una limpieza del rostro.

En la provincia de Sevilla también se pueden destacar las restauraciones de las dos imágenes titulares de la Oración del Huerto, de Dos Hermanas. A la Virgen de los Dolores le incorporé en 2004 un nuevo candelero, rectificándole la posición para dotarla de más movimiento. En la cofradía consideraban que se la veía demasiado estática. Esta imagen, en su origen fue ejecutada en el siglo XIX y era de autor anónimo. Pero en 1941 sufrió una caída y fue restaurada por Manuel Pineda Calderón. Un informe de Bellas Artes concluía que no se podía determinar la autoría. No se sabía si era la antigua restaurada, o bien una obra propia de Pineda, que quizá se vio forzado a rehacerla a causa de los daños en la caída. Todo ello complicaba mi intervención, aunque se llevó a cabo sin mayores problemas.

Poco después, en 2005, restauré el Señor de la Oración en el Huerto, de esta misma cofradía de Dos Hermanas. El Cristo es obra de Pineda Calderón, un imaginero que estuvo muy vinculado a la hermandad y lo talló en 1948. Siguiendo el deseo de los cofrades, le adapté un cuerpo anatómico nuevo, para que dejara de ser una talla de candelero, si bien respeté que mantuviera los pies que le talló Pineda. Además de eso, le restauré algunos daños en el rostro y las manos.

Entre los trabajos de restauración en la provincia de Sevilla destacaría que he realizado nuevos cuerpos anatomizados para diversas imágenes del Señor, como pueden ser el Gran Poder de Huévar y el Gran Poder de Los Palacios, o el Nazareno de Olivares, que recibe culto en la parroquia de las Nieves, al que también puse nuevas manos. Al Nazareno de Sanlúcar la Mayor asimismo le tallé unas nuevas manos.

Son muchas las Vírgenes de la provincia de Sevilla a las que he tratado en intervenciones menores para colocar nuevos candeleros o postizos. Son tantas, que harían muy larga esta lista, casi interminable.

Entre las Dolorosas a las que le coloqué nuevas manos, se pueden citar la Virgen de la Amargura, del santuario de la Consolación, de Utrera; y la Virgen de los Dolores, de la parroquia de Belén, de Tomares.

Igualmente, se deben mencionar las restauraciones de Santa Elena y la Virgen del Rosario de Aznalcóllar. A María Auxiliadora, de los Salesianos de Morón, le apliqué nueva policromía.

EL GRAN PODER DE BRENES

Otra restauración que he terminado para la provincia de Sevilla es la del Señor del Gran Poder, de Brenes. Ha pasado por mi taller, en el verano de 2012, para una intervención de limpieza y para repasar algunos daños pequeños que sufría. Del mismo modo, hemos aprovechado para ponerle una corona de espinas nueva y asegurarle el anclaje, colocando unos nuevos brazos con rótula de madera.

Un aspecto destacable, confirmado en esta restauración, es su autoría. He comprobado que esta imagen, a la que se suele citar como obra de Carlos Bravo Nogales en 1940, en realidad se debe considerar con la autoría de Rafael Barbero Medina, que lo transformó con posterioridad y prácticamente lo hizo nuevo. En los años ochenta, Guzmán Bejarano le puso una nueva peana y restauró la imagen del Señor, aunque sin modificar nada.

Precisamente la Virgen de la Amargura, de esta cofradía de Brenes, es obra de Rafael Barbero, que la terminó en 1955. Esta circunstancia ya habría vinculado al imaginero granadino residente en Sevilla con la hermandad. La Amargura de Brenes también ha sido restaurada en mi taller, como otras muchas imágenes de la provincia de Sevilla.

EL CRUCIFICADO DEL CONVENTO DE SANTA ANA

Una restauración de la que me siento muy orgulloso es la de un Crucificado de Sevilla capital, prácticamente desconocido, pero de gran valía artística. Me refiero al Cristo del Amor, que pertenece al convento de Santa Ana, de las Carmelitas Calzadas, sito en la calle Santa Ana, cerca de la Alameda. Es un Crucificado del siglo XVI, de autor desconocido. Durante muchos años ha presidido la Sala Capitular, que da al patio del convento, por lo que apenas se veía. Está modelado con pasta de guano o papelón, como popularmente se conoce. Según he comprobado, es una pasta muy semejante a la del Cristo de la Expiración del Museo.

Esta imagen fue tocada en alguna restauración antigua, probablemente realizada en el siglo XVIII, cuando le cambiaron los ojos para ponerlos de cristal. Debido a que después permaneció sin revisiones muchos años, quizá incluso siglos, llegó en marzo de 2012 a mi taller de Gines en un penoso estado. Tenía algunas partes del cuerpo levantadas y la nariz casi destruida. Habrá un antes y un después de la restauración. La pasta deteriorada complicó el trabajo, que se prolongó durante casi un año y finalizó en la Cuaresma de 2013. Fue una restauración muy delicada. La llevé a cabo con sumo cuidado, junto a mi discípulo Ventura Gómez, que me ayudó con su dedicación y profesionalidad. A los que dicen que los imagineros no sabemos restaurar, los animo a que vean las fotos. El Cristo, antes de volver a la clausura, fue expuesto en la iglesia del convento de Santa Ana durante la Semana Santa de 2013, con un panel explicativo de los trabajos realizados. Muchas personas pudieron admirar de cerca a este bellísimo Crucificado. Quizá sea una de mis restauraciones más elogiadas. Al terminarlo, sentí que se cerraba un periodo de mi vida artística, y que seguiría un tiempo diferente para completar mi obra.

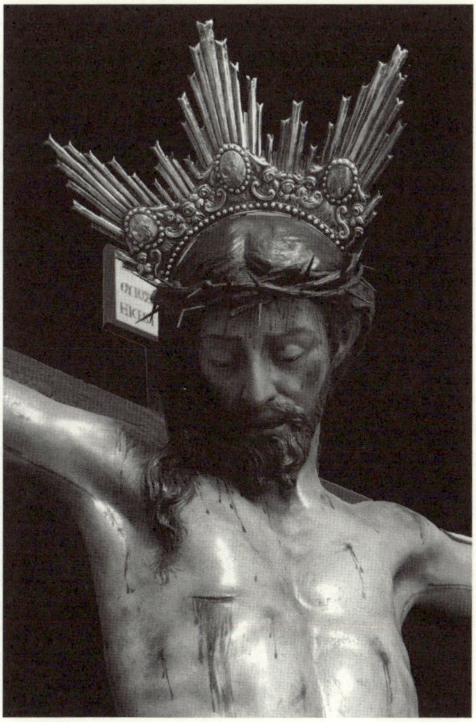

El Cristo del Amor, del convento de Santa Ana, tras la terminación de la restauración en marzo de 2013.

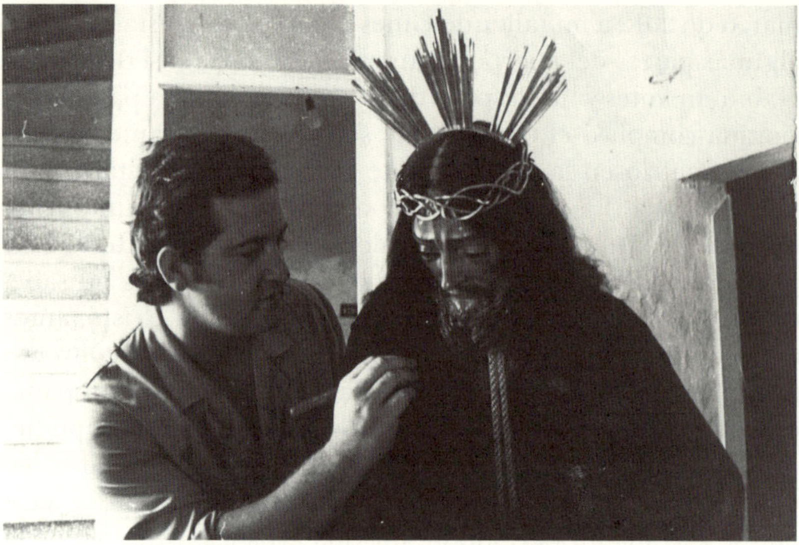

Restauración del Nazareno de San Fernando (Cádiz) en 1975. La imagen está atribuida a la escuela genovesa del S. XVIII

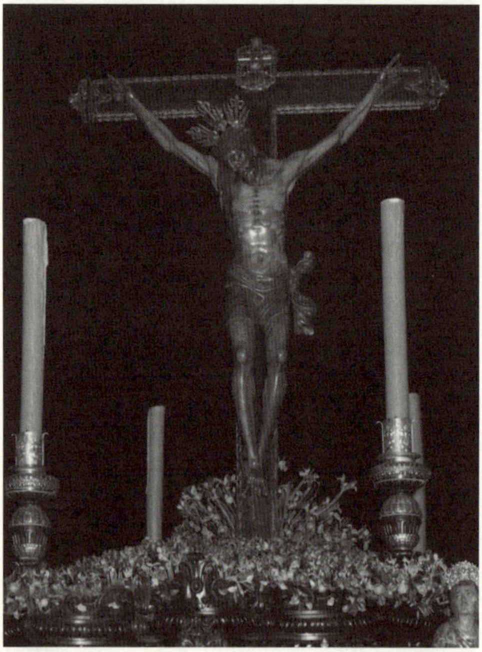

El Cristo de San Gil, de Écija, en su paso. Es una bella imagen del siglo XVI que estaba muy deteriorada y fue sometida a una difícil restauración por Álvarez Duarte en 1985.

5. ¿Y QUIÉN ES ÉL?

Una confesión apresurada

Soy reservado, muy reservado, en cuanto a mi vida privada. No sé si por discreto. Nunca me gustó dar demasiados detalles, ni había motivos. Tardé en encontrar el amor. Había tenido amigas, relaciones propias de jóvenes, sin más. Pero todo cambió en el año 1990, cuando conocí a Encarnación Ortega Almansa, *Nani* para mí y los amigos, que hoy es mi esposa. Yo tenía cuarenta años cumplidos, pero ella es más joven. Nos conocimos casualmente en Sevilla, cuando vino de Almería junto a otros cofrades. Cuando la vi aquel día, sentí el típico flechazo, y supe que era la mujer que nunca había encontrado hasta entonces.

Me casé con ella el 25 de junio de 1994. Hicimos los trámites civiles del matrimonio en el Ayuntamiento de Castilleja de la Cuesta y celebramos una ceremonia muy íntima en una hacienda privada de esa localidad. Aunque vivo en Gines, elegimos Castilleja, que está limítrofe, porque siempre me ha resultado un pueblo atractivo; lo veo muy andaluz y sevillano, me encanta el olor de sus obradores, tiene algo especial. Fue una ceremonia restringida, a la que solo invitamos a familiares y muy pocos amigos. Queríamos que todo quedara entre nosotros, con discreción.

Como fruto de nuestro matrimonio, tenemos una hija, llamada Guadalupe, que nació el 18 de julio de 1998. Ha sido uno de los momentos más maravillosos de mi vida, me colmó de dicha. Ser padre es algo muy especial y, en mi caso, me llegó ya maduro, con 49 años, por lo que me causó todavía más alegría. Desde entonces, le tengo un gran cariño a Guadalupe. Para mí, es muy importante la familia, siempre lo ha sido, desde que era un niño, cuando me eduqué con mis padres entre muchas dificultades económicas, pero siempre con cariño. Y, por supuesto, seguí siendo muy familiar.

En general, soy una persona bastante hogareña. Como tengo mi estudio en mi casa de Gines, paso muchas horas trabajando ahí. Me encantan los animales. He disfrutado con un perro llamado Chiqui, y tres gatos, llamados Suso, que casi siempre estaba conmigo, Bienvi, que es un cazador, y Mini, una gatita.

En cuanto a las cofradías, mi hermandad, como tal, en la que participo más intensamente, es las Aguas. He convivido con ellos desde hace mucho tiempo, desde los años sesenta, cuando nos conocimos gracias a la Virgen de Guadalupe. Aprendí mucho con Juan Delgado Alba, Joaquín Delgado-Roig, Joaquín Serrano, Ifigenio Ladrón de Guevara, Francisco Mesa... Es una hermandad a la que guardo un cariño especial, además de muchos amigos. Hay muchas vinculaciones personales. Por ejemplo, a Manuel Díaz-Jargüín Ocaña, que llegó a hermano mayor, fui uno de los que lo presentó para apuntarse como hermano, cuando aún estaba la cofradía en San Bartolomé. Tan solo dejé de ir por la hermandad durante unos años. Recuperé las relaciones cuando fue hermano mayor Antonio Arrondo. Desde que fue bendecida la Virgen de Guadalupe se puede decir que ha sido mi cofradía.

Otra hermandad que me trae especiales recuerdos es la Trinidad. Iba a misa a la iglesia de los Salesianos (actualmente basílica) desde que era niño, vivía en la zona, y siempre me atrajo especialmente. También soy hermano. Por eso, me causó una gran alegría restaurar a la Virgen de la Esperanza. Y me sentí inmensamente feliz cuando tallé el Cristo de las Cinco Llagas, en 2002, porque de ese modo quedaba aún más vinculado con La Trinidad.

Pero me siento igualmente unido a muchas cofradías. Soy hermano de honor del Cachorro, que para mí siempre será algo especial por la Virgen del Patrocinio. Guadalupe me dio a conocer y Patrocinio me consagró. Sin Ella, mi vida sería diferente. Asimismo, soy hermano del Santo Entierro y de la Esperanza de Triana.

Por el contrario, no soy hermano de la Macarena, aunque sí macareno. Ya he comentado muchas veces que lo uno no va contra lo otro. Y en mi caso con más motivo, porque soy hijo adoptivo de Triana, nombrado en la Velá. Asimismo, me proclamaron vecino de honor del barrio de Santa Cruz, en 1982, cuando hacía las exposiciones en la galería Álvaro, situada en tan señero barrio. Fue un gran honor, porque me nombraron junto a Ramón Carande y Curro Romero. A la duquesa de Alba también la distinguieron con ese título, aunque no recuerdo si en ese mismo año. Fue un acto muy bonito, que se celebró con una copa en casa de las Mencos, en el Callejón del Agua.

En cuanto a mis aficiones, se basan en el arte y en nuestra tierra andaluza. Una de mis grandes aficiones es la música, en particular me apasiona el flamenco clásico. Soy forofo de Manolo Caracol, Antonio Mairena, Camarón… También me gustan Rancapino, Chiquetete, Chano Lobato y muchos más. La Perla de Cádiz me encanta por sus discos, aunque no la conocí. En general, me gustan los cantes festeros de Sevilla, Triana, Utrera, Lebrija, Jerez, los Puertos y Cádiz. Todo lo del triángulo. Por el contrario, no me gusta el nuevo flamenco adulterado. En el baile, soy un gran admirador de Matilde Coral.

También me interesa toda la música clásica, la que entiendo y la que no. En cuanto a la música de Semana Santa, mi marcha preferida es *Soleá dame la mano*, de José Font de Anta. La pongo mucho y me ha inspirado para mis creaciones de imágenes, sobre todo para modelar. Nunca me cansaría de escucharla. Yo la proclamaría himno oficial de la Semana Santa de Andalucía, no solo de Sevilla. Font de Anta es un músico genial y para mí esa es su obra cumbre. Aunque no tiene nada que ver, y está en otro estilo, también me encanta la banda de cornetas y tambores de las Tres Caídas de Triana y ese toque de tambor inconfundible de la Centuria Macarena.

Me considero cinéfilo. Me interesa casi todo, en especial el cine italiano, francés y americano. De este último, me atraen tantos que sería interminable citarlos. En el europeo, prefiero el neorrealismo italiano, Fellini, Antonioni o De Sica, y la *nouvelle vague* de los franceses. Entre los españoles, Mario Camus es uno de mis preferidos. También soy aficionado al teatro, pero el cine me interesa más.

Cuando puedo, participo en reuniones con otros artistas. Considero enriquecedor el intercambio de opiniones, charlar de arte, en general. Mantengo muchas amistades con los artistas sevillanos y con los académicos de Bellas Artes Santa Isabel de Hungría, que me brindaron el honor de incluirme en esta Academia.

Me apasiona la pintura. Entre los pintores sevillanos contemporáneos, admiro a Juan Valdés. Entre los escultores, destacaría mi amistad con Sebastián Santos Calero. También la tuve con otros que fallecieron, como mi maestro Buiza, Ortega Bru y tantos más. En el mundo de los artistas de las cofradías, también tengo muy buenas relaciones con orfebres como los hermanos Delgado, Juan Borrero o los hermanos Ramos. Y con bordadores como Fernández y Enríquez, Charo Bernardino y sobrinos de Esperanza Elena Caro. Con ellos las relaciones son buenas, aunque quizá con los tres hermanos Delgado hay un *feeling* especial, por mi amistad con su padre, y por habernos criado en el mismo barrio.

Viajo en muchas ocasiones por cuestiones de mi trabajo como imaginero, pero también me encanta hacerlo por afición, y por amor al arte. En verano pasaba las vacaciones y el tiempo libre en una casa que compramos en El Portil, en la costa de Huelva. En agosto me atraía Zahara de los Atunes, a la que antes iba mucho. Conil me encanta y lo mismo podría decir de otras playas gaditanas y también de Huelva, como El Rompido. Aunque con otras características, me parece impresionante el Cabo de Gata. La costa de Almería tiene playas y calas preciosas, como la Isleta del Moro, o las del parque natural. De todas ellas, mi preferida es la de Aguamarga. Como mi mujer es de Almería, también le tengo un cariño especial y vamos por allí cuando podemos. Compramos un apartamento en Aguadulce. Con el tiempo, he sido menos playero, y me apetecía más quedarme en verano en la casa de Gines con su piscina.

Soy una persona bastante normal en sus gustos y aficiones. Si algo se puede destacar de mí es que rindo culto a la amistad. Soy muy amigo de mis amigos, los tengo de toda la vida, y soy un amigo de verdad con mis amistades. No me gusta alardear de nada; pero si de algo puedo presumir, es de eso, de ser un buen amigo.

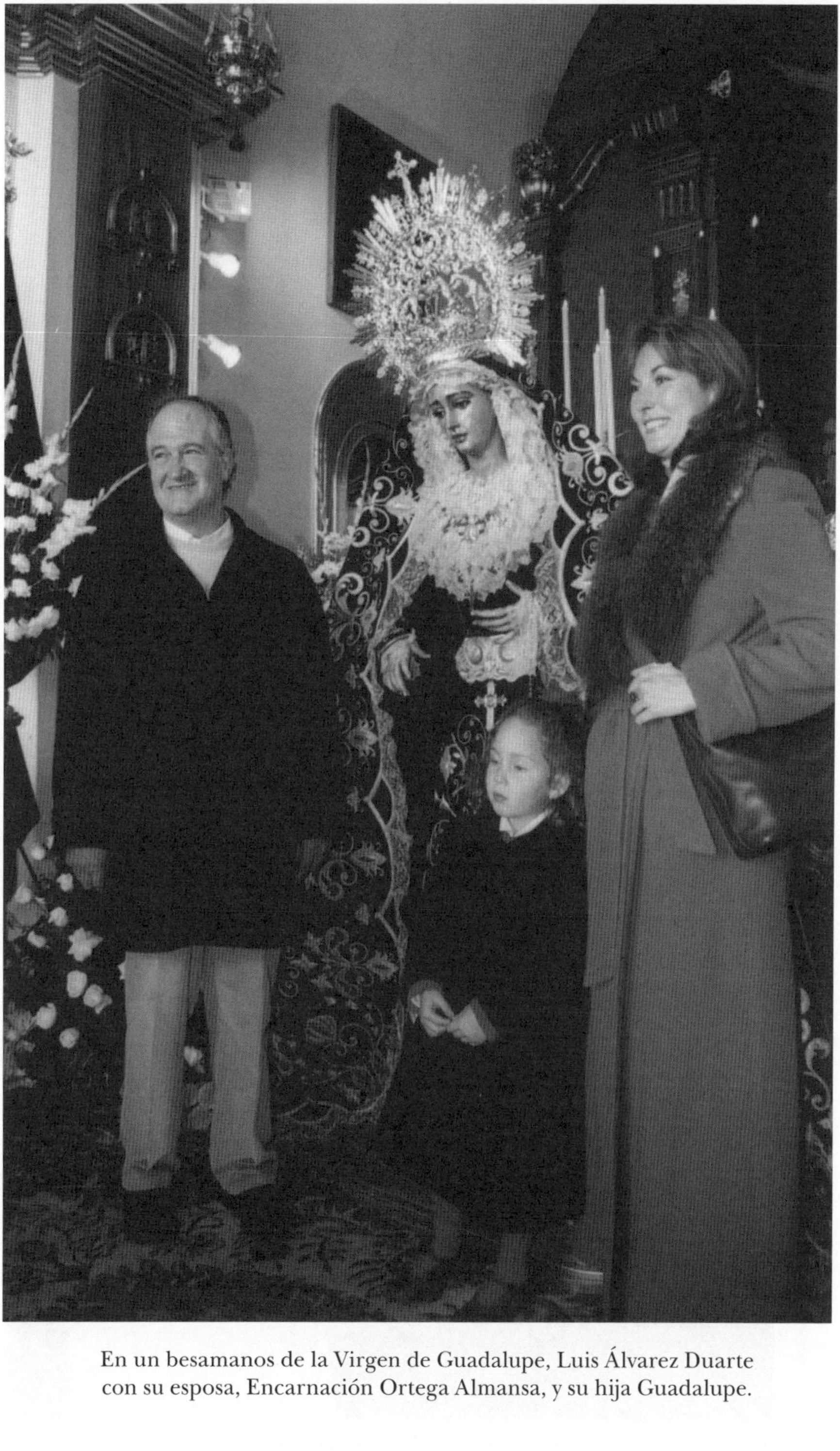

En un besamanos de la Virgen de Guadalupe, Luis Álvarez Duarte con su esposa, Encarnación Ortega Almansa, y su hija Guadalupe.

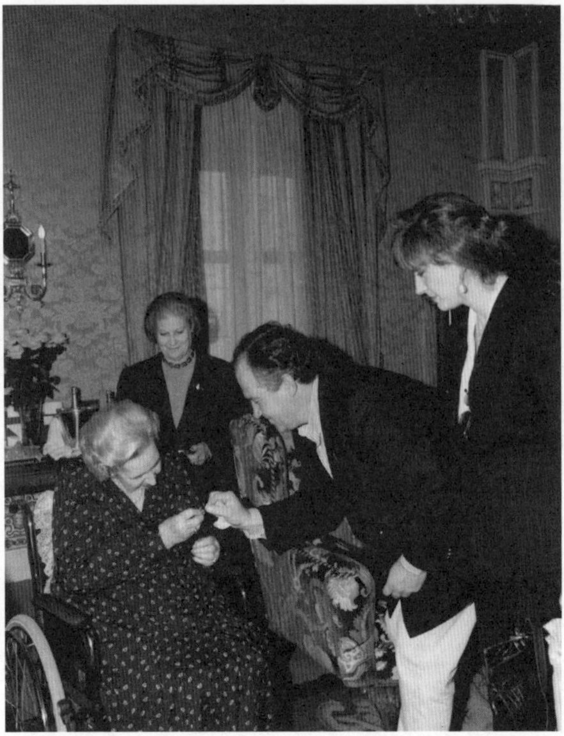

Luis Álvarez Duarte y su esposa, Encarnación Ortega, saludan a la Condesa de Barcelona, madre del Rey, en presencia de la marquesa de Tablantes.

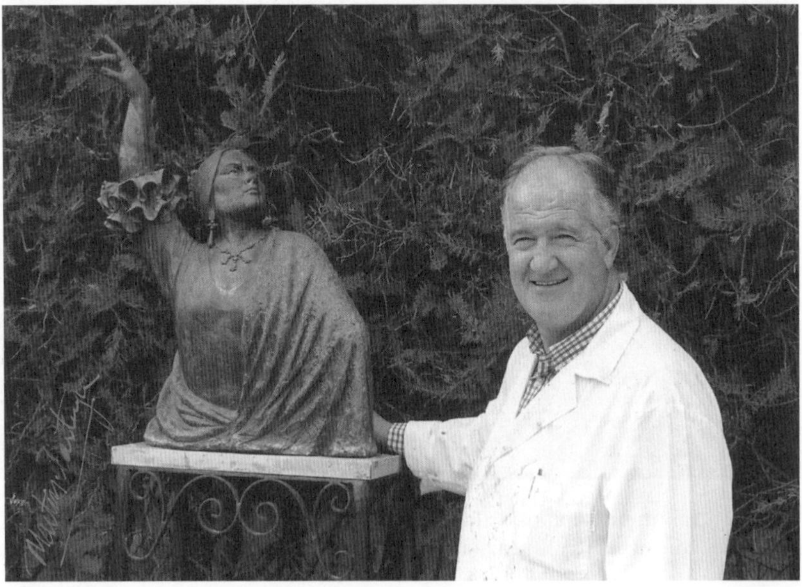

En el jardín de su casa de Gines junto a un busto de la bailaora Matilde Coral.

SEGUNDA PARTE

BIOGRAFÍA DE UNOS AÑOS DIFÍCILES (2013-2019)

6. EL ÚLTIMO PERIODO ARTÍSTICO

La primera biografía que publiqué de Luis Álvarez Duarte abarcaba hasta 2013 y la escribí en primera persona. Era el imaginero quien ofrecía la propia visión de su obra, a modo de memorias, como en una larga entrevista, que en muchos momentos era un monólogo y en otros tenía ribetes de confesión. En los capítulos anteriores, pueden leer lo que Álvarez Duarte me contó sobre su vida y su obra.

En este capítulo ya escribo en tercera persona. Incluyo lo que he podido saber en torno a su vida en los últimos años, desde 2013 hasta su fallecimiento en 2019. Un periodo difícil en la vida y en la obra del artista. En mayo de 2014, Luis cumplió 65 años. Tenía edad para la jubilación, pero siguió trabajando todos los días. A veces se le ha calificado de prolífico, porque en algunos momentos de su vida creó una producción abundante de imágenes religiosas y profanas. En los últimos años prefirió la calidad a la cantidad. Se volvió más selectivo. También le perjudicó la crisis económica, que propició una imaginería religiosa vulgar y de bajo coste. Una trampa en la que cayeron muchas hermandades. Álvarez Duarte nunca se devaluó. Hay que tener en cuenta también que en este periodo (especialmente en 2015, 2016 y 2017) realizó importantes restauraciones de obras propias, algunas de sus tiempos juveniles, así como dos remodelaciones a petición de hermandades.

Álvarez Duarte tenía la intención legar a la posteridad una obra completa, en la que estuviera presente toda la iconografía religiosa. Quería cubrir lo que le faltaba. Al menos, todo lo que él deseaba para confirmar que era el mejor imaginero de su tiempo, y también el último superviviente en la cadena de los grandes maestros de la imaginería. Seguía tallando la madera sin recurrir a las máquinas, como lo hacían Martínez Montañés o Juan de Astorga. Y no es una leyenda, sino la verdad, en contra de lo que decían algunos envidiosos. Yo he visto las virutas de la imagen que estaba tallando dos días antes de sufrir la enfermedad que le causó la muerte.

No quería retirarse sin realizar una Inmaculada Concepción, una imagen completa de San José, y sobre todo un misterio de la Piedad, con una iconografía singular. A esas gestiones dedicó muchos de sus últimos desvelos. Nunca se preocupó por la comercialidad de su obra, ni por vender imágenes en rebajas. Eso le perjudicó en los últimos años. Ortega Bru le dijo a Álvarez Duarte que, gracias a él, los imagineros de los últimos años del siglo XX habían cobrado con la dignidad que merecían. En los años de la posguerra algunas hermandades se gastaban cuantiosas sumas en obras de bordado y de orfebrería, pero intentaban ahorrar cuando llegaba la hora de pagar por las imágenes. Álvarez Duarte siempre se rebeló contra eso. Ni de joven ni de mayor trabajó en formato de bajo coste. Solo dejó de cobrar su caché cuando donaba con fines benéficos alguna imagen.

En sus últimos años siguió fiel a esa norma. A pesar de que el mundo de las hermandades atravesaba unas circunstancias diferentes. Las cofradías más antiguas y consolidadas tenían sus imágenes titulares y no pensaban en cambiarlas. Ya no se daban circunstancias favorables, como ocurrió en los años setenta y ochenta, cuando hubo muchas sustituciones de obras realizadas tras la Guerra Civil, que eran de baja calidad artística, por haberse ejecutado con apresuramiento y por manos poco expertas.

A la menor demanda se unía la llegada de una generación de imagineros jóvenes, algunos de los cuales han tirado los precios para darse a conocer. Además, las hermandades nuevas que encargan suelen ser de barrios bastante modestos, y apenas tienen medios económicos, ni donantes generosos, como en otros tiempos.

En la imaginería también han pasado años de crisis. Álvarez Duarte, en esa coyuntura, prefirió la calidad a la cantidad. Incluso sufriendo las consecuencias. Por eso, prefirió cerrar su obra con las imágenes que le faltaban antes que degradarse.

No obstante, en este periodo asimismo recibió premios y reconocimientos a su trayectoria. Entre ellos, destaca el galardón *El Llamador*, concedido por Canal Sur Radio, que le fue entregado el 16 de febrero de 2015, en el teatro Lope de Vega, de Sevilla.

6.1 LA VIRGEN QUE NO PUDO SER PARA SEVILLA

Los cofrades que visitaban el taller de Luis Álvarez Duarte en Gines, a lo largo del año 2013, se quedaban admirados cuando veían una Dolorosa bellísima. Ya estaba terminada, pero como el mismo imaginero decía no tenía nombre, ni había sido encargada por ninguna hermandad. Como hizo en otros momentos de su vida, era una Dolorosa que había tallado (solía empezarlas en el mes de mayo, el mes de la Virgen), simplemente para exponerla. Siempre llegaba alguna hermandad que se encariñaba con la imagen, y así no tenían que encargarla nueva, sino que la podían adquirir.

La historia de esta Dolorosa fue narrada en la anterior biografía de Álvarez Duarte. Esa Virgen enigmática, con un halo de misterio a su alrededor, de ojos claros, había enamorado a muchos cofrades sevillanos. Le habían pedido a Luis que no se la llevara ninguna hermandad. Querían que se convirtiera en su «penúltima» aportación a la Semana Santa de Sevilla, con la seguridad de que sería una de las más grandiosas, si cuajaba el proyecto que habían ideado.

Ese grupo de cofrades, en el que había amigos de Luis Álvarez Duarte, como Joaquín Delgado-Roig y Manuel Díaz-Jargüín, llegaron a la conclusión de que esa imagen podría convertirse alguna vez en cotitular de la hermandad de las Siete Palabras. Un conocido cofrade de esta hermandad fue partícipe de la idea, y llegó a pensar en la posibilidad de adquirirla personalmente, para después donársela a su hermandad. Es sabido que en algunos momentos se rumoreó que las Siete Palabras valoraba la posible adquisición de una Dolorosa para que sustituyera en el paso de palio a la actual Virgen de la Cabeza.

Sin embargo, esta idea no cuajó, por diversos motivos. Principalmente, porque el cofrade que debía adquirirla no se decidió, ante el temor de que pudiera causar problemas internos en su hermandad. Prefirió la paz social de los hermanos, antes que originar un conflicto interno, como ha ocurrido en otros casos de sustituciones de imágenes.

Con el tiempo, todavía hay cofrades sevillanos que lamentan ese episodio. Eran muchos los admiradores de la Dolorosa. Unos decían que se parecía a la Esperanza de la Trinidad, otros a la Estrella... ¡Había tanta expresividad clásica en su rostro! Sin embargo, esa imagen tenía el sello personal del Álvarez Duarte más maduro. Era la culminación, la cumbre, del gran imaginero contemporáneo de las Dolorosas. Y sí, ciertamente, sugería aires de obra eterna, que no desmerecería en nada de las grandes aportaciones de la imaginería sevillana del siglo XVII. Se podría situar en esa trayectoria sublime que se inicia en el Siglo de Oro de la imaginería, y que alcanzó un nuevo pico de esplendor en el XIX con Juan de Astorga, en cuya obra siempre se fijó Álvarez Duarte. Aunque vivieron en siglos diferentes, Astorga fue quien le enseñó los misterios de María, a través de los tiempos.

La Dolorosa enigmática, de mirada limpísima en sus ojos claros de aguamarina, de angustia endulzada por su belleza extrema, no se quedó en Sevilla. Al frustrarse esa posibilidad, Álvarez Duarte aceptó la petición que le hicieron las carmelitas descalzas de Alcalá de Henares (Madrid), que también se habían prendado de esa imagen mariana cuando la vieron en fotografías.

La imagen fue bendecida y se convirtió en la Virgen de los Dolores. En el convento acompaña al Señor Atado a la Columna, también de Luis Álvarez Duarte, que lo consideraba como una de sus obras maestras.

Ambas imágenes han sido muy elogiadas por quienes las han admirado. Aunque ha sido difícil, ya que las monjas carmelitas las mantienen habitualmente en la clausura, excepto en ocasiones especiales en las que pasan a la iglesia del convento.

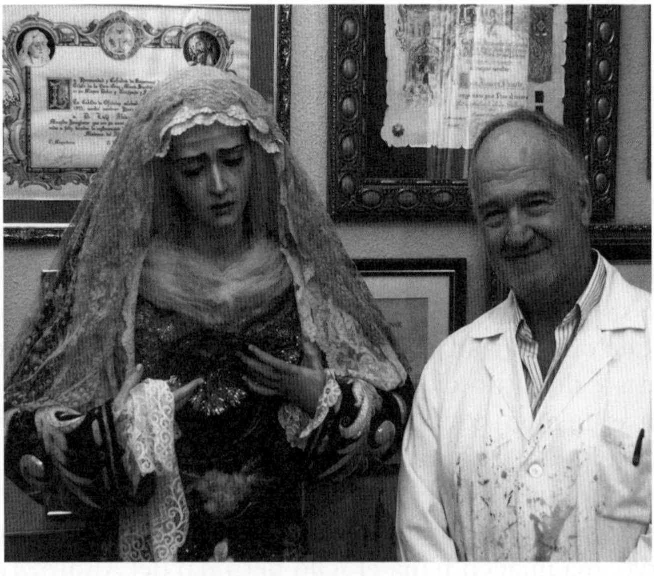

Luis junto a la Virgen de los Dolores de Alcalá de Henares (Madrid).

6.2 LAS NUEVAS IMÁGENES

SANTA TERESA, PARA ALCALÁ DE HENARES

La Madre Esperanza, priora del convento de las carmelitas descalzas de Alcalá de Henares (Madrid) era una gran admiradora del artista, que también la tenía en alta estima. Después de contar con dos imágenes pasionistas extraordinarias, como son el Señor Atado a la Columna y la Virgen de los Dolores, le encargaron nuevos trabajos a Álvarez Duarte, ya que tenían la intención de mejorar el patrimonio artístico de este convento con obras suyas.

En concreto, le encargaron una imagen de Santa Teresa de Jesús, la santa fundadora, y otra del Niño Jesús. Álvarez Duarte talló a la Santa de Ávila siguiendo un modelo iconográfico diferente al que suele ser habitual. Está representada como una mujer madura y seria, con aspecto reflexivo, propio de su capacidad intelectual, y al tiempo no exento de belleza. Un rostro muy difícil de plasmar, que supone un peldaño más en la producción postrera del autor.

La imagen recibe culto en el monasterio de las carmelitas descalzas desde 2014. Las hermanas quedaron tan satisfechas que decidieron exponerla en la celda donde se alojó Santa Teresa de Jesús en sus visitas a este convento de Alcalá de Henares en el siglo XVI. Allí está acompañada, a ambos lados, por el Señor de la Columna y la Virgen de los Dolores. Una visión impresionante, con tres imágenes espléndidas de Álvarez Duarte, de las mejores de su última producción artística, aunque al encontrarse en la clausura no puedan ser contempladas por el público.

INMACULADA, PREÁMBULO Y REALIDAD

Otra obra importante de este periodo final es una Inmaculada Concepción, en tamaño académico (mide 68 x 50 cm), que realizó en 2014 para su amigo Manuel Rufino Charlo, un empresario y coleccionista de Sevilla, que ya poseía otras obras suyas, entre ellas un nacimiento de gran belleza. Esta Inmaculada, que tiene peana y corona, sirvió a Álvarez Duarte para empezar a desarrollar la iconografía y el modelado que después quería llevar a la práctica con otra talla concepcionista en tamaño natural.

La belleza de la Inmaculada *académica* cautivó a las personas que la vieron. Algunos cofrades sondearon la posibilidad de adquirir una futura imagen concepcionista, de tamaño natural, que finalmente no pudo realizar. Como exponente de lo que pudo ser, se quedó lo que sí fue posible: esta bella imagen para la colección particular de Manuel Rufino.

LA VIRGEN DE GUADALUPE MALAGUEÑA

La Virgen de Guadalupe sevillana fue una de las primeras Dolorosas de Álvarez Duarte, una obra de juventud en la que ya acreditó su talento artístico. La Virgen de Guadalupe malagueña es su penúltima Dolorosa procesional, una obra de madurez y de postrimerías, en la que vuelve a acreditar sus características, y en la que también rinde un homenaje a la Guadalupe sevillana, a la que evoca.

La imagen tiene la advocación de María Santísima de Guadalupe en su Esperanza. Luis Álvarez Duarte comenzó esta talla en mayo de 2012. Fue bendecida tres años después, el 20 de septiembre de 2015, en la parroquia de Santa Ana y San Joaquín, de la barriada de Nueva Málaga. Es una imagen de vestir, que presenta rasgos similares a la Virgen de Guadalupe de las Aguas. Sin embargo, también tiene diferencias y su aspecto no resulta tan juvenil, con una identidad propia. Una singularidad de la imagen es una lágrima que le queda prácticamente a la altura de los labios, a la derecha de su rostro. Fue tallada en madera de cedro, policromada, y se le aprecia una inclinación de la cabeza hacia la izquierda.

María Santísima de Guadalupe en su Esperanza es titular del Grupo Parroquial de Coronación y Esperanza, que se creó para integrarse en la Semana Santa malagueña y fomentar la devoción religiosa en su barrio. En la ceremonia de la bendición, fue apadrinada por la Hermandad de las Aguas, de Sevilla, que le regaló a la Virgen un broche con la inscripción *Guadalupe*, así como por la Hermandad de la Cena, de Málaga, cuyas imágenes titulares son obra de Álvarez Duarte. El imaginero, muy emocionado, también asistió a la bendición en la parroquia de Nueva Málaga.

EL EXTRAÑO CASO DE LA REINA DE LOS ÁNGELES

En la casa de Luis Álvarez Duarte, en Gines, hay una sala-estudio en la que el imaginero recibía a sus visitantes. Allí conserva recuerdos de las obras que realizó a lo largo de su vida, con fotografías históricas de gran parte de sus imágenes. También allí exponía las tallas terminadas, que aún no habían sido bendecidas, y permanecían a la espera de ser trasladadas a sus destinos.

Allí, cuando falleció el artista (ocultas con telas para preservar su dignidad y su identidad), se encontraban dos imágenes. Una era de Jesús Cautivo para Solsona, pendiente solo de finalizar la policromía para su entrega. Y la otra una Dolorosa muy bella, ya terminada, destinada a ser la Reina de los Ángeles, titular de una prohermandad de Málaga. Sin embargo, problemas económicos surgidos en este grupo de fieles impidieron que hicieran efectivos los pagos previstos, por lo que Álvarez Duarte no les entregó la imagen, a la espera de llegar a un acuerdo para solventarlo.

La historia de la Reina de los Ángeles arranca en 2011. Un grupo de hermanos de la Asociación de Fieles del Santísimo Cristo de Llagas y Columna y María Santísima Reina de los Ángeles se puso en contacto con Álvarez Duarte, a través del cofrade malagueño Eloy Téllez. Estos cofrades del barrio de Miraflores de los Ángeles habían refundado en 2007 una cofradía malagueña, cuyos orígenes se fechan en 1634. La antigua corporación salía el Jueves Santo, con la imagen del Cristo de Llagas y Columna, que era portado sobre una típica peana de carrete, en estilo malagueño. Tras fundarse en el convento de la Merced, había pasado al templo de Santiago en el siglo XIX. Pero en los altercados de 1931, tras la proclamación de la Segunda República, perdieron su imagen, que era obra de Jerónimo Gómez, y la hermandad quedó disuelta.

Un grupo de cofrades la reactivó en 2007, en una capilla del barrio de Miraflores de los Ángeles, encargando una nueva imagen del Cristo al imaginero malagueño Juan Manuel García Palomo. Esa imagen es la que actualmente sale en un trono procesional, en las vísperas de la Semana Santa.

El deseo de los hermanos era tener una imagen mariana de la Reina de los Ángeles, que fue incluida como titular de la asociación, para darle culto y participar en la salida procesional. Querían una imagen de calidad, que moviera a la devoción del barrio. Se la encargaron a Álvarez Duarte, que cuenta con una enorme admiración en Málaga.

El imaginero recibió este encargo con mucha ilusión. Él mismo definió así a la Reina de los Ángeles cuando la estaba tallando:

> «Es una Dolorosa única y muy distinta a todo lo que he hecho hasta el momento. Representa el aspecto de una señora joven, no muy mayor. Tiene una expresividad especial. Es una imagen suave y dulce, pero con potencia y fuerza en los ojos. Es dulce pero fuerte, capaz de clavarnos la mirada».

En principio, estaba prevista la llegada a Málaga para 2013. Pero se fue demorando, debido a los problemas con los pagos. Según el imaginero, en determinado momento llegaron a decirle que no podían reunir la cantidad prevista, que les resultaba imposible. A pesar de los inconvenientes, Álvarez Duarte siguió trabajando para terminar la Dolorosa. Desde 2018 quedó en su taller, discretamente oculta, a la espera de que encontraran soluciones.

En el verano de 2019, dirigentes de esta pro-hermandad se reunieron en Gines con el imaginero y le prometieron pagar la imagen «poco a poco». Hablaron sobre las condiciones, pero no habían alcanzado un acuerdo cuando falleció el artista.

El destino ha querido que esta imagen, tras un problema no deseado por nadie, se convierta en la última Dolorosa terminada por Luis Álvarez Duarte. Como él mismo decía, es una imagen diferente a su estilo habitual, y de notoria belleza artística. Ahora posee, además, el valor histórico de ser la última Virgen que talló completa. Por ello, no se descarta que pueda ser adquirida como titular por otra hermandad, si finalmente no se alcanza un acuerdo con los cofrades de Miraflores de los Ángeles.

LA ÚLTIMA MACARENA

Álvarez Duarte recibió frecuentes encargos para hacer copias de imágenes marianas de gran devoción, generalmente a petición de cofrades que querían contar con ellas para oratorios particulares o colecciones de arte religioso. Entre esas imágenes han abundado las reproducciones de la Esperanza Macarena, la mayoría en tamaño académico. También de otras imágenes con muchos devotos, como la Virgen del Rocío, y la Esperanza de Triana, que le pidieron sobre todo a partir de su restauración.

En 2019, el imaginero entregó su última obra de la Esperanza Macarena. Es una copia de gran belleza, en tamaño mayor que el considerado académico, ya que mide 1,50 metros. Le fue encargada por Ana María Santamaría Gutiérrez, una coleccionista particular de Camas (Sevilla), a la que le hizo en 2009 otra excelente copia de la Esperanza de Triana, de semejantes medidas.

Unos meses antes de terminarla, el 21 de noviembre de 2018, Álvarez Duarte pronunció una conferencia en la casa hermandad de la Macarena, que fue organizada por la cuadrilla de hermanos costaleros. En ella se refirió a sus aportaciones a la Macarena, y expuso anécdotas y detalles relacionados con las imágenes académicas y las reproducciones que se encuentran en diversos lugares del mundo, entre ellas las de América.

DOS VÍRGENES ACADÉMICAS EN EL TALLER

En el taller, tras el fallecimiento del imaginero, pude ver dos Dolorosas, que han quedado como obras póstumas y que tienen curiosas historias. Una, de tamaño pequeño, es una Virgen que se comprometió a hacer con un amigo y que empezó a tallar en 2017. Acordaron un intercambio. Álvarez Duarte le regalaría la Virgen académica, a cambio de recibir una corona y un puñal que realizaría ese amigo, y que servirían para adornar a las vírgenes que exponía en su salón de Gines. Sin embargo, el tiempo pasaba, y el amigo no le entregaba la corona ni el puñal, que ni siquiera le mostró. La Virgen quedó terminada en el taller, a falta de las lágrimas y las pestañas. Se sentía muy contrariado por ese acuerdo que no se llegó a cumplir.

La otra Dolorosa (de tamaño mayor que el académico, pero algo inferior al de una imagen procesional) es una imagen bellísima, diferente de lo habitual. En principio, estaba destinada a Cayetana de Alba para el Palacio de las Dueñas. Según comentaba el artista, la duquesa le dijo que la pondría iluminada por dos menorás o candelabros judíos de siete velas cada uno. Seguiría una iconografía diferente a la habitual, con la Virgen arrodillada. Incluso pensó en revestirla con telas encoladas. Sin embargo, cuando falleció la duquesa no se había concretado la venta, y la imagen se quedó en el taller de Gines, donde seguía en el momento de fallecer el artista. Solo le faltaban las lágrimas, las pestañas y completar la policromía.

LA CORONA DE ESPINAS DE LAS CINCO LLAGAS

Aunque no es una obra de imaginería, hay que mencionar la espléndida corona de espinas que Álvarez Duarte realizó para el Cristo de las Cinco Llagas, de la Hermandad de la Trinidad, en la que colaboró su discípulo Luis Molano Mérida.

La corona de espinas fue entregada en marzo de 2019 y causó sensación artística. Luis Álvarez Duarte pensaba que el aspecto estético del que ha sido su último Crucificado para la Semana Santa de Sevilla estaba incompleto, y que necesitaba esa corona de espinas, que recuerda a las del siglo XVII. La majestuosa belleza del Crucificado trinitario ha quedado aún más realzada.

OBRAS PROFANAS

En el periodo comprendido entre 2016 y 2018, realizó también diversas obras profanas, modeladas en barro. Estas figuras, especialmente las de tipo costumbrista andaluz, le fueron muy demandadas siempre, igual que las de belenes, que se encuentran en diversas colecciones particulares y son de excelente calidad. A sus miniaturas profanas y religiosas les supo imprimir un sello propio. No pudo atender las peticiones como hubiera querido, ya que solía hacerlas en los momentos en que terminaba encargos de imágenes cofradieras. Algunas de las obras profanas que realizó en su último periodo estaban destinadas a una posible exposición sobre su escultura no religiosa.

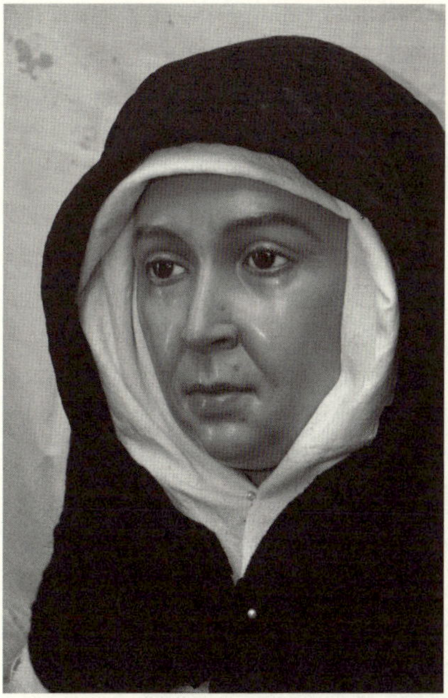

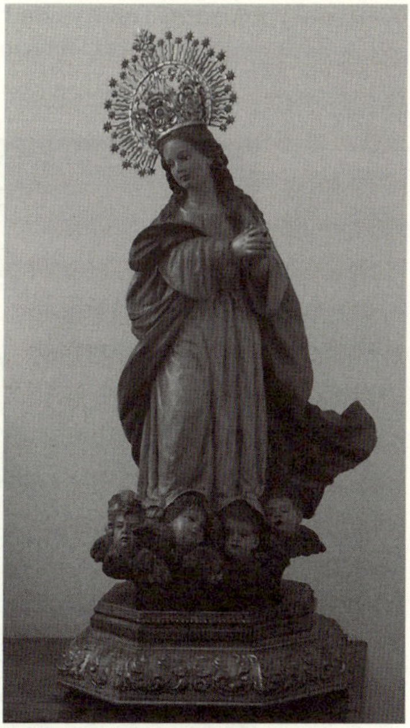

Santa Teresa de Jesús, imagen para el convento de las carmelitas descalzas de Alcalá de Henares (Madrid). A la izquierda Inmaculada Concepción, realizada en tamaño académico, para colección particular.

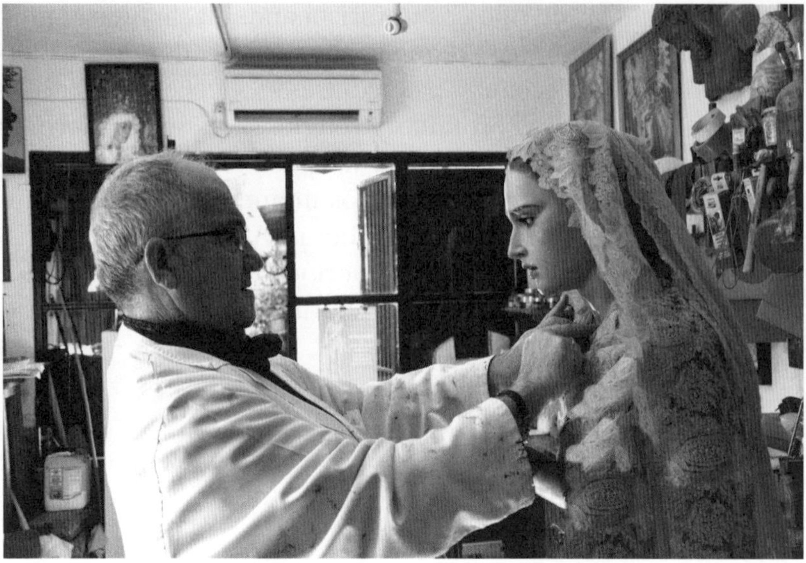

Álvarez Duarte con la Virgen de Guadalupe en su Esperanza, la última que entregó en Málaga.

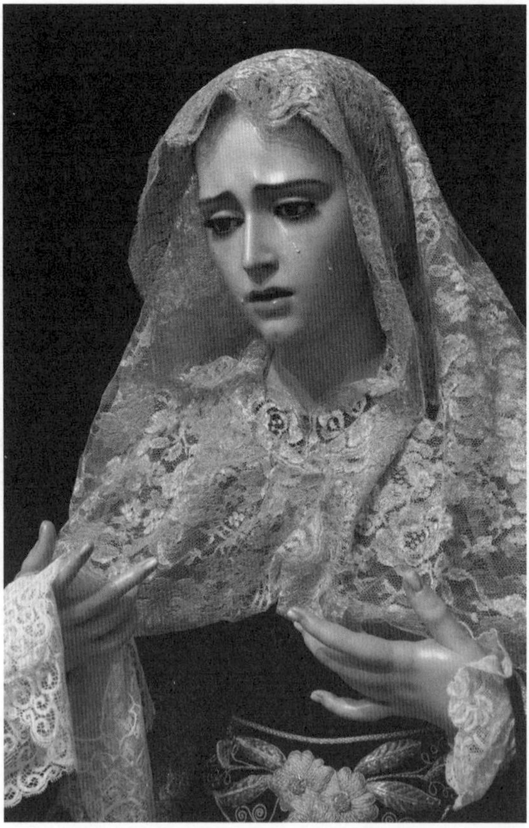

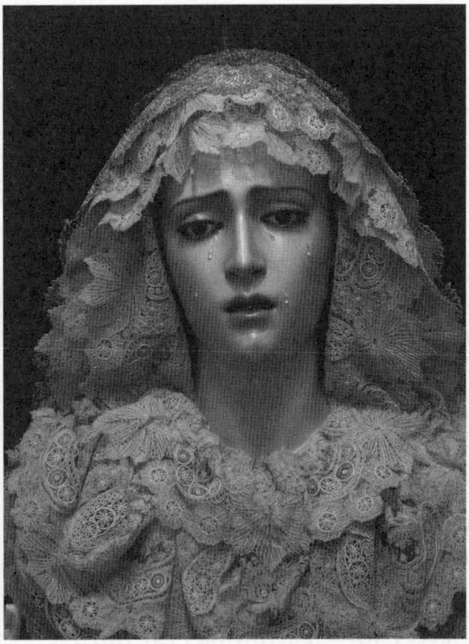

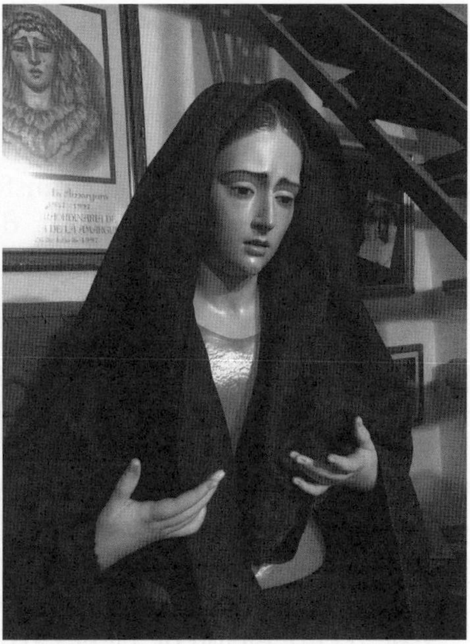

La Virgen que iba a ser la Reina de los Ángeles, de Málaga (izquierda). Esta original Dolorosa pudo ser para la duquesa de Alba, pero finalmente se quedó en el taller (derecha).

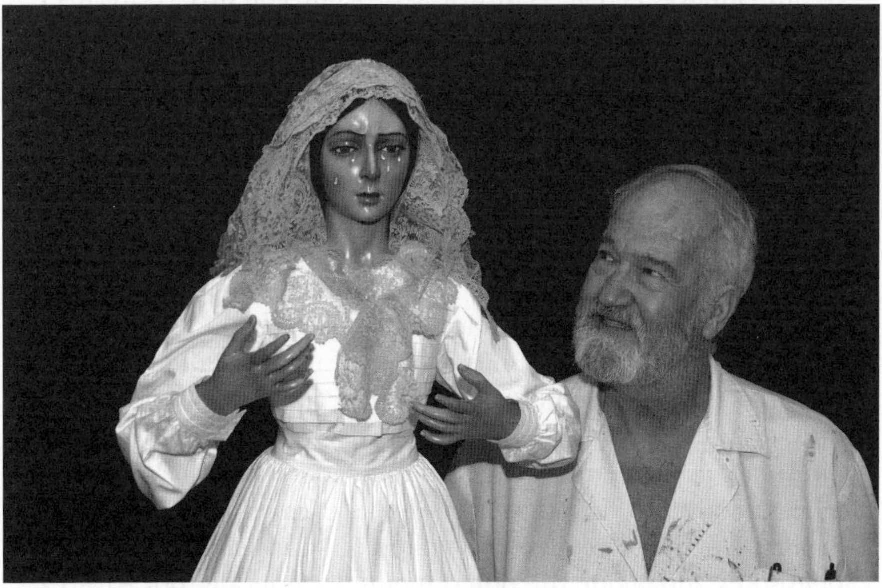

La última copia de la Esperanza Macarena, que realizó Álvarez Duarte en 2019 para una colección particular de Camas (Sevilla).

6.3 LAS RESTAURACIONES

A lo largo de su vida artística, como se ha visto en otros capítulos de este libro, Álvarez Duarte se vio envuelto en polémicas por las restauraciones y transformaciones de imágenes. Es un asunto que se debe aclarar, definitivamente, una vez que ha fallecido. Siempre actuó con honradez. Nunca negó que remodeló algunas imágenes, sobre todo en las últimas décadas del siglo XX. En todos los casos, fue a petición de las hermandades. Siempre cumplió lo que le pidieron. En algunos casos le llevaron imágenes de mala calidad artística, que las hermandades querían mejorar. Pero, por razones absurdas, no querían asumir que se trataba de nuevas obras, y recurrieron a remodelaciones que después presentaban a sus cofrades como restauraciones, cuando no lo eran. En otras disciplinas de las Artes, como la arquitectura, las remodelaciones en los trabajos de recuperación de bienes artísticos están asumidas con naturalidad. Basta con pasear por los templos andaluces rehabilitados en los últimos años para verlo. O recordar la polémica por las obras en el antiguo recinto de la Cartuja de Sevilla, transformado para la Expo 92; o la más reciente por las obras en las Atarazanas de Sevilla, cuyo aspecto histórico será modificado.

Sin embargo, en la escultura se procede con otros criterios y con bastante hipocresía. En las polémicas influyen los intereses profesionales, con la rivalidad entre los restauradores y los imagineros. Así se propagan también leyendas urbanas en los trabajos realizados; por ejemplo, en los blanqueos y en los supuestos rescates de policromías antiquísimas que se perdieron.

El problema se plantea al enmascarar la realidad. Cuando Álvarez Duarte recibía encargos para restaurar imágenes así lo cumplió, con estricta fidelidad. No era licenciado en Restauración, pero había adquirido los conocimientos necesarios en Italia y poseía unas extraordinarias cualidades para dominar todas las técnicas de la imaginería. Un ejemplo de restauración espectacular, con criterios rigurosos, de las últimas que realizó, es la anteriormente mencionada del Crucificado para el convento de Santa Ana, de las carmelitas descalzas de Sevilla. Un Cristo realizado en papelón, que se encontraba en penoso estado, y que fue pulcramente recuperado por Álvarez Duarte, que le devolvió su aspecto histórico original, con la colaboración de su discípulo Ventura Gómez, estudioso de estas técnicas.

Otro aspecto controvertido en las restauraciones han sido los de sus obras propias. ¿Puede un artista modificar sus creaciones? En casi todas las Artes hay partidarios de las obras abiertas y de las obras cerradas. Álvarez Duarte no quería alterar sus obras, que correspondían al tiempo en que fueron concebidas. Solo mejoraba aspectos técnicos de sus primeros años, como candeleros deficientes, o policromías estropeadas porque las primeras eran de peor calidad.

Aun así, hubo críticas infundadas. En su última etapa, le sucedió con el Señor de la Cena, de Málaga, del que dijeron en algunos foros que había sido retocado y alterado. Es una obra suya de juventud. En realidad, le hizo una nueva policromía, mucho mejor que la primera, que era de baja calidad; y con la nueva pintura eliminó unos retoques extraños que alguien le había añadido a la imagen. El resultado fue excelente. Se quedó con un aspecto muy mejorado, elogiado por la hermandad y por todos los que opinaron de buena fe ante la evidencia.

Álvarez Duarte reconoció que había mejorado la policromía de algunas de sus imágenes, a lo largo de su carrera. También dijo que se la hizo nueva a la Esperanza de Triana. Con las policromías y añadidos de postizos (como nuevas pestañas), algunas imágenes, sobre todo Dolorosas, ganaron en belleza, sin necesidad de retocarlas de talla. Era un efecto, «como el de las mujeres cuando se maquillan o no», según decía él. Sin embargo, a otras imágenes suyas que restauró, como el Cristo de la Sed, de Sevilla, solo le hizo los trabajos mínimos que necesitaba para su conservación. No alteró en nada su aspecto original.

En los últimos años, optó por restauraciones muy escrupulosas, limitándose a la reparación de daños. Aunque hubo dos excepciones, en las que sí practicó remodelaciones y no lo negó. Una fue muy polémica y la otra no. En ambos casos hizo lo que le pidieron las respectivas hermandades.

LA POLÉMICA DEL NAZARENO DE SANLÚCAR LA MAYOR

Voy a empezar por el final. Su restauración más polémica fue la del Nazareno de Sanlúcar la Mayor (Sevilla), que terminó en febrero de 2017. En realidad, no fue una restauración, pero tampoco le tocó la mascarilla, ni alteró ningún rasgo del rostro. Fue una remodelación estética, en la que modificó el aspecto del Nazareno: tenía una melena de pelo natural, que sustituyó por un añadido en madera tallada. El caso era semejante al de las Tres Caídas de Triana, si bien este ocurrió en 1904, cuando Manuel Gutiérrez Reyes le cambió el pelo natural por otro simulado, elaborado en pasta, que posteriormente también le fue sustituido.

En el caso de Sanlúcar la Mayor, la hermandad afirmó que los hermanos habían pedido esa modificación para que tuviera el cabello tallado. La imagen está atribuida a la escuela granadina del siglo XVIII. Además de la sustitución del pelo natural por el tallado, Álvarez Duarte también le hizo un cuerpo nuevo, sustituyendo al de candelero.

El asunto fue polémico. Algunos restauradores lo criticaron por no respetar su aspecto original. Sin embargo, su actuación fue avalada oficialmente, al margen de las polémicas. El aspecto actual, desde un punto de vista estético, se adapta al sentido de la belleza de las imágenes contemporáneas. Es obvio que le modificó esos elementos, aunque sin alterar el rostro de la imagen.

Se limitó a cumplir lo que le habían pedido. La polémica disgustó a Álvarez Duarte, que lamentaba no haber medido las consecuencias. No esperaba encontrarse con esas críticas, que le sorprendieron. Tampoco pensó que le perjudicaría para los encargos de restauraciones. Ya no hizo ninguna más, de obras ajenas, en sus dos últimos años de vida.

RETOQUES A LA VIRGEN DE LAS PENAS, DE GRANADA

Un año y medio antes realizó otra remodelación, que recibió elogios. El 30 de noviembre de 2015 regresaba a la iglesia imperial de San Matías, de Granada, la Virgen de las Penas, titular de la cofradía de Paciencia y Penas. Había permanecido, durante los meses anteriores, en el taller de Álvarez Duarte, en Gines, para un trabajo que fue presentado por la hermandad como restauración, pero que en realidad consistió en una ligera remodelación, con retoques para mejorar su aspecto. Aunque no le cambió la mascarilla.

Esta imagen era obra de José Jiménez Mesa, un profesor de la Escuela de Artes y Oficios granadina, que la talló entre 1959 y 1960. Se inspiró en una Dolorosa que estaba en la iglesia de Santa Catalina, de Zafra, atribuida a José de Mora, aunque otros opinan que es del círculo de Mena.

Precisamente lo que encargaron a Álvarez Duarte fue que se asemejara realmente al modelo original. Había sido alterado en un lamentable retoque que le hicieron en los años ochenta, y que estropeó su aspecto. Los trabajos consistieron, además, en cambiarle la policromía y consolidarla.

El resultado final fue muy alabado en Granada, y así se reflejó en la prensa local. Casi todos los comentarios apuntaban que había mejorado su aspecto. Obviamente estaba alterada, pero para mucho mejor. Álvarez Duarte recreó la semejanza con la escuela de Mora que habían buscado en sus orígenes; si bien en las cejas y en la policromía se advierten los ecos *duartianos*. Quienes la vimos antes y después, sabemos que se quedó mejor después.

DOS RESTAURACIONES DE IMÁGENES AJENAS

Además de las dos actuaciones reseñadas, en este periodo Álvarez Duarte realizó otras dos restauraciones de imágenes ajenas, que se pueden valorar como intervenciones menores. Ambas fueron muy elogiadas por sus respectivas hermandades.

La primera fue la Virgen de la Cabeza, de Palma del Río. La imagen morenita había llegado a esta localidad cordobesa en 1954, y era de autor desconocido. Con el devenir del tiempo se encontraba muy deteriorada. En 2011, el imaginero Manuel Jacob Quero le había cambiado el candelero, anatomizando el cuerpo, con nuevos brazos. Sin embargo, dos años después, los cofrades decidieron que había que restaurar la policromía, muy deteriorada. Un trabajo delicado, a una imagen diferente a lo usual, por ser una Virgen negra, que le fue encomendado a Álvarez Duarte.

En 2014 regresó a su templo, poco antes de la romería. Fue una intervención que el propio artista calificó como muy complicada, por el mal estado que presentaba.

Otra restauración destacable de una imagen ajena fue la realizada en 2017 a la Virgen de la Salud, de La Rinconada. En este caso se trata de una imagen del siglo XVIII, que es cotitular de la cofradía de Jesús Nazareno. La imagen fue transformada en Dolorosa en 1963 por el imaginero local Francisco Velasco. Posteriormente, fue restaurada por José López Egreja en 1969, y por Luis Álvarez Duarte en 1972 y 1984. En la última intervención que le hizo en 2017 le reparó algunos desperfectos, consolidando su policromía con criterios conservativos.

RESTAURACIONES DE IMÁGENES PROPIAS

En el periodo comprendido entre los años 2014 y 2017, Álvarez Duarte practicó varias intervenciones a imágenes propias. Como ya se ha indicado, pedía a las hermandades que nadie tocara sus obras mientras él estuviera vivo. En la mayoría de los casos se limitó a trabajos de limpieza y conservación, así como a restañar algunos pequeños desperfectos en las encarnaduras, causados por alfileres o por otros motivos. En estos trabajos de restauraciones, le solía ayudar su discípulo Ventura Gómez. Todos se hicieron en su taller de Gines, al que fueron trasladadas las imágenes, siempre con el debido respeto.

Entre los titulares de hermandades que trató en ese periodo están los siguientes:

El Señor de la Entrada en Jerusalén (Borriquita), de Écija, fue restaurado en junio de 2014. La imagen fue realizada por Álvarez Duarte en 1974, y no había sido restaurada en los cuarenta años transcurridos hasta entonces. Los trabajos consistieron en una limpieza general de la policromía y la reparación de algunos daños, como unos dedos de los pies que tenía rotos, y las articulaciones de los brazos.

La Virgen de la Concepción, de la hermandad del Nazareno, de Sanlúcar la Mayor (Sevilla) fue restaurada en el verano de 2015. Es una Dolorosa que había tallado Álvarez Duarte en

1972. En el proceso de restauración, le trató la policromía del rostro y las manos, que se había oscurecido, por lo que fue limpiada y aclarada, con estupendos resultados, además de arreglarle pequeños desperfectos. Fue devuelta al culto el 14 de agosto de 2015, con una misa solemne oficiada por el carmelita descalzo fray Juan Dobado.

Esa restauración coincidió en el tiempo con la del Cristo de la Sed, de Sevilla, que también estuvo en el taller de Gines durante los meses de agosto y septiembre de 2015. El Crucificado, en su salida del Miércoles Santo de ese año, sufrió un golpe en la calle Águilas, cuando la cruz tropezó con una casa. A resultas del impacto sufrió leves daños la parte interna del brazo izquierdo, donde va la espiga del ensamble, que se quedó afectada, aunque no rota. La reparación resultó laboriosa, ya que fue necesario retirar el brazo para arreglarlo y ensamblarlo de nuevo. Un año después, en su templo, procedió a asegurar al Cristo para que se quedara perfecto.

Dos Dolorosas de Linares fueron restauradas por Álvarez Duarte: la Virgen de la Amargura (Columna) en 2016 y la de los Dolores (Rescate) en 2017. Ambas Dolorosas son obras suyas, talladas en 1982. El imaginero mantuvo sentidos vínculos desde entonces con esta localidad jiennense, para la que realizó otras Dolorosas (la Paz y la Alegría), además del espléndido Cristo de la Buena Muerte y varias restauraciones. La Amargura y la Virgen de los Dolores sufrían algunos desperfectos que afectaban a su policromía y otros daños causados por el paso del tiempo. Fueron corregidos y sanados, devolviendo su belleza a las imágenes. En 2016, Álvarez Duarte también acudió a Linares para participar en el XXV aniversario de la Virgen de la Paz, otra de sus obras.

En 2016, asimismo, fue restaurada la Virgen de la Encarnación, de Córdoba, que tiene su sede canónica en la parroquia de Jesús Divino Obrero. Esta imagen es titular de la hermandad del Amor. La Virgen de la Encarnación es una obra de Luis Álvarez Duarte, bendecida en 1980, y que él mismo había restaurado en 1985. En la restauración de 2016 permaneció tres meses en su taller de Gines. Resanó la estructura interna de la imagen, sustituyendo los elementos deteriorados y recomponiendo las fisuras detectadas. Asimismo, le limpió suciedad en la policromía y adherencias, en una intervención de conservación semejante a otras realizadas en ese periodo.

La Virgen de la Encarnación volvió al culto el 6 de octubre de 2016. Tras el fallecimiento de Álvarez Duarte, la hermandad celebró el 12 de octubre de 2019 un acto de homenaje póstumo, centrado en la historia de su Virgen.

También fue restaurada en 2016 la Virgen de la Salud, de Málaga. Esta Dolorosa, que sale procesionalmente el Domingo de Ramos, fue realizada por el imaginero en 1988. Desde entonces no había sido sometida a ninguna labor especial de conservación. Aunque el estado general era correcto, presentaba un ennegrecimiento por la suciedad, que se le agravó en parte durante unas obras realizadas en su templo de San Pablo. En el verano de 2016, la titular de la hermandad de la Salud fue llevada al taller de Gines, donde su autor le practicó una exhaustiva labor de limpieza y la resanó para que volviera a lucir en su esplendor. A esta imagen malagueña le hizo un molde de silicona su discípulo Luis Molano, para que se pudiera conservar el rostro copiado. La Virgen de la Salud regresó a la parroquia de San Pablo, en Málaga, donde el 6 de noviembre de 2016 se celebró una misa de acción de gracias. A continuación, fue expuesta en besamanos.

6.4 LOS ÚLTIMOS AÑOS DEL TALLER

En los tres últimos años, desde agosto de 2016, Luis Álvarez Duarte tuvo en su taller a un joven, Luis Molano Mérida, al que acogió como un nuevo discípulo. Ventura Gómez seguía acudiendo, y el maestro le llamaba para que le ayudara en las restauraciones. En el verano de 2016, Ventura permaneció dos meses en EE. UU., junto a su esposa, que es norteamericana, por lo que no pudo colaborar en algunos trabajos de aquellos momentos.

Luis Molano Mérida cumplía un sueño cuando llegó para aprender en el taller de Álvarez Duarte. En agosto de 2016 era un joven de veinticuatro años, que había estudiado el grado superior de Artes Aplicadas a la Escultura, y que había ingresado en la Facultad de Bellas Artes, en la que terminó siendo asistente honorario del departamento de Escultura. Pero, por encima de todo, desde su niñez, era un gran admirador de

Luis Álvarez Duarte. Un entusiasmo artístico que se acrecentó cuando vio la película *Divina Madera,* siendo todavía un chaval.

Consiguió, a través de una amiga de su madre, que le presentaran a Luis Álvarez Duarte y fue a visitarlo en su taller, mostrándole algunos de sus dibujos y pinturas. Siguió acudiendo a visitarlo, de vez en cuando. Allí conoció también a Ventura Gómez, en cuyo taller de Mairena del Alcor hizo las prácticas para graduarse. En el verano de 2016, Molano entró en el taller de Gines con Álvarez Duarte, para aprender con él. Allí dibujaba y hacía sus trabajos de modelado, que el maestro le corregía. Aprendió a policromar, y también le ayudaba con la madera, para desbastar, lijar y prepararla, y para los trabajos auxiliares que Álvarez Duarte le solicitaba. Fue una experiencia que cambió su vida y que le ha permitido ganar experiencia, siguiendo la escuela de su maestro. Personalmente, destaca en los dibujos y el modelado en barro.

En sus últimos años, a pesar de su fama, Luis Álvarez Duarte seguía siendo humilde y asequible con los jóvenes artistas que se acercaban a pedirle consejos. Mantuvo amistad con algunos, como el imaginero sevillano Miguel Ángel Domínguez Caballero, y atendía las consultas de otros, como el pintor gaditano Antonio Álvarez del Pino, al que llegó a explicar trucos personales sobre las policromías a través de los mensajes de audio que enviaba por WhatsApp.

Su discípulo Molano le acompañó en los frecuentes viajes que Álvarez Duarte realizó en sus tres últimos años de vida, en los que acudió a entregar imágenes y a realizar gestiones para restauraciones, nuevas obras, conferencias, homenajes y diversos actos en los que participó el artista. En ese periodo coincidieron múltiples efemérides de imágenes que cumplían los cincuenta años o los veinticinco años.

Entre otros viajes, Álvarez Duarte y su discípulo Molano acudieron a Bailén, Córdoba, El Carpio, Lopera (para una obra que no se hizo), Huelva, Daimiel (Ciudad Real), Alcalá de Henares (para contratar un Niño Jesús a las carmelitas y ver sus tres obras). Asimismo, viajó a Almería y a Sanlúcar de Barrameda (donde le entregaron un galardón), a Linares (Jaén), a Álora (Málaga), a Lucena (Córdoba) y a Málaga para entregar la Virgen de la Salud.

En Écija visitaron el taller del bordador Jesús Rosado, que estaba confeccionando una saya para la Virgen del Rosario, de

Córdoba, diseñada por Luis Álvarez Duarte. Siempre le dedicó un especial cariño a esa imagen, una de las suyas coronada canónicamente.

En Bonares (Huelva) estuvieron para una exposición, en la que Álvarez Duarte mostró algunas de sus obras, junto a otras de sus discípulos Ventura Gómez y Luis Molano. También participó en una exposición en Gerena.

Para el otoño de 2019 tenía previsto un viaje a Valladolid, en el que acudiría al Museo Nacional de Escultura, antes de ir a Zamora para ver a su Cristo Yacente, que recibe culto en la Catedral.

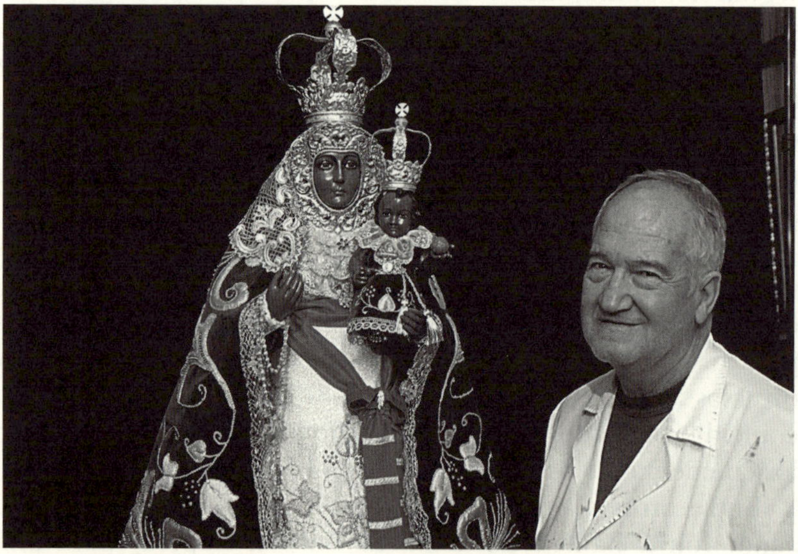

La Virgen de la Cabeza, de Palma del Río (Córdoba) obra ajena, después de su restauración.

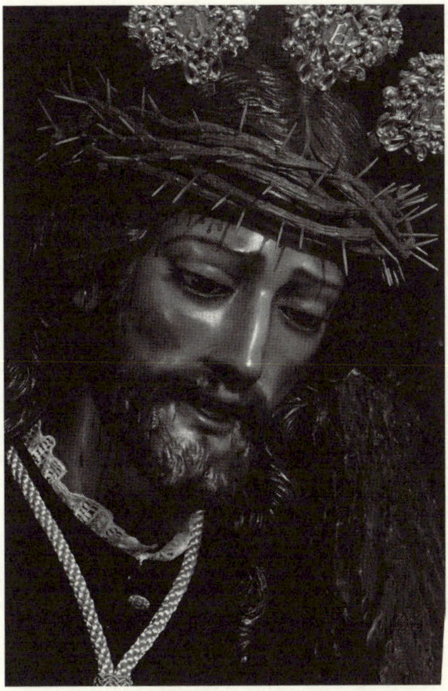

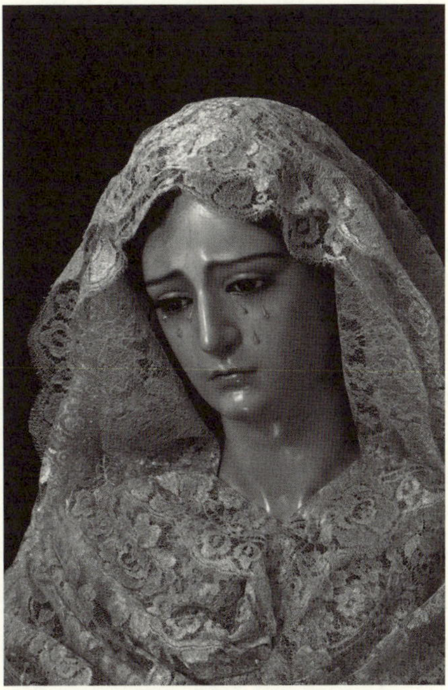

El Nazareno de Sanlúcar la Mayor tras su remodelación, con el pelo tallado y la mascarilla original. y la Virgen de las Penas, de Granada, que fue remodelada para recuperar su aspecto, que había perdido.

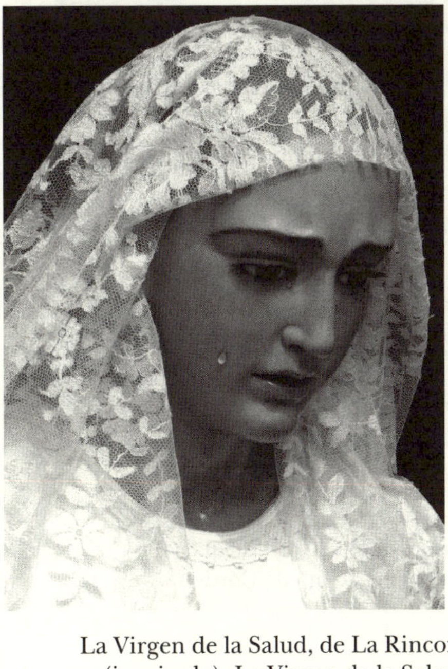

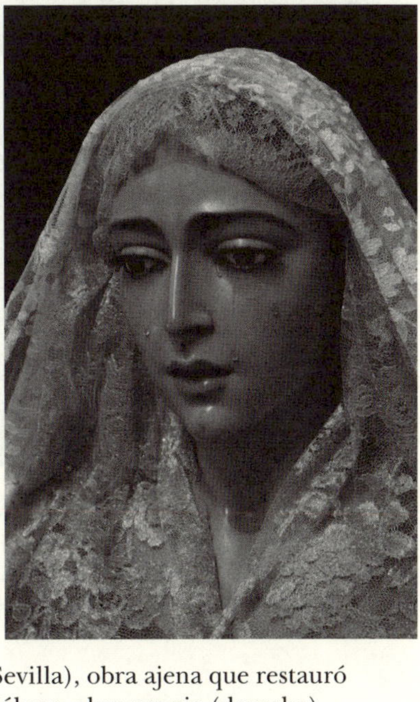

La Virgen de la Salud, de La Rinconada (Sevilla), obra ajena que restauró (izquierda). La Virgen de la Salud, de Málaga, obra propia (derecha).

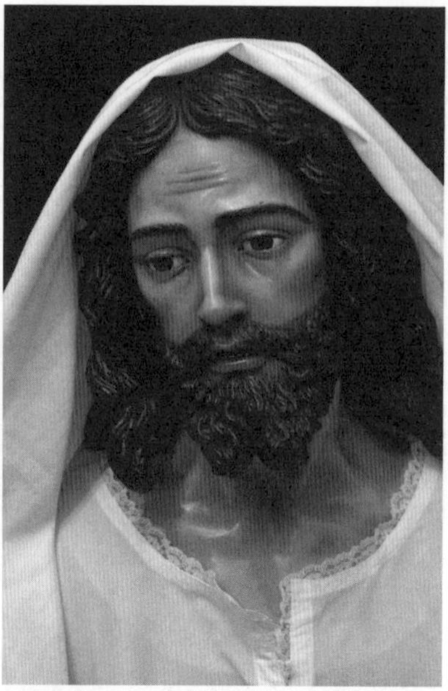
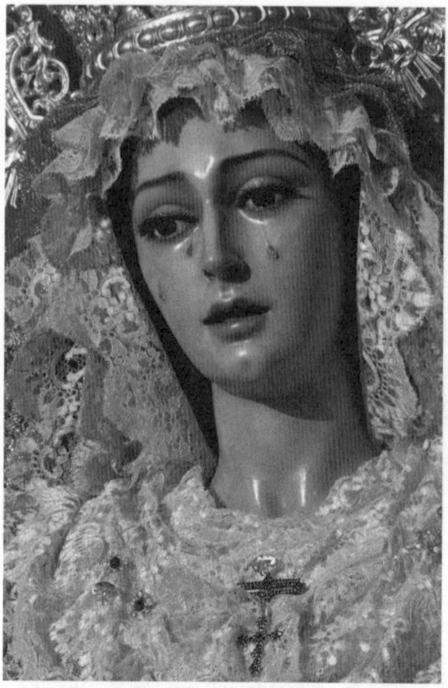
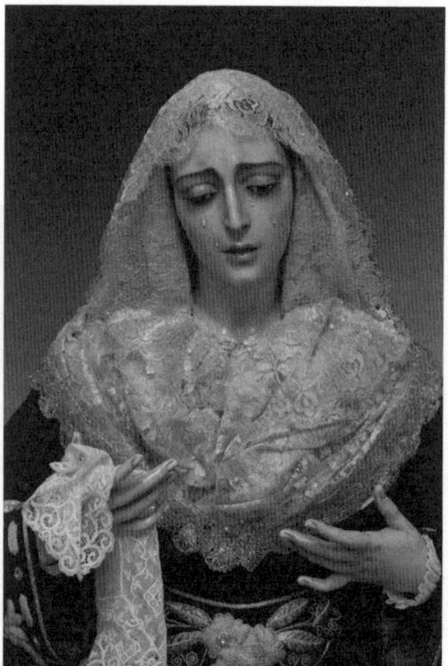
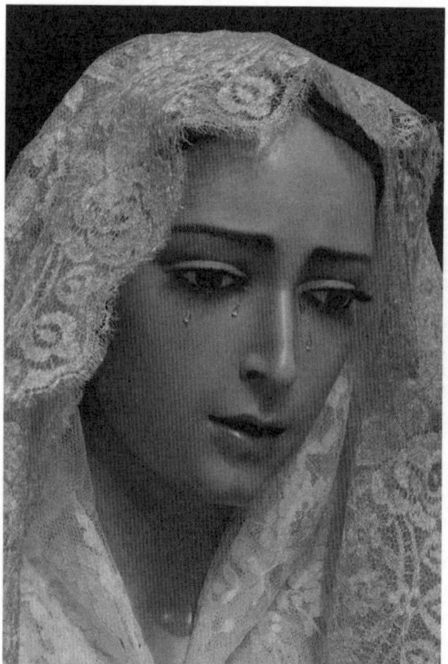

Algunas de las imágenes propias que restauró en su último periodo: El Señor de la Entrada en Jerusalén, de Écija (Sevilla); la Virgen de la Concepción, de Sanlúcar la Mayor (Sevilla); La Amargura, de Linares (Jaén); la Encarnación, de Córdoba.

7. UNA EXPOSICIÓN FRUSTRADA

Poco después de la Semana Santa de 2016, un grupo de amigos planteó a Luis Álvarez Duarte un proyecto muy importante: organizar una exposición antológica de sus obras, sobre todo de imaginería religiosa. Él lo acogió con emoción y, en los siguientes meses, lo vivió con una gran ilusión.

La Hermandad de las Aguas conmemoraba los Cincuenta años de la bendición de la Virgen de Guadalupe. Surgió la idea de incluir en la programación una gran exposición antológica, que sirviera de homenaje a Álvarez Duarte, con motivo de la efeméride conmemorativa de la imagen que le dio fama y cambió su vida. También serviría para dar a conocer la grandeza de su obra. Participarían imágenes titulares procedentes de todas las provincias andaluzas y de diversas regiones de España, que serían expuestas en Sevilla, casi todas por primera y única vez.

La idea fue cuajando, tras un almuerzo que tuvo lugar en el restaurante Casa Pernía, de Castilleja de la Cuesta (Sevilla), al que además de Luis Álvarez Duarte asistieron Antonio Arrondo, entonces hermano mayor de las Aguas, así como los reconocidos cofrades e ilustres hermanos de esa corporación Joaquín Delgado-Roig Pazos y Manuel Díaz-Jargüin Ocaña, y José Joaquín León, como biógrafo. La junta de gobierno de la Hermandad de las Aguas acordó hacerse cargo de la exposición y organizarla. El hermano mayor de la Hermandad, Antonio Arrondo, me nombró comisario de la exposición, y encargó el montaje a Miguel Andreu. Una comisión daría forma al proyecto.

Me reuní con Luis Álvarez Duarte y elaboramos una preselección de imágenes a las que se invitaría a participar. En la primera lista había más de setenta tallas, que pertenecían a hermandades de Sevilla y las demás provincias de Andalucía, y de otras regiones españolas; así como a órdenes religiosas, parroquias y particulares que poseían imágenes de Álvarez Duarte.

La acogida fue excepcional. En Sevilla predomina la teoría de que las imágenes titulares de una hermandad no deben participar en exposiciones. Aunque en otras ciudades no siguen el mismo criterio. En la exposición de Ortega Bru, que organizaron en Málaga, estuvo presente la imagen titular de Jesús de la Pasión, de la capital malacitana; entre otras del escultor de San Roque, como la antigua Virgen de las Penas, que el imaginero talló para la Hermandad de Santa Marta, de Sevilla. Por otra parte, en la exposición *Por tu cruz redimiste al mundo*, organizada del 15 al 22 de septiembre de 2019 en la Mezquita-Catedral de Córdoba, estuvieron presentes cuarenta y un pasos con imágenes de Jesús, procedentes de la capital cordobesa y su provincia. Son dos ejemplos recientes de exposiciones en las que han figurado imágenes titulares de cofradías. Además de otros casos anteriores, como los de Sevilla en las conmemoraciones de 1992, con motivo del V Centenario del Descubrimiento de América y la Exposición Universal, en los que participaron diversos pasos con imágenes titulares. El Cristo de los Desamparados, del Santo Ángel, participa en la exposición de Martínez Montañés, inaugurada en el Museo de Bellas Artes de Sevilla en noviembre de 2019. Antes estuvo en Ávila, Londres y Washington. Y hay más ejemplos.

A sabiendas de las reticencias que podrían surgir, el proyecto expositivo de El *milagro de Guadalupe* era sumamente respetuoso. Contemplaba que las imágenes titulares, a la vez que estaban expuestas, recibieran cultos en su honor y fueran tratadas con la dignidad que merecen.

Para ello se decidió que, en la capilla del Rosario, de la Hermandad de las Aguas, estuvieran expuestas catorce Dolorosas, junto a la Virgen de Guadalupe, que las presidiría. Esta sección se denominaría *Mater Dolorosa* y permitiría admirar y rezar a algunas de las imágenes marianas de mayor interés artístico y devocional de Luis Álvarez Duarte. Reuniría, en una ocasión irrepetible, una selección de las Vírgenes que le dieron fama como el gran imaginero de la Dolorosa en el siglo XX y principios del XXI.

En el Hospital de la Santa Caridad (en la sala de la Virgen, con su antigua capilla, adaptada a sala de exposiciones) serían ubicadas las dos secciones que completaban la segunda parte del proyecto. La primera era *Pasión, Muerte y Resurrección,* con un recorrido por diversas imágenes pasionistas, entre ellas diez titulares de diversas hermandades y dos de un oratorio particular. Con estas imágenes se representaban las principales iconografías talladas por Álvarez Duarte: la Oración en el Huerto, la Flagelación, Jesús con la cruz a cuestas en la calle de la Amargura, Jesús orando antes de la Crucifixión, un Calvario completo con el Crucificado e imágenes de diversas cofradías, dos Crucificados de la Buena Muerte (una obra de juventud y otra de madurez), el Santo Entierro y la Resurrección, además de catorce figuras secundarias de otros misterios de la Pasión.

La segunda sección de esta sala de la Virgen, en el Hospital de la Santa Caridad, era *La Gloria y los Santos,* que contaría con dos Vírgenes de gloria y cuatro imágenes de santos. La gran exposición antológica se completaría, en dicha sala, con otras piezas y enseres artísticos, relacionados con Álvarez Duarte, como el Mediatrix de la Macarena. Y la guinda, que sería una sorpresa: una nueva Dolorosa.

La exposición se celebraría del 17 de octubre al 23 de noviembre de 2017. Un plazo amplio, de más de un mes, para que el público la pudiera ver con comodidad, ante la previsible afluencia masiva. La infraestructura para los traslados era complicada, y no parecía conveniente que se limitara a un periodo corto. Al estar la capilla del Rosario y el hospital de la Caridad en la calle Temprado, se ofrecía la ventaja de acudir a ambas sedes con un corto desplazamiento.

Igualmente estaba prevista la celebración de cultos en honor de las sagradas imágenes titulares que participaran. Se celebrarían en la iglesia de San Jorge, de la Santa Caridad, con asistencia de las hermandades y serían oficiados por sus directores espirituales.

La exposición contó con la aprobación del arzobispo de Sevilla, Juan José Asenjo, al que fue expuesto el proyecto en el Palacio Arzobispal. El prelado aceptó presidir la inauguración, con una solemne eucaristía en la iglesia de San Jorge, de la Santa Caridad, el lunes 16 de octubre de 2017.

En total, veinticuatro imágenes titulares de Cristos y Vírgenes, pertenecientes a veintitrés hermandades, estaban comprometidas a participar, además de dos imágenes de un convento de religiosas y otras dos de un oratorio particular, entre las más de cincuenta que integrarían la exposición. Fueron convocados diecinueve cabildos extraordinarios de hermanos, organizados por hermandades con las que se contactó para la cesión de imágenes. Excepto en dos casos, en todos los demás se aprobó que la imagen titular solicitada estuviera presente en la exposición.

La propuesta fue aceptada por hermandades, asociaciones y particulares de las ocho provincias de Andalucía, y de las comunidades de Extremadura, Murcia, Castilla la Mancha y Castilla y León, así como un convento de religiosas de la comunidad de Madrid. Se planteó la posibilidad de traer otras imágenes de Luis Álvarez Duarte desde el País Vasco, Cataluña y Canarias, pero finalmente fue descartado.

EL PROYECTO DE «EL MILAGRO DE GUADALUPE»

A continuación, se detalla el proyecto expositivo de *El milagro de Guadalupe*, tal como estaba previsto celebrarlo.

1. CAPILLA DEL ROSARIO (HERMANDAD DE LAS AGUAS)

«MADRE DOLOROSA»

- **Virgen de Guadalupe**. Las Aguas (Sevilla) (1966)
- **Virgen del Buen Fin**. Lanzada (Jerez de la Frontera, Cádiz) (1969)
- **Virgen del Rosario en sus Misterios Dolorosos coronada**. Expiración (Córdoba) (1973)
- **Virgen del Amor y Soledad**. Cristo Yacente (Fuengirola, Málaga) (1973)
- **Virgen de la Paz**. Santa Cena (Jerez de los Caballeros, Badajoz) (1974)
- **Virgen de la Trinidad.** Medinaceli (San Fernando, Cádiz) (1979)
- **Virgen de Nazaret**. Vera Cruz (Mérida, Badajoz) (1984)
- **Reina de los Cielos**. Resucitado (Málaga) (1993)

- **Virgen de las Siete Palabras**. Expiración (Jaén) (1995)
- **Virgen del Rosario del Mar.** Rosario del Mar (Almería) (1995)
- **Virgen del Mayor Dolor.** Escolapios (Granada) (2000)
- **Virgen de la Amargura**. Nazareno (Huelma, Jaén) (2001)
- **Virgen de la Merced en su Amargura.** Gran Poder (Bollullos de la Mitación, Sevilla) (2002)
- **Virgen de la Esperanza.** Cigarreras (Cádiz) (2005)
- **Virgen de los Dolores.** Convento de la Purísima (Carmelitas) (Alcalá de Henares, Madrid) (2013)

2. **HOSPITAL DE LA SANTA CARIDAD (SALA DE LA VIRGEN)**

«PASIÓN, MUERTE Y RESURRECCIÓN»

- **Jesús de la Oración en el Huerto y Ángel Confortador**. Huerto (Alora, Málaga) (1986)
- **Jesús Atado a la Columna**. Convento de la Purísima (Carmelitas) (Alcalá de Henares, Madrid) (2012-2013)
- **Nazareno de la Divina Misericordia**. Oratorio (Bollullos del Condado, Huelva) (2002) y **Virgen de la Amargura** (1998)
- **Cristo de la Clemencia** (Hellín, Albacete) (2010)
- **Calvario** formado por:

—**Cristo de la Sangre.** Magdalena (Cieza, Murcia) (2001)

—**Virgen del Mayor Dolor.** Magdalena (Cieza, Murcia) (2005)

—**San Juan**. Las Aguas (Sevilla) (1973)

—**M.ª Magdalena**. Las Aguas (Sevilla) (1998)

- **Cristo de la Buena Muerte**. Carmen (Algeciras, Cádiz) (1982)
- **Cristo de la Buena Muerte.** Siete Palabras (Linares, Jaén) (2011)
- **Cristo Yacente.** Santo Entierro (Zamora) (2001)
- **Jesús Resucitado** Resucitado (Rota, Cádiz) (2000)

OTRAS FIGURAS DE LA PASIÓN

- **Nicodemo y José de Arimatea**. Misterio del Buen Fin (Sevilla, 1972)
- **Dos sanedritas y dos romanos**. Misterio de la Coronación de Espinas (Jerez de la Frontera, Cádiz) (1975)
- **Cirineo**. Pasión (Dos Hermanas, Sevilla) (1990)
- **María Magdalena y Verónica**. Nazareno (Lucena, Córdoba) (1995)
- **Herodes, Sumo Sacerdote, sanedrita y dos romanos**. Misterio del Cautivo de San Pablo (Sevilla) (2008)

«LA GLORIA Y LOS SANTOS»

(Sala de la Virgen. Hospital de la Santa Caridad)

- **Santa María Magdalena** Parroquia Magdalena (Dos Hermanas, Sevilla) (1982)
- **Virgen del Rosario** (Arjonilla, Jaén) (1988)
- **Santa Teresa Benedicta de la Cruz.** Convento del Santo Ángel (Sevilla) (2000)
- **Virgen del Carmen** (Conil de la Frontera, Cádiz) (2004).
- **Santa Angela de la Cruz**. Parroquia de San Pedro (Sevilla) (2004)
- **San Antonio.** Oratorio particular (Guadix, Granada) (2012)

OTRAS IMÁGENES

- **Copia de la Esperanza Macarena.** Imagen académica (La Macarena) (Sevilla)
- **Arcángel Cirineo.** Paso de Jesús de la Salud (La Candelaria) (Sevilla)
- **Ángeles del paso del Señor de las Tres Caídas** (Triana) (Sevilla)
- **Ángeles del paso de la Piedad** (Baratillo) (Sevilla)
- **Niño Jesús** (Esperanza de Triana) (Sevilla)
- **Niño Jesús** (Esperanza del Perchel) (Málaga)
- **Dolorosa** (obra nueva, especialmente realizada para la exposición)

PIEZAS ARTÍSTICAS

- **Mediatrix** (Hermandad de la Macarena) (Sevilla)
- **Saya de la Virgen del Patrocinio** (Cachorro) (Sevilla)
- **Cuadro de la coronación** (Hermandad de la Trinidad) (Sevilla)
- **Paño de la Verónica pintado por Álvarez Duarte** (Hermandad del Valle) (Sevilla)

APLAZAMIENTO Y SUSPENSIÓN DE LA EXPOSICIÓN

Las gestiones con las hermandades tuvieron una acogida muy positiva. Los contactos realizados por el propio Luis Álvarez Duarte y por el comisario, José Joaquín León, fructificaron de inmediato con pocas excepciones. Del listado inicial que fue preseleccionado, una amplísima mayoría de las juntas de gobierno contactadas se mostraron dispuestas a participar, si bien lo condicionaban a la aprobación en cabildo de hermanos, por estar así dispuesto en sus reglas. En los pocos casos en que declinaron la invitación fue por causas justificadas, como coincidencia de fechas de cultos, procesos electorales de la hermandad, etcétera.

Incluso hubo hermandades que contactaron por propia iniciativa con los organizadores para ofrecer sus imágenes, cuando conocieron que se estaba gestando una exposición antológica de Álvarez Duarte. En algunos casos con dificultades para incluirlas, ya que el proyecto expositivo se encontraba en marcha y a punto de cerrarse.

Pero si la participación era un éxito, no ocurrió lo mismo con las gestiones para los patrocinios. No se cumplió lo previsto. El presupuesto definitivo de la exposición *El milagro de Guadalupe* no llegó a ser aprobado, pero fue estimado en unos ochenta mil euros. Estaban previstos los traslados de las imágenes en transporte especializado desde sus puntos de origen (algunos lejanos, como Zamora), en la modalidad clavo a clavo; es decir, en viajes de ida y vuelta, además de los seguros, la vigilancia, catálogo y demás gastos propios de una exposición de tal envergadura.

La hermandad de las Aguas hizo gestiones con diversas empresas, bancos, cajas de ahorro y otras firmas empresariales, sin que pudieran completar el presupuesto estimado. Desde el principio se puso como condición que no causara problemas económicos a la hermandad, ya que no podía asumir por sí misma los costes.

Algunas empresas contactadas sugirieron la opción de aportar patrocinios, pero no en 2017, sino en 2018. Ante esa posibilidad, en septiembre de 2017, la comisión organizadora propuso a la hermandad de las Aguas que la exposición fuera aplazada al otoño de 2018. Era una contrariedad evidente, porque ya estaba casi todo el proyecto planificado y en marcha. Pero se planteaba como una segunda oportunidad.

En noviembre de 2017, la organización de la exposición saltaría por los aires, tras un episodio que enrareció todas las pretensiones. El hermano mayor de las Aguas, Antonio Arrondo, dio a conocer a Luis Álvarez Duarte y a la comisión que un empresario de Granada ofrecía el patrocinio de la exposición antológica *El milagro de Guadalupe*, así como donar una importante cantidad para la bolsa de caridad de la Hermandad de las Aguas. En una reunión que mantuvieron, había llegado a ofrecer un anticipo sustancioso.

En teoría, era una oferta irrechazable. Sin embargo, el empresario ponía como condición que la banda de cornetas y tambores de las Tres Caídas, del Realejo, de Granada, acompañara al paso de misterio del Cristo de las Aguas en su salida del Lunes Santo en Sevilla. Este era un requisito ineludible. Realizaba tal oferta porque quería que la citada banda, de la que era mecenas, entrara en la Semana Santa sevillana y le parecía una gran oportunidad.

El hermano mayor de las Aguas valoró que otras hermandades sevillanas (entre ellas una del Lunes Santo) se habían beneficiado con las aportaciones generosas y sustanciosas de mecenas o benefactores. Sin embargo, existía una condición por medio que resultaba muy polémica. Las Aguas tenía un acuerdo con la banda de cornetas y tambores de las Tres Caídas, de Triana, para que saliera el Lunes Santo tras el paso de misterio. Por lo que necesitaban su conformidad para cancelar dicho acuerdo y que entrara la banda granadina del Realejo.

Esa posibilidad originó discrepancias en el seno de la hermandad, con una polémica agria que saltó a los medios de comunicación, y que se puso de manifiesto en un cabildo de hermanos. Además, se daba la circunstancia de que el director de la banda de cornetas y tambores de las Tres Caídas de Triana, Julio Vera, era hermano de las Aguas y que un sector de los cofrades quería que siguiera acompañándolos la banda trianera, de indiscutible prestigio. En paralelo, surgieron rumores que cuestionaban los negocios del empresario granadino.

La división surgida por este asunto dio al traste con todo el proyecto. Una combinación siniestra, porque el resultado final fue nefasto: la exposición se suspendió definitivamente, y la Hermandad de las Aguas se quedó sin organizarla y sin el donativo que le ofrecían. Para colmo, la banda de las Tres Caídas de Triana renunció a acompañar al misterio, después de la Semana Santa de 2018, a causa de las desavenencias surgidas. El Lunes Santo de 2019, tras el paso del Cristo de las Aguas, salió la banda de cornetas y tambores del Rosario, de Cádiz, que fue contratada para sustituir a los trianeros. Curiosamente, las Tres Caídas de Triana acompañó el Lunes Santo de 2019, hasta la Catedral, al misterio del Polígono de San Pablo, una obra de Álvarez Duarte.

La suspensión de la exposición antológica *El milagro de Guadalupe* causó una profunda decepción al imaginero. Luis Álvarez Duarte tardó bastante tiempo en superar lo ocurrido, y en realidad se puede afirmar que nunca lo olvidó. Le dolió mucho (estuvo enfermo durante unos días), porque había depositado grandes esperanzas en esa exposición, que daría a conocer a todo el mundo su obra y lo revalorizaría aún más en Sevilla cuando vieran las excelentes imágenes que talló para otras ciudades y pueblos de España.

En lo más profundo de su corazón guardaba la ilusión de que esa exposición alguna vez volviera a ser posible. Lo hablamos en diversas ocasiones y se lamentaba amargamente por lo ocurrido. Hubo falsas promesas, fallos y malentendidos que truncaron el proyecto.

Quienes lo gestamos sabemos que podrán organizar otras exposiciones de Álvarez Duarte, pero *El milagro de Guadalupe* es imposible.

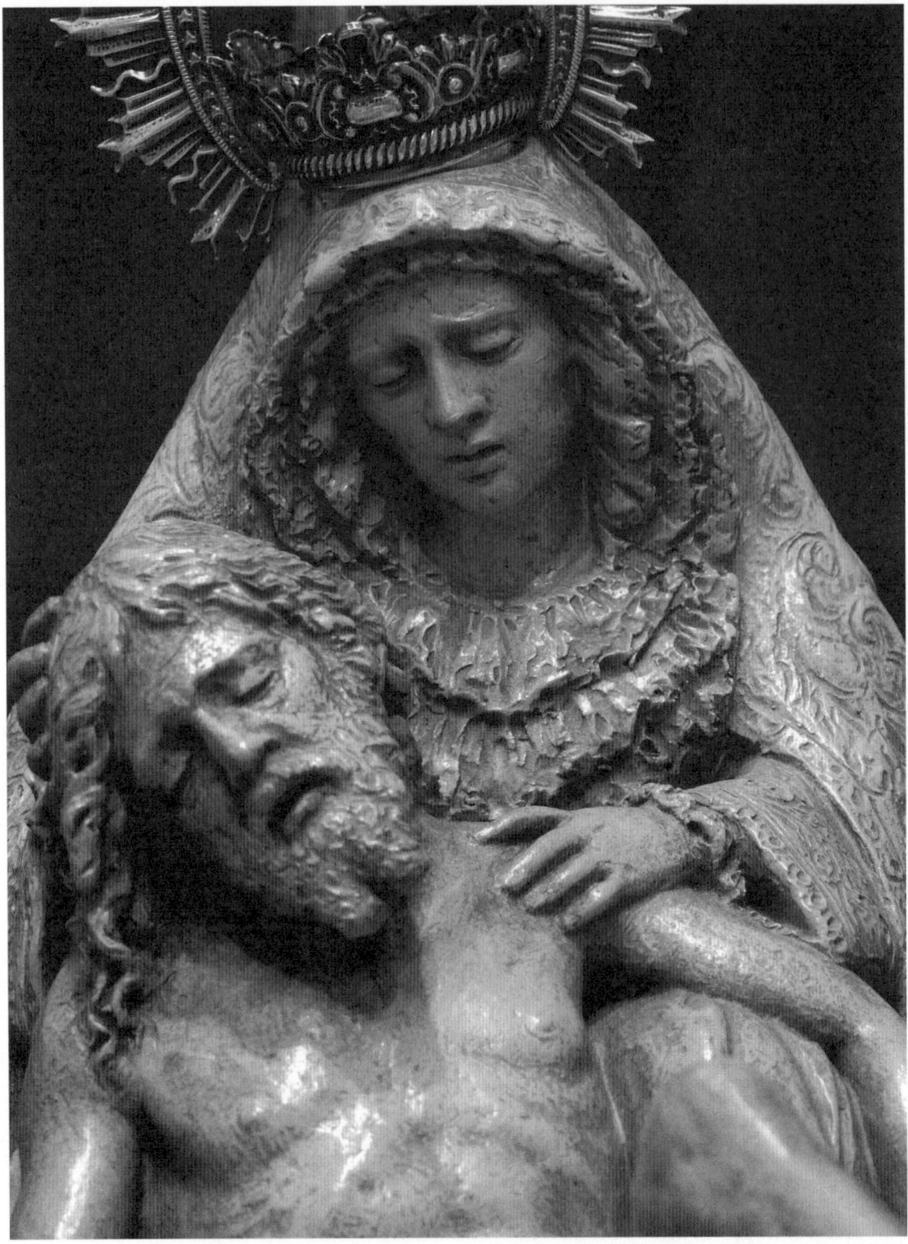

El boceto de la Piedad que no pudo realizar Álvarez Duarte.
Era su gran sueño de los últimos tiempos.

8. TANTO POR HACER

La muerte inesperada de Luis Álvarez Duarte llegó cuando estaba en plena producción artística. El viernes 6 de septiembre, apenas dos días antes de sufrir el ictus que le causaría la muerte, Luis Álvarez Duarte trabajó en su taller. Ese día sintió algunos mareos. Allí, pocos días después de su fallecimiento, como un triste recuerdo del artista desaparecido, pude ver un mazo, en un suelo lleno de virutas de madera de cedro. Era el testimonio de su último día de trabajo. Han quedado algunas imágenes pendientes de finalizar, casi todas en avanzado estado. Por decisión de la viuda de Álvarez Duarte, y de acuerdo con las personas que las encargaron, serán terminadas por Ventura Gómez, imaginero que fue discípulo y conocedor de sus técnicas artísticas, que las completará con la fidelidad y el estilo que aprendió de su maestro.

8.1 LAS IMÁGENES INCONCLUSAS

EL CAUTIVO DE SOLSONA

En 2017 el padre José Sierra, que ejercía en Solsona (Lérida), le encargó a Luis Álvarez Duarte una imagen de Jesús Cautivo. El imaginero realizó la talla, en unos momentos en que trabajaba en varias obras en simultáneo. El sacerdote conocía a Luis Álvarez Duarte porque era un gran admirador del artista, al que ya había encargado una Dolorosa para su parroquia. Quería contar también con una imagen cristífera, en la iconografía de Jesús Cautivo, que el imaginero realizó con frecuencia a lo largo de su vida.

El padre Sierra era conocido en Sevilla, por acudir a diversos cultos y actos. Solía coincidir los Lunes Santos con Álvarez Duarte, cuando visitaba la Hermandad de las Aguas para ver a la Virgen de Guadalupe. Se da la circunstancia curiosa de que recientemente ha dejado el sacerdocio, emprendiendo una nueva vida personal. Pero mantuvo y asumió el encargo del Cautivo, que ha pasado a ser el último de esta iconografía realizado por el artista.

La imagen quedó totalmente terminada de talla y con la imprimación, a falta de ser policromada, cuando falleció el artista en septiembre de 2019. Precisamente estaba previsto que la recogiera en octubre. El trabajo restante de policromía será realizado por Ventura Gómez.

CRUCIFICADO PARA GUADIX

Dos cofrades de Guadix, José Juan Bugés Medina y Antonio Cruz García, encargaron a Álvarez Duarte una imagen de San Antonio, que fue bendecida en 2012. El convento de la Concepción, de religiosas franciscanas clarisas, en el que se encontraba, fue cerrado en marzo de 2018, por lo que pasó a un oratorio particular. Los cofrades tenían el deseo de ampliar dicho oratorio y contar para ello con la imagen de un Crucificado, que le encargaron a Luis Álvarez Duarte. En principio, estaría destinado al culto privado, sin descartar que en algún momento futuro pudiera recibir otros cultos públicos en una hermandad.

En los últimos dos años de su vida, Álvarez Duarte estuvo tallando manualmente este Crucificado, con mucha dedicación artística. En el momento de su fallecimiento, el Cristo estaba prácticamente terminado de talla y también tenía uno de sus brazos. El imaginero esperaba entregarlo en los primeros meses de 2020.

Al enterarse de su fallecimiento, José Juan Bugés Medina y Antonio Cruz García estuvieron deliberando sobre el futuro de la imagen. En principio, José Juan era partidario de dejarlo tal como lo tenía Álvarez Duarte, en madera y sin policromar. Sin embargo, finalmente han optado porque la imagen sea terminada por Ventura Gómez, que hará el otro brazo y se encargará de la policromía y de dar los retoques finales a este Crucificado, que contará asimismo con un paño de pureza estofado en oro. Tendrá el valor histórico de ser el último Cristo tallado por Álvarez Duarte, aunque terminado por su discípulo.

EL NIÑO JESÚS DE LAS MONJAS

Otra obra pendiente de finalizar es el Niño Jesús que encargaron las carmelitas descalzas de Alcalá de Henares. Álvarez Duarte ya lo había tallado, pero estaba pendiente de los retoques finales y de la policromía. No le dio tiempo a finalizarlo, porque intercaló otras obras más urgentes, sobre todo restauraciones que le llegaban, y fue retrasando la entrega de este Niño Jesús. Para ello contó también con la comprensión de la madre Esperanza.

Está previsto que su discípulo Ventura Gómez termine el Niño Jesús, que será donado por la viuda del artista a las monjas, como reconocimiento por sus atenciones con el imaginero, que realizó para ese monasterio algunas de las mejores obras de su etapa final.

SAN JOSÉ, SU ÚLTIMA OBRA

El viernes 6 de septiembre, apenas dos días antes de sufrir el ictus que le causaría la muerte, Luis Álvarez Duarte estaba dando golpes a la madera para perfilar los penúltimos toques de una imagen espléndida: el San José destinado a presidir la parroquia dedicada al Santo Esposo de María en La Línea de la Concepción (Cádiz). El imaginero había puesto enorme ilusión en esta obra, que veía como uno de los grandes hitos de su producción artística, culminado cuando ya había cumplido los setenta años. Obra de plenitud de postrimerías, que junto con una Piedad y una Inmaculada debía cerrar un círculo grandioso, sin parangón en la imaginería contemporánea.

El párroco de San José, Juan Carlos Pérez Jiménez, conocido popularmente como el padre Carlos, le hizo este encargo, que iba a llevar a La Línea, en la frontera con Gibraltar y en vísperas del *Brexit*, una obra extraordinaria. El padre Carlos, natural de la localidad gaditana de Los Barrios, estuvo destinado en El Colorado, de donde pasó a la parroquia de Santa Catalina, de Conil de la Frontera, en la que había permanecido once años, hasta su traslado a La Línea en 2014. Durante su estancia en Conil, conoció a Álvarez Duarte, ya que coincidió con los años en que talló a la Virgen del Carmen y al Niño Jesús, que hizo dos veces, ya que le robaron el primero y regaló otro para sustituirlo.

El padre Carlos apreciaba mucho a Luis Álvarez Duarte y no dudó en alcanzar un acuerdo para que le tallara esta espléndida imagen de San José. Como curiosidad, pocos días antes del fallecimiento, se llevó un saco con trozos de la madera sobrante del santo que había tallado el artista, a fin de que los feligreses del templo de San José pudieran adquirirlas. Se han convertido en reliquias.

No pudo terminar esta imagen, de espléndidas formas. Su elaboración fue muy laboriosa. Para iniciarlo utilizaron un bloque de madera de cedro de más de 250 kilos, que movieron entre cinco personas. Durante los trabajos, su discípulo Luis Molano le ayudaba a moverlo y a desbastar la madera, en operaciones que a veces fueron muy dificultosas.

Álvarez Duarte dejó totalmente modelado el rostro y muy avanzadas sus vestiduras, así como tallado el Niño Jesús que complementa al santo. Están pendientes de terminar la talla de las vestiduras en la espalda, las manos, el dorado y el estofado, así como las policromías. Es una obra que se estima realizada en más del 70% de su ejecución. Como en casos anteriores, será Ventura Gómez quien termine esos trabajos, que llevará a cabo en el taller de Gines.

UNA DOLOROSA PARA LA EXPOSICION

En el mencionado taller de Gines hay un altillo, en el que pocos días después de morir Álvarez Duarte, apareció una Dolorosa. Solo conocían su existencia Ventura Gómez y Luis Molano, que la habían visto en sus trabajos con el maestro. Su historia también es curiosa. A veces Luis Álvarez Duarte tallaba una Dolorosa, sin que se la encargara ninguna hermandad, que comenzaba en el mes de mayo, poco después de Semana Santa. En 2016, la Dolorosa de mayo tenía un destino especial: estrenarla como sorpresa en la exposición *El misterio de Guadalupe,* la gran muestra antológica que organizaría la Hermandad de las Aguas. La decepción que le provocó la suspensión de la exposición motivó que se dedicara a otras obras y la guardara en el altillo, aunque con el propósito de terminarla.

El rostro de la Dolorosa está tallado en madera de cedro y tiene incluso los ojos. Le falta la policromía. También le hizo las manos, que estaban colgadas en el taller, junto a diversas piezas y herramientas. La Dolorosa será terminada por Ventura Gómez, que se encargará de aplicar la policromía siguiendo las técnicas utilizadas por Álvarez Duarte en su último periodo. Queda pendiente el destino de esta imagen.

UN BUSTO DE SAN JUAN

En 1967, cuando todavía tenía diecisiete años, poco después de tallar la Virgen de Guadalupe, Álvarez Duarte terminó su primera imagen de San Juan Evangelista, que fue adquirida por la Hermandad de la Esperanza de Triana. El último busto del discípulo amado se quedó inconcluso a su fallecimiento, aunque lo empezó alrededor de veinte años antes. Se ha quedado en el taller como una de sus obras de postrimerías. Está terminado en madera, pero falta policromarlo.

Es curioso reseñar que había iniciado esta obra a finales de los años noventa, y que hubo un intento de donarlo a la hermandad del Cachorro. Finalmente, no prosperó esa posibilidad y se quedó en el estudio. Estaba en tratos con una hermandad de Linares (Jaén), pero las gestiones no se habían cerrado todavía. Asimismo, al conocer su existencia, una hermandad de Sanlúcar la Mayor (Sevilla) se interesó, ya que querían renovar su imagen de San Juan. Pero no se había tratado seriamente este asunto. El último San Juan se quedó en una repisa del taller, sin finalizar y sin dueño, a la espera de un destino.

EL BOCETO DE LA PIEDAD

En sus últimos meses de vida, Luis Álvarez Duarte solía contar a sus amigos la gran ilusión que tenía, para coronar por todo lo alto su cumbre como imaginero: una Piedad. Nunca le encargaron imágenes con esa iconografía, que le apasionaba. Era autor de crucificados espléndidos, vivos y muertos, de un imponente Cristo Yacente que recibe culto en la Catedral de Zamora, pero le faltaba la Piedad.

Realizó un boceto espléndido, que se conserva en su sala de exposiciones, como un tesoro de los últimos tiempos. Plantea un Cristo muerto de enorme patetismo, a la vez que sereno, sostenido en sus brazos por una Virgen de talla completa que muestra profundos sentimientos, muy diferente de sus modelos marianos más tradicionales.

La Piedad de Álvarez Duarte, como se aprecia en el boceto, hubiera sido una obra colosal. Pero no la pudo llevar a la práctica. Estuvo en contacto con una hermandad de Bailén (Jaén), a donde se desplazó con su joven discípulo Luis Molano. Mostró el boceto, que causó una gran sensación. Sin embargo, en primera instancia, no hubo acuerdo económico al fijar el precio de la obra. Existía una gran diferencia entre la oferta y la demanda (más del doble). Además, le molestó que la hermandad solicitara presupuesto a otro imaginero sevillano, que les salía mucho más barato. En este caso, como en otros, Álvarez Duarte entendía que una obra de arte se devalúa por el propio autor cuando es sometida a rebajas. Tampoco entraba en concursos con otros imagineros. Fue una idea que defendió a lo largo de su vida y que le privó de llegar a un acuerdo para la que hubiera sido su obra cumbre de plenitud.

MONUMENTO DE MANOLO CORTÉS

Otra obra que se quedó inconclusa es el monumento del torero Manolo Cortés, que se le iba a dedicar en su pueblo, Gines (Sevilla). La iniciativa fue promovida por Fernando López y Javier García-Baquero, en octubre de 2017. Pronto recogieron cientos de firmas en apoyo del proyecto, que fue presentado al Ayuntamiento de Gines. A la muerte de Álvarez Duarte, todavía no se había concretado su realización.

En el taller se quedó el busto del torero, modelado y cocido en barro. Otro testimonio de obra inacabada.

PROYECTOS IMPOSIBLES

Un imaginero de su categoría trabajaba con un sentido del tiempo diferente. Mientras ejecutaba una obra, podía abrir un paréntesis para otra más urgente, y quizá le llegaba alguna más compleja para el futuro. No se olvidaba de sus imágenes, ni de sus cofradías, que a veces le hacían nuevos encargos.

La muerte se llevó por delante otros proyectos. Entre ellos cabe mencionar un San José Artesano con el Niño Jesús, de original iconografía, que iba a realizar para Santa Fe de Antioquía (Colombia). Allí, en la parroquia de San Lorenzo, recibe culto su Virgen de la Amargura desde 1984. Querían contar con esta obra, para la que el artista había anticipado un dibujo, como boceto, cuya adquisición han solicitado los promotores del encargo. Será el testimonio de una obra imposible.

Otro proyecto frustrado era el de una Virgen embarazada para la parroquia de San José, de La Línea de la Concepción (Cádiz), que su párroco, el padre Carlos, ya le había planteado. Estaba previsto que lo hiciera después de terminar la imagen de San José, que a la postre sería su obra definitiva.

Tampoco se pudo concretar el proyecto de la Inmaculada que posiblemente hubiera realizado para Guadix (Granada).

Una iniciativa, que ni siquiera se había abordado todavía con el imaginero, se empezó a gestar en agosto de 2019, cuando estuve en la ciudad china de Shanghái, donde reside mi hijo, Pablo León Martínez. Allí, durante una misa en la catedral católica de San Ignacio, surgió la posibilidad de coordinar a un grupo de fieles para encargar un Crucificado a Álvarez Duarte y donarlo a ese templo. Recibiría culto en China como un símbolo de la universalidad del catolicismo. La catedral de Shanghái es neogótica, de cierto interés arquitectónico, pero las imágenes existentes tienen escasa calidad. La idea del Cristo universal se truncó por su muerte, antes de ponerla en marcha. Fue una oportunidad imposible para que Álvarez Duarte, con obras en Europa y América, también contara con una en Asia.

SALIDA EXTRAORDINARIA DE LA SED

El Cristo de la Sed fue el primer Crucificado de Luis Álvarez Duarte, por lo que tenía un significado especial para él. El 28 de septiembre de 2019 salió en una procesión extraordinaria, a la que acudieron miles de personas, para conmemorar los Cincuenta años fundacionales de la hermandad. Estaba previsto que el imaginero participara con una vara en la presidencia. Le hacía mucha ilusión acompañar a su Cristo. No pudo estar físicamente, por el fallecimiento ocurrido 15 días antes, pero esa vara la llevó su hija, Guadalupe Álvarez-Duarte, en un emotivo gesto que tuvo la hermandad para recordar al artífice del Crucificado.

La salida del interior de la parroquia de la Inmaculada Concepción, en Nervión, fue estremecedora. Sobre el monte de claveles pusieron una gubia y un mazo del imaginero. El paso avanzó, entre un silencio roto por el sonido ronco de un tambor. Al salir a la calle, tras una *levantá* en recuerdo de Álvarez Duarte, sonó la marcha *Requiem*, interpretada por la banda de cornetas y tambores Rosario, de Cádiz, que acompañaba al Cristo. Fue un momento inolvidable.

VISITA A BELLAVISTA

El tiempo se llevó por delante un homenaje que la Hermandad de Bellavista, de Sevilla, tenía previsto para septiembre de 2019.

Álvarez Duarte era autor de la Virgen del Dulce Nombre de esta hermandad de vísperas de Sevilla, que realiza su estación de penitencia los Viernes de Dolores por su barrio. Según el hermano mayor, Diego Centella, a final de septiembre iba a organizar un homenaje a Luis Álvarez Duarte, en el que saldarían la deuda histórica de cinco mil pesetas que mantenían, desde que les entregó la imagen en junio de 1969. El acto se había gestado varios años antes, pero finalmente quedó pendiente.

La visita también tenía por objetivo la restauración de la Virgen de los Dolores por su autor, ya que en la primavera de 2019 le habían detectado algunas grietas en la mascarilla, así como daños en las manos, que aconsejaban una intervención. El imaginero le quería sustituir el candelero. La restauración se hubiera realizado para la Semana Santa de 2020.

LA EXPOSICIÓN DEL APEADERO

Con motivo del 450 aniversario del nacimiento de Martínez Montañés, el Ayuntamiento de Sevilla organizó una exposición titulada *Juan Martínez Montañés. Pasión y sentimiento*, que se celebró del 18 al 29 de junio de 2019. En ella participaron con obras propias cuarenta y cinco artistas, divididos en pintura, escultura y fotografía. Uno de ellos era Luis Álvarez Duarte. Aunque siempre fue un artista con humildad, que no se vanagloriaba de su prestigio, sorprendió ver a una figura consagrada como él exponiendo en una muestra colectiva, junto a artistas no tan conocidos, muchos de ellos jóvenes, y algunos con poca experiencia. Álvarez Duarte participó con la bella imagen de un Niño Jesús, y lo hizo porque entre los quince escultores estaban sus dos discípulos: el más veterano, Ventura Gómez Rodríguez, y el más reciente, Luis Molano Mérida. Fue un detalle de apoyo y reconocimiento para ellos.

En la inauguración, Álvarez Duarte conversó con el alcalde de Sevilla, Juan Espadas, y con el teniente de alcalde de Fiestas Mayores, Juan Carlos Cabrera. A resultas de esa participación, se planteó la posibilidad de organizar una exposición de imaginería de Luis Álvarez Duarte en el Apeadero del Ayuntamiento, donde presentaría algunas de sus últimas obras.

En concreto, expondría la Dolorosa que talló para la exposición de la hermandad de las Aguas y que se quedó casi terminada en su taller; el Cautivo de Solsona (Lérida); San José, de La Línea de la Concepción (Cádiz); y una Dolorosa nueva, con la mirada hacia arriba, que pensaba tallar, y que según él mismo decía, sería ideal para acompañar en su paso al Cristo de las Cinco Llagas, de la Trinidad. Otro sueño que ni siquiera planteó. No fue posible. Le faltaron unos meses de vida.

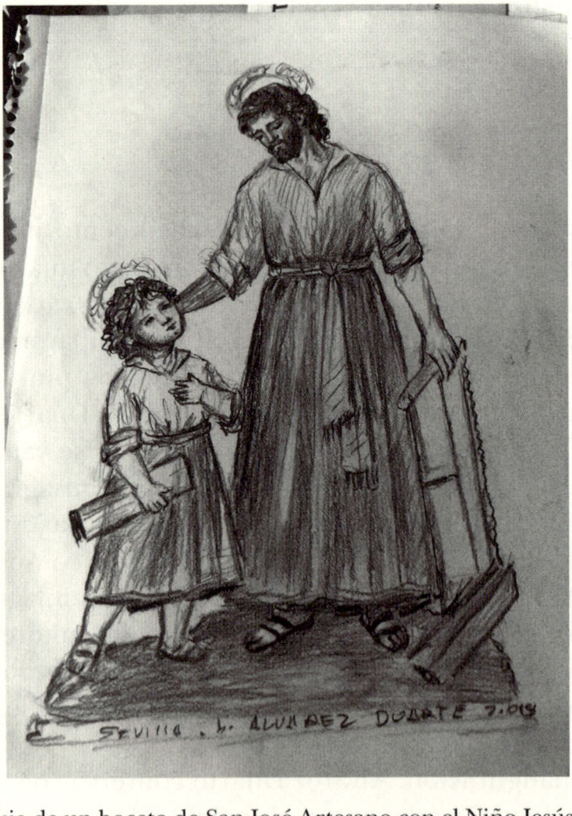

Dibujo de un boceto de San José Artesano con el Niño Jesús que tenía previsto hacer para Santa Fe de Antioquía (Colombia).

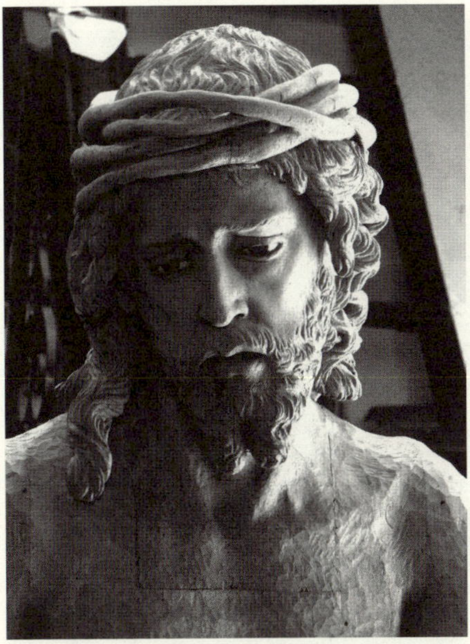
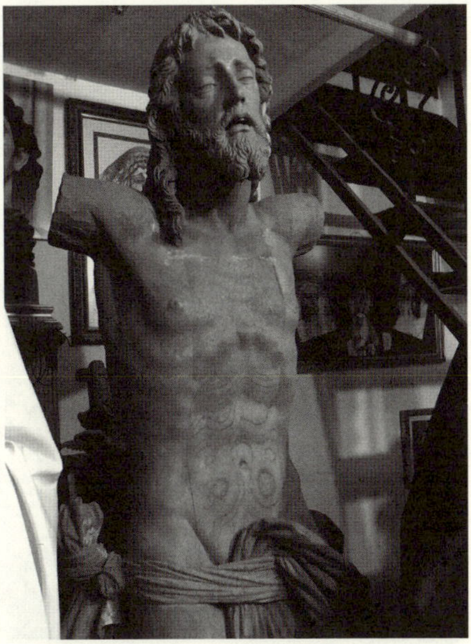
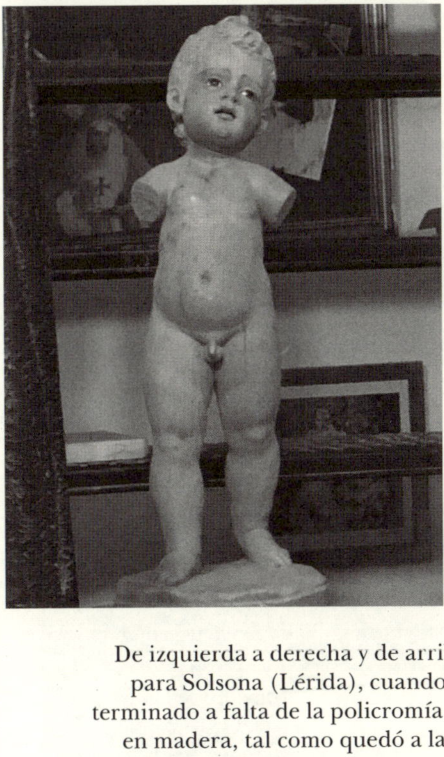
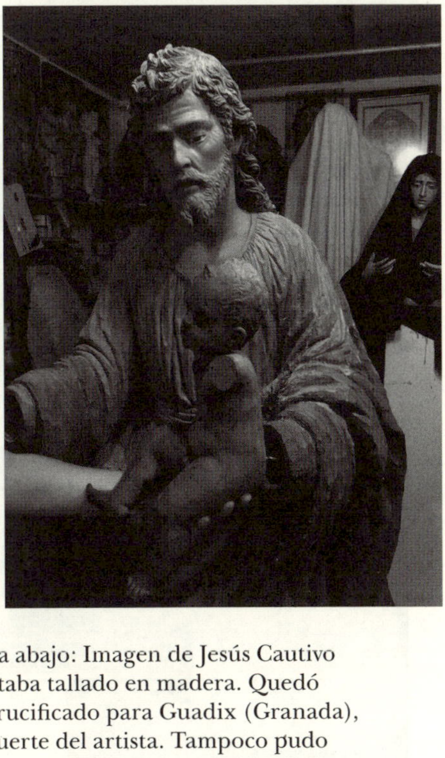

De izquierda a derecha y de arriba a abajo: Imagen de Jesús Cautivo para Solsona (Lérida), cuando estaba tallado en madera. Quedó terminado a falta de la policromía. Crucificado para Guadix (Granada), en madera, tal como quedó a la muerte del artista. Tampoco pudo terminar este Niño Jesús para las carmelitas descalzas de Alcalá de Henares (Madrid). Detalle de San José y el Niño Jesús que estaba tallando en sus últimos días para La Línea de la Concepción (Cádiz).

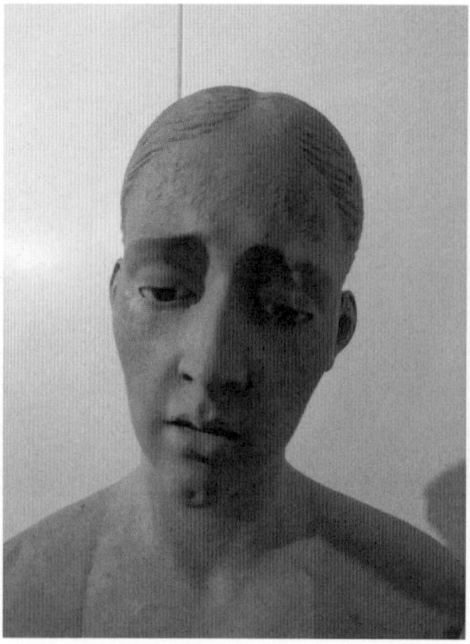 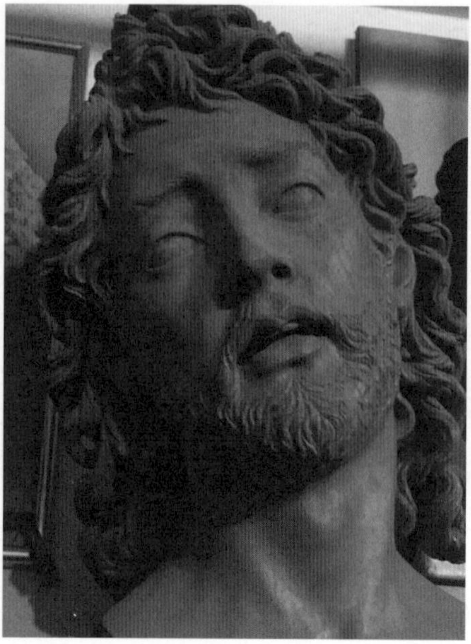

Rostro en madera de una Dolorosa que empezó a tallar en 2016 para la exposición antológica que fue suspendida (derecha). El último San Juan inacabado que se quedó en su estudio (izquierda).

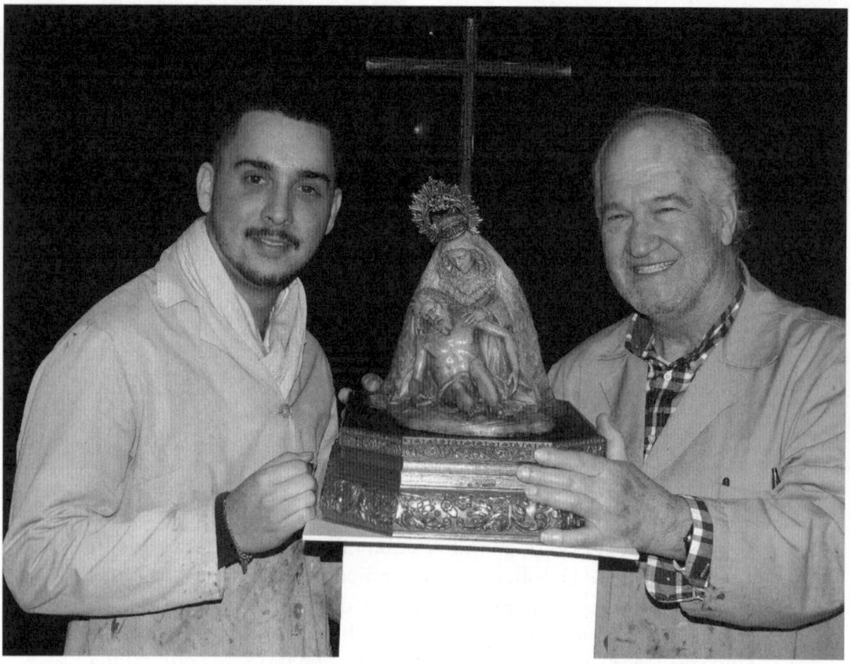

Acompañado por Luis Molano Mérida, su discípulo más joven, con el boceto de la Piedad.

9. EPÍLOGO TRISTE DE UN VERANO EN GINES

La tarde del jueves 5 de septiembre de 2019… Esa fue la última vez que hablé con Luis Álvarez Duarte. Tres días después, el domingo 8, sufriría el ictus que le causaría la muerte en la mañana del viernes 13 de septiembre. Esos días están marcados en negro en la historia personal del mejor escultor e imaginero de las últimas décadas del siglo XX y las primeras del siglo XXI.

Pero aquella tarde del jueves nada hacía presagiar lo que ocurriría pocos días después. Hablé con Luis para actualizar su biografía, que habíamos detenido en 2013. Me pidió que escribiera un texto sobre el Cristo de la Sed, de Sevilla, para la publicación especial que preparaba la hermandad con motivo de su cincuentenario. Y nunca olvidaré lo que me dijo, con entusiasmo:

—Ven por el taller la semana próxima. Tienes que ver la imagen de San José que estoy haciendo para La Línea. Es una de las mejores de mis últimos tiempos. Al nivel de las obras de los grandes imagineros.

Le prometí que iría a verla. Pero a la semana siguiente, cuando iba a llamarlo, estaba gravemente enfermo y falleció. A San José lo vi dos semanas después, en su taller de Gines. Luis tenía razón: era una obra de arte impresionante, que no pudo terminar. Le había dedicado muchas horas y enormes desvelos. Con San José se habían ido sus últimos sueños.

El día siguiente a mi llamada, el viernes 6 de septiembre, Luis Álvarez Duarte trabajó en su taller. Le acompañaba su discípulo Luis Molano Mérida. El maestro, como dice el refrán, estuvo a Dios rogando y con el mazo dando. Un reguero de virutas y trozos de madera en el suelo del taller quedó como prueba del esmero que ponía. Después de un par de horas trabajando se sintió indispuesto. Le dijo a su discípulo que descansaría porque se notaba mareado. Se fue a su dormitorio para acostarse durante un rato. La empleada de hogar, Teresa Trejo, que siempre atendía a las visitas, le preguntó si quería un café, que rehusó.

En el taller permaneció Luis Molano modelando uno de sus trabajos personales. Pasaban los minutos... Le sorprendió la tardanza del maestro, que no descansaba tanto tiempo, y menos acostado en la cama. A Guadalupe Álvarez-Duarte, cuando lo vio, también le extrañó que su padre se hubiera acostado de nuevo, ya que no solía proceder así. El imaginero padecía diabetes y tenía el colesterol alto, pero no solía contarlo. Su discípulo, a pesar de acudir todos los días laborables al taller, no lo sabía. Álvarez Duarte era muy reservado con sus asuntos personales. En 1989 había sufrido una angina de pecho. Se recuperó bien, pero se asustó, y en los años siguientes, coincidiendo con su matrimonio, cambió los hábitos de una vida que hasta entonces había sido bohemia, y pasó a ser más ordenada. No le gustaba hablar de enfermedades, y era muy supersticioso.

Al final de la mañana, regresó al taller. Le dijo a Luis Molano que podían ir juntos a comer a un bar cercano de Gines, como acostumbraba muchos días en sus últimos meses. Tanto la asistenta Tere, como su hija, como su discípulo, se sintieron aliviados al verlo con buen ánimo. Pensaron que había sufrido un mareo por exceso de trabajo y que se había recuperado.

Luis Molano Mérida, algunos días después, me comentó que había notado raro a su maestro en aquel último almuerzo. A pesar de la confianza que le brindó Álvarez Duarte, su discípulo siempre lo trató de usted, y lo llamaba *don Luis* o *maestro*. No se saltó la barrera. No quiso rebajarle el tratamiento, ni pensó que la circunstancia de compartir momentos y viajes tuviera más significado que el de la generosidad del artista para enseñar a un joven aprendiz. Nunca pensó en ir más allá, ni en aprovecharse de su generosidad. Lo apreciaba y lo veía como a un padre artístico, como el maestro que era, del que tenía mucho que aprender.

Los últimos años de Luis Álvarez Duarte no fueron fáciles, como se ha apuntado. Sentía el paso del tiempo, a la vez que mantenía la pasión para seguir siendo artista. Sus energías creativas bullían, se agitaban muy vivas. Pero se encontró con problemas familiares que no esperaba, y se le juntaron varias desilusiones profesionales que condicionaron sus últimos años de vida. Una cofradía que no le pagó, encargos que le insinuaron y después no concretaron, peticiones de rebajas, la suspensión de su exposición antológica, las críticas por la remodelación de Sanlúcar la Mayor…

Se sintió traicionado por personas próximas, entre ellas algunos a los que consideraba amigos. Tenía demasiadas papeletas para sufrir una depresión. La esquivó gracias a su afán de perfeccionismo como artista, al trabajo entendido como un deber sagrado, a los nuevos retos que se marcaba, a su ansia de eternidad, con obras que solo él podía realizar entre los imagineros contemporáneos, como el San José, al que seguirían una Inmaculada y una Piedad, si cuajaban las gestiones ya iniciadas.

Al frustrarse algunos de sus proyectos, como la Piedad de Bailén, por desacuerdo económico, también se encontró con menos ingresos de los previstos. Sin embargo, lo que más le dolió fueron las actitudes de algunas personas a las que apreciaba y que le decepcionaron. También le indignaban algunos comentarios de cofrades supuestamente enterados, que propagaban falsedades. Se llegó a sentir maltratado por el destino. Se llegó a preguntar:

—¿Qué he hecho yo para que me pase esto?

A sus setenta años, a una edad que empezaba a ser difícil, en la que la mayoría de las personas se han jubilado.

No obstante, también vivió buenos momentos. Días felices que le transmitían nuevas fuerzas. Era como si viviera más deprisa, apurando el tiempo. Recordaba con agrado un almuerzo que organizaron en las vísperas de Navidad de 2018, en el restaurante Casa Pernía, de Castilleja de la Cuesta. Luis Álvarez Duarte estuvo acompañado por sus discípulos Ventura Gómez y Luis Molano Mérida, así como el también escultor Miguel Ángel Domínguez Caballero, su sobrino Iván Alegre Álvarez, y sus amigos Eugenio Borrego, Pepe Gómez Clérigo y Manolo Rufino. Una reunión de camaradería, distendida y muy animada, en la que se sentía feliz y reconocido, como tantas que había disfrutado.

Sus amigos no lo veíamos triste. Las sensaciones difíciles de sobrellevar, y a veces duras, las guardaba en su interior, y las disimulaba. No trascendieron a la mayoría de sus amistades. Pero, poco a poco, era patente que se encerraba en un círculo cada vez más estrecho. A Ventura lo llamaba menos veces, a Luis Molano lo mantenía en el taller y lo acompañaba en sus viajes y a comer muchos días. Pero después llegaban algunas tardes de soledad y de aislamiento, tardes nostálgicas, en las que el imaginero recordaba otros tiempos, su pasado, cuando empezaba, o cuando todavía su madre se encontraba a su lado, y él era un niño que hacía figuritas de barro, o cuando se reunía con chavales del barrio junto a la parroquia de San José Obrero.

Esas sensaciones oscilantes, a ratos perturbadoras, le acompañaron durante el verano de 2019, en el que pasó algunos días solo. Nani Ortega, su esposa, le preparaba comida y se la dejaba en el frigorífico, pero cuando ella volvía de Almería, o de su piso en el centro de Sevilla, comprobaba que lo que le contaba su hija Guadalupe era verdad, y apenas la había probado. En ese último verano, cuando apuraba el tiempo a sorbos, sin saberlo, Álvarez Duarte almorzó muchos días con su discípulo Molano, y pasaba las horas trabajando en su taller.

En la tarde del viernes 6 de septiembre, tras almorzar, regresó a *Guadalupe*, su casa de la calle San Luis Gonzaga, de Gines, donde también tenía el taller, y ya no volvió a salir aquel fin de semana. A su discípulo le había parecido que estaba un poco alterado, aunque al despedirse le dijo que ya se sentía mejor.

9.1 ENFERMEDAD Y MUERTE

El domingo 8 de septiembre, a la una de la tarde, Guadalupe Álvarez-Duarte volvió a casa, después de dormir en el piso de una amiga con la que había salido. Al entrar, gritó asustada. Se encontró a su padre en el suelo del dormitorio, a donde se había arrastrado desde el cuarto de baño, situado en la habitación de al lado. Luis estaba consciente, aunque no se podía mover. Guadalupe, llorando, llamó a su madre, que se encontraba en el piso de Sevilla, situado en la calle Chicarreros, atendiendo a unas jóvenes norteamericanas que se iban a alojar allí. De inmediato se fue para Gines, a la vez que avisaba a los servicios sanitarios.

Nani Ortega llegó al chalé antes que la ambulancia, a la que esperaron durante unos minutos que les parecieron infinitos. Según le pudo contar Luis Álvarez-Duarte, aquel domingo se despertó en torno a las ocho y media de la mañana y se sintió mareado. Algún tiempo más tarde, se levantó, fue al cuarto de baño (al parecer, para ducharse, ya que lo encontraron envuelto en una toalla), pero se desplomó y fue incapaz de levantarse. No podía moverse, aunque se mantenía plenamente consciente. Esa inmovilidad le impidió llamarla, ya que dejaba el teléfono en su despacho, situado en otra habitación más alejada. Se quedó en el suelo, inmóvil y resignado, hasta que su hija Guadalupe regresó y lo descubrió.

La atención sanitaria recibida por Luis Álvarez Duarte, en las primeras horas, dejó mucho que desear. Su esposa ha barajado la posibilidad de presentar una denuncia. Era un domingo caluroso de principios de septiembre, lo que quizás influyó negativamente. En la ambulancia solo había un asistente sanitario, que no pudo levantar al imaginero para trasladarlo al hospital. Pidió refuerzos. También llegó el hijo de Tere, la asistenta del hogar, que ayudó a llevar a Álvarez Duarte hasta la ambulancia.

Fue asistido en el Hospital de San Juan de Dios del Aljarafe, en Bormujos. Cuando llegó, no le apreciaron síntomas de ictus. Presentaba una tensión muy alta (22 y 12), seguía consciente, incluso bromeó con un auxiliar que era hermano del Cachorro. Barajaron la posibilidad de darle el alta médica si conseguían rebajarle la tensión, pero quedó hospitalizado en observación. Pasadas las seis de la tarde, se mareó y perdió la conciencia. Ya no la recuperaría. En sus últimas palabras, asustado, había pedido a su esposa que se quedara a su lado, que no se fuera del hospital. Ella le dijo que no se preocupara, que seguiría todo el tiempo con él.

Después permaneció inconsciente. Tras las pruebas realizadas, habían detectado que padecía un ictus agudo, y que su estado era de suma gravedad. Quienes observaron los resultados comentaron que no recordaban un caso semejante.

Fue trasladado en ambulancia a la UCI del Hospital Virgen del Rocío, de Sevilla, poco después de las ocho de la tarde del domingo. Los médicos que le atendieron comunicaron a los familiares presentes (su esposa Nani, su hija Guadalupe y su sobrino Iván) que era un caso muy grave, y que parecía casi imposible la recuperación. La tensión alta había enmascarado los síntomas del ictus, pero se encontraba muy seriamente afectado.

Había sufrido un shock irreversible. En la UCI del Hospital Virgen del Rocío hicieron lo que pudieron. La familia intentó mantener en la intimidad lo ocurrido para favorecer la discreción, a la espera de un milagro. En la tarde del lunes 10 de septiembre ya había trascendido que Álvarez Duarte estaba ingresado en la UCI, tras sufrir un ictus grave. Allí pasó tres días sin recuperar la conciencia. El jueves 12 fue trasladado de nuevo al Hospital de San Juan de Dios, de Bormujos, para que recibiera los últimos cuidados paliativos, al valorarse como un caso irreversible.

A primera hora de la tarde del viernes 13 de septiembre de 2019, poco antes de las trece horas, Luis Álvarez Duarte expiró. *El abuelo del Cachorro* (como lo bautizó Antonio Gala) cruzó el puente hacia la vida eterna. Al llegar vería los ojos verdaderos de la Virgen de Guadalupe. En los últimos días, se sabe (porque lo contó) que Luis había soñado algunas veces con su madre, y que lo llamaba. Ella también había fallecido un día 13; y la encontró muerta tras sufrir un infarto fulminante. Desde entonces sentía aversión hacia el número 13. Fue su número fatídico.

9.2 EL SEPELIO

Luis Álvarez Duarte fue velado en el tanatorio de la SE-30. La familia autorizó la donación de órganos, que sería la última voluntad solidaria del imaginero. Al tanatorio acudió la consejera de Cultura de la Junta de Andalucía, Patricia del Pozo, acompañada por la secretaria general de Patrimonio Cultural, Macarena O'Neill. También muchos amigos y familiares de Álvarez Duarte. A medida que se conoció la noticia, en los medios de información y en las redes sociales fueron publicados testimonios de pesar, recuerdos de la vida y obra del artista, así como las condolencias de muchas de las hermandades para las que había tallado imágenes.

La misa de corpore insepulto tuvo lugar en la capilla del Rosario, de la hermandad de las Aguas, en la mañana del sábado 14 de diciembre. Fue oficiada por el delegado diocesano de Hermandades y Cofradías, el padre Marcelino Manzano, que en su homilía tuvo un recuerdo emocionado para la huella de Álvarez Duarte, como imaginero, plasmada en sus Cristos y sus Vírgenes, a los que siempre impregnó de una unción religiosa que consideraba esencial en una imagen sagrada.

Al acto fúnebre asistieron sobre todo familiares y amigos, así como hermanos mayores y representantes de las hermandades de Sevilla para las que había tallado imágenes. También acudieron algunos cofrades procedentes de otras ciudades. La representación municipal fue exigua y estuvo encabezada por el director de Fiestas Mayores, Carlos García Lara. La capilla, que es de dimensiones reducidas, se llenó, incluso con muchas sillas colocadas en el exterior. Pero hubo faltas que no pasaron desapercibidas. En parte, estuvieron originadas porque ese mismo día se celebraba una procesión magna en Córdoba, a donde habían viajado muchos cofrades de Sevilla y de otros lugares de Andalucía.

La hermandad de las Aguas organizó el acto. La Virgen de Guadalupe estaba vestida de riguroso luto, para recibir a su autor, el niño imaginero que la hizo salir de un sueño de juventud para representar la belleza de María, la niña de Nazaret. El hermano mayor, Narciso Cordero, y su junta de gobierno presidieron el acto, junto a anteriores hermanos mayores de esa corporación, como Antonio Arrondo y Manuel Díaz-Jargüin, con los que el imaginero había compartido una larga amistad.

A la terminación de la misa, hubo comentarios diversos, pero me quedo con uno muy significativo, sobre las ausencias de aquel día:

—Aquí han venido hoy sus verdaderos amigos.

Fue muy lamentable la ausencia de otros escultores e imagineros. No solo se señalaron al no acudir, sino también con su indiferencia ante el fallecimiento del gran maestro, el mejor de su tiempo. Estuvieron a su lado hasta el final su discípulo Ventura Gómez, y el más joven, Luis Molano Mérida. Fue elogiado en las redes sociales por otros imagineros, como Miguel Ángel Domínguez Caballero. Asimismo, tuvo un recuerdo emotivo Fernando Aguado, cuyo padre había fallecido en ese fatídico verano. Jesús Méndez Lastrucci llamó por teléfono a la viuda y le dedicó cariñosas palabras. Hubo algunos recuerdos más. Por el contrario, sorprendieron los silencios de algunos imagineros veteranos de su generación. No sé si por despiste, o por la maligna cizaña del rencor y la envidia. Cada cual es dueño de sus actos y a veces se autorretratan.

El furgón fúnebre partió hacia el cementerio de San Fernando, donde Luis Álvarez Duarte fue incinerado. Posteriormente fue enterrado junto a su madre y otros familiares.

9.3 SIEMPRE GUADALUPE

Casi un mes después, el 10 de octubre, la parroquia del Sagrario acogió el funeral organizado por la familia y la hermandad de las Aguas, al que asistieron el concejal de Fiestas Mayores, Juan Carlos Cabrera; el presidente del Consejo de Hermandades y Cofradías, Francisco Vélez, así como un amplio grupo de hermanos mayores y representantes de hermandades de Sevilla y de otras ciudades. Volvieron a ser comentadas algunas significativas ausencias.

A lo largo del otoño de 2019, numerosas hermandades andaluzas han celebrado misas por su eterno descanso. Y las Aguas, con el impulso de su hermano mayor, Narciso Cordero, puso en marcha la petición para que le fuera concedida la Medalla de Andalucía a título póstumo, solicitando la adhesión de otras hermandades y entidades.

El deseo de Álvarez Duarte, según le había comunicado a su familia, era que sus restos mortales descansen en la capilla del Rosario, junto a su Virgen de Guadalupe. Un deseo que la hermandad tiene previsto cumplir, una vez que completen los trámites y la adaptación necesaria.

Una leyenda de amor se cierra, un tiempo humea y se apaga como el último cirio de su candelería. Por los cielos limpios del Aljarafe ya no vuelan golondrinas en el otoño, y duele una sed nostálgica de gubias. Por el Arenal de Sevilla se siente el eco de un Lunes Santo cercano, que era el suyo, con su amor bajo palio, que no se acaba nunca.

Luis Álvarez Duarte se quedará allí. Dormirá un sueño profundo, acurrucado a los pies de su Virgen más querida. Y la eternidad acogerá al niño imaginero, definitivamente salvado por Guadalupe.

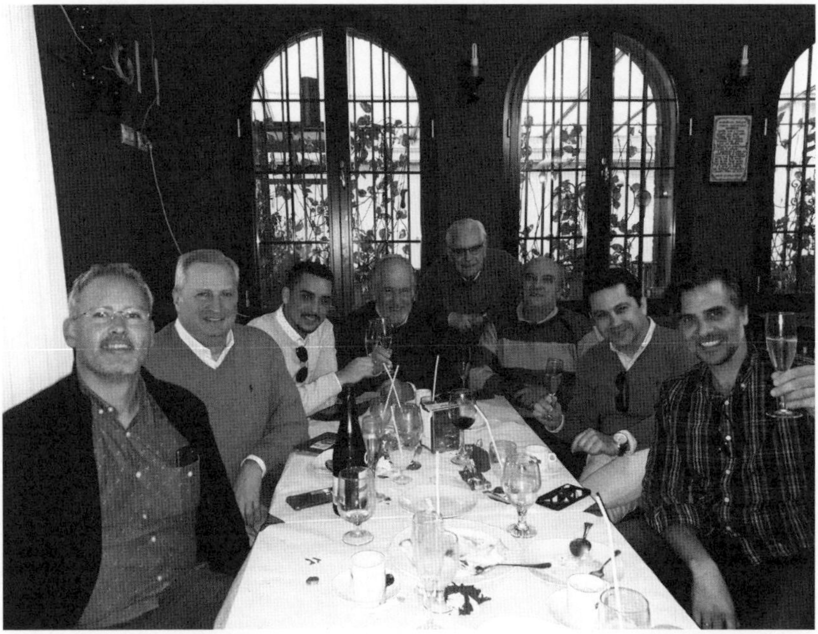

Almuerzo en vísperas de la Navidad de 2018, con amigos e imagineros, en Casa Pernía, de Castilleja de la Cuesta (Sevilla). De izquierda a derecha, Ventura Gómez, Manuel Rufino, Luis Molano, Luis Álvarez Duarte, Eugenio Borrego, Pepe Gómez Clérigo, Iván Alegre y Miguel Ángel Domínguez.

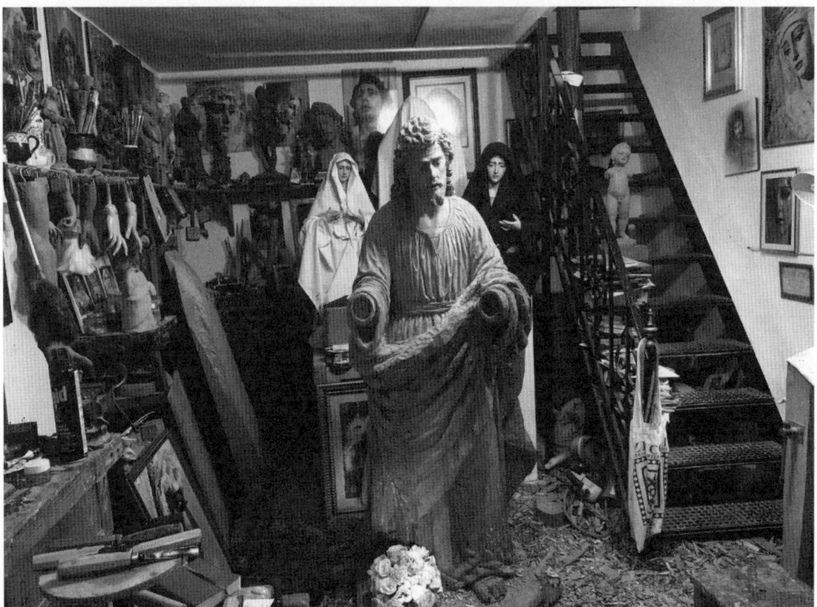

Así quedó el taller de Luis Álvarez Duarte, tras su último día de trabajo.

PRINCIPALES OBRAS DE LUIS ÁLVAREZ DUARTE

DÉCADA DE LOS 60

—**Virgen de los Dolores**. San José Obrero (Sevilla) (1962)
—**Virgen de la Concepción**. La Salud. (Palma del Río, Córdoba) (1963)
—**Virgen de la Amargura**. Amargura (Constantina, Sevilla) (1964)
—**Virgen de Guadalupe**. Las Aguas (Sevilla) (1966)
—**Virgen de los Dolores**. Vera Cruz (Huelva) (1967)
—**San Juan.** Esperanza de Triana (Sevilla) (1967)
—**Virgen de la Victoria**. Polvorín (Huelva) (1968)
—**San Juan**. Las Penas de San Vicente (Sevilla) (1968) (posteriormente vendido a La Borriquita, de El Viso del Alcor, Sevilla, en 2003)
—**San Juan**. Victoria. Polvorín (Huelva) (1968)
—**Virgen del Dulce Nombre**. Bellavista (Sevilla) (1969)
—**Virgen del Buen Fin**. Lanzada (Jerez de la Frontera, Cádiz) (1969)
—**Niño Jesús.** Virgen de la Cinta (Huelva) (1969)
—**Esperanza Macarena** (copia académica). Particular (Sevilla) (1969)
—**Virgen de las Mercedes** (remodelación) Puerta Real. (Sevilla) (1969)

DÉCADA DE LOS 70

—**Cristo de la Sed**. Nervión (Sevilla) (1970)
—**Virgen de la Paz**. La Cena (Málaga) (1970)
—**Virgen de la Paloma**. La Paloma (Málaga) (1971)

—**Virgen del Monte Calvario**. Monte Calvario (Málaga) (1971)
—**Jesús en su Santa Cena**. La Cena (Málaga) (1971)
—**Los doce apóstoles del misterio de la Santa Cena** (Málaga) (1971)
—**Virgen de la O**. Defensión (Jerez de la Frontera, Cádiz) (1971)
—**Virgen del Amparo**. La Corchuela/Las Portadas. Pasión (Dos Hermanas, Sevilla) (1971)
—**Virgen del Carmen Parroquia del Carmen** (Fuengirola, Málaga) (1971)
—**Virgen del Amor Misericordioso** (Alcuescar, Cáceres) (1971)
—**Virgen del Carmen** (Torre del Mar, Málaga) (1972) —**Virgen de la Concepción Nazareno** (Sanlúcar la Mayor, Sevilla) (1972)
—**Figuras de M.ª Magdalena, Nicodemo, José de Arimatea, soldado romano.** Misterio del Buen Fin (Sevilla) (1972)
—**Virgen del Rosario**. Expiración (Córdoba) (1973)
—**San Juan**. Las Aguas (Sevilla) (1973)
—**Virgen del Amor y Soledad**. Yacente (Fuengirola, Málaga) (1973)
—**Virgen de las Lágrimas**. Cautivo (Utrera, Sevilla) (1973)
—**Virgen del Patrocinio**. El Cachorro (Sevilla) (1973)
—**Virgen de Palma y Esperanza**. Huerto (Palma del Río, Córdoba) (1974)
—**Entrada en Jerusalén**. Borriquita (Écija, Sevilla) (1974)
—**Virgen de la Paz**. Santa Cena (Jerez de los Caballeros, Badajoz) (1974)
—**Virgen de la Amargura**. Buena Muerte (Isla Cristina, Huelva) (1974)
—**Virgen de la Piedad.** Misericordia (San Fernando, Cádiz) (1975)
—**Imágenes secundarias de dos sanedritas y dos romanos.** Misterio de la Coronación de Espinas (Jerez, Cádiz) (1975)
—**Virgen de la Soledad**. Soledad (Córdoba) (1975)
—**Esperanza del Mar.** Lanzada (Ayamonte, Huelva) (1976)
—**San Juan.** Los Blancos (Salteras, Sevilla) (1976)
—**Esperanza Macarena (copia académica).** Colegio Santo Tomás. (Caracas, Venezuela) (1976)
—**Virgen de la Amargura.** Perdón (Palma del Condado, Huelva) (1977)
—**Virgen del Desconsuelo**. Sepulcro (Córdoba) (1977)
—**Virgen de la Estrella.** Cristo Rey (San Fernando, Cádiz) (1978)
—**Soldado romano**. Misterio la Sentencia. Cofradía de la Macarena (Sevilla) (1978)
—**Cristo del Amor.** Monasterio del Císter. (Málaga) (1978)
—**Virgen de la Trinidad**. Medinaceli (San Fernando, Cádiz) (1979)
—**Esperanza Macarena**. Macarena (Jerez de los Caballeros, Badajoz) (1979)

DÉCADA DE LOS 80

—**Virgen de Gracia y Esperanza**. Huerto (Sanlúcar de Barrameda, Cádiz) (1980)
—**Reina de los Ángeles**. La Sangre (Córdoba) (1980)
—**San Juan**. La Sangre (Córdoba) (1981)
—**Virgen de la Encarnación**. El Amor (Córdoba) (1981)
—**Cristo del Gran Amor.** Catedral (Buenos Aires, Argentina) (1981)
—**Virgen del Mayor Dolor**. Calvario (Doña Mencía, Córdoba) (1982)
—**Cristo de la Buena Muerte**. Carmen (Estudiantes) (Algeciras, Cádiz) (1982)
—**Cristo del Perdón**. Perdón (Palma del Condado, Huelva) (1982)
—**Virgen de los Dolores.** Rescate (Linares, Jaén) (1982)
—**Virgen de la Amargura.** Columna (Linares, Jaén) (1982)
—**Virgen del Rosario**. Barrio León. (Sevilla) (1982)
—**Virgen de la Merced**. Humildad (Málaga) (1982)
—**Santa María Magdalena** Parroquia Magdalena (Dos Hermanas, Sevilla) (1982)
—**Sor Ángela de la Cruz.** Noviciado de las Hermanas de la Cruz (Sevilla) (1982)
—**Monumento a Fray Serafín Madrid** (Sevilla) (1982)
—**Santa María Salomé, Santiago y Juan** (Bonares, Huelva) (1983)
— **Virgen de Gracia**. Rescate (Málaga) (1983)
—**Cristo del Perdón y Misericordia.** Iglesia de San José (Sevilla) (1983)
—**Busto a Juanita Reina** (1983)
—**Virgen de la Caridad**. Penas (Cádiz) (1984)
—**Virgen de Nazaret**. Vera Cruz (Mérida, Badajoz) (1984)
—**Virgen de la Amargura** (Santa Fe de Antioquia, Colombia) (1984)
—**Busto a Pepa Flores «Marisol»** (1984)
—**Virgen del Rosario.** (El Rubio, Sevilla) (1985)
—**Virgen del Puerto.** San Román (Sevilla) (1985)
—**Esperanza Macarena** (copia natural) Comunidad de Mc Klean TFP (Nueva York, EE. UU) (1985)
—**Virgen de la Humildad.** Expiración (Berlanga, Badajoz) (1985)
—**Virgen de la Paz.** Prendimiento (Mérida, Badajoz) (1985)
—**Busto a Francisco Rivera «Paquirri»** (Torero) (1985)
—**Cirineo.** Soledad (Olivares, Sevilla) (1985)
—**Jesús de las Penas**. Penas (Cádiz) (1986)
—**Virgen de las Lágrimas.** Columna (Baeza, Jaén) (1986)
—**Jesús Orando en el Huerto**. Huerto (Alora, Málaga) (1986)
—**San Juan**. Humildad (Málaga) (1986)
—**Busto a Matilde Coral** (1986)
—**Busto a Manuel Vázquez** (1986)
—**Virgen de los Dolores**. Vera Cruz (Blancos) (Setenil de las Bodegas, Cádiz) (1986)

—**Virgen de la Amargura**. Nazareno (Algeciras, Cádiz) (1987)
—**Cristo de la Providencia.** Parroquia de la Trinidad (Córdoba) (1987)
—**Virgen de la Divina Gracia.** Palmete (Sevilla) (1987)
—**Virgen del Rocío.** Sevilla Sur (Sevilla) (1987)
—**Busto a Rocío Jurado** (1987)
—**Corazón de Jesús.** Particular (Bakersfield, EE. UU) (1987)
—**Virgen de la Soledad**. Soledad (Lucena, Córdoba) (1988)
—**Virgen de la Salud.** Salud (Málaga) (1988)
—**Virgen del Rosario** (Arjonilla, Jaén) (1988)
—**Virgen de la Fe y Caridad**. La Cena (Almería) (1989)

DÉCADA DE LOS 90

—**Angel Confortador**. Huerto (Alora, Málaga) (1990)
—**Virgen de la Paz**. Huerto (Alora, Málaga) (1990) (Fue Virgen de la Alegría en Linares y adquirida en 2010 para Álora)
—**Virgen de la Paz**. Santa Cena (Linares, Jaén) (1990)
—**Jesús de las Pasión**. Pasión (Dos Hermanas, Sevilla) (1990)
—**Cristo de la Esperanza en su Gran Amor.** Salud (Málaga) (1991)
—**Virgen de las Penas**. Vera Cruz (Ronda, Málaga) (1991)
—**Virgen del Primer Dolor.** Nazareno (Daimiel, Ciudad Real) (1991)
—**Jesús Cautivo y Rescatado.** Polígono de San Pablo. (Sevilla) (1992)
—**Virgen del Rocío** (Arcos de la Frontera, Cádiz) (1992)
—**Jesús del Perdón**. Vera Cruz (Ronda, Málaga) (1993)
—**Jesús de la Salud y Pasión.** Pasión (Almería) (1993)
—**Reina de los Cielos**. Resucitado (Málaga) (1993)
—**Virgen de la Paz**. Humildad (Vélez-Málaga, Málaga) (1993)
—**Virgen de la Esperanza.** Santiago (Bilbao) (1993)
—**Virgen de Gracia y Esperanza** (Particular) (Granada) (1993)
—**Virgen del Amor y Aguas**. Prendimiento (El Carpio, Córdoba) (1994)
—**Busto a Manuel Ruiz de Lopera** (Expresidente del Betis Balompié) (1994)
—**Virgen del Socorro**. Nazareno (Lucena, Córdoba) (1995)
—**María Magdalena y Verónica**. Nazareno (Lucena, Córdoba) (1995)
—**Virgen de las Siete Palabras**. Expiración (Jaén) (1995)
—**Cirineo.** Pasión (Dos Hermanas, Sevilla) (1995)
—**Arcángel cirineo**. Paso de Jesús de la Salud. La Candelaria (Sevilla) (1995)
—**Virgen del Rosario del Mar.** Rosario del Mar (Almería) (1995)
—**Virgen de la Soledad, Virgen de la Esperanza y dos Vírgenes**

de gloria Convento del Sagrado Corazón. (Picassent, Valencia) (1995-1996)

—**Virgen de las Lágrimas.** Penas (Fernán Nuñez, Córdoba) (1997)

—**Virgen de la Paz y Esperanza**. Borriquita (Conil de la Frontera, Cádiz) (1997)

—**Virgen del Amparo.** Oratorio particular (La Habana, Cuba) (1997)

—**Esperanza Macarena**. Misioneros de la Esperanza (Málaga) (1997)

—**Reina de la Paz.** Borriquita (El Viso del Alcor, Sevilla) (1998)

—**M.ª Magdalena**. Misterio de las Aguas (Sevilla) (1998)

—**Esperanza Macarena** (copia natural). Parroquia de la Esperanza (Bogotá, Colombia) (1998)

—**Virgen de la Amargura**. Particular (Bollullos Par del Condado, Huelva) (1998)

—**Cristo de la Divina Misericordia**. Dolores (Roquetas de Mar, Almería) (1999)

—**Virgen de Nazareth.** Vera Cruz (Martos, Jaén) (1999)

DÉCADA DE 2000

—**Virgen de los Desamparados**. Pasión (Almería) (2000)

—**Jesús Resucitado** Resucitado (Rota, Cádiz) (2000)

—**Virgen de la Estrella**. Huerto (Lucena, Córdoba) (2000)

—**Virgen del Mayor Dolor.** Escolapios (Granada) (2000)

—**Virgen de la Misericordia.** Rochelambert (Sevilla) (2000)

—**Santa Teresa Benedicta de la Cruz.** Convento del Santo Ángel (Sevilla) (2000)

—**Monumento a Juan Manuel Rodríguez Ojeda** (Sevilla) (2000)

—**Cristo de la Sangre.** Magdalena (Cieza, Murcia) (2001)

—**Jesus de la Pasión**. Pasión (Bilbao) (2001)

—**Jesús de las Penas.** Rosario del Mar (Almería) (2001)

—**Virgen de Montemayor** (Arahal, Sevilla) (2001)

—**Jesús en su Divina Misericordia.** Particular (Bollullos Par del Condado, Huelva) (2002)

—**Virgen de la Amargura**. Nazareno (Huelma, Jaén) (2001)

—**Cristo Yacente.** Santo Entierro (Zamora) (2001)

—**Virgen de la Merced en su Amargura.** Gran Poder (Bollullos de la Mitación, Sevilla) (2002)

—**Cristo de las Cinco Llagas.** Trinidad (Sevilla) (2002)

—**Jesús de las Penas.** Penas (Fernán Nuñez, Córdoba) (2003)

—**Jesús de la Salud.** Borriquita (El Viso del Alcor, Sevilla) (2003)

—**Santiago**. Paso de la Borriquita (Viso del Alcor, Sevilla) (2003)

—**Busto a José Manuel Lara** (2003)

—**Virgen del Carmen** (Conil de la Frontera, Cádiz) (2004)
—**Santa Ángela de la Cruz**. Parroquia de San Pedro (Sevilla) (2004)
—**Virgen de la Esperanza**. Cigarreras (Cádiz) (2005)
—**Virgen del Mayor Dolor.** Magdalena (Cieza, Murcia) (2005)
—**Virgen del Rosario de Alcázar de San Juan** (réplica) (Santuario de Torreciudad, Huesca) (2005)
—**Monumento a Pastora Imperio** (Bailaora) (Sevilla) (2006)
—**Virgen de la Alegría.** Borriquilla (Linares, Jaén) (2006)
—**Jesús Cautivo.** Cautivo (Adeje, Tenerife) (2006)
—**Virgen de la Esperanza.** Cautivo (Adeje, Tenerife) (2006)
—**Virgen de Ramos y del Rosario.** Pasión (Bilbao) (2006)
—**Dolorosa.** Particular (Los Ángeles, EE. UU.) (2006)
—**Virgen del Auxilio.** Prendimiento (Úbeda, Jaén) (2007)
—**Virgen del Rosario Doloroso.** Polígono de San Pablo (Sevilla) (2007)
—**Figuras de Herodes, Sumo Sacerdote, sanedrita y dos romanos**. Misterio del Cautivo de San Pablo (Sevilla) (2008)
—**Virgen de la Soledad.** Catedral (Solsona, Lleida) (2008)
—**Esperanza de Triana**. (Copia) Particular (Camas, Sevilla) (2009)
—**Monumento a Manuel Vázquez** (Torero) (Sevilla) (2009)
—**Esperanza Macarena** (copia académica) Particular (Sevilla) (2009)

DÉCADA DE 2010

—**Cristo de la Clemencia** (Hellín, Albacete) (2010)
—**Custodia de la Vera-Cruz** (diseño y tallas) (Caravaca, Murcia) (2010)
—**Virgen del Mayor Dolor.** Particular (Bollullos Par del Condado, Huelva) (2010)
—**Niño Jesús.** Para la Virgen del Carmen (Conil de la Frontera, Cádiz) (2010)
—**Cristo de la Buena Muerte.** Siete Palabras (Estudiantes) (Linares, Jaén) (2011)
—**Monumento a Lola Carrera** (Málaga) (2012)
—**San Antonio.** Oratorio privado (Guadix, Granada) (2012)
—**Virgen del Rosario** Jesús Caído (Elche, Alicante) (2012)
—**Jesús Atado a la Columna**. Convento de la Purísima (Carmelitas) (Alcalá de Henares, Madrid) (2013)
—**Virgen de los Dolores**. Convento de la Purísima (Carmelitas) (Alcalá de Henares, Madrid) (2013)
—**Santa Teresa de Jesús**. Convento de la Purísima (Carmelitas) (Alcalá de Henares, Madrid) (2014)

—**Inmaculada Concepción** (talla académica) Particular (Sevilla) (2014)
—**Virgen de Guadalupe y Esperanza**. Grupo de Coronación y Guadalupe, de Nueva Málaga (Málaga) (2015)
—**Reina de los Ángeles.** Pro-hermandad de Miraflores de los Ángeles (Málaga) (2018) (obra pendiente de entrega)
—**Esculturas profanas**. Para una posible exposición (periodo 2016-2018)
—**Esperanza Macarena** (Copia) Particular (Camas, Sevilla) (2019)
—**Virgen Dolorosa** (talla académica) (Para un intercambio profesional). (2019)
—**Dolorosa arrodillada.** Sin destino (2019)

OBRAS AVANZADAS E INACABADAS

—**Jesús Cautivo.** (Solsona, Lérida)
—**Cristo Crucificado.** Oratorio privado (Guadix, Granada)
—**Niño Jesús.** Convento de la Purísima (Carmelitas) (Alcalá de Henares, Madrid)
—**San José con Niño Jesús.** Parroquia de San José (La Línea de la Concepción, Cádiz)
—**Virgen Dolorosa.** Obra personal (Iniciada en 2016).
—**Busto de San Juan Evangelista.** Sin destino.
—**Boceto para una Piedad (Virgen y Cristo muerto)** (2019)
—**Boceto en barro para monumento a Manolo Cortés.** (Gines, Sevilla) (2019)

AGRADECIMIENTOS ESPECIALES

Encarnación Ortega Almansa
Guadalupe Álvarez-Duarte Ortega
Eugenio Borrego Páez
Ventura Gómez Rodríguez
Luis Molano Mérida

Iván Alegre Álvarez
Antonio Arrondo Pazos
Fernando Cano-Romero Méndez
Joaquín Delgado-Roig Pazos
Manuel Díaz-Jargüin Ocaña
José María Gómez Clérigo
Jesús Martín Cartaya
Manuel Rufino Charlo
José Luis Ruiz Nieto-Guerrero

BIBLIOGRAFÍA

—ALONSO DE LA SIERRA, JUAN; ALONSO DE LA SIERRA, Lorenzo, y VV. AA. *Guía artística de Cádiz y su provincia.* Fundación José Manuel Lara. Sevilla, 2005.

—ÁLVAREZ DUARTE, LUIS; CRUZ SOLÍS, ANTONIO, JOAQUÍN y RAIMUNDO; RODA PEÑA, JOSÉ; RUIZ TORRENT, FRANCISCO J.; TRIGUERO, ANTONIO J.; VÁZQUEZ PEREA, FRANCISCO J. *El Cachorro. Crónicas de una época.* Sevilla, 1998

—ÁLVAREZ SANTALÓ, LEÓN CARLOS; SÁNCHEZ HERRERO, JOSÉ; AYARRA JARNÉS, JOSÉ ENRIQUE. *Las cofradías de Sevilla en el siglo de las crisis.* Universidad de Sevilla. 1999.

—ARENAS, HILARIO; ARQUILLO, FRANCISCO; BERNALES, JORGE; BURGOS, ANTONIO; GÓMEZ MILLÁN, AURELIO; GÓMEZ DE TERREROS, M.ª DEL VALLE; HERMOSILLA, ANTONIO; HERNÁNDEZ DÍAZ, JOSÉ; MARÍN, JUAN JOSÉ; MARTÍNEZ ALCALDE, JUAN; MURUVE, MIGUEL; OTERO, IGNACIO; PALOMERO, JESÚS; REINA, ANTONIO. *Esperanza Macarena en el XXV Aniversario de su Coronación Canónica.* Ediciones Guadalquivir. Sevilla, 1989

—BERNALES BALLESTEROS, JORGE. *Pedro Roldán.* Arte Hispalense. Diputación Provincial de Sevilla. 1973

—BERNALES BALLESTEROS, JORGE y GARCÍA DE LA CONCHA, FEDERICO. *Imagineros andaluces de los Siglos de Oro.* Editoriales Andaluzas Unidas. 1986.

—BURGOS, ANTONIO. *Folklore de las cofradías de Sevilla.* Universidad de Sevilla, 1973. *Guía apasionada de la Semana Santa.* El Mundo de Andalucía (edición en fascículos). 1998

— CARRERA GÓMEZ-RAGGIO, DOLORES. *Anécdotas y curiosidades de la Semana Santa malagueña.* Málaga, 1977.

—CARRERO RODRÍGUEZ, JUAN. *Anales de las Cofradías Sevillanas.* Editorial Castillejo (Segunda edición actualizada) Sevilla, 1991.

Diccionario Cofradiero. Editorial Castillejo (Tercera edición actualizada). Sevilla, 2002

—CARRERO RODRÍGUEZ, JUAN; LEÓN, JOSÉ JOAQUÍN. *Historia de las cofradías de Sevilla.* ABC de Sevilla (edición en fascículos). 1995

—COLÓN, CARLOS. *Guía práctica de la Semana Santa de Sevilla.* Aguilar. 1993.

—CÓRDOBA SALMERÓN, MIGUEL y SANTOS MORENO, M.ª DOLORES. *La Semana Santa de Granada a través de su escultura procesional.* Federación de Cofradías de Granada. 2002

—DÍAZ VAQUERO, MARÍA DOLORES. *Imagineros andaluces contemporáneos*. Cajasur. Córdoba, 1995

—DUQUE DEL CASTILLO, RAFAEL. *Apuntes para la historia de la Hermandad del Gran Poder.* Sevilla, 2002

—GÓMEZ PIÑOL, EMILIO. *La Semana Santa de Sevilla.* Ars Sacra, número 39. Sevilla, 2006.

—GONZÁLEZ GÓMEZ, JUAN MIGUEL. *Escultura mariana onubense: historia, arte, iconografía.* Instituto de Estudios Onubenses. Huelva, 1981.

—GONZÁLEZ GÓMEZ, JUAN MIGUEL y RODA PEÑA, JOSÉ. *Imaginería procesional de la Semana Santa de Sevilla.* Universidad de Sevilla. 1992

—GUTIÉRREZ, FEDERICO. *Semana Santa en Sevilla.* Alpuerto. Madrid, 1975.

Semana Santa en Málaga. Alpuerto. Madrid, 1976. *Semana Santa en Córdoba.* Alpuerto. Madrid, 1978

—HERMOSILLA MOLINA, ANTONIO. *La Pasión de Cristo vista por un médico.* Sevilla, 1985.

—HERNANDEZ DÍAZ, JOSÉ. *Estudios de iconografía sagrada.* Universidad de Sevilla, 1967. *Juan de Mesa.* Arte Hispalense. Diputación Provincial de Sevilla. (2ª edición revisada). 1983

—JIMÉNEZ GUERRERO, JOSÉ. *Breve historia de la Semana Santa de Málaga.* Editorial Sarriá. Málaga, 2000.

—LEÓN, JOSÉ JOAQUÍN. *El niño imaginero. Medio siglo de cofradías con Álvarez Duarte.* Editorial Jirones de Azul. Sevilla, 2012

—LEÓN, JOSÉ JOAQUÍN. *Sevilla. Guía de la Semana Santa.* ABC de Sevilla (edición en fascículos). 1996.

—LÓPEZ—GUADALUPE MUÑOZ, MIGUEL LUIS y JUAN JESÚS. *Historia viva de la Semana Santa de Granada. Arte y devoción.* Universidad de Granada, 2002

—LUQUE TERUEL, ANDRÉS. *Juan Manuel Rodríguez Ojeda. Diseños y bordados para la Hermandad de la Macarena* (dos vols.). Editorial Jirones de Azul. Sevilla, 2009 y 2011.

—MARTÍNEZ ALCALDE, JUAN. *Sevilla Mariana.* Guadalquivir ediciones. Sevilla, 1997.

Hermandades de Gloria de Sevilla. Boletín de las Cofradías de Sevilla. 1988

Imágenes sevillanas de la Virgen. Editorial Miriam. Sevilla, 1991

—MARTINEZ LEAL, PEDRO IGNACIO. *Francisco Buiza, escultor e imaginero.* Guadalquivir ediciones. Sevilla, 2000.

—MARTINEZ VELASCO, JULIO. *La Semana Santa de Sevilla, de ayer a hoy.* Editorial Castillejo. 1992

—MORALES, ALFREDO J. *Guía artística de Sevilla y su provincia.* Diputación Provincial. Sevilla, 1989

—MORÓN PIÑERO, ROCÍO. *Luis Álvarez Duarte: vida y obra en Sevilla.* Departamento de Historia del Arte de la Facultad de Geografía e Historia. Universidad de Sevilla.

—NAVARRO ANTOLÍN, CARLOS. *Nazareno dame cera.* Editorial Jirones de Azul. Sevilla, 2009

—PALOMERO PÁRAMO, JESÚS MIGUEL. *Imaginería procesional sevillana: misterios, nazarenos y cristos.* Ayuntamiento de Sevilla, 1987.
Las Vírgenes de la Semana Santa de Sevilla. Ayuntamiento de Sevilla. 1983.
Guía de la Macarena. Guadalquivir ediciones. Sevilla, 1993

—PALOMERO PÁRAMO, JESÚS MIGUEL y GARCÍA LÓPEZ, JOSÉ LUIS. *Imaginería procesional en Jaén.* Boletín de las Cofradías de Sevilla. 1988

—PALOMERO PÁRAMO, JESÚS MIGUEL; LEÓN, JOSÉ JOAQUÍN. *La Semana Santa de Sevilla, paso a paso.* ABC de Sevilla (edición coleccionable). 1994

—PASTOR TORRES, ÁLVARO; ROBLES, FRANCISCO; ROLDÁN, MANUEL JESÚS. *Historia de la Semana Santa de Sevilla.* Editorial Jirones de Azul. Sevilla, 2012.

—RODA PEÑA, JOSÉ. *Hermandades sacramentales de Sevilla.* Guadalquivir ediciones. Sevilla, 1996

—RODRÍGUEZ PUENTE, RAFAEL. *Breve historia de la Semana Santa de Almería.* Editorial Sarriá. Málaga, 2002.

—RUIZ ALCAÑIZ, JOSÉ IGNACIO. *El escultor Juan de Astorga.* Arte Hispalense. Diputación de Sevilla. 1986

—SALAS, NICOLÁS. *Crónicas del siglo XX.* Universidad de Sevilla. (edición ampliada)1993.

—SÁNCHEZ HERRERO, JOSÉ y RODA PEÑA, JOSÉ. *La Esperanza de Triana.* Ediciones Tartessos. 1996.

—UGARTE CASTRO, ANDRÉS. *El Discípulo Amado de Sevilla.* Editorial Jirones de Azul. Sevilla, 2011.

—VARIOS AUTORES (coordinación: Carlos Colón Perales y Francisco Javier Rodríguez Barberán). *El poder de las imágenes.* Diario de Sevilla (edición en fascículos). 2000.

—VARIOS AUTORES. *Semana Santa en Córdoba.* Caja Provincial de Ahorros de Córdoba. 1989

—VARIOS AUTORES. *Semana Santa en Sevilla.* Biblioteca de Ediciones Andaluzas. Sevilla, 1983.

—VARIOS AUTORES: *Córdoba, tiempo de Pasión.* Cajasur. Córdoba, 1991

—VARIOS AUTORES. *Semana Santa. Diócesis de Cádiz y Jerez.* Gemisa. 1988.

—VARIOS AUTORES. *Semana Santa en Granada.* Gemisa. Sevilla, 1990

—VARIOS AUTORES. *Semana Santa en Jaén.* Monte de Piedad y Caja de Ahorros de Córdoba. 1984

—VARIOS AUTORES. *Málaga. Semana Santa.* La Saeta (ediciones anuales)

HEMEROTECA

—ÁLVAREZ DUARTE, LUIS. «La imaginería procesional sevillana y los restauradores imagineros». *ABC de Sevilla.* 28 marzo 1993.

—GELÁN, FERNANDO. «Imágenes restauradas de la Semana Santa». *ABC de Sevilla,* 18 a 21 agosto 1983.

—BLANCO ÁVILA, JACINTO. «In memoriam del imaginero Luis Álvarez Duarte. Semblanza biográfica». Boletín de las Cofradías de Sevilla, Noviembre de 2019

—LEÓN, JOSÉ JOAQUÍN. «Para alterar una imagen, yo prefiero hacerla nueva». Entrevista a Luis Álvarez Duarte. *Diario de Sevilla* y diarios del Grupo Joly en Andalucía. 24 marzo 2012.

—OLMEDO, MANUEL «El imaginero Luis Álvarez Duarte». *ABC de Sevilla.* 6 abril 1973.

—R. DEL MORAL, ÁLVARO. «La mano que talló a la Macarena». *Más Pasión,* revista de *El Correo de Andalucía.* 11 febrero 2010.

—TOBAJA VILLEGAS, MANUEL. «La restauración de las imágenes cofradieras». *ABC de Sevilla.* 17 a 22 marzo 1993.

— *El Programa de Semana Santa* (coordinación: Carlos Navarro Antolín; redactor: Juan Parejo). *Diario de Sevilla.* (año 2019).

—*TFP Newsletter.* Publicación de la Sociedad Americana para la Defensa de la Tradición, Familia y Propiedad. Nueva York. Edición especial de 1985.

Además se han consultado noticias sobre Luis Álvarez Duarte publicadas en periódicos de Sevilla, Almería, Cádiz, Córdoba, Huelva, Granada, Jaén, Jerez, Málaga, Zamora, Bilbao, Valencia, Madrid, Murcia, Badajoz, Cáceres, Buenos Aires y otras ciudades que harían la lista interminable, por lo que no se hace referencia pormenorizada.

FILMOGRAFÍA

—VÉLEZ, SALVADOR. *Divina Madera* (Película en la que Luis Álvarez Duarte talla una de sus obras). Sevilla, 1992

INTERNET

Luis Álvarez Duarte no tuvo web propia, por lo que ninguna puede ser considerada oficial.

Una web que existía sobre su obra, titulada www.alvarezduarte.blogspot.com

(dirigida a título no oficial por Sergio Marchal, un admirador de su obra residente en Jaén) fue reconstruida con la denominación www.divinamadera.blogspot.com

Sobre su obra se han publicado estudios en diversas webs y medios digitales. Entre ellos está:

www.lahornacina.com

Sobre su aportación a la Semana Santa de Málaga, entrevista en www.latribuna.org

Asimismo están publicados estudios parciales sobre su imaginería en diversas ciudades.

Para este libro se han consultado numerosas webs, prácticamente todas las disponibles de las cofradías y hermandades a las que ha realizado o restaurado imágenes. Aunque, en general, sus datos son correctos, en algún caso incluían errores que han sido contrastados y corregidos en este libro, en la medida de lo posible.

Luis Álvarez Duarte, al carecer de web oficial, manifestó que no se hacía responsable de lo publicado en Internet sobre su obra. Asimismo hizo constar que estaba en desacuerdo con algunas afirmaciones erróneas, opiniones y comentarios equívocos o maliciosos publicados en diversos foros.

Álvarez Duarte, el niño imaginero, se terminó de imprimir en su primera edición, por encargo de la editorial Almuzara el 19 de noviembre de 2019. Tal día del 936, en Córdoba (España), Abd al-Rahman III inicia la construcción de la Medina Azahara.

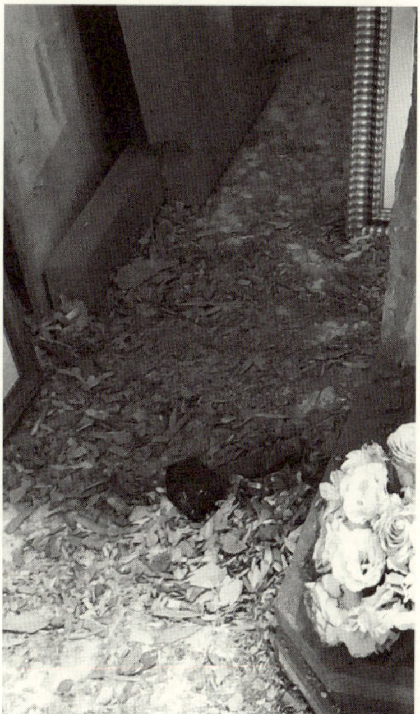